Wertungen, Werte – Das Buch der gezielten
Werteentwicklung von Persönlichkeiten

John Erpenbeck · Werner Sauter

Wertungen, Werte – Das Buch der gezielten Werteentwicklung von Persönlichkeiten

John Erpenbeck
SIBE
Steinbeis Universität Berlin
Berlin, Deutschland

Werner Sauter
WeQ Alliance eG
Berlin, Deutschland

ISBN 978-3-662-59114-7   ISBN 978-3-662-59115-4   (eBook)
https://doi.org/10.1007/978-3-662-59115-4

Die Deutsche Nationalbibliothek verzeichnet diese Publikation in der Deutschen Nationalbibliografie; detaillierte bibliografische Daten sind im Internet über http://dnb.d-nb.de abrufbar.

© Springer-Verlag GmbH Deutschland, ein Teil von Springer Nature 2019
Das Werk einschließlich aller seiner Teile ist urheberrechtlich geschützt. Jede Verwertung, die nicht ausdrücklich vom Urheberrechtsgesetz zugelassen ist, bedarf der vorherigen Zustimmung des Verlags. Das gilt insbesondere für Vervielfältigungen, Bearbeitungen, Übersetzungen, Mikroverfilmungen und die Einspeicherung und Verarbeitung in elektronischen Systemen.
Die Wiedergabe von allgemein beschreibenden Bezeichnungen, Marken, Unternehmensnamen etc. in diesem Werk bedeutet nicht, dass diese frei durch jedermann benutzt werden dürfen. Die Berechtigung zur Benutzung unterliegt, auch ohne gesonderten Hinweis hierzu, den Regeln des Markenrechts. Die Rechte des jeweiligen Zeicheninhabers sind zu beachten.
Der Verlag, die Autoren und die Herausgeber gehen davon aus, dass die Angaben und Informationen in diesem Werk zum Zeitpunkt der Veröffentlichung vollständig und korrekt sind. Weder der Verlag, noch die Autoren oder die Herausgeber übernehmen, ausdrücklich oder implizit, Gewähr für den Inhalt des Werkes, etwaige Fehler oder Äußerungen. Der Verlag bleibt im Hinblick auf geografische Zuordnungen und Gebietsbezeichnungen in veröffentlichten Karten und Institutionsadressen neutral.

Einbandgestaltung: deblik, Berlin

Springer ist ein Imprint der eingetragenen Gesellschaft Springer-Verlag GmbH, DE und ist ein Teil von Springer Nature.
Die Anschrift der Gesellschaft ist: Heidelberger Platz 3, 14197 Berlin, Germany

Geleitwort

Werte und Wertungen waren zu jeder Zeit zentral für menschliches Leben und Wirken. Allein deshalb ist die differenzierte und differenzierende Arbeit von John Erpenbeck und Werner Sauter von hohem Wert für jegliche Aspekte individueller, institutioneller und gesamtgesellschaftlicher Entwicklung.

Doch damit nicht genug. Werte und Wertungen erlangen in unserer Zeit noch einmal einen geschichtlichen Bedeutungszuwachs, einen sprunghaften, ja bisher historisch einzigartigen Zuwachs an Relevanz und Reichweite. Der Grund liegt in den technologischen Sprüngen und dem damit verbundenen Zuwachs bei allen menschlichen Fähigkeiten von Sehen, Hören, Wahrnehmen, Gestalten, Wertschöpfen und Mitschöpfen der Schöpfung. Wir sprechen hier von den „Industriellen Revolutionen".

Die jüngste in dieser Abfolge eröffnete noch einmal eine neue Dimension. Die digitale Revolution verleiht uns nicht nur immer wirkmächtigere technologische Arme und Beine, sondern sie *vernetzt* letztlich *alles mit allem* – und dies in einer Universalität, Geschwindigkeit und Gestaltungswucht, die unsere Bewusstheit und Qualität an Werten und Wertungen noch einmal weit mehr fordert als je zuvor. Die digitale Revolution fordert von uns *menschliche* und insbesondere zwischenmenschliche *Vernetzungsqualitäten*. Im lebenspraktischen Anforderungsprofil des digitalen Zeitalters stehen mehr als je zuvor menschliche und kollaborative Werte und Wertungen. Welches wichtigere Thema kann es daher geben als genau dieses?

Langsam bricht sich die Erkenntnis dieses Bedeutungszuwachses von Werten und Wertungen auch in immer mehr Feldern in unserer Gesellschaft Bahn. So wandelte die OECD ihr Bildungsverständnis im Laufe der letzten zehn bis fünfzehn Jahre grundlegend vom allzu einseitigen Fokus auf Wissenserwerb zu Kompetenzerwerb und noch darüberstehend Haltungs- und Werteerwerb. Dies bedeutet als sehr zeitnahe Notwendigkeit und Perspektive eine weite Türöffnung für das, woran Erpenbeck und Sauter arbeiten.

Dasselbe gilt für den Karrieresprung, den gerade Kompetenzen- und Werteorientierung innerhalb der Wirtschaft erfährt, und zwar nicht nur für die dortigen Spitzenpositionen, sondern für das Gesamtverständnis von Arbeiten und Wirtschaften.

Und es geht noch tiefer. Vor fünf Jahren stellte ich mir, inspiriert durch meine langjährige Arbeit mit sozialen und digitalen Innovationen, die Frage, was es mit dem Entstehen von inzwischen Hunderten von weltverändernden sozialen und digitalen Einzeltrends wie Design Thinking oder Open Source, Co-Creation oder Circular Economy, Social Business oder Impact Investing, Peer-Learning oder Blended-Learning auf sich hat. In einer Studie stellten wir fest: Hinter diesen Einzeltrends steht ein Megatrend, mehr noch, der mutmaßlich tiefgreifendste Paradigmenwechsel unserer Zeit. Wir gaben diesem den Namen „WeQ" im Sinne von „More than IQ", weil alle seine Phänomene von zwei zentralen „Wir-Qualitäten" geprägt ist: deutlich mehr „kollaborative Intelligenz", also kollaboratives Denken und Arbeiten, und deutlich mehr „gesamtsystemische Intelligenz", also Denken und Arbeiten für die aktive Lösung gesellschaftlicher und ökosystemischer Herausforderungen. Eng mit dem neuen WeQ Paradigma verbunden ist auch ein neues Grundverständnis von Ökonomie und eine Transformation, die wir als „Economy to WeQ-onomy" bezeichnen.

Über diese Erkenntnis kam ich auch mit den beiden Autoren dieses Buches in engeren Austausch. Schließlich ging hieraus auch die im März 2019 gegründete „WeQ Alliance eG" hervor, über die die in diesem Buch ausgebreiteten Erkenntnisse ebenfalls angewandt und umgesetzt werden im Sinne von kollaborativen „Collaborative Learning Journeys" und „Personal Learning Journeys" in Unternehmen und Organisationen.

Ich wünsche diesem Buch von John Erpenbeck und Werner Sauter einen ähnlichen Erfolg, wie ihn Frederick Laloux mit „Reinventing Organizations" einfahren konnte. „Reinventing Values" auf dem Level eines „Learning Planet" ist die nächste universelle Baustelle für unsere Zukunftsgestaltung an unseren jeweiligen Teilbaustellen, an denen wir tätig sind.

Peter Spiegel
Geschäftsführer WeQ Institut gGmbH Berlin
Zukunftsforscher und Entdecker des WeQ Paradigmas

Autor des Geleitwortes
Peter Spiegel ist Soziologe, Verleger, Zukunftsforscher, Initiator und Leiter des Think-&-Do-Tanks WeQ Institute, Initiator und Mitgründer der WeQ Foundation und der WeQ Alliance eG, Mitinitiator der WeQonomy Initiative, Initiator und Programmleiter des EduAction Bildungsgipfels, Initiator des Vision Summit, Social Innovation Officer des Senats der Wirtschaft Deutschland, Autor, Herausgeber und Ghostwriter von 35 Büchern, Keynote Speaker, vormals u. a. Generalsekretär des Club of Budapest International.

Inhaltsverzeichnis

Einführung – Gezielte Werteentwicklung von Persönlichkeiten   1
Wertungen und Werte   2
    Wertewandel   4
    Werteforschung   5
    Werte und Selbstorganisation   6
Wertestruktur   8
    Wertekleeblatt   9
    Anwendung der Wertestruktur auf die gezielte
    Werteentwicklung   11
Werteangemessenheit   13
    Adäquate Werte   14
    Anwendung der Werteangemessenheit auf die gezielte
    Werteentwicklung   15
Werteinteriorisation   17
    Erkenntnisse der Gehirnforschung   17
    Anwendung der Werteinteriorisation auf die gezielte
    Werteentwicklung   21
„Zehn Gebote" für Werteerzieher und -entwickler   24
Ein emotionales Zwischenspiel   25
    Emotionen, Affekte, Gefühle   26
    Zugriff auf die emotionale Labilisierung   27
Psychotherapieverfahren als Modelle gezielter Werteentwicklung   33
Wertelehre – Werteleere   41

Problematische Beispiele	45
Beispiel „Werteklärung"	45
Beispiel Fremdenfeindlichkeit	48
Beispiel schulische Werteentwicklung	54
Wertegelenkte Organisationen	59
Politische Parteien und Organisationen	60
Kirche	62
Armee, Polizei und Katastrophenschutz	64
Helfende Einrichtungen	66
Werteorientierte Unternehmen	67
Werteentwicklungsorganisationen	71

Korb 1: Gezielte Werteentwicklung von Persönlichkeiten in der Praxis — 77

Praxis, die Mutter der Werteentwicklung	78
Gezielte Werteentwicklung in modernen Arbeitswelten	79
Wertungen, Werte in den neuen Arbeits- und Lernwelten	80
Vision des Lebenslangen Lernens	82
Grundsätze gezielter Werteentwicklung von Persönlichkeiten in der Praxis	83
Gezielte Werteentwicklung von Persönlichkeiten im Netz	86
Gezielte Werteentwicklung von Persönlichkeiten unter dem Handlungsaspekt	89
Erleben und gezielte Werteentwicklung von Persönlichkeiten	91
Erfahrung und gezielte Werteentwicklung von Persönlichkeiten	94
Subjektivierendes Handeln und gezielte Werteentwicklung von Persönlichkeiten	97
Expertise und gezielte Werteentwicklung von Persönlichkeiten	99
Krisenmanagementexpertise und gezielte Werteentwicklung von Persönlichkeiten	102
Job Rotation und gezielte Werteentwicklung von Persönlichkeiten	107
KOPING – Optimierung der gezielten Werteentwicklung einer Persönlichkeit	111
Kollegiale Beratung und Communities of Practice als Formen gezielter Werteentwicklung von Persönlichkeiten	114

Gezielte Werteentwicklung von Persönlichkeiten unter dem Aspekt moderner Arbeitsmethoden	117
Individuelle Werteerfassung und ihre Nutzung für die gezielte Werteentwicklung von Persönlichkeiten	118
Grundlegende Potenziale gezielter Werteentwicklung von Persönlichkeiten im Rahmen moderner, agiler Arbeitsmethoden	128
Potenziale gezielter Werteentwicklung von Persönlichkeiten angesichts moderner, agiler Arbeitsmethoden im Einzelnen	131
Scrum	131
Design Thinking	136
Kanban	139
Pulse	144
Peer Working und Peer Learning	145
Meet-ups	147
Barcamps und Webcamps	150
Wissensmarkt	151
WOL – Working Out Loud	152
Agile Entwicklungskonzeptionen in der Praxis	154
Gezielte Werteentwicklung von Persönlichkeiten durch Serious Games	155
Ein Ausblick: Personalisierte Werteentwicklung 2029	160
Korb 2: Gezielte Werteentwicklung von Persönlichkeiten im Coaching und Mentoring	**163**
Coaching	164
Neurobiologie und das Coaching gezielter Werteentwicklung von Persönlichkeiten	166
Selbstorganisation und das Coaching gezielter Werteentwicklung von Persönlichkeiten	168
Involvierung und das Coaching gezielter Werteentwicklung von Persönlichkeiten	170
Wertecoaching und die gezielte Werteentwicklung von Persönlichkeiten	171
Mentoring und die gezielte Werteentwicklung von Persönlichkeiten	175

Korb 3: Gezielte Werteentwicklung von Persönlichkeiten im Training — 179
Training ohne Werteentwicklung — 179
Training und gezielte Werteentwicklung von Persönlichkeiten — 181
    Trainingsmethoden gezielter Werteentwicklung von Persönlichkeiten — 183
    Planung gezielter Werteentwicklung von Persönlichkeiten — 187
Realitätsgleiche, realitätsnahe und realitätsähnliche Situationen beim Training gezielter Werteentwicklung von Persönlichkeiten — 188
Realitätsgleiche Werteentwicklung von Persönlichkeiten in Trainingsunternehmen und Übungsfirmen — 190
Realitätsnahe Bewerbungs-, Präsentations- und Konfliktbewältigungstrainings in der Werteentwicklung von Persönlichkeiten — 195
Realitätsähnlich: Gezielte Werteentwicklung von Persönlichkeiten im Outdoortraining, Hochseilgarten und beim Führen mit Pferden — 199
Realitätsähnlich: Werteentwicklung von Persönlichkeiten durch Seitenwechsel® — 207
Realitätsähnlich: Das Zürcher Ressourcen Modell® ZRM® und seine Möglichkeiten bei der gezielten Werteentwicklung von Persönlichkeiten — 211
Realitätsähnlich: Montessori-Pädagogik, Reformansätze und ihre Möglichkeiten bei der gezielten Werteentwicklung von Persönlichkeiten — 215

Korb 4: Gezielte Werteentwicklung von Persönlichkeiten in Bildung und Weiterbildung — 223
Gezielte Werteentwicklung in Bildung und Weiterbildung — 224
    Ermöglichungsdidaktische Überlegungen — 225
    Selbstorganisation gegen Machbarkeitswahn — 226
    Selbstorganisation und gezielte Werteentwicklung — 228
Einwirkungsmöglichkeiten in Bildung und Weiterbildung Erwachsener — 230
Wertebestimmungen durch eine Psychologie der Werte — 239
Vertiefung der Wertebestimmungen durch das Wertequadrat — 241
Einsatz moderner handlungs- bzw. verhaltenspsychologischer Methoden — 245
    Prospect Theory — 246
    Post-mortem-Diskussion — 253

Advocatus-Diaboli-Diskussion	255
Debiasing	258
Anti-Biasing	262
Nudging	266
Kunst und gezielte Werteentwicklung	272
Was kann Kunst?	273
Erkennen, Werten und Handeln	275
Das Vorschlagsrecht der Kunst für Wertungen	276
Ästhetische Wertungen	276
Gezielte Werteentwicklung per dargestellte „Realität"	278
Gezielte Werteentwicklung mit anderen Symbolsystemen	280
Gezielte Werteentwicklung mit Wertungskommunikationsmitteln	281
Gezielte Werteentwicklung mit spezifischen sprachlichen und anderen Kommunikationsmitteln	283

Zusammenfassung 289

Literatur 303

Stichwortverzeichnis 325

Über die Autoren

Prof. Dr. John Erpenbeck studierte Physik mit der Spezialisierung Biophysik und wurde zum Dr. rer. nat. promoviert. Er arbeitete zunächst als Experimentalphysiker am Institut für Biophysik der Akademie für Wissenschaften zu Berlin. Danach war er wissenschaftlicher Mitarbeiter im Ministerium für Wissenschaft und Technik im Bereich Kernforschung/Kosmosforschung. Fast zwei Jahrzehnte war er dann wissenschaftlicher Mitarbeiter am Zentralinstitut für Philosophie der Akademie der Wissenschaften zu Berlin mit den Schwerpunkten philosophische, historische und wissenschaftstheoretische Probleme der Psychologie kognitiver, emotional-motivationaler und volitiver Prozesse. 1978 Habilitation zum Dr. sc. phil. mit der Arbeit „Erkenntnistheorie und Psychophysik kognitiver Prozesse". 1984 wurde er zum Professor ernannt. Ab 1991 war er an der Förderungsgesellschaft wissenschaftlicher Neuvorhaben mbH der Max-Planck-Gesellschaft mit dem Forschungsschwerpunkt Wissenschaftsgeschichte und Wissenschaftstheorie tätig. 1993 bis 1994 ging er als Research Professor an das Center for Philosophy of Science in Pittsburgh, danach war er Professor an der Universität Potsdam, Arbeitsgruppe Wissenschaftskommunikation. Von 1998 bis 2007 war er im Projekt Lernkultur Kompetenzentwicklung (ABWF/QUEM) wissenschaftlich und leitend aktiv. Seit 2007 hat er den Lehrstuhl Wissens- und Kompetenzmanagement an der SIBE (School of International Business and Entrepreneurship) im Verbund der Steinbeis-Hochschule Berlin inne.

Gemeinsam mit Prof. Dr. Volker Heyse hat er die Kompetenzmesssysteme KODE® und KODE®X entwickelt, zusammen mit Roman Sauter sowie Prof. Dr. Werner Sauter das Wertemesssystem KODE®W. Er hat eine große Bandbreite literarischer und wissenschaftlicher Werke veröffentlicht.

Prof. Dr. Werner Sauter ist Bankkaufmann und Dipl.-Volkswirt. Er wurde in Pädagogischer Psychologie zum Thema „Vom Vorgesetzten zum Coach der Mitarbeiter" promoviert und sammelte als Berufsschullehrer, Personalentwicklungsleiter einer Landesbank, als Fachleiter an einer Dualen Hochschule sowie als Führungskraft und Berater umfangreiche Erfahrungen im Bildungsbereich. Er war Gründer und Vorstand eines E-Learning-Unternehmens im Klett-Verbund. An der Steinbeis-Hochschule gründete und leitete er das Institut eBusiness und Management. 2008 gründete er die Blended Solutions GmbH in Berlin, die strategische Lernkonzeptionen, innovative Lernarrangements und -systeme sowie zukunftsorientierte Geschäftsmodelle für Bildungsanbieter zusammen mit ihren Kunden entwickelte.

Er ist heute Vorstand der WeQ Alliance eG in Berlin (www.weq-alliance.net) und wissenschaftlicher Berater für den konzeptionellen Bereich und wissenschaftlicher Berater sowie Senior Consultant der KODE GmbH München (www.kodekonzept.de). Er konzipiert agile Werte- und Kompetenzentwicklungsarrangements und begleitet betriebliche und überbetriebliche Bildungsanbieter bei der Einführung innovativer Geschäftsmodelle, bei der Konzipierung, Umsetzung und Implementierung von Personal Learning Journeys sowie bei der Kompetenzentwicklung der Learning Professionals. Gemeinsam mit Prof. Dr. John Erpenbeck und Roman Sauter hat er das Wertemesssystem KODE®W entwickelt. Er ist Autor einer Vielzahl von Fachbüchern und -artikeln zu innovativen Lernformen, insbesondere im Bereich des Werte- und Kompetenzmanagements. Regelmäßig stellt er seine Überlegungen und Erfahrungen im Bereich des Werte- und Kompetenzmanagements in seinem Blog (www.wernersauter.com) zur Diskussion.

Einführung – Gezielte Werteentwicklung von Persönlichkeiten

Nachdem wir uns in zwei früheren Bänden den Grundlagen des Werteverständnisses und der Anwendung unserer Einsichten im Bereich von Organisationen gewidmet haben, wenden wir uns jetzt der vielleicht kritischsten, aber wichtigsten Frage zu: Wie entwickelt jeder einzelne Mensch seine Werte, und wie können wir gezielt eine solche Entwicklung ermöglichen und fördern? Eine Jahrtausende alte Frage – und so aktuell wie selten zuvor… (vgl. Erpenbeck 2018; Erpenbeck und Sauter 2018).

Die Erwartungen, die in die vielfältig publizierten Modelle der „Wertevermittlung", „Werteerziehung" oder „Wertebildung", beispielsweise in eigenen Unterrichtseinheiten mit ethischen oder politischen Schwerpunkten, gesetzt werden, können sich schon aus lernpsychologischen Gründen nicht erfüllen. Meist wird dabei nur Wissen angestoßen, jedoch keine Änderung von Wertungen und Handlungsweisen erzeugt. Auch Konzepte, die auf eine größere Sensibilität im Umgang mit eigenen Werten hinarbeiten, zeigen nicht die erwünschte Wirkung.

Deshalb verzichten wir darauf, den Begriff der „Werteerziehung" zu nutzen und bevorzugen dafür den Ansatz der gezielten, selbstorganisierten „Werteentwicklung".

Wertungen und Werte

Es ist schon merkwürdig. Wenn wir in einer Schule, einer Universität, einem Unternehmen einen Vortrag über Kompetenzen halten, so ist die erste Frage, oft noch bevor wir begonnen haben, oder spätestens nach dem Schlussbeifall: Was sind eigentlich Kompetenzen? Erläutern Sie mal, definieren Sie mal…

Ganz anders bei Werten, bei Wertungen. Wir sprechen über Werteverständnis, Wertemanagement, Werteentwicklung. Es entfaltet sich eine lebhafte Diskussion. Was sind unsere Grundwerte? Wie hängen Organisationskultur und Werte zusammen, wie sehr richten wir uns an einer Organisationsethik, der Organisationspolitik aus? Wie bringen wir unseren Jugendlichen die richtigen Wertetöne bei, ohne allzu deutliche Manipulation? Ganz selten fragt jemand: Was verstehen Sie eigentlich unter Werten? Ich will es genauer wissen ….

Jedermann[1] meint zu wissen, was Werte sind. Was die eigenen Werte sind. Man kann sie als Tugenden, als Werteorientierungen benennen, selbst wenn man ihnen im realen Leben kaum oder gar nicht nachkommt. Man glaubt zu wissen, welchen Werteorientierungen Freunde und Feinde, Glaubensgenossen, Mitbürger, Völker, Nationen, ja die Weltgemeinschaft folgen sollten.

Leben
Solch ein Meinen ist tief gegründet. Werte sind in uns fest verankert. Leben selbst ist ein erkenntnisgewinnender Prozess, ist ein wertungsgewinnender Prozess. So kann man, Worte des berühmten Verhaltensforschers Konrad Lorenz erweiternd, feststellen. Erkennens- und Wertungsprozesse lassen sich vom Beginn des organischen Lebens an aufweisen, ja das Leben *ist* Erkennen und Werten, wie es Lorenz so schön auf den Punkt bringt. Das gilt besonders im menschlichen Bereich. Schon unsere Ururahnen aßen und tranken mit *Genuss,* machten sich alles im Umfeld *zunutze,* handelten *ethisch* gegenüber ihren Familien und nahen Mitmenschen, verfolgten *soziale, weltanschauliche* Ziele, wenn sie sich mit Freundlichkeit, List und Gewalt in Führungsfunktionen im Stamm drängten oder wenn sie feindliche Stämme oder einzelne Feinde bekämpften. Diese *Grundwerte* – Genusswerte, Nutzenwerte, ethisch-moralische Werte, sozial-weltanschauliche Werte – existierten wahrscheinlich seit Anbeginn des Menschseins; von Kultur, Bräuchen, Ritualen, Regeln, Normen, Gesetzen und Glaubensvorstellungen stabilisiert und verfestigt.

---

[1]Und jede Frau oder Diverse… Wir benutzen im weiteren Text der leichteren Lesbarkeit wegen und um uns nicht im Genderdickicht zu verirren durchgehend die männliche Form, schließen aber ausdrücklich Frauen, Intersexuelle und Kinder ein.

Bücherberge, Wertegebirge

Zu jedem der genannten Grundwerte gibt es Gebirge von Literatur. *Genusswerte* – denken Sie nur an die unzähligen Kochbücher oder an die riesige Menge von Büchern über guten, genussvollen Sex. *Nutzenwerte* – das Hauptthema jeder nützlichen physischen oder geistigen Tätigkeit, wem nützt was in welchem Maße, ist Kernthema natürlich im Bereich der Wirtschaft. *Ethisch-moralische Werte* – alle Menschen folgen irgendwelchen moralischen Maßstäben, selbst amoralischen, sogar die Verbrecher. Dabei liegt der Ursprung moralischer Normen und Wertungen vor und außerhalb der Wissenschaft, im wirklichen Lebensprozess des Menschen. Ethiken, als Moraltheorien, entstanden später als die moralischen Maßstäbe selbst (vgl. Schlick 2006). Und nun vergegenwärtigen Sie sich wiederum die Berge von Büchern, in denen Moral und Ethik behandelt werden. Beginnend bei den ersten schriftlichen Aufzeichnungen und noch lange nicht endend bei hunderten heutiger Lehrbücher über Ethik und sogenannte Bindestrichethiken wie beispielsweise Wirtschaftsethik, Medizinethik, Kommunikationsethik und so weiter. *Sozial-weltanschauliche Werte* – sie beherrschen oft unser alltägliches Denken, jede Zeitung, jedes politische Pamphlet zeigt, dass der Kampf der Kulturen, der Weltmächte in vollem Gange ist. Fake News überwuchern mehr und mehr die Nachrichten und verleihen ihnen ihre Wertestempel. Die Big-Data-Überfülle erleichtert nicht etwa das Werten und Entscheiden, sie fordert immer neue, durchgreifende, akzeptanzheischende Werte, um die Zukunft einigermaßen zu bewältigen.

Allgegenwertigkeit

Wertungen, Werte sind allgegenwärtig. Achten Sie bei einem normalen Gespräch in der Familie, mit Freunden, mit Kollegen einmal *bewusst* darauf, wie oft Sie in zehn Minuten Wertungen aussprechen. Indem sie etwas als schön oder hässlich, nützlich oder unnütz, moralisch oder unmoralisch, gesellschaftlich akzeptabel oder indiskutabel bezeichnen. Indem sie ihre Urteile in wertenden Sätzen formulieren, indem sie spöttisch oder ironisch werden, indem sie wertende oder abwertende Ausdrücke benutzen oder Sachverhalte in ein wertendes Licht rücken. Sie können gar nicht anders. Niemand spricht wertefrei, nicht einmal ein Mathematiker. Leben ist ein wertungsgewinnender Prozess. Menschliches Sprechen ist gewollt oder ungewollt auch ein Prozess der *Wertungskommunikation.*

Wertung oder Wert

Hier ist eine Zwischenbemerkung notwendig. Wir benutzen die Ausdrücke *Wertung und Wert* durchgehend als gleichbedeutend. Der Begriff Wertung selbst ist doppeldeutig. Er bezeichnet sowohl den *Wertungsprozess* (der Lehrer vollzieht die Wertung der Aufsätze), als auch das *Wertungsresultat* (seine Wertung der Aufsätze ist insgesamt 2,4). Diese Zweideutigkeit ist im Deutschen bei vielen substantivierten Tätigkeitsworten (Verben) zu beobachten. Erkenntnis(prozess), Erkenntnis(resultat), Arbeits(prozess), Arbeits(resultat), Essen(gehen), Essen(beurteilen) usw.[2]

Werte sind Bezeichnungen dafür, was aus verschiedenen Gründen aus der Wirklichkeit hervorgehoben wird und als wünschenswert und notwendig für den auftritt, der die Wertung vornimmt, sei es ein Individuum, eine Gesellschaftsgruppe oder eine Institution, die einzelne Individuen oder Gruppen repräsentiert (Baran 1991, S. 805).

Damit sind alle Werte gleich Resultate von Wertungsprozessen gleich Wertungen. Es gilt also, die Gleichsetzung Werte sind gleich Wertungen (vgl. Baran 1990).

Wertewandel

Jedermann fühlt sich mit Wertungen vertraut, so hatten wir festgestellt. Ein Grund dafür ist die tiefe Verankerung im Lebensprozess selbst, die Existenz von Wertungen seit Menschheitsbeginn, die unendliche Fülle von Literatur über alle Wertebereiche. Sie ist ja nur ein Reflex auf die zunehmende menschheitliche Beschäftigung mit Werten. In der zweiten Hälfte des 19. Jahrhunderts kam jedoch ein neuer, weltverändernder Grund hinzu. Durch die Entwicklung von Wissenschaft und Technik, Industrie und Kapitalismus begannen sich die Werte so schnell und innerhalb der individuellen Lebensspanne zu verändern, dass dieser Wandel zumindest in den ökonomisch höher entwickelten Ländern vielen Menschen persönlich und krisenhaft bewusst wurde. Was gestern noch galt, war künftig schon nicht mehr gewiss. Die *Umwertung aller Werte*, wie es Friedrich Nietzsche 1874 nannte, wurde zum Kennzeichen des bisher gewaltigsten geistigen Umbruchs der Menschheit und zwang *jeden* davon Berührten, sich mit Werten auseinanderzusetzen. Die buntscheckigen Feudalbande, die heiligen Schauer frommer Schwärmerei, ritterliche Begeisterung, spießbürgerliche Wehmut, persönliche Würde wurden eiskalt aufgelöst, Bräuche, Traditionen, Überzeugungen gingen zu Bruch. Man orientierte sich nicht

---

[2]Der Begriff Wertung ist im gleichen Sinne doppelt belegt wie der Begriff Erkenntnis. „Der Begriff der Erkenntnis bezeichnet das *Ergebnis* (das Erkannte) und den *Prozess* des Erkennens (den Erkenntnisakt)." https://de.wikipedia.org/wiki/Erkenntnis, abgerufen am 15.05.2017 „Wenn etwa die Arbeit des Bauern anstrengend ist, und in der Kunsthalle die neueste Arbeit des Malers × ausgestellt wird, so wird mit demselben Wort einmal ein *Vorgang* und einmal ein *Ergebnis* bezeichnet" (Janich 2000, S. 13).

mehr an Überliefertem, sondern an besonders wirkungsreichen neuen Prägungen, wie „Republikanismus", „Demokratismus", „Liberalismus", „Sozialismus", „Kommunismus", „Faschismus", „Konservatismus", die während ihrer Prägung einen geringen oder gar keinen Erfahrungsgehalt hatten. Sie organisierten aber soziale Handlungen unter neuen Parolen, neuen Norm- und Wertevorstellungen (Habermas 1988, S. 373 f.).

Man kann diesen Vorgang des Wertewandels in der Moderne in einer von Reinhart Kosellek geprägten Formel zusammenfassen: Es handelt sich um die *Verschiebung des Wertehorizonts von der Vergangenheit in die Zukunft*. Zukunftsprognosen werden immer weniger aus den Erfahrungen der Vergangenheit ableitbar, Zukunft wird aufgrund der sich enorm beschleunigenden politisch-sozialen wie wissenschaftlich-technischen Prozesse zunehmend als offen und unvorhersehbar angesehen. Je geringer die handlungsbegründenden Erfahrungen, desto wichtiger und manchmal flehentlich eingefordert die handlungsermöglichenden Wertungen, die sich aus *Erwartungen* ableiten (Kosellek 1979, S. 349 f.). Das gilt für überstaatliche Organisationen, Staaten, Universitäten und Schulen, es gilt für Menschengruppen wie für einzelne Menschen, die handeln müssen und handeln wollen.

Um die handlungsermöglichenden Wertungen zur Wirkung zu bringen, müssen jedoch die maßgeblich Handelnden sich diese Wertungen zu eigen gemacht, als Bestandteile ihrer Handlungsfähigkeiten verinnerlicht haben. Sie müssen sich die Werte aneignen, zu eigenen machen, emotional verinnerlichen, kurz: *interiorisieren,* wie der unangenehmste, aber wichtigste Zungenbrecher in diesem Buch heißt. Das ist eine unerlässliche Bedingung.

Werteforschung

1841 war die Geburtsstunde der Wertephilosophie, der Werteforschung (vgl. Lotze 1841). Da sich nicht nur die Formen des Genusses, des wirtschaftlichen Nutzens, der Moral und Ethik, der Weltanschauung und Politik im Einzelnen änderten, versuchten Philosophen und Sozialwissenschaftler, Ökonomen und Psychologen ein Gesamtbild der Werteveränderungen, der Einzelwerte und ihrer Verknüpfungen zu zeichnen. In kurzer Zeit entstand eine neue Disziplin mit eigenen Forschungsgegenständen, Grundsätzen, Kontroversen und Kämpfen. Ihre Geschichte lässt sich gut darstellen (vgl. Erpenbeck 2018). Das verdeckt jedoch die fast unglaubliche Tatsache, dass es Werte und Werteentwicklungen zwar seit Menschheitsbeginn gab, die Verknüpfung und Entwicklung dieser Werte im Gesamtzusammenhang aber erst seit einem historisch so kurzen Zeitraum im Mittelpunkt forschenden

Interesses stehen. Je schneller der Zug der Menschheit in Richtung Zukunft rast, desto dringlicher wird die Notwendigkeit, die vorbeihuschenden Wertesignale zu erkennen und zu deuten, damit der Zug nicht aus den Gleisen springt und es nicht zur finalen Katastrophe kommt.

Werte und Selbstorganisation

Was „sind" Wertungen, Werte? Man kann sie so oder so oder auch ganz anders definieren. Ein Großteil der Bücher des erwähnten Büchergebirges versucht sich an solchen Definitionen. Wir versuchen, einen anderen Verständnisweg zu gehen.

Wir wissen heute, dass wir erst anfangen, chaotische Erscheinungen, Komplexitäten und Selbstorganisation tiefgründiger zu verstehen (vgl. Mitchell 2008). Dass sich beispielsweise sozialhistorische und psychische Prozesse nicht nach ehernen Gesetzen vollziehen, die nur unerkannt, verborgen, hinter dem Rücken der Handelnden wirken. Wo es sich um Selbstorganisation im, von und mit Menschen handelt, sind Wertungen im Spiel. Wir folgen Einsichten des weltbekannten Stuttgarter Natur- und Sozialwissenschaftlers Herrmann Haken, der die vielleicht wirkungsmächtigste Selbstorganisationstheorie schuf (vgl. Haken und Wunderlin 2014).

Seine „Lehre vom Zusammenwirken" begründete „eine neue Forschungsrichtung …die sich mit Systemen, die aus sehr vielen Teilen bestehen, befasst, und die erklären sollte, wie durch das Zusammenwirken sehr vieler Teile Strukturen auf makroskopischer Ebene entstehen können. Praktisch alle in den Wissenschaften untersuchten Objekte können als Systeme aufgefasst werden, die aus sehr vielen Teilen, Elementen beziehungsweise Untersystemen bestehen. Diese Teile können etwa Atome, Moleküle, biologische Zellen, Neuronen, Organe, aber auch ganze Tier- und Menschengruppen sein. Die Frage die sich … stellte, war: Liegen dem Entstehen makroskopischer Strukturen immer die gleichen Gesetzmäßigkeiten zugrunde, unabhängig von der Natur der einzelnen Teile? Angesichts der Verschiedenartigkeit der Teile, etwa Atome oder Menschen, mag diese Fragestellung absurd erscheinen. Wie sich aber in den letzten Jahren deutlich zeigte, gibt es tatsächlich solche Gemeinsamkeiten. Diese treten dann zutage, wenn wir uns auf qualitative Änderungen auf makroskopischer Ebene beschränken. Das sind aber gerade die interessantesten Situationen, treten hier doch dann jeweilig erstmals die neuen Strukturen zutage. Wie sich darüber hinaus zeigte, lassen sich diese Gesetzmäßigkeiten durch ganz wenige Konzepte wie Instabilität, Ordner bzw. Ordnungsparameter, Versklavung erfassen und in eine präzise mathematische Form gießen" (Haken und Wunderlin 1991, S. 30).

Das sind auch für uns die wichtigsten Konzepte. Die Entdeckung solcher Ordner der Selbstorganisation, ob real physisch oder geistig gedanklich, ist eine der großen Errungenschaften der „Lehre vom Zusammenwirken". Sie ist der eigentliche Schlüssel zur Werteproblematik. Die Teile schaffen ihren Ordner, der Ordner „versklavt" oder „konsensualisiert" die Teile. Menschliches Zusammenwirken ist immer selbstorganisiert, ob es sich um die Familie, den Verein, die Glaubensgemeinschaft, das Unternehmen oder um politische Abläufe handelt. Die Beschreibung der Ordner erinnert klar an den menschlichen Umgang mit Werten: Sie werden innerhalb gesellschaftlicher Wandlungen und Entwicklungen von Menschen geschaffen, um kollektive Bewegungen überhaupt erst zu ermöglichen, gleichzeitig „versklaven" sie, vor allem in den zu Regeln, Normen und Gesetzen, Gebräuchen und Traditionen verfestigten Formen die Menschen, drängen sie dazu, gemäß diesen Formen zu handeln.

Haken stellt einige *Ordner in den Sozialwissenschaften* – als langsam veränderliche Größen – und die „versklavten" Teile – als schnell veränderliche Größen (hier in Klammern dahinter gesetzt) – zusammen (vgl. Haken 1996): Sprache (menschliche Individuen), Staatsform (Exekutive, Legislative, Jurisdiktion), Kultur (Artefakte, Handeln, Rituale), Gesetze (Verbote, Gebote), Rituale (Umgang mit Kritik, Kommunikationsregeln), Umgangsformen (Begrüßungsregeln, Lob, Kritik), Mode (Kleidung, Möblierung, Musik), Betriebsklima (Mitarbeiter, Führungskräfte), Corporate Identity (Mitarbeiter, Teams), Paradigmen (Wissenschaftler), Volkscharakter (Menschen), die „ordnende Hand" der Wirtschaft (Teilnehmer am Wirtschaftsprozess), Ethik (Menschen). Alle diese Ordner bündeln Werte oder sind selbst Werte.

Werte sind demnach Ordner, welche die individuelle, psychische und gesellschaftlich-kooperative sowie kommunikative menschliche Selbstorganisation bestimmen oder maßgeblich beeinflussen.

Wo es sich um Selbstorganisation im, von und mit Menschen handelt, sind immer Werte im Spiel.

Grundlagen der Werteproblematik
Eine vom Selbstorganisationsansatz ausgehende systematische Grundlegung der Werteproblematik muss zumindest beschreiben,

- wie Werte historisch gesehen und systematisch eingeordnet werden,
- was in den Wertungsprozess und in seine Resultate, die Wertungen, die Werte alles eingeht,
- wozu man überhaupt Werte braucht und wie sie gesellschaftlich und geschichtlich wirken,

- wie das menschliche Wertungsvermögen, ausgehend von biologischen Vorformen, entstanden ist, wie es sich geschichtlich entwickelt hat und wie sich die Werteorientierung jedes einzelnen Menschen entwickeln und
- wie Werte selbst bewertet und gemessen werden können.

Werteessentials
In Bezug auf die gezielte Werteentwicklung von Persönlichkeiten erscheinen uns drei Themen besonders wichtig, eben essenziell:

- Die *Wertestruktur:* Was muss der Einzelne von den Wertenden, von den bewerteten Gegenständen, den Grundlagen und den Maßstäben des Wertens wissen, wo bauen Werte auf Faktenwissen und wissenschaftlichen Erkenntnissen auf, wo fließen darüber hinausgehend Erfahrungen, Vermutungen, Überzeugungen, Glauben und Aberglauben ein?
- Die *Werteangemessenheit:* Gibt es so etwas wie eine Wahrheit von Werten, unter welchen Bedingungen werden Werte von Menschen, von Menschengruppen, ob Teams oder Organisationen, Nationen oder Völker als adäquat, das heißt als angemessen akzeptiert („sind in Geltung", wie es früher formuliert wurde)?
- Die *Werteinteriorisation:* Der angekündigte Zungenbrecher; wie werden gesellschaftlich akzeptierte, insbesondere gesellschaftsorganisierende Werte im Denken und Fühlen von Menschen so verankert, dass sie in echten Problem- und Entscheidungssituationen verlässlich und wirksam zum Tragen kommen? Denn nicht interiorisierte Werte sind wirkungslos und damit ziemlich wertlos.

Wertestruktur

Vor uns liegt ein Goldbarren nicht unbeträchtlicher Größe auf dem Tisch, glänzend poliert, schön anzusehen. Und wir grübeln: Ist er ein Wert? Hat er einen Wert? Ist er geschichtlich zum Wert geworden?

Im ersten Fall bezeichnen wir einfach den Gegenstand unseres Wertens als Wert, erfassen ihn als Werteobjekt. Man spricht vom *Werteobjektivismus* oder *Werterealismus*. Danach sind wir umgeben von Werten: schöner Natur, schöner Einrichtung, schöner Kunst. Werte allüberall. Wir leben in einer wunderbaren Familie, in einer selbstbewussten Demokratie, in einem Freiheit preisenden Land. Familie, Demokratie, Freiheit, das sind doch Werte. Oder?

Im zweiten Fall hat man einen Objektwert im Auge. Wir schreiben ihn einem gegenständlichen, aber auch einem geistigen Objekt zu, das einen Wert für eine Person oder Personengruppe hat. Er ist folglich ein Beziehungsbegriff zwischen Subjekt und Objekt, wobei Subjekte einzelne Menschen, aber auch Gruppen, Institutionen oder Staaten sein können. Wegen der Betonung des Subjekts, ohne das es in diesem Verständnis keinen Wertungsprozess und damit keinen Wert gäbe, spricht man von *Wertesubjektivismus*. Wert ist damit nichts, was am Objekt der Wertung selbst, wie eine Eigenschaft, wie eine Farbe zu finden wäre.

Dass man die historische und aktuelle Entwicklung eines Wertes beachten muss, ist am Beispiel des Goldbarrens ganz offensichtlich.

Zwischen Werteobjektivismus und Wertesubjektivismus gab es philosophiegeschichtlich erbitterte Kämpfe.[3]

Wertekleeblatt

Eine wertefreie wissenschaftliche Analyse von Wertungsprozessen zeigt aber klar, dass wir es *immer* mit vier grundlegenden Komponenten von Wertungen zu tun haben: mit Subjekten, Objekten, Grundlagen und Maßstäben von Wertungen (vgl. Iwin 1975).

Subjekt einer Wertung ist danach „die Person (oder die Gruppe von Personen), die einem bestimmten Gegenstand durch die Äußerung der gegebenen Wertung einen Wert zuschreibt". Jede Wertung muss den Hinweis auf das wertende Subjekt enthalten, sonst ist sie unvollständig (Iwin 1975, S. 42 f.).

Objekt (Gegenstand) einer Wertung „ist die Gesamtheit der Objekte, denen man Werte zuschreibt, oder sind diejenigen Objekte, deren Werte verglichen werden. Mit anderen Worten, Gegenstand einer Wertung ist der zu bewertende Gegenstand" (Iwin 1975, S. 43 f.). Solche Gegenstände können stoffliche und geistige Dinge, Eigenschaften, Relationen, Prozesse, Menschen und Menschengruppen sein. Ihre Erkenntnisse, Wertungen, Motivationen, Emotionen, Glauben und Aberglauben, Entscheidungen und Handlungen können zum Gegenstand von Wertungen werden.

Grundlage einer Wertung ist „das, von dessen Standpunkt aus die Wertung vollzogen wird" (Iwin 1975, S. 49). Darunter wird alles zusammengefasst, was das Subjekt zur Wertung veranlasst. Das können reale und fiktive Erkenntnisse und Erfahrungen, Bedürfnisse und Interessen des Subjekts

---

[3]Auch weil man den Wert von Geoffenbartem und Göttlichem nicht als menschlich-historische Setzung verstehen mochte.

sein. Auch bereits geprägte Wertungen, Normen und Ideale zählen zu diesen Grundlagen.

Der *Maßstab einer Wertung* erfasst, welche Richtschnur das Subjekt an die eigenen Wertungen legt; ob es sich in absoluten Wertungen ergeht und nur gut, schlecht, indifferent kennt oder ob es vergleichendes Werten, besser, schlechter, gleichwertig bevorzugt. Oder ob es sogar versucht, den Maßstab des Wertens mit Maßangaben, etwa mit Prozentangaben, zu belegen. Inhaltlich werden im Sinne von gut oder schlecht, besser oder schlechter Genuss, Nutzen, Ethisch-Moralisches, Sozial-Weltanschauliches, Schönheit, Religiosität und vieles mehr verglichen (Iwin 1975, S. 46). Die Maßstäbe der Wertung sind wegen ihres Komplexitätsgrades oft vieldimensional.

Das so entworfene „Wertekleeblatt" kann als Ausgangpunkt weiterer Überlegungen dienen (Abb. 1).

Das Kleeblatt symbolisiert zunächst den Wertungs*prozess,* das Werten selbst. Es symbolisiert aber zugleich das *Resultat* des Wertens, die Wertung,

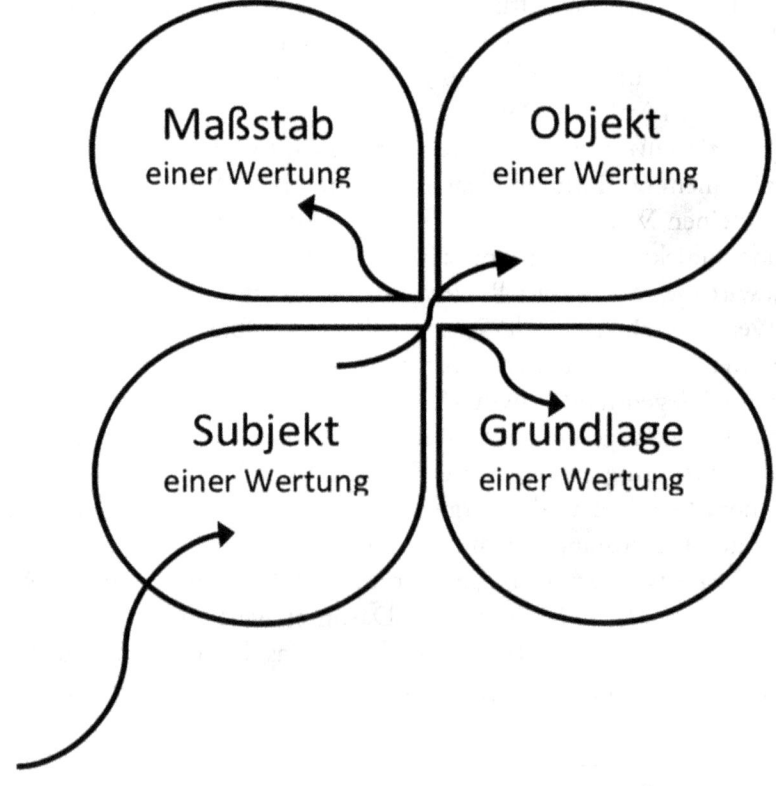

Abb. 1 Wertekleeblatt

den Wert, da ja alle beteiligten Komponenten in dieses Resultat in irgendeiner Form eingehen. Wir können die Werteblätter fein säuberlich aufkleben und in einem Album gepresster Pflanzen, einem Werteherbarium, sammeln. *Jeder* Wert umfasst, genauer nachgeforscht, stets das gesamte Kleeblatt.

Anwendung der Wertestruktur auf die gezielte Werteentwicklung

Wir versuchen, das an einem einfacheren und einem komplizierteren Beispiel zu erläutern. An den Beispielen mag sogleich klar werden, warum die bisherigen Strukturüberlegungen für jegliche gezielte Werteentwicklung absolut entscheidend sind.

Wenden wir uns noch einmal dem *Werteobjekt Goldbarren* zu. Wobei wir, genauer, nach dem *Objektwert des Goldbarrens* fragen wollen: Für welche Menschen – als Subjekte der Wertung – ist dieses Objekt der Wertung gemäß welchen Grundlagen und gemäß welchen Maßstäben wertvoll?

Subjekte der Wertung, Menschen, die diesen Goldbarren werten wollen oder müssen, können *Handwerker* sein, die ihn als Ausgangsmaterial für großartige künstlerische Goldschmiedewerke ansehen; *Unternehmer*, die ihn als Teil ihres Kapitalstocks betrachten; *Sparer*, die etwas bleibend Wertvolles zur Seite legen wollen, um Kinder und Kindeskinder versorgt zu wissen; oder *Geldpolitiker*, die den Goldpreis als Element der Finanzpolitik betrachten. Wir können uns weitere Wertende und Wertegründe, etwa rituelle oder religiöse, hinzudenken. Handwerker betrachten das Werteobjekt also vorwiegend auf der *Grundlage ästhetischen Genusses,* Unternehmer auf der Grundlage *ökonomischen Nutzens,* familienfreundliche Sparer auf der Grundlage *ethisch-moralischer Verpflichtungen,* Geldpolitiker auf der Grundlage *sozial-weltanschaulicher Prognosen*. Die *Maßstäbe* des Wertens richten sich nach den Gründen. Schön und weniger schön beim Kunsthandwerker, profitabel oder weniger profitabel beim Unternehmer, familienfreundlich oder weniger familienfreundlich bei unserem Sparer, sozial bedeutend oder unwichtig beim Banker.

Sie alle würden, bei wenig eindringlichem Hinterfragen, den Goldbarren als Wert bezeichnen. Als einen unserer stabilen, unangefochtenen, ja fast ewigen Werte. Erst die genauer strukturierte Analyse bringt ans Licht, warum diese unterschiedlichen Subjekte der Wertung mit ihren unterschiedlichen Grundlagen und Maßstäben sich auf ein so allgemeines Urteil über dieses Objekt der Wertung einigen können.

Wenden wir uns nun einem anderen Wert zu, der wie selbstverständlich zu den Grundwerten aller europäischen Länder zählt: der *Demokratie*. Es ist nicht unsere Absicht, hier eine bestimmte Demokratietheorie zu verfechten oder gar zu entwickeln. Wir wollen lediglich den Blick auf die Wertestruktur dazu benützen, die Schwierigkeit gezielter Werteentwicklung an diesem Beispiel zu verdeutlichen. Es ist einfach, pauschal eine Demokratie- und Werteerziehung zu fordern (vgl. Schmidt und Bozdag 2010). Die Schwierigkeiten liegen im Detail.

Was ist das *Objekt der Wertung*? Das war bei unserem Goldbarren einfach. Hier ist es hingegen eine Fülle von Institutionen, Organisationen, Regulationen, gesellschaftlichen Abläufen, Abstimmungen auf unterschiedlichsten Ebenen (vgl. Schmidt und Bozdag 2010), denen die Wertung demokratisch zugeschrieben wird. Am Beginn jeder gezielten Werteentwicklung zur Demokratie muss ein – demokratischer – Verständigungsprozess stehen, welche Objekte der Wertung überhaupt in die konkrete Betrachtung einbezogen werden sollen und müssen.

Welche *Subjekte der Wertung*, welche Menschen und Menschengruppen spielen für die Wertung dieser Objekte als demokratisch oder weniger demokratisch eine Rolle? Das können Ländergemeinschaften und Länder, Nationen, Landesteile, Parteien, Organisationen, Interessengruppen, einflussreiche Personen und einfach Menschen sein. Sie alle haben eine ganz unterschiedliche Sicht auf die angedeutete Objektfülle. Diese Sichten müssen synchronisiert werden, um Demokratie als Wert auf eine breite Basis zu stellen.

Grundlagen der Wertung sind sozialwissenschaftliche, politische und juristische Fakten, deren Vorhandensein sich überprüfen lässt: Mehr oder weniger freie Wahlen, die Durchsetzung des Mehrheitsprinzips, die Akzeptanz politischer Opposition, Gewaltenteilung, Grund-, Bürger- und Menschenrechte, Meinungs- und Pressefreiheit und so weiter im politischen Raum. In kleineren Gruppen, etwa Organisationen oder Unternehmen, ist das entsprechend anzupassen. Erfahrungen, die in den sich als demokratisch verstehenden Ländern durch Personen und Personengruppen gemacht werden, fließen in die Grundlagen ebenso ein wie emotional tief verankerte ethisch-moralische und sozial-weltanschauliche Überzeugungen sowie pro- oder antidemokratische Vorurteile oder Glaubensbekenntnisse.

Maßstäbe der Wertung reichen vom einfachen Dafür- oder Dagegensein (vgl. Brennan 2017) über unterschiedlich bemessene Kritik- und Differenzpunkte bis zu einem nach Einzelkriterien gegliederten Demokratieindex, der den Grad der Demokratie in mehr als 160 verschiedenen Ländern misst (Pickel und Pickel 2006, S. 194 ff.).

Kaum jemand wird der Behauptung widersprechen, dass Demokratie ein Grundwert der europäischen Länder ist. Wiederum deckt erst eine viel komplizierter als im vorigen Beispiel strukturierte Analyse auf, warum unterschiedliche Länder, Menschengruppen und Personen, also unterschiedliche Subjekte der Wertung, mit unterschiedlichen Grundlagen und Maßstäben der Wertung, sich mehrheitlich auf einen so grundsätzlichen Wert einigen können. Die Aufklärung der Wertestruktur steht auch hier am Anfang von gezielter Werteentwicklung. Sie muss jedoch durch die Frage nach der Werteangemessenheit und durch den Rückgriff auf die Werteinteriorisation flankiert werden.

Jeder Versuch, auf Wertehaltungen von Menschen erzieherisch und entwickelnd einzuwirken, muss also an den Anfang die Fragen stellen: Um welche Werte soll es gehen – also nach dem gesamten Wertekleeblatt – und dann: Um welche Objekte der Wertung handelt es sich dabei, welche Subjekte der Wertung sind dabei einbezogen, auf welchen Grundlagen und nach welchen Maßstäben wird gewertet?

Werteangemessenheit

Werte sind nicht wahr oder falsch.

Daten, Fakten, Informationen, naturwissenschaftliche Ergebnisse, Sach- und Fachwissen und ähnliche Formen exakten Wissens können wahr oder falsch sein (Arnold und Erpenbeck 2014, S. 42). Ihre Wahrheit lässt sich mit einschlägigen wissenschaftlichen oder praktischen Methoden überprüfen. Wahre Werte gibt es hingegen nicht. Es sei denn, die Rede ist von Messwerten. Aber die sind das genaue Gegenteil von den Werten, um die es uns geht. Subjektive Einschätzungen sind da so weit wie möglich ausgeschaltet. Messwerte lassen sich überzeugend darbieten und weitergeben, Wertungen, Werte ohne Verinnerlichung, ohne Interiorisation, auf keinen Fall.

Hinzu kommt, dass exaktes Wissen nur einen Bruchteil dessen ausmacht, was wir als Wissen zu betrachten gewohnt sind. Sind Empfindungen, Gefühle, Wünsche, Vermutungen, Zweifel, Befürchtungen, Hoffnungen, Bedürfnisse, Interessen, Einstellungen, Meinungen, Haltungen, Ansichten, Überzeugungen, Vorurteile, Ablehnungen, Glauben kein Wissen? Müssen wir das alles aus unserem Wissensschatz ausschließen? Was bleibt uns dann?

Adäquate Werte

Natürlich enthalten alle diese Formen menschlichen Denkens Wertungen – aber wer würde schon gern Sachgehalt und Wertegehalt bei allen diesen Formen auseinanderklauben, um schließlich den Wahrheitsgehalt exakten Wissens dem gegenüberzustellen, was die anderen genannten Wissensformen für uns so attraktiv macht. Und – was ist das überhaupt, wenn nicht Wahrheit? Wir haben ein ganzes Arsenal von Worten entwickelt, um die Passung solcher Wissensformen zu bezeichnen. Empfindungen sind stimmig, Gefühle echt, Wünsche angebracht, Vermutungen und Zweifel berechtigt, Befürchtungen unberechtigt, Hoffnungen begründet, Bedürfnisse verständlich, Interessen naheliegend, Einstellungen stimmig, Meinungen fundiert, Haltungen produktiv, Ansichten akzeptabel, Überzeugungen angemessen, Vorurteile unangemessen, Ablehnungen unberechtigt, Glauben verankert.

Auch die jeweils umgekehrte Zuschreibung ist häufig. Gefühle sind echt oder unecht, Wünsche angebracht oder unangebracht und so weiter. Lassen sich diese unterschiedlichen Passungsformen auf einen Wahrheitsumriss bringen?

Schon in der Antike wurde Wahrheit als Übereinstimmung von Gedanklichem mit der Wirklichkeit[4] definiert. Diese Wahrheitstheorie ist eigentlich nur auf Sach- und Fachaussagen anwendbar. Ganz sicher ist sie nicht ohne weiteres für Werte und wertebehaftete Wissensformen brauchbar. Noch enger ist eine Theorie der Wahrheit, wonach nur wahr ist, was sich logisch widerspruchsfrei in ein System bereits vorhandener wahrer Sätze einordnen lässt. Den Werten näher ist eine von Jürgen Habermas herrührende Theorie der Wahrheit, wonach wahr ist, worüber in einer freien, offenen Aussprache Einvernehmen erzielt werden kann. Leider sind die meisten Aussprachen über wirklich wichtige Werte von scharfen Auseinandersetzungen geprägt, das „Versklaven" liegt da oft näher als das „Konsensualisieren". Eine Wahrheitstheorie, wonach wahr ist, was sich im praktischen Leben, bei der Bewältigung praktischer Probleme bewährt, ist einem sinnvollen Verständnis von Wahrheit vielleicht am nächsten.

Die erst- und die letztgenannten Wahrheitstheorien lassen sich zusammenführen, wenn man Wahrheit verallgemeinert als Angemessenheit (Adäquatheit) von Bewusstseinsresultaten – Begriffen, Benennungen, Denkresultaten, Problemlösungen, Kunstwerken und eben Wertungen – kennzeichnet.

---

[4]Veritas est adequatio intellectus et rei: Wahrheit ist die Übereinstimmung von erkennendem Verstand und Sache.

Angemessenheit heißt dann nichts anderes, als damit besser oder schlechter bei der Bewältigung praktischer, aber auch theoretischer Probleme zu fahren.

Wertungen, Werte sind adäquat, wenn sie es gestatten, Wertungsobjekte gemäß eigenen oder angeeigneten Wertungsgrundlagen selbstständig zu vergleichen, sie entsprechend den eigenen Wertungsmaßstäben – etwa in Entscheidungsprozessen – auszuwählen und praktisch zu nutzen. Das bessere Kleeblatt zählt.

Anwendung der Werteangemessenheit auf die gezielte Werteentwicklung

Aber welches ist das bessere Wertekleeblatt? Man kann doch ganz unterschiedliche Wertungsobjekte gemäß ganz unterschiedlichen Wertungsgrundlagen und -maßstäben auswählen und sie höchst erfolgreich benutzen? Die Geschichte überliefert ganz unterschiedliche, hoch erfolgreiche Wertungen und Verwendungen des Goldmetalls. Wer will sie gegeneinander abwägen? Die Geschichte überliefert ganz unterschiedliche Formen von Ethischem und Unethischem, von Demokratie und Diktatur. Undemokratische Staats- und Lebensformen waren über Jahrhunderte erfolgreich, demokratische Formen schon nach Jahrzehnten zerbrechlich und selbstzerstörerisch; welches sind die besseren Formen, die besseren Wertekleeblätter?

Ist es nicht gleichgültig, welchen moralischen Maßstäben wir folgen, welche ethischen Prinzipien wir akzeptieren, wie wir geschichtliche und gegenwärtige Ereignisse sozial werten und weltanschaulich einordnen?

Oh nein, da klingeln doch sofort alle persönlichen und sozialen Warnglocken!

Wir haben uns auf Systeme bestimmter definierter, manchmal auch juristisch sanktionierter ethisch-moralischer Wertungen festgelegt. Wir befürworten bestimmte sozial-weltanschauliche Orientierungen und lehnen andere, unterstützt von politischer Sozialisation und Bildung, von Medien, von Gremien, Parteien und Organisationen, vehement ab. Eine ethisch-moralische, eine sozial-weltanschauliche Gleichgültigkeit können wir doch nicht so einfach hinnehmen! Aber wer sagt uns, was die angemessenen ethisch-moralischen und sozial-weltanschaulichen Werte sind? Oft wird ein berühmter Ausspruch von Theodor Adorno wiederholt, „es gibt kein richtiges Leben im falschen" (Adorno 1997, S. 43). Nach welchen Kriterien, von welchem Weltenrichter wird das wahre, das richtige Leben vom falschen geschieden?

Solche Fragen stellen jeden, der menschliche Werte entwickeln will, vor fast unlösbare Probleme. Ob es sich nun um Eltern, Lehrer, Erzieher, Weiterbildner, Dozenten, Personalentwickler, Militärs, Politiker oder Kirchenleute handelt. Woher weiß ich, welche Werte die angemessensten, unbedenklich zu vertretenden Werte sind? Verzichtet man da nicht besser auf alle gezielte Werteentwicklung?

Welche Alternative! Entweder man beschränkt sich als Lehrperson auf die sachliche Darstellung der Werte und deren faktische Grundlagen. Damit kann der zu Erziehende, der sich Entwickelnde Lernstoff abhaken und Prüfungen bestehen. Seine eigenen Überzeugungen und Handlungen bleiben davon aber ziemlich unberührt.

Oder man will als Lehrperson die eigenen Werteorientierungen und -überzeugungen, aber auch die selbst akzeptierten gesellschaftlichen Werteorientierungen und Leitlinien in den Erziehungs- und Entwicklungsprozess einfließen lassen. Dann sind Bekenntnisse und nicht nur Kenntnisse gefragt. Stimmt man mit den gesellschaftlichen Orientierungen und Leitlinien weitgehend überein, kann man sich als Vorbild einbringen und Schritte der gezielten Werteentwicklung emotional berührend gestalten. Stimmt man aber mit manchem oder vielem nicht überein, muss man sich persönlich outen und schlimmstenfalls so tun, als seien fremde, ethisch-moralische oder sozial-weltanschauliche Orientierungen die eigenen. Damit ist jegliche Vorbildwirkung weitgehend zerstört.

Will man die Überzeugungen und Handlungen des zu Erziehenden, des sich Entwickelnden beeinflussen, muss man die emotional-motivationale Verankerung bisheriger Werteorientierungen lockern und neue, absichtsvoll ausgeworfene Orientierungsanker setzen. Das geht nicht ohne die Verinnerlichung, ohne Interiorisationsprozesse von Werten, die in das Gefühlsleben der sich Entwickelnden stark, manchmal krisenhaft eingreifen, wenn es um grundlegende Neuorientierungen geht. Beispielsweise in Bezug auf die Akzeptanz von Gewalt oder ein repressives, verächtliches Verhalten Frauen gegenüber. Ohne starke emotionale Irritationen und Berührungen, ohne emotionale Verunsicherungen und Konfliktsetzungen, ohne ein emotionales Durchrütteln – wir sprechen verallgemeinernd von *emotionaler Labilisierung* – sind solche Entwicklungen nicht zu haben. Unangenehm empfundene Gefühlszustände durch Ungewissheit sind die notwendige Folge. Diese ziehen aber oft den Vorwurf der Manipulation, der massiven Beeinflussung, ja der Gehirnwäsche nach sich.

Der Ansatz, Werte als Ordner von Selbstorganisation zu verstehen, macht klar, wieso es keinen anderen, weicheren Weg der gezielten Werteentwicklung gibt und wieso sich alle Beispielverfahren in diesem Buch an der emotionalen Labilisierung ausrichten. Die Unersetzlichkeit von Werten als Ordner selbstorganisierten Handelns ergibt sich aus der Geschichtlichkeit und Offenheit aller Handlungsprozesse und der beschränkten Vorhersagbarkeit der Handlungsergebnisse. Werte lassen sich nur im konkreten Entstehungs- und Wirkungszusammenhang verstehen, sie überbrücken fehlendes oder prinzipiell nicht vorhandenes Wissen und ermöglichen erst dadurch notwendiges Problemlösen und Handeln. Nur daran lässt sich ihre Angemessenheit bemessen. Wer behauptet, von vornherein sichere Lösungen, ja die Wahrheit zu kennen, lügt. „Wahrheit ist die Erfindung eines Lügners" so hat Heinz von Förster diese Einsicht aphoristisch zusammengefasst (vgl. von Foerster und Poerksen 2016):

Weil Werte nicht wahr oder falsch sind, sondern einer Problem- und Handlungssituation nur mehr oder weniger angemessen (adäquat) sein können – indem sie handlungsermöglichend fehlendes Wissen überbrücken – müssen sie emotional tief verankert, interiorisiert sein, um wirksam zu werden.

Werteinteriorisation

Lehrer, Weiterbildner, Dozenten sind in erster Linie für die Wissensvermittlung zuständig.

Ach, wirklich? Wenn sie so ihre kleinen Vorträge halten, den Stoff mit Tafelbildern oder PowerPoint-Präsentationen untermalen, auf die Lehrbücher verweisen, fleißig Fotokopien verteilen, sind sie sich ihres Vermittlungsauftrags ziemlich sicher. Aber kann man Wissen überhaupt vermitteln? Der Hörer nimmt Lautfolgen auf, der Leser Buchstaben und Sätze, die er für sich verarbeitet, auseinandernimmt, zusammensetzt, versteht und deutet. Also ist *er* derjenige, der das Wissen aufbaut, konstruiert, erarbeitet, schöpferisch und selbstorganisiert – was ihm die Lehrperson allerdings, wenn sie nicht an das Eintrichtern von Wissen glaubt, mehr oder weniger gut ermöglicht. *Ermöglichungsdidaktik* heißt dieser alternativlose Ansatz (vgl. Arnold und Schüßler 2018).

Erkenntnisse der Gehirnforschung

Dabei ist seit neueren Entdeckungen der Neurowissenschaften klar, dass auch die Aneignung und der konstruktive Aufbau von Wissen ohne Wertungen, ohne Emotionen nicht funktioniert. Wir stehen einer unendlichen

Fülle menschheitlichen Wissens gegenüber. Ein Computer würde Big-Data-Mengen katalogisieren, einiges auswählen, Beziehungen zwischen den Daten herausfinden und erst ganz zum Schluss die Resultate nach vorgegebenen oder sogar selbst entwickelten Kriterien bewerten.

Das menschliche Gehirn arbeitet genau anders herum. Eindrücke, Daten, Informationen, einige Millionen Bits pro Sekunde, prasseln auf unsere Sinnesorgane ein. Von den etwa 11 Mio. Bits, die unser Gehirn über die Sinne pro Sekunde aufnimmt, finden lediglich etwa 40 Bits den Weg zum Bewusstsein. Dies entspricht einem Tropfen auf 13 L Wasser. Der gewaltige Rest wird unbewusst auf- und abgefangen. Rasend schnell werden die Eindrücke, Daten und Informationen vom limbischen System als unwichtig, weniger wichtig, wichtig oder superwichtig „abgestempelt" und gefiltert. Ohne das limbische System könnten wir keine Entscheidung treffen. Vor allem die Amygdala, der Mandelkern, ist bei der „emotionalen Markierung" von Informationen bedeutend. Sie lässt uns zum Beispiel negative Erlebnisse besonders detailliert und vor allem lange erinnern. Innerhalb von 500–600 Millisekunden entscheidet dieser Gehirnbereich, ob uns zum Beispiel eine Person sympathisch oder vertrauenswürdig erscheint oder nicht. Das alles ist nicht nur graue Theorie. Es ist heute möglich, Präsentationseffekte, Werbungsmethoden und Überzeugungsstrategien anhand neuronaler Erregungsmuster zu bewerten. Dabei werden im „Hirnscanner" mithilfe der funktionellen Magnetresonanztomografie (MRT) vor allem die emotions- und handlungswichtigen Gehirnareale auf ihre Aktivität hin untersucht (vgl. Wieser 2017). Das ist nichts anderes als eine Messung der Wertung von Informationen!

Daran anknüpfend können Wertungen, Werte *mittelbar* über den Austausch der abgestempelten Informationen weitergegeben werden. Was aber grundsätzlich nicht funktioniert ist, Werte wie Informationen weiterzugeben. Bluma Zeigarnik unterschied „bloß bekannte", „bloß gelernte" und „unmittelbar wirksame" interiorisierte Werte (Boshowitsch 1970, S. 276). Werte werden durch die Menschen im eigenen geistigen oder gegenständlichen Handeln angeeignet und gehen unmittelbar in die Erlebnisse dieser Menschen ein. Das den Werten zugrundeliegende Wissen lässt sich zwar in Form von Kenntnissen weitergeben, aber eben nicht *als* Werte.

Werte können nur selbst handelnd, selbstorganisiert angeeignet werden. Eben dieser Aneignungsprozess wird psychologisch als Interiorisation (oft auch als Internalisation) bezeichnet.

Die *unmittelbare* Interiorisation von Wertungen erfolgt in Stufen, die von Emotions- und Motivationspsychologie, Psychotherapieforschung und Gruppendynamik unterschiedlich, aber inhaltlich übereinstimmend beschrieben werden. Wir haben sie mehrfach dargestellt (vgl. Erpenbeck 1986a; Erpenbeck und Weinberg 1993).

- *Ausgangspunkt* sind Wertungen – Genusswertungen, Nutzenwertungen, ethisch-moralische Wertungen, sozial-weltanschauliche Wertungen, künstlerische Wertungen, religiöse Wertungen und weitere. Sie sind als Individual-, Gruppen-, Schichten-, Gesellschafts-, National- und andere -Wertungen – zu einem bestimmten historischen Zeitpunkt entstanden. Sie alle können von einer konkreten Person gelernt werden: Sie sind damit ihrem Inhalt nach „bloß bekannt" aber nicht interiorisiert, nicht unmittelbar wirksam.
- Jeder Mensch wird fortwährend vor persönliche *Entscheidungssituationen* gestellt, die sich aus Herausforderungen in der Arbeit, in der Freizeit, in der Familie, in Organisationen herleiten. Sie lassen sich meist als Konfliktsituationen fassen, als Konflikte beim geistigen oder körperlichen Handeln, als Partnerkonflikte, als Gruppenkonflikte oder als erweiterte gesellschaftliche Konflikte.
- Dabei sind *Freiheit* und *Selbstverantwortung* bei der Entscheidung die wesentlichsten Voraussetzungen dafür, dass überhaupt Interiorisation stattfindet. Entscheidungen unter Zwang führen – auch wenn sie scheinbar durch Normen und Werte geleitet sind – nicht zu deren Interiorisation, oft aber zur Entstehung anderer, entgegengesetzter. Hier seien nur solche Entscheidungssituationen betrachtet, die nicht allein unter Zuhilfenahme vorhandener Kenntnisse, bereits erarbeiteten Wissens, aber auch nicht unter Rückgriff auf bereits vorhandene, interiorisierte Werte als Orientierungen gelöst werden können.
- Das führt zu starken emotionalen Berührungen, zu emotionalen Verunsicherungen und Konfliktsetzungen, zu einem emotionalen Durchrütteln – wir nannten es verallgemeinernd *emotionale Labilisierung*. Also zu einem als unangenehm empfundenen Gefühlszustand durch Ungewissheit. *Der* ausgelöste *emotionale Spannungszustand* ist die entscheidende Voraussetzung jeder Interiorisation: Je größer die emotionale Labilisierung, desto tiefer wird die zur Auflösung des Spannungszustands führende Wertung später im „Grund der Seele" verankert.
- Auch bei großer innerer Ungewissheit und Unsicherheit, auch in Konfliktsituationen müssen ständig persönliche Entscheidungen getroffen werden, um überhaupt handeln zu können. Das gilt für simple Alltags- und Arbeitsentscheidungen ebenso wie für – zuweilen weltbewegende – Entscheidungen von Unternehmern oder Politikern. Da die uns umgebende Komplexität prinzipiell nicht „vorausberechnet" werden kann, sind solche *Entscheidungen unter Unsicherheit* der Normalfall.

- Weil wir also weder auf entscheidungssicherndes Wissen wie auf „sichere" Wertungen zurückgreifen können, wird schließlich unter Zuhilfenahme von bloß gelernten oder aber von individuell neu entwickelten Wertungen entschieden und die *entscheidungsgemäße Handlung*, meist im Rahmen gesellschaftlicher Kooperation und Kommunikation, in Form einer tatsächlichen oder geistigen Handlung ausgeführt.
- Wird das Handlungsergebnis zunächst vom Handelnden, später aber auch von anderen als erfolgreich eingeschätzt, kommt es – das ist der *Kern des Ganzen* – zu einer komplexen Abspeicherung von Wissen, Entscheidung und Handlungsergebnis, *zusammen* mit den zum Handlungserfolg führenden Wertungen (vgl. Ciompi 1997). Aufgrund der vorangegangenen emotionalen Labilisierung verankert der Handlungserfolg die Wertungen tief im emotionalen Grund. Genau in diesem Fall sprechen wir ja von einer *Interiorisation* dieser Wertung.
- Bei Misserfolg kommt es zur Ablehnung der bloß gelernten oder neu entwickelten, möglicherweise sogar zur *Auflösung* früher bereits interiorisierter Wertungen. Dabei führt natürlich keineswegs jeder Handlungserfolg zur Interiorisation und jeder Misserfolg zur Löschung von Werten. Für die Einschätzung *als* Erfolg oder Misserfolg ist das Urteil unserer Mitmenschen ein wesentliches Kriterium.
- Die interiorisierten oder abgelehnten Wertungen werden wiederum gesellschaftlich kommuniziert – bis hin zur Entstehung eines *sozialen Mittelwertes* in Form von Regel-, Wert- und Normensystemen, deren Durchsetzung mithilfe von Sanktionen und Institutionen befördert wird, die damit auf weitere Interiorisationsprozesse rückwirken.
- Bewähren sich bereits existierende Normen und Werte, werden sie auf die beschriebene Weise – und notwendig in jeder Generation neu – *reproduziert*. Entwickeln Einzelne aufgrund ihres Wissens und ihrer Erfahrungen Wertungen vorwegnehmend neu und vermögen sie es, diese in gesellschaftliche Kommunikations- und Entscheidungsprozesse einzubringen, so kann man von einer *erweiterten Reproduktion* oder *Neuproduktion* der Normen- und Wertesysteme sprechen. Die großen Religionsstifter liefern hierfür die anschaulichsten Beispiele.
- Werte werden nicht einzeln reproduziert oder produziert, sondern stets im Zusammenhang mit anderen Normen und Werten. Besonders wichtig ist der mit der Persönlichkeitsentwicklung verbundene Aufbau eines Wertesystems in Form einer dauerhaften Pyramide mit obersten, leitenden Werteorientierungen. Sie gewährleistet die Stabilität von Grundwerten und Wertesystemen, selbst über tiefe historische und soziale Erschütterungen hinweg. Sie ist aber auch oft für die Unerschütterlichkeit uns absurd erscheinender Werte- und Weltanschauungen verantwortlich.

Solche Stufen der Werteinteriorisation finden sich, in anderen Terminologien und anderen Unterteilungen, in buchstäblich allen Beschreibungen der Interiorisation und des Wandels persönlicher Wertungen wieder. Zu den einzelnen Stufen liefern moderne Emotions-, Kommunikations- und Konflikttheorien viele Erkenntnisse, die sich zum Großteil direkt für die Gestaltung von Werteinteriorisation und Wertewandel nutzen lassen.

Anwendung der Werteinteriorisation auf die gezielte Werteentwicklung

Dieses Verständnis von Werteinteriorisation und gezielte Werteentwicklung führt zu zwei praktischen Fragestellungen:

- Wie erhält Wissen, das eben nicht nur „vermittelt", sondern dessen konstruktiver Aufbau ermöglicht werden muss, seine Emotionsstempel, wie wird es emotional imprägniert und bewertet? Wie lernt der Werteentwickler und -entwickler, Menschen emotional zu berühren und durchzurütteln?
- Wie können die dargestellten Stufen der Werteinteriorisation genutzt werden? Wie lernt der Werteerzieher und -entwickler, emotionale Labilisierung sinnvoll einzusetzen?

Klar ist: Die notwendige emotionale *Imprägnierung des Informations- und Handlungswissens* kann nur über widersprüchliche, emotional anrührende, „labilisierende" Situationen erfolgen. Das können alltägliche, aber auch massive Konflikte, Transferaufgaben, Forschungsaufträge, Praxisprojekte und andere Herausforderungen im Alltag wie am Arbeitsplatz sein. Deshalb ist es so wichtig, dem Handeln, der Praxis den höchsten Stellenwert bei der Entwicklung von Werten zuzuschreiben und jedem zu misstrauen, der behauptet, er könne diese Anforderungen auch auf dem Wege der Wissensweitergabe erfüllen. Wo keine emotionale Berührung, keine emotionale „Labilisierung" stattfindet, entwickeln sich keine Werte. Punktum.

Nicht immer kann man Praxissituationen finden, die Werteentwicklung ermöglichen. Doch sichern häufig auch Methoden des Coaching oder des Trainings in realitätsgleichen Herausforderungen die notwendige emotionale Berührung und Labilisierung. Nicht die Wissensweitergabe ist die Aufgabe des Coaches, sondern die Vermittlung einer positiven, kreativen Einstellung zu diesem Wissen. Trainings, die es schaffen, nicht nur die Wissensreproduktion anzuregen, sondern auch die emotionale Durchdringung des Wissens und Handelns befördern die Werteentwicklung.

Praxis – Coaching – Training – Workshop – Unterrichtsstunde, in dieser abnehmenden Reihenfolge werden Maßnahmen zur Werteentwicklung wirksam.

Wir stehen einer explodierenden Fülle von Wissen gegenüber. Dieses Wissen „an sich" können wir uns nur zu eigen machen, wenn wir es werten, wenn wir es zu Wissen „für uns" machen. Was ist unbedingt wichtig, was eher vernachlässigbar …

Natürlich gibt es pädagogische Mittel, auch in der Vorlesung, im Seminar und in der Unterrichtsstunde, um eine gewisse emotionale Imprägnierung des Wissens zu erzielen. Treiber dieser emotionalen Imprägnierung können die Anerkennung des Lehrenden (vgl. Hattie 2014), des von ihm Gelehrten, die Schönheit des Stoffes, psychologische Einstellungen zum Wissen wie Leidenschaft, Begeisterung, Engagement, Wille, Interesse, Neugier, Anteilnahme, Wissbegier, aber auch Vorsicht, Bedachtsamkeit, Angst und vieles mehr sein. Eine gewisse emotionale Imprägnierung liefern gezielt genutzte, insbesondere *künstlerische* Medien. Fast völlig ungenutzt bleibt nach unseren Erfahrungen *erlebte Wissenschaftsgeschichte*. Aber auch Formen *von Spiel* können Wissensstoff, etwa mathematisches oder informationstechnisches Wissen (vgl. Friedrich und de Galgóczy 2011), als emotional genussvoll imprägnieren (vgl. Erpenbeck und Sauter 2016).

Um die *gesamte Stufenfolge der Werteinteriorisation* zu nutzen, ist es notwendig, dass man das Verständnis der emotionalen Labilisierung vertieft und praktikabel macht. Dafür muss man einerseits die Verwendung positiver Emotionen, andererseits die bewusste Setzung irritierender, verstörender emotionaler Konflikte nutzen.

Positive Emotionen können zur Lösung persönlicher Entscheidungssituationen in Arbeit, Freizeit, Familie, Organisation beitragen. Es ist der Wunsch vieler Autoren, einer ganzen Glücksliteratur, Entscheidungssituationen durch positives Denken zu meistern. Positive Emotionen können beispielsweise Freude, Dankbarkeit, Gelassenheit, Interesse, Hoffnung, Stolz, Heiterkeit, Inspiration, Erstaunen und Liebe sein (vgl. Fredrickson 2011; Brohm 2016).

Allerdings sind Konfliktsituationen oft mit *negativen Emotionen* verbunden. Das können Gegenstandskonflikte sein, die aus der Konfrontation mit als unangenehm bewerteten Dingen und Situationen herrühren, Instanzen- und Kommunikationskonflikte, die bei der Auseinandersetzung mit anderen Menschen entstehen. Sie können auf inneren Konflikten beruhen, auf Konflikten mit Partnern und Kollegen, auch auf Konflikten mit dem Erziehenden selbst. Aus der Psychotherapieforschung ist bekannt, dass Psychotherapieverfahren umso wirksamer sind, je stärker die entsprechende emotionale Labilisierung greift. Das gilt unserer Überzeugung nach für alle Formen emotionaler Labilisierung (vgl. Grawe 1992a).

Die größte Schwierigkeit der skizzierten Werteentwicklung ist, dass die grundlegenden Prozesse, auf die jene Stufenfolge der Werteinteriorisation baut, nicht rational, sondern weitgehend verborgen-unbewusst sind. Das sehr eingängige Vierebenenmodell des Gehirns nach Gerhard Roth verdeutlich diese Schwierigkeit. Er unterscheidet:

- Eine *untere Ebene* (Hypothalamus – zentrale Amygdala – vegetative Zentren des Hirnstamms): Unbewusst wirkende, angeborene Reaktionen und Antriebe, z. B. Schlaf, Sexualität, Aggression…
Diese Ebene ist hoch stabil und kaum veränderbar.
- Eine m*ittlere limbische Ebene* (basolaterale Amygdala, mesolimbisches System): Unbewusste emotionale Konditionierung, z. B. Furcht, Freude, Ekel, Zorn, Angst, Bindungserfahrung, die Empfindung von Gestik,…
Diese Ebene ist durch Ansprechen individuell-emotionaler Motive und durch sehr langes Einüben veränderbar.
- Eine o*bere limbische Ebene* (prä- und orbitofrontaler, cingulärer und insulärer Cortex): Ebene des bewussten, emotional-sozialen Lernens – Anerkennung, soziale Nähe, Ethik…
Diese Ebene ist durch soziale Interaktion und Kommunikation veränderbar.
- Die *kognitiv-sprachliche Ebene* (linke Großhirnrinde, Sprachzentren, präfrontaler Cortex): Ebene der bewussten sprachlichen Kommunikation – Handlungsplanung, Erklärung und Rechtfertigung des Verhaltens…
Diese Ebene ist zwar einfach veränderbar, hat aber nur in Verbindung mit den anderen Ebenen Einfluss auf unser Verhalten und bewusstes Handeln.

Interiorisationsprozesse greifen vor allem auf der mittleren limbischen Ebene an. Wo sie auf die obere limbische Ebene einwirken, sind ihre Wirkungen beschränkt, wenn sie nicht auch auf die mittlere limbische Ebene durchgreifen. Gezielte Werteentwicklungen, die allein auf die kognitiv-sprachliche Ebene einzuwirken versuchen, stehen auf verlorenem Posten. Es gibt zwar rationale Erwägungen aber keine rein rationalen Entscheidungen. Entscheidungen sind immer emotional, wie lang man auch erwogen hat, und rationale Argumente wirken auf die Entscheidung nur über die mit ihnen verbundenen Emotionen, über Erwartungen und Befürchtungen ein. Alles was wir entscheiden, wird im Lichte des emotionalen Erfahrungsgedächtnisses entschieden. Unsere Entscheidungen sind umso mehr Entscheidungen unserer unbewussten Persönlichkeit, je wichtiger sie sind. Wir sind mit unseren Entscheidungen nur dann zufrieden, wenn sie ihren Grund in den tieferliegenden limbischen Ebenen unserer Persönlichkeit haben.

Daraus folgen zwei zentrale Maximen für Werteerzieher und -entwickler und solche, die es werden wollen:

„Bei Entscheidungen und Verhaltensänderungen haben die unbewussten Anteile unserer Persönlichkeit das erste und das letzte Wort, Verstand und Vernunft sind nur Berater!"

Und:

„Worte sind nicht ganz unnütz, aber sie allein bewirken nichts, sondern immer nur mit bewussten Emotionen oder besser noch mit unbewussten Emotionen…" (Roth 2014).

„Zehn Gebote" für Werteerzieher und -entwickler

Wir können unsere Grundlegung in folgende zehn Leitsätze für Werteerzieher und -entwickler bündeln:

1. Leben selbst ist ein wertungsgewinnender Prozess.
   Sie begeben sich mit Ihrem Entwicklungsziel an einen der Ursprünge des Lebens.
2. Wertungen, Werte sind allgegenwärtig, wobei es sinnvoll ist, beide Begriffe synonym zu benutzen.
   Sie sind von Ihrem Entwicklungsziel umlagert, ja belagert.
3. Wertewandel hat es seit Menschheitsgedenken gegeben, aber er ist als „Umwertung aller Werte" (Nietzsche 1980) erst in der zweiten Hälfte des 19. Jahrhunderts für jeden fühlbar geworden.
   Sie versuchen, diesen sich immer weiter beschleunigenden Wandel zu verstehen und womöglich mitzugestalten.
4. Werte sind Ordner, welche die individuell-psychische und sozial-kooperativ-kommunikative menschliche Selbstorganisation bestimmen oder maßgeblich beeinflussen.
   Sie verstehen Selbstorganisation als ein neues, grundlegendes Phänomen.
5. Es gibt vier alles beherrschende Grundwerte – Genusswerte, Nutzenwerte, ethisch-moralische Werte und sozial-weltanschauliche Werte.
   Sie machen sich mit ihnen vertraut und vermengen sie niemals miteinander.

6. Drei Essentials überwölben die angestrebte Erziehungs- und Entwicklungsarbeit. Das *erste* beinhaltet ein Verständnis der grundlegenden Struktur von Werten.
Sie wissen, dass und wie Sie nach den Objekten, den Subjekten, den Grundlagen und den Maßstäben des Wertens fragen müssen.
7. Das *zweite* Essential beinhaltet die Frage nach der Angemessenheit, der Adäquatheit von Werten.
Sie wissen, dass Werte nicht wahr oder falsch, sondern Problemen und Situationen mehr oder weniger angemessen sind und versuchen tapfer, gegen das Vorurteil von den wahren Werten anzugehen.
8. Das *dritte* Essential beinhaltet die Werteinteriorisation, den über eine emotionale Irritation, Berührung, Erschütterung, Labilisierung erfolgenden Aneignungsprozess von Werten.
Sie berücksichtigen, dass die Werteverankerung umso größer ist, je größer diese Labilisierung ist und versuchen, Wege zwischen Belanglosigkeit und Tragödie zu finden.
9. Die Werteinteriorisation erfolgt über Stufen, die bei vielen psychologischen, psychotherapeutischen und gruppendynamischen Prozessen ähnlich sind.
Sie sind in der Lage, diese Stufen eigenen Erziehungs- und Entwicklungszielen anzupassen und zu gestalten.
10. Wertungen lassen sich grundsätzlich nicht wie Informationen weitergeben.
Sie haben verstanden, dass stets das limbische System mit im Spiel ist und sind sich bewusst, dass Worte allein nichts bewirken, sondern immer nur mit bewussten Emotionen oder besser noch mit unbewussten Emotionen..."
(Roth 2014, o. Seiten).

Ein emotionales Zwischenspiel

So viel ist klar: Ohne spürbare emotionale Irritationen, Berührungen, Begeisterungen, Verunsicherungen, Dissonanzen, Konfliktsetzungen, Erschütterungen, ohne ein emotionales Durchrütteln – wir sprachen verallgemeinernd von emotionaler Labilisierung – bilden sich keine Werte aus, ist gezielte Werteentwicklung eine schlichte Illusion.

Diese Feststellung wirft zwei Folgefragen auf.

Erstens kämpfen da drei Begriffskonkurrenten erbittert gegeneinander: Emotionen, Affekte, Gefühle. Warum bevorzugen wir gerade die Emotionen?

Zweitens klingt allenthalben unsere Überzeugung durch: Je stärker die emotionale Labilisierung, desto stärker ist auch die Verankerung von Wertungen, von Werten. Aber müssen wir uns nicht, soll das etwas anderes als eine bloße Behauptung bleiben, eine Vorstellung davon machen, wie wir Emotionen, ihre Veränderungen, ihre Labilisierungen „messen"? Selbst wenn das nur auf eine vage Abschätzung hinausläuft?

Emotionen, Affekte, Gefühle

Zwei Fremdworte und ein vertrautes, ja vertrauliches Wort der deutschen Sprache; alle drei akzeptiert und viel genutzt.

- *Emotion* erfasst vom Ursprung her (lateinisch „emovere" = herausbewegen) am deutlichsten den aktivierenden, handlungsfordernden und -antreibenden Bezug zu Wertungen.
- *Affekt* bedeutet ursprünglich (lateinisch „afficere" = in eine Stimmung versetzen) eine intensiv erlebte Emotion, möglicherweise unter Verlust der Handlungskontrolle, dann aber auch als *Stimmung* abklingend, einen weniger intensiven, weniger fordernden Wertungsbezug (Duden 2014).
- *Gefühl*, das ist ein weites Feld… Gefühl kann man als das subjektive Erleben einer Emotion beschreiben, das beispielsweise unbewusst Lust gegenüber Unlust, Erregung gegenüber Ruhe und Spannung gegenüber der Auflösung dieser Spannung einschätzt.

Unser Umriss fasst Emotionen als Wertungen eines einzelnen Menschen auf der Grundlage seiner Erfahrungen, Bedürfnisse und Interessen (Erpenbeck 2018, S. 107 ff.). Emotionen sind einfach strukturiert, sie bewerten „Umweltereignisse und Objekte, also Erfahrungen und Wahrnehmungen des Menschen erst einmal in einer ganz bestimmten Art… sie geben den Dingen um uns herum sozusagen ihre Bedeutung für uns und unsere innere Bedürfnislage" (Rost 1990, S. 42).

Affekte als intensiv erlebte Emotionen und Gefühle als subjektiv erlebte Emotionen umkreisen auf unterschiedliche Art die Emotionen, die damit deutlich im Zentrum stehen.

„Im englischen Sprachraum wird nicht so deutlich zwischen affect, emotion und mood unterschieden wie im deutschen Sprachraum zwischen Affekt, Emotion und Stimmung. So werden affect, emotion und mood häufig synonym verwandt, wobei affect zudem häufig als Obergriff eingesetzt wird, während im Deutschen Affekte kurze und intensive Emotionszustände bezeichnen, die starke Verhaltenstendenzen besitzen. Emotionen sind bewertende Stellungnahmen zu Umweltereignissen, die verschiedene physische und psychische Teilsysteme … zum Zwecke einer möglichst optimalen Reaktion koordinieren. Stimmungen unterscheiden sich von Emotionen durch geringere Intensität und längere Dauer – häufig wird Stimmungen auch eine fehlende Objektbezogenheit im Gegensatz zu Emotionen, die immer auf etwas gerichtet sind, zugesprochen … Mit Gefühl wird die erlebnisbezogene Seite einer Emotion bezeichnet, die – wie im Beispiel der Angst – nur eine der Emotions-Komponenten darstellt. Allerdings sind diese Definitionsansätze unter anderem aufgrund der verschiedenen Sprachtraditionen nicht allgemein verbindlich – eine Tatsache, die insbesondere einer internationalen Emotionsforschung nicht gerade förderlich ist (Sokolowski 2002, S. 9).

Wir wollen uns nicht mit den teilweise kleinlichen Unterscheidungen zwischen Emotionen, Gefühlen, Affekten, Stimmungen und ähnlichem auseinander setzen (vgl. Arnold 2005 S. 140). Theorien sozialer Systeme, die individuelle Werte, Emotionen und Kompetenzen vernachlässigen, führen zu einem untauglichen Gesellschafts- und Weltverständnis. Das betont besonders eindringlich Luc Ciompi, der früher eher Affekte in den Mittelpunkt seiner Überlegungen stellte, inzwischen aber ebenfalls Emotionen den begrifflichen Spitzenplatz einräumt (vgl. Ciompi 1993, S. 76 ff.; Ciompi 2015, DVD).

Der große Kognitionspsychologe Friedhardt Klix hat ebenso unumstößlich wie fundamental herausgearbeitet, dass es sich bei unserem Bewertungssystem um ein verhältnismäßig einfaches System handelt: „Es unterscheidet im wesentlichen Intensitätsstufen auf einer polar ausgebildeten Qualitätsskala [plus – minus], die als *Emotionen* erlebbar sind und deren Veränderungen in *Affekten* kenntlich werden. Es ist ein System der Selbstbewertung." Bewertet werden Situationsänderungen im Hinblick auf ihre individuelle Bedeutsamkeit. Die darin begründete Antriebskraft des Systems bleibt in ihrer Funktion während der gesamten Stammesgeschichte des Menschen im Wesentlichen konstant. Der gegenständliche und gedankliche Inhalt des Bewerteten ändert sich hingegen von Lebenssituation zu Lebenssituation. Und damit ändert sich auch, was im Gedächtnis behalten, und was vergessen wird (vgl. Klix 1993, S. 98, 106).

Zugriff auf die emotionale Labilisierung

Bei gesunden, anpassungsfähigen Menschen arbeitet das Herz wie ein Hightech-Instrument: Es reagiert mit fein abgestimmten Variationen der Herzschlagfolge. Dieses Phänomen nennt man die *Herzratenvariabilität*

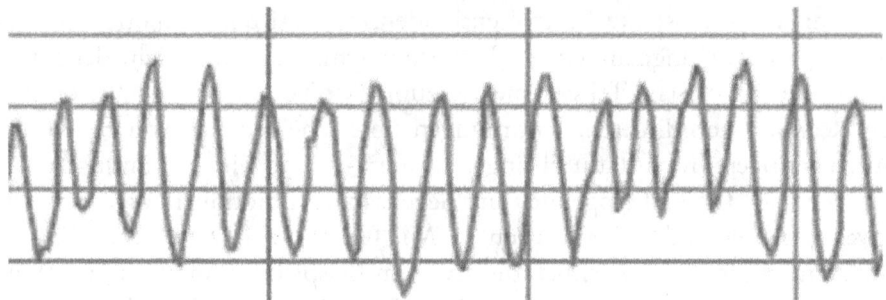

Abb. 2 Harmonischer Herzrhythmus

(HRV, „heart rate variability"). Bei *jeglicher* Form emotionaler Labilisierung lässt sich eine Veränderung der Herzschlagfolge beobachten und messen (vgl. Eller-Berndl 2015; Lohninger 2017; Grimm 2017; HRV und Psyche 2018). Wir setzen dieses Beispiel an den Anfang, weil wir es selbst in vielen Seminaren an der SIBE in Herrenberg getestet haben und uns die deutliche Sichtbarkeit der Labilisierung immer wieder aufs Neue verblüffte. Wir benutzen das Beispiel aber auch, weil es inzwischen mehrere sehr praktikable, leichte Geräte gibt, um die Herzratenvariabilität zu messen.[5]

Wir empfehlen, eine solche Messung an den Beginn einer Entwicklung der Werteerzieher und -entwickler zu stellen. Sie sind oft des Geredes über Emotionen und emotionale Labilisierung überdrüssig, fragen: Wie soll ich mir das vorstellen – und erwarten keine wirkliche Antwort darauf. Umso mehr sind sie von folgender Versuchsanordnung überrascht:

Ein Proband wird mit einem Ohrclip an das kaum USB-Stick-große Gerät zur Messung der Herzratenvariabilität gekabelt, das mit entsprechender Software auf einem Computer verbunden ist. Der Bildschirm wird auf eine Leinwand projiziert. Zunächst sieht man – nichts, nur die Wiedergabe des mehr oder weniger gleichmäßigen Herzschlags. Durch Erinnerung an eine schöne, beruhigende, beglückende Lebens- oder Urlaubssituation und durch harmonisierende, ruhig stellende, dämpfende Worte wird der Herzschlag ganz gleichmäßig. Ein harmonischer Herzrhythmus wird für jeden Betrachter offen sichtlich (Abb. 2):

Und dann greifen wir zu einem bösen Trick. Wir unterbrechen die Harmonisierung und lassen den Probanden von dreihundert in Siebzehnerschritten

---

[5]Der Einsatz eines Heartmath-Messinstruments in unseren Seminaren ging auf einen Vorschlag von Melanie Gampe zurück.

Einführung – Gezielte Werteentwicklung von Persönlichkeiten

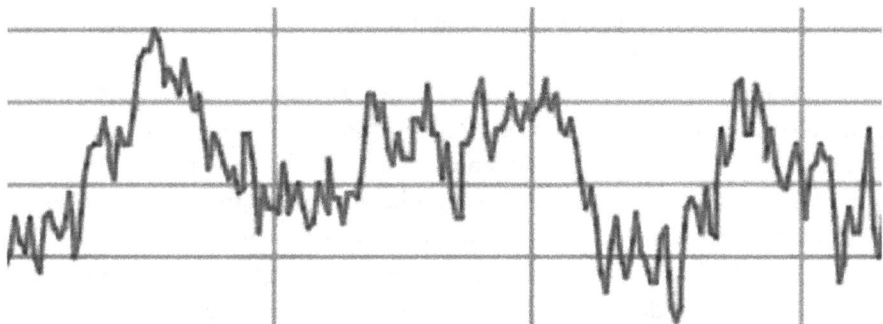

Abb. 3 Gestresster Herzrhythmus

rückwärts zählen. Eine simple Aufgabe und doch, vor allem wenn ihn mehrere Menschen beobachten, deutlich stressig, labilisierend (Abb. 3):

Ein eindeutig *psychischer* Vorgang – die emotionale Labilisierung – führt also zu deutlich sichtbaren und messbaren *physischen* Veränderungen!

Emotionale Labilisierung ist also organisch messbar. Das ist auch in vielen anderen unterschiedlichen Ansätzen immer wieder nachgewiesen worden. Wir betrachten es als unumstößliche Tatsache.[6]

Natürlich ist eine derartige Verkabelung nicht die einzige Möglichkeit, Emotionen und emotionale Labilisierungen einzuschätzen oder zu messen. Vor allem in zwei Bereichen benötigt man dringend solche Messungen, um wirtschaftlich effektiv handeln zu können.

---

[6]Seit etwa 1960 gibt es viele Versuche, emotionale Labilisierung, meist in anderer Terminologie, aber ähnlicher Grundüberzeugung zu erfassen. So etwa die Dissonanztheorie mit dem Kern der Neubewertung emotional dissonanter Situationen (Festinger, L. 1978: Theorie der kognitiven Dissonanz. Bern; Erpenbeck, J. 1986: Motivation. Ihre Psychologie und Philosophie. Berlin), die Theorie der Attitude Change über Werthaltungen und ihre Änderungen (McGuire et al. 1985: Attitudes and attitude change. Handbook of social psychology: Special fields and applications, 2, S. 233–346); der Ansatz kritischer Lebensereignisse, die bestehende Wert- und Weltanschauungen massiv verändern (H. Filipp und P. Aymanns 2010: Kritische Lebensereignisse und Lebenskrisen; T. Klauer und W. Greve 2005: Kritische Lebensereignisse und Gesundheit, Berlin); die Analyse des Zusammenhangs von Unternehmenskulturänderungen und individuellen Emotionen (Edgar H. Schein 2003: Organisationskultur. „The Ed Schein Corporate Culture Survival Guide", EHP, Bergisch Gladbach); der Ansatz labilisierter Emotionen bei korrektiven Erfahrungen innerhalb der Psychotherapie (Ferrari, N. 2014: Korrektive Erfahrungen. Eine Untersuchung der Formen, begleitenden Emotionen und Prozesse. Bern); das Umlernen irrationaler emotionaler Bewertungsmuster („irrational beliefs") und des Neugewinns zielführender *Emotionen* nach Ellis (Ellis, A. 1997: Grundlagen und Methoden der Rational-Emotiven Verhaltenstherapie. Stuttgart); die Synthese von emotionsbezogener Psychotherapie und Neuropsychologie (Grawe, K. 2004: Neuropsychotherapie. Göttingen 2004); und der Ansatz der Beherrschung der Emotionen (Epstein, S. 2010 Emotional Mastery. Life Transformation Through Higher Conciousness. Conant).

Das ist zum einen der Bereich der materiell sehr folgenreichen *Psychotherapieverfahren*. Es ist kein Zufall, dass alle bisher zitierten fundamentalen Versuche, emotionale Labilisierung genauer zu fassen, aus diesem Bereich stammen. Ebenso wenig ist es ein Zufall, dass die bisher aufwendigste und materialreichste Übersicht zeitgenössischer Psychotherapieverfahren von Klaus Grawe, abgestimmt mit den Krankenkassen, vom Anspruch ausgeht, die effektivsten Verfahren herauszufischen, wobei Therapieeffekte „generell einen bedeutenden wirtschaftlichen Nutzen" erzeugen (Grawe et al. 1994, S. 675). Da es bei den meisten der analysierten Verfahren um solche geht, bei denen emotionale Wertungen umgeändert werden, steht die emotionale Labilisierung, ihr Verständnis und ihre Messung im Mittelpunkt. Die Zusammenfassung des fast 900 Seiten starken Werks sieht die Aufgabe der Psychotherapie in der Bearbeitung und Auflösung oft unbewusster Konflikte.

> „Es geht…um die Erklärung der Bedeutungen im Hinblick auf die Motivationen, Werte, Ziele des Patienten und dieser Prozess muss per definitionem von Emotionen begleitet sein. Dies kommt gut in den einschlägigen Messinstrumenten zum Ausdruck, die in der Psychotherapieforschung benutzt werden, um die Bearbeitungstiefe oder das Erklärungsniveau zu erfassen … In den [entsprechenden] Skalen ist die erkennbare gefühlsmäßige Beteiligung des Patienten an dem, was er sagt, das Kriterium für die Vergabe hoher Skalenwerte. Auch die empirisch gut gesicherte Tatsache, dass erfolgreichere Psychotherapien durch eine stärkere affektive Beteiligung des Patienten gekennzeichnet sind als weniger erfolgreiche … weist darauf hin, das wirksame Therapien in der Regel, jedenfalls zeitweise, von starken Emotionen begleitet sind" (Grawe et al. 1994, S. 772).

Später hat Grawe auf neurobiologische Erkenntnisse seiner Zeit zurückgegriffen (vgl. Grawe 2004).

Da ist zum anderen der Bereich von *Verkauf, Marketing und Werbung*. Emotionen bieten einen wichtigen Konkurrenzvorteil für die strategische Stellung eines Unternehmens. Sie beeinflussen geistige Prozesse, entscheiden mit über den Verkaufserfolg einer Kampagne und verändern das Produkterleben. Dementsprechend groß ist der Bedarf an gültigen Verfahren zur Emotionsmessung in der Werbeforschung (vgl. Jaeckel 2018).

Emotionen äußern sich in einem charakteristischen Ausdrucksverhalten, insbesondere des Gesichtsausdrucks, der sich als universell, über Personen und sogar über Kulturen hinweg als weitgehend gleichartig erweist. Damit liefert die Mimik den Schlüssel für eine erfolgsversprechende, gültige Messung von Emotionen. Als Standards in der Emotionspsychologie haben sich zwei Messverfahren herauskristallisiert. Entweder beurteilen geschulte

Beobachterteams das Ausdrucksverhalten von Menschen (Beobachtung) oder die Mimik wird aufgezeichnet und später mittels umfangreicher Berechnungen ausgewertet (Registrierung). Beide Messverfahren werden für gültig, aber für praktisch schwer verwendbar gehalten.

Die Marktforschung versucht deshalb in der Regel, Emotionen durch Befragungen mittels Listen von Adjektiven oder Aussagen zu messen. Es ist aber für Befragte oft schwierig oder gar unmöglich, ihre Gefühle ohne Hilfestellung auszudrücken. Ein Mittelweg wird mit der Symbolisierung von emotionstypischem Ausdrucksverhalten als „Emoticon" gegangen (vgl. Matula 2017). „Die Schwierigkeit der Marktforschung ist, dass die Menschen nicht so denken wie sie fühlen, nicht das sagen, was sie denken und nicht das tun, was sie sagen" (Ogilvy in: Handel und Müller 2018).

„Emotionen werden in Marketing und Werbung vor allem intuitiv eingesetzt. Die Herausforderung für die Marktforschung ist, Emotionen objektiv zu erfassen. Wie aber können Emotionen objektiv erfasst werden, wenn Menschen nicht beschreiben können, wie sie sich fühlen? Eine Option ist, dort zu messen, wo Gefühle entstehen – im Gehirn. Mittels funktioneller Magnetresonanztomografie (fMRT) lässt sich die Aktivierung verschiedener emotionaler Netzwerke im Gehirn messen. Die Aktivierung dieser Netzwerke entspricht der Ausprägung verschiedener Emotionen. Mit den Algorithmen von Prof. Victor Lamme von der Universität Amsterdam, einer Koryphäe der Hirnforschung, gelingt es, 13 verschiedene Emotionen zu quantifizieren: Erwartung, Vertrauen, Wertigkeit, Involvement, Vertrautheit, Gefahr, Aversion, Ärger, Angst, Neuheit, Aufmerksamkeit, Verlangen und Lust" (Handel und Müller 2016). Untersuchungen mit funktionaler Magnetresonanztomografie wurden inzwischen in großem Umfang durchgeführt.[7]

An der ETH Zürich wurde die Frage systematisch gestellt, „...was für Instrumente es gibt, um Emotionen zu messen. In den letzten Jahren hat sich auf dem Gebiet der Emotionsforschung bzw. dem Suchen nach Wegen, Emotionen messbar zu machen, viel getan. Dabei entstanden verschiedenste Ansätze zur Emotionsmessung, die von einfachen Bewertungsskalen bis hin zu Messmethoden unter Einsatz von Hightech Equipment reichen."[8]

---

[7]Vgl. http://www.neurensics.com/ (aufgenommen 18.08.2018): „We were the first to make brain scanning (fMRI) commercially available to market research, and have performed 50.000 scans for over 150 clients since".

[8]http://www.e-work.ethz.ch/praesentationen/ss_04/gruppe_1/homepage/inhalt/messung_4.htm Seite 1 von 2 (aufgenommen am 18.08.2018). Im Rahmen der Untersuchung wurde das PEC-TOOL zur Messung einer wahrgenommenen emotionellen Wertigkeit (PEC= „erceived emotional content") am Institut für Arbeitsphysiologie der ETH Zürich entwickelt.

- *Instrumente zum Messen emotionaler Ausdrücke* können danach in solche unterteilt werden, die Gesichtsausdrücke messen und jene, die verbale Äußerungen messbar machen. Damit können vor allem Basisemotionen gemessen werden; außerdem ist das benötigte Equipment äußerst komplex und benötigt erfahrenes Personal zur Bedienung.
- *Instrumente zum Messen physiologischer Reaktionen* wie Blutdruck, Hauteigenschaften, auch Gehirnströme und Magnetresonanzverfahren. Solche Methoden sind objektiv, stabil und kulturübergreifend. Sie sind aber nicht spezifisch für bestimmte Emotionen, sondern gestatten nur, wie unser Beispiel der Herzratenvariabilität zeigt, die emotionale Insgesamtlabilisierung zu messen.
- *Instrumente zur Messung subjektiver Gefühle* sind die Berichterstattungen der Probanden selbst, unter Zuhilfenahme von Wertungsskalen oder verbalen Protokollen oder auch von Piktogrammen. Da Emotionen sehr persönlich oder intim sein können, muss besonders auf Hemmungen und Missgefühle der Probanden Rücksicht genommen werden.

Emotionen und emotionale Labilisierungen lassen sich auch über Produktattribute wie Marken, Aussehen, Qualität und Statussymbolik hervorrufen.

Für uns sind alle solche Überlegungen und sicher noch viele, die wir übersehen haben, aus drei Gründen besonders wichtig:

Erstens bestärken sie unsere Annahme, dass emotionale Labilisierung der grundlegende Prozess für die gezielte Werteentwicklung ist; in all unseren Beispielen aus Psychotherapie, Verkauf, Marketing und Werbung geht es ja nicht zuerst um die Messung der Emotionen an sich, sondern um die vorsätzliche Veränderung der Emotionen.

Zweitens zeigt sich, dass Emotionen, Emotionsveränderungen und emotionale Labilisierungen mit unterschiedlichsten Formen der Messung – von bloß subjektiven Einschätzungen bis zum Einsatz von Hightech-Anlagen wie funktionalen Magnetresonanzscannern – nachgewiesen und in ihrer Stärke eingeschätzt werden können.

Drittens, und das ist für dieses Buch das Entscheidende:

Der Ausgangspunkt emotionale Labilisierung legt nahe, alle Verfahren der gezielten Werteentwicklung, die wir, wenn auch nur bruchstückhaft und unvollständig, zusammentragen haben, unter dem Gesichtspunkt dieser emotionalen Labilisierung anzuordnen.

Deshalb steht die gezielte Werteentwicklung in der *Praxis* am Beginn dieser Verfahren. Die gezielte Werteentwicklung durch *Coaching und Mentoring* folgt an zweiter Stelle. Die gezielte Werteentwicklung durch geeignete *Trainingsformen* schließt sich an. Die gezielte Werteentwicklung durch *einige wenige Formen der Weiterbildung* ist vielleicht möglich, wenn es gelingt, einen hinreichenden Grad emotionaler Labilisierung herzustellen, aber das gelingt den wenigsten; deshalb folgt Weiterbildung auf einem abgeschlagenen vierten Platz. Innerhalb dieser vier Kapitel wollen wir die Verfahren gemäß der mittleren emotionalen Labilisierung anordnen. Die Labilisierungsstärken wurden durch Absprachen mit Experten festgelegt, wobei wir uns der Relativität dieser Festlegungen voll bewusst sind. Wir werden diese Labilisierungsstärken durch einen Zeigerausschlag oberhalb der jeweiligen Verfahren symbolisieren.

Wir wünschen uns, dass jeder Werteentwickler Verfahren herausfindet, die ihm in der eigenen praktischen Arbeit wirklich weiterhelfen.

Psychotherapieverfahren als Modelle gezielter Werteentwicklung

„Ich habe panische Angst vor Katzen. Egal welcher Farbe oder Größe. Die Angst ist so stark ausgeprägt, dass ich nicht mal an einer vorbei gehen kann, zum Beispiel, wenn die Nachbarskatze sich draußen herumtreibt. Ich fühle mich dadurch total eingeschränkt, da, sobald ich einer Katze begegne, eine Art Panikattacke ausgelöst wird. Es fällt mir ehrlich gesagt schwer, das zu beschreiben."[9]

Eine klassische Neurose, Aelurophobie genannt. Das weiß auch der Phobiker selbst. Fragt man ihn, weiß er sehr klug über Katzenphobien und andere Phobien wie Höhenangst (Akrophobie), Spinnenangst (Arachnophobie), Dunkelheitsangst (Achluophobie) und viele andere der über 200 bekannten Phobien zu referieren. Und fragt man ihn, ob es da keine Möglichkeiten der Heilung gibt, antwortet er, beflissen, oh ja, doch – und referiert lange über die verschiedenen Therapiemöglichkeiten: Die Konfrontationstherapie, bei der man dem angstauslösenden Reiz bis zur Grenze emotionaler Erträglichkeit ausgesetzt wird; die systematische Desensibilisierung, bei der dieser Reiz in gerade noch erträglichen Schritten – Katzenbild, Katzenfell, Katze fern, Katze nah – schrittweise aufgebaut wird; Gesprächspsychotherapie und Psychoanalyse, wo den näheren und ferneren Lebensereignissen nachgesonnen wird und die jene tief verankerte Fehlbewertung umwerten und den Klienten zu einer realistischen Bewertung des Reizobjekts Katze führen wollen. Aber allein kann er diesen Weg nicht gehen.

---

[9]https://www.psychic.de/forum/spezifische-phobien-f55/ailurphobie-katzenphobie-t89471.html

An dem Beispiel finden sich alle Schritte von gezielten Werteentwicklungsprozessen vereint. Die früheren Wertungen – in diesem Falle mit Krankheitswert –, die umbewertet werden sollen. Die starke emotionale Labilisierung, die allein eine echte Werteentwicklung zu bewirken vermag. Die neue Wertung des Reizobjekts Katze, die sich schließlich herausbildet. Die komplexe Abspeicherung des Objekts Katze, der neu bewerteten Situation und der emotional tief verankerten neuen Wertung. Die unter Freunden und Bekannten kommunizierte größere gesellschaftliche Akzeptanz des „Verrückten".

Zahlreiche Psychotherapieverfahren sind als Modelle gezielter individueller Werteentwicklung zu verstehen und durch sinngemäße Übertragung zu nutzen. Unter Psychotherapie verstehen wir dabei zunächst alle Behandlungsformen „seelischer Krankheiten", beispielsweise Neurosen (Ängste, Depressionen, Zwänge) oder Psychosen (vgl. Kirchner 2017). Wir konzentrieren uns hier aber auf die Neurosen, bei denen die Betroffenen selbst merken, dass sie ein bisschen „verrückt" sind. Bei Psychosen erleben sie hingegen etwas, das Außenstehende nicht nachvollziehen können.[10] Wir klammern auch nichtpsychologische medizinische Einwirkungen, beispielsweise Pharmaka, aus und betrachten nur verstandesmäßige und emotionale Kommunikationsprozesse.

An solchen Modellen der Aneignung von Werten (Rezeption, Interiorisation) und der Verständigung über sie (Kommunikation; Exteriorisation) sind verschiedene werteentwickelnde Bereiche interessiert und beteiligt, beispielsweise Pädagogik, Politik, Wirtschaft, Sport, Religion.

Drei traditionelle Anmerkungen, die besonders deutlich den Zusammenhang von Therapie und Wertevermittlung artikulierten, seien hier erwähnt. So stellte der bekannte Psychotherapeut Frank Pittman einmal fest: „Die meiste Psychotherapie handelt nicht von mentaler Krankheit sondern von Werten – von Wertekonflikten vernünftiger und normaler Leute, die versuchen, ein Leben innerhalb großer personeller, familiärer und kultureller Verwirrungen zu führen" (Pittman III 1994, S. 52). In ähnlich umfassender Weise sah der Sozialpsychologe Kenneth Gergen in Therapeuten „moderne Sinnstifter", die „mit den Klienten zusammen ihr jeweiliges Sinn-System finden und wie es mit den Sinn-Systemen anderer zusammenhängt… Die Herausforderung besteht darin, nicht in uns selbst nach uns eigenen Werten zu forschen, sondern sie in produktiven und bereichernden Formen von Beziehungen zu anderen Menschen zu finden" (Gergen 1994, S. 35 und 38; vgl auch Gerken 1992). Und schließlich: Während die bekannten

---

[10]https://www.medizin-im-text.de/blog/2015/21/neurose-und-psychose/(letzte Korrektur 2017).

Gesprächspsychotherapeuten Reinhard und Anne Marie Tausch anfangs den Werteaspekt ihrer Tätigkeit mit anderen Worten erfassten, enthält einer der späteren Anhänge ihres Standardlehrbuchs über Gesprächspsychotherapie überraschend den Abschnitt „Gesprächspsychotherapie: Eine Situation der Erleichterung von Umbewertungen der Klienten". Er knüpft an den Gedanken Carl Rogers an, Neubewertungen des Selbst seien entscheidend für die Psychotherapie (vgl. Rogers 1987). Dann heißt es:

> „Viele Klienten kommen zu uns in die Psychotherapie mit dem Wunsch nach Änderung ihrer belastenden Gefühle. Wenn Kognitionen (Bewertungen, wahrgenommene Bedeutungen) Gefühle zur Folge haben, und Änderungen der Kognitionen zu geänderten Gefühlen führen: dann können wir Gesprächspsychotherapie wesentlich ansehen als die Ermöglichung – Erleichterung von Um- und Neubewertungen bei den Klienten. Die Haupttätigkeit des Psychotherapeuten ist: dem Klienten optimale, nicht-dirigierende Bedingungen zu schaffen, damit er diese Umbewertungen in einer für ihn wünschenswerten Weise vornehmen kann" (Tausch und Tausch 1990, S. 343).

Dabei sei diese Einsicht keinesfalls auf die Gesprächspsychotherapie beschränkt, vielmehr können „kognitive Um- und Neubewertungen und damit dauerhafte Änderungen von Gefühlen und Verhalten ... *durch verschiedenartige Erfahrungen* ermöglicht werden" (Tausch und Tausch 1990, S. 357). Die Autoren führen sehr unterschiedliche Psychotherapiemöglichkeiten an, die als Modelle von Wertewandel in dem von ihnen umrissenen Sinne zu betrachten sind.[11] Sie plädieren neben klientenzentrierten Gesprächen für eine individuelle Kombination therapeutischer Angebote, für eine *multimodale Psychotherapie* (Tausch und Tausch 1990, S. 363). Viele ältere und neuere Psychotherapievorschläge weisen in diese Richtung einer „Integrativen Psychotherapie" (vgl. Grawe 1992, S. 132 ff.; Garfield 1980; Goldfried 1982; Weiner 1985). Unabhängig von dem zuweilen überbordenden PR-Aufwand ist auch das Neurolinguistische Programmieren mit seinem „Reframing" klar als Umwertungsprozess zu verstehen (vgl. Bachmann 1991, S. 83 ff.). Derartige Beispiele lassen sich in Fülle anführen.

Wir behaupten: *Keines* der gängigen mehr oder weniger wirksamen Psychotherapieverfahren steht außerhalb des Wertekontextes, ist lediglich verstandesmäßige Handlungsveränderung. Inzwischen liegen, vor allem unter dem Druck der Ökonomisierung von Therapieverfahren, sowohl Wirkungsabschätzungen

---

[11] Entspannung, Stresscoping, Verhaltensberatung, Verhaltenstherapie, Gruppentherapie, Selbsthilfegruppen, Formen klientenzentrierter Therapie...

der einzelnen Verfahren als auch Erklärungsversuche für die zugrunde liegenden „Mechanismen" und daraus resultierende Wirkungsdifferenzen vor (vgl. Grawe et al. 1994). Eben deshalb eignen sich *Psychotherapieverfahren tatsächlich als Modelle individuellen Wertewandels,* weil mit ihrer Hilfe „Um- und Neubewertungen und damit dauerhafte Änderungen von Gefühlen und Verhalten durch verschiedenartige Erfahrungen" tiefer zu verstehen sind.

Wir haben es unseres Erachtens mit dem formenreichsten, methodisch am gründlichsten diskutierten, am umfangreichsten ausgearbeiteten Gebiet individuellen Wertewandels zu tun. Nun bieten die meisten Psychotherapieverfahren eigene, zuweilen scharf voneinander abgesetzte Erklärungen für ihre Wirkungen an, die ihrerseits einer fundierten methodologisch-wissenschaftstheoretischen Kritik bedürfen (vgl. Grünbaum 1993). Bei der Durchmusterung der unendlichen Fülle von speziellen Verfahren und Erklärungsmustern fällt allerdings auf, dass sich, unabhängig vom je spezifischen Verständnis im Rahmen einer Therapieschule, bestimmte *Grundelemente* bei fast allen Psychotherapieverfahren wiederfinden lassen. Es sind dies beispielsweise:

- Die Annahme eines *emotional-motivationalen „Fehllernens" von Bewertungen* in der weiteren, näheren oder zeitnahen Vergangenheit und eines daraus resultierenden aktuellen Fehlverhaltens – stets in einem bestimmten Kultur- und damit Wertekontext.
- Der therapeutische Rückgriff auf nicht allein verstandesmäßig bewältigbare, widersprüchlich-dissonante und deshalb zu starken emotional-affektiven Labilisierungen führenden, konflikhaften Situationen, Kommunikationen und Aktionen.
- Der damit erfolgende Eingriff in das lebensgeschichtlich tradierte, im Gedächtnis verankerte Zusammenwirken von gedächtnismäßig verankerten Emotionen und abgespeichertem Sachwissen und ein „Aufbrechen" ihres Zusammenspiels (vgl. Ciompi 1997).
- Bei Therapieerfolg eine gedächtnismäßige Verknüpfung des neuartigen Zusammenwirkens von Emotionen und Sachwissen.
- Die Begleitung des gesamten Therapieprozesses durch eine Kommunikation von emotionalen Wertungen.
- Eine *veränderte Handlungsantizipation,* gegründet auf das neu entstandene Zusammenwirken von wertendem Emotionssystem und vorausdenkendem Sachwissenssystem, und ein dementsprechendes körperliches und kommunikatives *Handeln.*

- Die *Kommunikation* der damit *neu interiorisierten Werte* außerhalb des Therapiezusammenhangs teils in rationalisierter Form, teils in Form geänderter Emotionen (vgl. z. B. Rogers 1974; Lacoursiere 1980, S. 19 ff.; Höck et al. 1981, S. 25 ff.).[12]

Interessanterweise kommt die verallgemeinerte Darstellung individueller *Werteinteriorisation* zu sehr ähnlichen Grundelementen. Vergleicht man beide, sind strukturelle und inhaltliche Übereinstimmungen unmittelbar einsichtig.

Was lässt sich aus den modellhaft skizzierten Psychotherapieverfahren und ihren Grundelementen für eine gezielter Werteentwicklung nutzen?

Zunächst die Einsicht, dass überhaupt solche Grundelemente existieren und aufeinander aufbauen. Sollen Prozesse der gezielten Werteentwicklung stattfinden, muss man sie so gestalten, dass am Anfang offene, emotional labilisierende Konflikt- und Entscheidungssituationen stehen. Es muss ein gewisser zeitlicher und mentaler Druck aufgebaut werden, diese Entscheidung möglichst frei und zügig zu gestalten. Ist sie vollzogen, muss man die Bewertung des Handlungsergebnisses durch den Handelnden wie durch seine Umwelt im Blick behalten und die darauffolgende wertende Kommunikation fördern. Schließlich müssen mithilfe von gemeinsamen Gesprächen, aber auch von gemeinsamem Handeln Verallgemeinerungen der zunächst individuell angeeigneten Werte auf den Weg gebracht werden.

Diese Abfolge lässt sich in Vorbereitung *jeder* gezielten Werteentwicklung durchdacht und möglichst überschaubar, etwa in Tabellenform, vom Werteentwickler aufschreiben. Jedes der Grundelemente der Psychotherapieverfahren legt aber auch zusätzliche Überlegungen zur Übertragung auf die Werteentwicklung nahe.

Bei der *Gestaltung von Werteentwicklungsprozessen* muss man sich also stets vergegenwärtigen, welche Grundelemente im eigenen Vorgehen zum Tragen kommen. Dabei muss man herausfinden, welche *Prozesse emotionaler Labilisierung* dabei besonders zum Tragen kommen und wie und bis zu welchem Grad man sie „anheizen" kann und darf. Die nachfolgende *Wertekommunikation* mit der sich entwickelnden Persönlichkeit und mit den Menschen ihrer Umgebung muss überlegt eingesetzt und gestaltet werden.

Je nachdem, welcher *lebensgeschichtliche Abschnitt* in den Erklärungsmittelpunkt gerückt wird (frühe Kindheit, Adoleszenz, aktuellere Konflikte), welche

---

[12]Besonders gruppentherapeutische Verfahren zeichnen diese Grundelemente als *Stufen* des therapeutischen Prozesses nach.

früheren Labilisierungsprozesse und -quellen für das emotional-motivationale „Fehllernen" verantwortlich gemacht werden (z. B. Sexualität, elementares Triebgeschehen, kulturelle, soziale Anpassung, früheres instrumentelles und kommunikatives Handeln), entstehen sehr unterschiedliche Aussagen über die Ursachen psychischer Störungen und entsprechende Psychotherapieverfahren.

Im gleichen Sinne lässt sich nun in jedem Werteentwicklungsprozess nach den lebensgeschichtlichen Abschnitten und früheren Labilisierungsprozessen und -quellen vorhandener Werte und möglicher Werteentwicklungen fragen. Eine kulturelle Prägung, die sich unter neuen Bedingungen, beispielsweise bei Migranten, als kontraproduktiv erweist, muss am Beginn eines angestrebten Werteinteriorisationsprozesses schonungslos, aber nicht taktlos, hinterfragt werden, um überhaupt eine neue Entscheidungssituation als Startsituation aufzubauen.

Man muss gemeinsam mit seinem Werteentwicklungspartner herausfinden, welche Werte er für sich und bei sich verändern will, welche Gründe er dafür hat und gemeinsam mit ihm überlegen, in welchem Lebensabschnitt diese Werte entstanden sein mögen, wo sie ihm genützt und wo sie ihm geschadet haben. Insbesondere muss er sich fragen, welche nationalen und kulturellen Prägungen diese Werte hervorgebracht oder beeinflusst haben.

Die *emotionale Labilisierung* ist das zentrale Wirkmoment jedes Psychotherapieverfahrens (vgl. Mahrer 1985; Curtis und Stricker 1991). Sie ist, wie wir gezeigt haben, zugleich das zentrale Wirkmoment jeder gezielten Werteentwicklung. Die in Psychotherapieverfahren angewandten Methoden des emotional-motivationalen „Aufrührens" durch entsprechende Setzung von Konflikten sind ebenso vielfältig wie die in der gezielten Werteentwicklung möglichen. So können *Gegenstandskonflikte,* etwa die Konfrontation mit ablehnend bewerteten Gegenständen oder Symbolen, gesetzt werden, *Instanzenkonflikte,* etwa die Simulation sozialer Konfliktsituationen, oder *Kommunikationskonflikte.* Sie können die Form *innerer Konflikte* annehmen, etwa wenn man sich mit der eigenen Erinnerung auseinandersetzt, oder Ablehnungen auf fremde Personen überträgt, sie können in Form von *Partnerkonflikten,* oft mit dem Werteentwickler, oder in Form von *Gruppenkonflikten* auftreten, und sie können schließlich auch über klassische *Medien* wie Musik, Bild und Buch oder über neue Medien, insbesondere in Kommunikationsnetzen, gesetzt werden. Damit tut sich ein weiter Bereich von Möglichkeiten der Werteentwicklung auf. Psychotherapieverfahren sind umso wirksamer, je stärker die entsprechende Labilisierung greift (Grawe et al. 1994, besonders S. 673 ff.). Das gilt ebenso für die Werteentwicklung.

Eine *gezielte emotionale Labilisierung* lässt sich durch bestätigende Bewunderung, vor allem aber durch Widersprüche, Konfrontationen und Konflikte aufbauen, die eigene Methode des Vorgehens muss sorgfältig gewählt werden. Wenn man auf ein konfrontatives Vorgehen setzt, muss man wählen, ob man es auf Gegenstands-, Instanzen-, Kommunikations-, Partner-, Gruppen- oder Medienkonflikte aufbaut. Dabei muss Bewunderung wie Konflikt stets so gestaltet sein, dass die emotionale Labilisierung beherrschbar bleibt und nicht in Anbetung oder Zerstörung mündet.

Besonders wichtig ist es, das „Aufbrechen" und neues Zusammenwirken von *Emotionssystem und Sachwissenssystem* unter die Lupe zu nehmen. Zum emotional-motivationalen Lernen, zum Verhältnis von Emotionen und Gedächtnis, existiert eine umfangreiche Literatur (zusammenfassend hierzu Christianson 1992; Löffler und Peper 2011; Damasio 2014; Stenger 2016; Damasio und Kober 2016). Mit unterschiedlichen Annahmen über die „Mechanismen" emotional-motivationalen Lernens sind unterschiedliche Methoden der Psychotherapie verknüpft. Sie lassen sich nicht einmal andeutungsweise aufzählen. Stattdessen seien nur zwei grundlegende Unterschiede angesprochen.

Zum einen unterscheiden sich die Annahmen über die zugrunde liegenden *psychophysischen Strukturen*. Dass ein wertend qualifizierendes Emotionssystem und ein quantifizierendes Kognitionssystem – so Luc Ciompi – existieren und diese sich funktionell unterscheiden, unterliegt kaum Zweifeln. Wie diese Systeme aber realisiert sind, bleibt Gegenstand der Diskussion. „Mechanistische" Ansätze neigen zur ersteren, selbstorganisative zur letzteren Erklärungsart. Zum anderen, und damit verbunden, spielt eine entscheidende Rolle, ob *psychische Prozesse* selbst eher „mechanistisch" oder eher selbstorganisativ erklärt werden (vgl. Hernegger 1985).

Ob man Prozesse der Werteentwicklung eher kleinteilig und in der Hoffnung auf schnelle punktuelle Erfolge angeht oder ob man die komplizierten neuronalen, psychologischen und sozialen Selbstorganisationsprozesse im Blick zu behalten versucht, die letztlich zu massiven Veränderungen der Werteorientierungen von Gruppen, Nationen und Kontinenten führen, ob man an entsprechend langsamen, aber manchmal breit wirkenden Orientierungsschüben teilhaben will, ist eine Frage des Forscher- und Entwicklertemperaments und der drängenden kulturellen, ökonomischen und politischen Umgebungswidersprüche.

Man muss sich also, wenn man einen Prozess gezielter Werteentwicklung angeht, klar machen, ob man eher von einer „hardwaremäßig" realisierten neuronalen Struktur ausgeht oder ob man trotz aller Fortschritte der Neuropsychologie der Überzeugung ist, dass die psychische Komplexität letztlich nicht abbildbar ist.

Dementsprechend wird man sich festlegen, ob man eher *mechanistische* oder eher *selbstorganisative* Erklärungen bevorzugt. Im ersten Fall versucht man, möglichst klar überschaubare und abgrenzbare Begeisterungs- oder Konfliktpotenziale zu nutzen. Im zweiten Fall wird man eher die wertemäßige Komplexität der Persönlichkeit, ihre Ganzheit, ihr Selbst in den Vordergrund rücken und ihre Entwicklungen mithilfe einer Selbstorganisationstheorie zu erfassen suchen.

Das hängt auch davon ab, was angestrebt wird: Schnelle, kurzfristige Veränderungen ausgewählter Werte oder langsame, massive Veränderungen der Werteorientierungen von Persönlichkeiten, Gruppen oder größeren sozialen Einheiten.

Neben den unterschiedlichen Auffassungen über die Ursachen psychischer Störungen unterscheiden sich Psychotherapieverfahren auch in ihren Methoden der Kommunikation von Emotionen als Wertungen (vgl. Plutchik und Kellerman 1980, S. 3 ff.; Plutchik und Kellermann 1990, S. 3 ff.). Dabei gilt es, die für jedes Psychotherapieverfahren charakteristischen Strategien zur Änderung emotionaler Bewertungen herauszufinden.[13] Sie umfassen in der Regel *nonverbale* und *verbale* Kommunikationsformen.

Genau solche *Kommunikationsformen* finden sich in der Wertekommunikation in allen Versuchen politischer, ethischer, ökonomischer, ästhetischer, religiöser und anderer werteorientierter Beeinflussung oder Manipulation wieder. Für eine gezielte Werteentwicklung ist daraus zu folgern, den Formen der Kommunikation selbst ein großes Augenmerk zu widmen, wobei jedes Modell eigene Formen der Wertekommunikation einsetzt, unabhängig davon, welche Wertungen, welche Werte entwickelt werden sollen.

In welcher Form und mit welchen Hilfsmitteln sollen die bisherigen und die neu entwickelten Werte kommuniziert werden? Das Spektrum reicht von sachartiger Beschreibung über emotional aufgeladene Gespräche und Konfliktsituationen bis zur Schaffung von entsprechenden wirklichkeitsähnlichen Situationen. Wie weit sollen verbale, wie weit nonverbale Formen der Kommunikation von Werten verwendet werden? Man muss sich wie auch einem Werteentwicklungspartner klar machen, dass auch ganz diffuse, nonverbale Emotionen – beispielsweise Fremdenfeindlichkeit „an sich" – zu je eigenen Formen von Wertekommunikationen und Wertesolidarisierungen mit hohem Handlungspotenzial drängen.

---

[13]Kruse (1985) benennt als Strategien: Identifikation und Benennung von Emotionen, Lernen, mit eigenen Emotionen umzugehen, Durchbrechen emotionaler Blockaden, Vermitteln neuer emotionaler Erfahrungen, Durcharbeiten motivationaler Strukturen, Verändern sozialer Bezüge; S. 139 ff.

Letztlich ist jede Wertung, jedes Werten mittelbar oder unmittelbar auf künftiges instrumentelles, institutionelles oder kommunikatives Handeln gerichtet (vgl. Habermas 1987; Habermas 1983). Das gilt auch für emotionale Wertungen (vgl. Erpenbeck 1993; vgl. auch von Cranach 1994). Die Bewährung von Psychotherapieergebnissen nach „außen" hin bezieht sich auf alle Handlungsformen, da es das Ziel von Psychotherapie ist, bisherige „Fehlbewertungen" und daraus resultierendes „Fehlhandeln" zu korrigieren. Wenn man individuelle Werteentwicklung als Entwicklung von Emotionen auffassen kann, so gilt das unabhängig davon, ob man eher von behavioristischen oder von selbstorganisativen Grundannahmen ausgeht. Nutzt man allerdings Theorien der Selbstorganisation, treten Werte stets als Ordnungsparameter („Ordner") zukünftigen Denkens und Handelns auf. Als Ordnungsparameter bestimmen sie nicht vollständig die Zukunft des Systems, aber sie beeinflussen, sie „kanalisieren" wichtige zukünftige Möglichkeiten. Insofern liefern sie wichtige Ursachenerklärungen. Werteerzieher und -entwickler tun also gut daran, eher auf selbstorganisative Grundannahmen zu setzen, also Werte als Ordner von Selbstorganisation zu verstehen, als im Sinne eines Klein-Klein minimalen Ursache-Wirkungs-Zusammenhängen nachzujagen.

Man sollte also von einfachen Ursachenzuschreibungen – weil ein Mensch arbeitslos, ungesichert, existenziell gefährdet ist, entwickelt er fremdenfeindliche, querulantische soziale und politische Emotionen und Haltungen – zur Betrachtung der gesamten selbstorganisierenden sozialen und politischen Umgebung übergehen und stets konkretisieren, warum gerade *diese* Persönlichkeit wurde wie sie wurde.

Gezielte Werteentwicklung ist letztlich immer auf verändertes Handeln gerichtet. Deshalb muss man mit jedem Werteentwicklungspartner realistisch die zukünftigen Handlungsmöglichkeiten abschätzen und mit ihm realistische Handlungspläne entwickeln.

Gezielte Werteentwicklung von Persönlichkeiten ist keine Psychotherapie und soll es auch nicht sein. Sie kann aber aus diesem formenreichsten, methodisch am gründlichsten diskutierten, am umfangreichsten ausgearbeiteten Gebiet individuellen Wertewandels wichtige gedankliche und methodische Anregungen beziehen.

Wertelehre – Werteleere

Gezielte Werteentwicklung begleitet die Menschheitsentwicklung seit Anbeginn. Dass sich auch in den frühesten Gesellschaften Sitten des Zusammenlebens in Familien und Stämmen, zwischen Jüngsten, Älteren und Alten, zwischen Männern und Frauen entwickelt haben, steht ganz außer Frage. Die Sitten flossen in einer jeweils herrschenden Moral zusammen. Dass Struktur-, Rang- und Führungsfragen zwischen den Stammes- und Gemeinschaftsmitgliedern ausgehandelt und sicher oft ausgekämpft wurden, scheint ebenso sicher. Auch in den frühesten Gesellschaften entstanden bereits Strukturen, die wir nicht anders als politisch (altgriechisch „politiká", lateinisch „politica" – die Polis, die Bürgergemeinde betreffend) kennzeichnen können. Sie waren eng mit den Anschauungen von der Welt und ihren Göttern, mit den Weltanschauungen verwoben.

Zweifellos gab es auch Formen der gezielten Werteentwicklung von Anfang an. Auf der Jagd oder später beim Ackerbau, im Familien- und Liebesleben, in Auseinandersetzungen mit anderen Personen, Gruppen und Stämmen wuchsen Jugendliche in die geltenden ethisch-moralischen und sozial-weltanschaulichen Wertorientierungen praktisch hinein. Oft wurden sie durch hochgradig schmerzhafte psychische und physische Bräuche und Traditionen in diese Orientierungen gezwungen, von den Werten versklavt, von den Mitmenschen auf den „rechten Weg" gebracht. Mit welchem hohen Maß an emotionaler Labilisierung diese Erziehungspraktiken einhergingen, lässt sich an den teilweise bis heute überdauernden Initiationsriten nach- und mitempfinden: oft sehr quälenden und zudem durch Drogen und Gruppendruck bewusstseinsändernden Prozeduren, die individuelle Werte wie die Geschlechterrollen (vgl. Popp 1969; Rohr 2009) und gemeinschaftliche Werte der Gruppenzugehörigkeit „bis in den Tod" unauslöschlich emotional verankern[14] (vgl. Sonnenschmidt 1994; Eliade 2006). Bei nahezu allen diesen Verfahren spielen psychische und physische Schmerzen als tiefgreifende emotionale Labilisierungen eine wichtige Rolle; die Frage, ob es überhaupt Gewinn ohne Schmerz gebe („no pain, no gain?") ist nicht leicht zu beantworten (vgl. Schulz 2014). Vielleicht ist das der Grund, warum sich Elemente der Initiationsrituale bis in die Gegenwart halten, so in der Waldorf-Pädagogik (vgl. Steiner 1912, 1986) wie in der Erlebnispädagogik.[15] Die große Anzahl von Büchern, die schamanisch,

---

[14]Ein sehr anschauliches Beispiel finden Sie auch unter http://www.schleckysilberstein.com/2012/06/das-initiationsritual-der-satare-mawe-die-harteste-ausbildung-der-welt/.

[15]Birnthaler (2016): „Viele Jahrzehnte haben Forscher, Pädagogen und Psychologen gerätselt, woher die eigentümliche Kraft hinter den erlebnispädagogischen Aktivitäten stammt. Woher dieses Gefühl kommt – wenn man an einem Lagerfeuer sitzt, wenn man eine Höhle erkundet, wenn man mit einem schnittigen Boot dahingleitet oder mit einem kraftgeladenen Bogen schießt – das Gänsehautgefühl, das Gefühl wie elektrisiert zu sein. Der Autor ist nun diesem zunächst diffusen aber magischen Gefühl auf den Grund gegangen und hat entdeckt, dass dahinter eine Welt von archaischen oder gar archetypischen Empfindungen steckt", heißt es in Zusammenfassung. Birnthalers eigener erlebnispädagogischer Erfahrungen. Auch der bei Steiner anknüpfende Ansatz bezieht Freiwilligendienste, Ferienlager, Klassenfahrten, spezifische Trainings und echte Verlagsarbeit mit ein.

mystisch, magisch, spirituell, transzendental oder pseudoreligiös Initiation, die Aufnahme in eine geschlossene Gruppe, als Geheimlehre höheren Bewusstseins preisen, weist vor allem auf eine Fehlstelle moderner gezielter Werteentwicklung hin. Diese zieht sich zuweilen lieber in die emotionsfreie Darstellung und Weitergabe von Wertewissen zurück, *referiert statt labilisiert*. Sie missachtet damit das Bedürfnis von Jugendlichen wie Erwachsenen nach emotional tiefer Verbundenheit und Zugehörigkeit zur eigenen Kultur, nach sicheren, unumstößlichen Werte- und Lebensorientierungen im familiären, freundschaftlichen, gemeinschaftlichen Kreis, abgesetzt vom gesellschaftlich-politischen Bereich und abgegrenzt vom „Anderen", ob es sich um fremde Völker, Ethnien, Hilfesuchende oder Hilfebedürftige handelt (Castro Varela und Mecheril 2016).

Zumindest seit der Entwicklung voll entfalteter Sprachformen muss man wohl parallel von Versuchen ausgehen, Werte durch Benennen, Aufzählen, Wiederholen, Auswendiglernen und Pauken, aber ohne allzu große Beteiligung emotionaler Labilisierung weiterzugeben. Ein schönes Indiz dafür ist die Jahrtausende alte Klage über den Werteverfall bei Jugendlichen, die leider, leider den Werten nicht folgen, die man ihnen doch eingetrichtert hat (vgl. Giffert 2015).

„Die Jugend achtet das Alter nicht mehr, zeigt bewusst ein ungepflegtes Aussehen, sinnt auf Umsturz, zeigt keine Lernbereitschaft und ist ablehnend gegen übernommene Werte", heißt es vor circa 5000 Jahren auf einer Tontafel der Sumerer. Ähnliche Klagen setzen sich durch die Jahrhunderte hindurch fort. „Zusätzlich bemängeln unsere Gesellschaft und die Wirtschaft eine allgemeine Abnahme von Werte- und Moralvorstellungen, sowie fehlende soziale und personale Kompetenzen" heißt in einer Verlautbarung der Deutscher Industrie- und Handelskammer 2010 die gleiche sinnlose Klage (DIHK 2010).

Alles Belehren und Predigen, alle Lehrgespräche (Konfuzius vor ca. 2500 Jahren; Ausgabe 2014) und Handbüchlein der Moral (Epiktet vor ca. 1900 Jahren; Ausgabe 1992), alle Gebote und Katechismen, alles Auswendiglernen von jüdischen, christlichen[16] oder islamischen[17] Wertevorstellungen führten zu keinen dauerhaften Werteveränderungen größerer Menschengruppen und zeitigten nicht die moralischen Verbesserungen der

---

[16]https://www.christentum-hinterfragt.de/ethik.htm
[17]In der Koranschule, aber auch in der säkularen Schule, lernen Kinder in weiten Teilen der islamischen Welt vor allem durch Auswendiglernen und Wiederholen. Eigene Gedanken, Diskutieren, Hinterfragen oder sogar das Ablehnen des Lernstoffs sind in aller Regel nicht gefragt. http://www.orientdienst.de/muslime/minikurs/kindererziehung.shtml.

Menschen und der Menschheit, auf die sie aus waren, obgleich sie Millionen Mal lehrend wiederholt wurden.

Leider gibt es, unseres Wissens, keine Geschichte der Werte„vermittlung", die vom Negativen her unser Argument stützen könnte und zeigen würde, dass wirkliche Werteentwicklung kaum ohne echte emotionale Labilisierung zu haben sei. Wir wollen uns deshalb auf drei Beispiele stützen, die wir aber für durchaus verallgemeinerungswert halten.

Da ist *erstens* der in den sechziger Jahren des vorigen Jahrhunderts systematisch entwickelte und bis heute weitergeführte, gut durchdachte und methodisch weit entfaltete Versuch der Werteklärung, der „Values Clarification", Werte auf gedanklich argumentierende und diskutierende, allerdings starke Emotionen eher meidende Weise jungen Menschen beizubringen. Es gibt in Deutschland keinen vergleichbar Schule, Erwachsenenbildung, Studium und Psychotherapie umfassenden Ansatz gezielter Werteentwicklung.

Da sind *zweitens* die berüchtigten Vorkommnisse militanter, menschenverachtender fremdenfeindlicher Wertehaltungen in Rostock Lichtenhagen, 1992, die man hilflos und theorielos durch Formen von Weiterbildung und „Nachsitzen" zu bekämpfen suchte. Diese hilflose Haltung wiederholt sich immer dann, wenn sich spontan, aufgrund sozialer Verhältnisse und angeheizt von demagogisch hoch effektiven Emotionstreibern rassistische, fremdenfeindliche, völkerverhetzende Wertehaltungen gegen demokratische, vernünftige, argumentationsreiche Orientierungen mühelos durchsetzen. Dann wird das Fach Wertekunde bemüht, dann wird der Ruf nach Werteerziehung laut, worunter allerdings in der Regel seminaristische und schulartige Veranstaltungen verstanden werden, bei denen Erfolgslosigkeit garantiert ist.

Zu heterogen ist der Bereich religiöser Werteerziehung und -entwicklung, um ihn hier als Beispiel heranzuziehen; wo es gelingt, Glauben wirklich emotional zu verankern, gestützt auf eine intakte gemeinschaftliche Glaubensausübung, familiäre Gläubigkeit, vorbildhafte Erzieher und vielerlei Vorbilder mag sie gelingen. Wo die emotionale religiöse Grundgestimmtheit fehlt, ist sie vor ähnliche Probleme gestellt wie alle anderen Versuche, Werte lediglich weiterzugeben. Zu einem eigenen didaktischen Bereich hat sich hingegen, *drittens,* die sogenannte schulische Werteerziehung entwickelt. Dabei diskutieren wir nicht gesondert, dass sich oft hinter dem Fach Ethik viel mehr verbirgt als nur ethisch-moralische Werte im eigentlichen Sinne. Vielerlei Genusswerte, Nutzenwerte, vor allem aber auch sozial-weltanschauliche Werte werden dort mit behandelt, oft ohne das methodische Bewusstsein, dass alle unterschiedliche und teilweise sogar kontroverse Grundwerte sind. Wir haben das an anderer Stelle verdeutlicht (vgl. Erpenbeck 2018, S. 167–170).

Problematische Beispiele

Anhand dieser Beispiele wollen wir unsere Überlegungen verdeutlichen.

Beispiel „Werteklärung"

„Im allgemeinen Sinne will Values Clarification als ‚wissenschaftlicher' Ansatz für Fragen der Werte und Moral verstanden werden. Genauer gesagt, er will als eine Form der Wissenschaftlichkeit anerkannt werden, die davon überzeugt ist, dass die einzige Quelle der Wahrheit das ist, was wissenschaftlich ermittelt werden kann. Values Clarification ist in öffentlichen Schulen in ganz Kanada und den USA weit verbreitet. Angeblich kann man mit dieser Technik, wenn man einen Wert bestimmt, fast so ‚objektiv' werden, wie wenn ein Chemiker den Schmelzpunkt eines Elements bestimmt. Als Beginn der Values Clarification wird üblicherweise ein Werk von Raths, Harmin und Simon gesehen, das Mitte der 1960er-Jahre veröffentlicht wurde (vgl. Raths et al. 1966). Ein alternativer Ansatz wurde von Lawrence Kohlberg entwickelt (vgl. Kohlberg 1971, S. 86–87), seine Theorie der Moral und des moralischen Wachstums beruht auf den gleichen philosophischen Annahmen wie die Values Clarification, ist aber an den öffentlichen Schulen viel weniger verbreitet" (vgl. Forgay 1994).

Inzwischen gibt es eine breit gefächerte Literatur zum Thema. Die Values Clarification ist zu einem Standardverfahren nicht nur für den Bereich Schule, sondern auch für die allgemeine Erwachsenenbildung, die Persönlichkeitsentwicklung und die Psychotherapie geworden (vgl. Simon 2000; Kirschenbaum 2013; Steck Vaughn 2013; Howard 2016; Martinez 2018). Ein neueres Handbuch von Pierce Howard entwickelt im Sinne eines Werkzeugkastens die anzuwendenden Instrumente zu Teambildung, Arbeitnehmermotivation, Erfolgsplanung, Beziehungsbildung und persönlicher Selbstuntersuchung (Howard 2016).

Aber es gab und gibt auch schon früh sehr kritische Stimmen (vgl. Rock 1996). Ihre Verfechter betrachten die Values Clarification ganz allgemein

„als System von Verfahren, um Schüler und Lehrer in die aktive Formulierung und Überprüfung von Werten einzubeziehen. Sie lehrt keine bestimmten Werte, sie predigt und moralisiert nicht. Das Ziel ist viel mehr, Schülern praktische Erfahrungen zu vermitteln, indem man ihnen die eigenen Gefühle, ihre eigenen Ideen und ihren Glauben bewusst macht, sodass ihre Wahlen und Entscheidungen bewusst und durchdacht sind, basierend auf ihrem eigenen

Wertesystem. ... Man kann aus der Regel, kein Predigen zuzulassen, die Überzeugung ablesen, dass sich *allein* die Value Clarification für objektiv und neutral hält. Dieser Anspruch ist allerdings absurd angesichts der Tatsache, dass sie selbst davon ausgeht, dass es keine absoluten Werte, keine absolute Moral, keine ewigen ethischen Codes, unabhängig von Zeit und Umständen gibt. Wenn so eine absolute Moral existierte, wären natürlich alle Anstrengungen sinnlos, sich in einer Klärung der Werte zu engagieren..." (Forgay 1994, S. 202).

Das Unbehagen wird also schon durch den Anspruch hervorgerufen, man könne Werte so weit bewusst machen und rationalisieren, dass zwischen ihnen eine gleichsam wissenschaftliche, exakte Entscheidung möglich wird. Neben der Vernachlässigung aller sozialen und kulturellen Einbindungen wird schon hier ganz offensichtlich, dass die gänzliche Vernachlässigung des Emotionalen zu einem absurden, aber nichtsdestoweniger verbreiteten Ansatz führt. Er scheint so schön diese diffuse Gefühlswelt mit klarer Wissenschaftlichkeit zu überrollen...

Betrachten wir eine viel verwendete Kurzfassung (vgl. Roy 2012). Sie beginnt mit scheinbar naiven Fragen: Was sind Werte? Darauf wird lediglich geantwortet, es gibt dafür keine Definition, Werte sind der Glaube daran, was Du für wichtig, nützlich oder erstrebenswert hältst. Werte sind Ideale, die Dein Handeln beeinflussen. Was sind Deine Werte? Was, denkst Du ist richtig oder falsch? Glaubst Du Deine Werte können sich ändern? Glaubst Du, alle Menschen haben die gleichen Werte? Glaubst Du die Werte eines Chinesen und eines Amerikaners sind gleich? Schreibe einige der Differenzen nieder. Werte sind etwas sehr Persönliches. Gesetze, Religionen, Familie, Freunde können Deine Werte beeinflussen...

Dann folgt eine Liste von Personen und Einflüssen, deren Wichtigkeit der Proband beurteilen soll und drei küchenpsychologische Fragen: Wie glaubst Du haben sich die Werte in den vergangenen 100 Jahren verändert? Sprich über drei Dinge, die Deine Werte besonders berührt haben. Was glaubst und denkst Du sind die Werte eines Rauschgiftsüchtigen?

Nach dieser allgemeinen Hinleitung werden Wertedifferenzen in den Bereichen Rauschgift und Alkohol, Sex, Flirt, Religion, Geld, Erziehung und Freiheit – in dieser Reihenfolge! – besprochen. Zu jedem Bereich wird ein Problem konstruiert, etwa: L will keinen Sex vor der Ehe, B möchte Sex. Was für verschiedene Entscheidungen können dabei herauskommen? Ähnliche an die Kohlberg-Dilemmata erinnernden Situationen werden für jeden Bereich zur Diskussion aufgespannt. Danach lautet die Frage: Was kann Deine Werte verändern? Und schließlich: Welches sind Deine Werte? Natürlich kann jeder

Mensch darauf eine Antwort geben, aber – kaum jemand weiß um seine wirklichen, tief emotional verankerten Werte, kaum jemand kann auf die Frage eine wirkliche, sinnvolle Antwort geben!

In der Psychotherapie wurde die Value Clarification teilweise dankbar aufgenommen: „Sie ist eine populäre therapeutische Übung, die dem Patienten helfen kann, sich dessen, was er glaubt, bewusster zu werden und damit eigene Lebenswege zu finden. Solche Einsichten zu entwickeln wird dem Patienten positive Veränderungen erlauben."[18] Die folgende methodische Anweisung trifft aus unserer Sicht den Kern aller Schwierigkeiten: „Deine Werte zu verstehen wird Dir helfen, die Gebiete Deines Lebens herauszubekommen, die Du mehr beachten solltest, und welche Du in der Zukunft an die Spitze setzen solltest."[19] Emotionen spielen in diesem Verstehen eine kaum berücksichtigte, kaum benannte Rolle, gemeint ist wirklich ein faktisches, sachliches Verstehen.

Kaum überraschend ist, dass die erkenntnisbasierte Kognitive Verhaltenstherapie, die von einer ähnlich rationalistischen Grundhaltung ausgeht, den Ansatz zustimmend benutzt: „Values Clarification ist eine in der Kognitiven Verhaltenstherapie (cognitive-behavioral therapy, CBT) benutzte Technik, die darauf abzielt, Menschen zu helfen, ihr Wertesystem zu verstehen... Da das Wertesystem teilweise oder vollkommen unbewusst sein kann, ist die Value Clarification eine informative Übung sowohl für den Patienten wie für den Therapeuten."[20] Solange dieses Verstehen aber nicht an die notwendige emotionale Labilisierung gekoppelt ist, kann eine tiefgreifende Werteentwicklung kaum erwartet werden (vgl. Joaquin 2018).

Kritiken der Values Clarification sind vielfältig. Wir greifen hier eine heraus, die den Blickwinkel Emotion besonders hervorhebt (vgl. Lipe 2002). Sie hat vor allem drei Einwände: Sie hält ein so rationalistisches, emotionsfreies Diskussionsverfahren für gänzlich ungeeignet, bei der gezielten Werteentwicklung mitzuwirken. Sie bemängelt, dass auf diesem Wege wichtige Basiswerte von irgendwelchen privaten Bewertungen kaum unterschieden werden können. Und da sie keine Werte bevorzugt oder ablehnt, kann sie Wertekonflikte, die ja meist tiefer gehen als nur gedankliche Differenzen, nicht lösen helfen.

Wichtig ist der philosophische Hinweis, Values Clarification sei so etwas wie ein Sokratischer Dialog. Ein solcher Dialog ist nämlich klar auf

---

[18] https://www.therapistaid.com/therapy-worksheet/values-clarification; https://positivepsychologyprogram.com/values-clarification/

[19] https://www.therapistaid.com/therapy-worksheet/values-clarification

[20] https://positivepsychologyprogram.com/values-clarification/

Wissenssuche im engeren Sinne ausgerichtet. Definitionen, Widerlegungen, Prüfungen von Erkenntnissen stehen im Mittelpunkt. Der Gesprächspartner wird durch geeignete Fragen dazu gebracht, Wissen selbst zu entwickeln und Irrtümer zu erkennen (vgl. Erler 2007, S. 193 f.). Dazu braucht er allerdings einen Lehrer, der weiß, was richtig und was falsch ist. Genau das ist bei Wertekonflikten aber kaum gegeben. Wo die moderne Pädagogik naiv an Sokrates anknüpft und fordert, ein Unterrichtsstoff solle, anders als beim frontalen Lehrervortrag, im Dialog zwischen Lehrperson und Schülern gemeinsam gefunden werden, kommt letztlich nichts anderes als die berühmte „Ostereierpädagogik" des fragend-entwickelnden Unterrichts heraus: Der Lehrende versteckt den Lehrstoff vor den Schülern wie Ostereier, die müssen ihn dann suchen und finden (vgl. Wahl 2013, S. 12 f.).

Fazit: Die Werteklärung (Values Clarification), „welche inzwischen Millionen Kinder gelehrt wurde" (Maybury 2011, S. 57), führt zu scheinbar klaren Benennungen eigener Werte, Werteorientierungen und Wertekonflikte. Es wird aber nicht berücksichtigt, dass Werte in ungeheuer komplizierten, oft qualvollen ethisch-moralischen und sozial-weltanschaulichen Prozessen entwickelt und zur Geltung gebracht wurden. In ebenso komplizierten, oft schmerzhaften Prozessen emotionaler Berührungen, Begeisterungen, Verunsicherungen, Dissonanzen, Konfliktsetzungen, Erschütterungen – wir sprachen verallgemeinernd von emotionaler Labilisierung – werden die Werte interiorisiert, das heißt zu eigenen Emotionen gewandelt und tief im emotionalen Grunde verankert. Eine wirkliche Werteklärung müsste sich diesem Grunde zumindest nähern. Sie müsste, wo sie eigene Werte entwickeln und verankern will, möglichst tiefgreifende eigene Labilisierungen setzen. Dazu ist sie nicht in der Lage.

Beispiel Fremdenfeindlichkeit

Zwischen dem 22. und 26. August 1992 kam es in Rostock-Lichtenhagen „zu massiven Ausschreitungen gegen die Zentrale Aufnahmestelle für Asylbewerber und ein Wohnheim für ehemalige vietnamesische Vertragsarbeiter im sogenannten Sonnenblumenhaus in Rostock-Lichtenhagen. Es waren die massivsten rassistisch motivierten Angriffe in Deutschland nach Ende des Zweiten Weltkrieges. An den Ausschreitungen beteiligten sich mehrere hundert teilweise rechtsextreme Randalierer und bis zu 3000 applaudierende Zuschauer, die den Einsatz von Polizei und Feuerwehr behinderten. Nachdem die Aufnahmestelle am Montag, dem 24. August, evakuiert worden war, wurde das angrenzende Wohnheim, in dem sich noch über 100 Vietnamesen und ein Fernsehteam des ZDF aufhielten, mit Molotowcocktails in Brand gesteckt. Auf dem Höhepunkt der Auseinandersetzungen zog sich die Polizei zeitweise völlig zurück und die im brennenden Haus Eingeschlossenen waren schutzlos sich selbst überlassen."[21]

Es fehlte und fehlt bis heute nicht an Versuchen, Hintergründe, Ursachen und Erklärungen zu den Geschehnissen zusammenzutragen, viele davon sachkundig und überzeugend. Einen beträchtlichen Teil dieser Versuche bilden einesteils Überlegungen, wie es zu fremdenfeindlichen bis faschistoiden Wertehaltungen der Randalierer, mehrheitlich in der DDR aufgewachsene und sozialisierte Jugendliche, kommen konnte. Anderenteils wie es dazu kommen konnte, dass die Zuschauer dem Treiben applaudierten und die Täter anfeuerten.

Wir wollen nur diesen Teil der Werteorientierungen betrachten. Dazu greifen wir auf eine Arbeit von Christof Nachtigall zurück, der damals, zeitnah, die Vorkommnisse auf eine besondere, uns naheliegende Weise analysierte. In seinem Buch „Selbstorganisation und Gewalt" modellierte er das Entstehen und das sich Hochschaukeln der menschenfeindlichen, tödlich bedrohenden Exzesse mithilfe von Selbstorganisationsmodellen. Dabei stellt sich heraus, dass die Wertehaltungen der Täter wie der Mittäter Ordner des verbrecherischen Handelns waren, die alle Anwesenden versklavten und einsaugten, welche Haltung sie auch sonst, im normalen Alltag, haben mochten (vgl. Nachtigall 1992).

Nachtigall wirft zunächst einen Blick auf die zahlreichen Versuche experimentell-psychologischer Forschung, Ursache-Wirkungs-Beziehungen zu analysieren, etwa den Zusammenhang von Frustration und Aggression zu deuten. So klar ein solcher Zusammenhang auf den ersten Blick erscheint, liefert die experimentelle Forschung sehr widersprüchliche Ergebnisse. „Darauf antworteten die Aggressionsforscher, indem sie die Theorien spezifischer und gleichzeitig komplexer machten" (Nachtigall 1992, S. 22). Das nennt der Autor „Eichhörnchenparadigma", da fleißig Einzelteilchen zusammensammelt werden. Aus einfachen Wenn-Dann-Behauptungen wurde dadurch ein komplexes Bedingungsgefüge, bei dem weder alle Komponenten noch ihre Wechselwirkung hinreichend geklärt sind (Nachtigall 1992, S. 22). Damit verbietet sich aber auch ein direkter erzieherischer Eingriff, der einzelne Komponenten in gewünschter Weise verändert; es verbietet sich insbesondere der simple Versuch, Werteorientierungen zu verändern um

---

[21]https://de.wikipedia.org/wiki/Ausschreitungen_in_Rostock-Lichtenhagen

definierte Ziele zu erreichen. Gegen diese „Illusion der Kontrolle" setzt der Autor sein Selbstorganisationsdenken.

> „Kausale Modelle versprechen, zumindest vom Prinzip her, die Möglichkeit der Prognose. Mit ihrer Hilfe ergibt sich die Möglichkeit, in der Welt menschlichen Zusammenlebens zumindest in kleinem Rahmen zielgerichtet eingreifen zu können. Wer würde nicht wünschen, dass angesichts fremdenfeindlicher Gewalt in Deutschland Maßnahmen ergriffen würden, welche den Brandanschlägen wirksam Einhalt gebieten? Eine kausale Erklärung verspricht Einfluss und Kontrollmöglichkeiten. Meine These ist, dass Forschung nach dem „Eichhörnchenparadigma" den Erhalt einer „Illusion von Kontrolle" zum Ziel hat. Es wird einerseits immer darauf hingewiesen, dass natürlich nicht alle Variablen erfasst werden können… Andererseits bleibt die Hoffnung: wenn nur genug Variablen identifiziert würden, so gäbe es (zumindest theoretisch) eine immer bessere Erklärung und Vorhersage der untersuchten Phänomene, eine immer bessere Kontrolle unserer Welt" (Nachtigall 1992, S. 23).

Dagegen wird festgestellt, dass man, um derartige Prozesse wirklich zu begreifen, eine andere, eine dynamische Brille, nämlich die der Selbstorganisation, aufsetzen muss. Die Wahrnehmung wechselseitig unangemessenen Verhaltens beispielsweise folgt keiner Wenn-Dann-Abfolge: Man stellt sich dem Gegner, versucht auf ihn einzuwirken, bewertet seine Reaktionen, diese Reaktionen werden ihrerseits bewertet und so weiter. Diese Bewertungen können sich vom realen Geschehen sehr weit entfernen, können sogar auf bloße Vorstellungen reagieren. So etwas nennt man eine zirkuläre Kausalität. Bei gewalttätigen Demonstrationen kann sie zu immer extremerem Verhalten führen.

Solche Zusammenhänge können mathematisch kompliziert, aber inhaltlich sehr ergiebig modelliert werden. Man kann die Bildung von Gruppenwerten und -normen und die Ablehnung fremder Gruppenwerte damit recht gut beschreiben. „Was … deutlich wird, ist die Bedeutung des Prozesses der Selbstorganisation. Die Gruppe steht in einem schwierigen Entscheidungsprozess, die äußeren Bedingungen (Zeitdruck, keine vorgefertigten Lösungen) sind eher unspezifisch, sie legen das Ergebnis des Gruppenprozesses keineswegs fest. Entscheidend ist der Gruppenprozess selbst. Aus der Interaktion der Gruppenmitglieder heraus ergibt sich eine zunehmend geteilte, einseitige und radikale Sichtweise. Anders ausgedrückt: Es entwickeln sich Werte in einem Prozess der Selbstorganisation. Abweichungen von diesen Werten werden durch Gruppendruck gegenüber den Abweichlern vermindert. Das Ergebnis ist eine Vereinheitlichung von Denken und Handeln der Gruppenmitglieder, an deren Ende oft unselige Entscheidungen stehen..." (Nachtigall 1992, S. 44). Das Handeln gewalttätiger Gruppen kann als keineswegs regelloser, chaotischer Vorgang sinnloser blinder Zerstörungswut, sondern als durch soziale Wertungen[22] geregelter Vorgang gesehen werden. Diese Werte stellen ein Synergiephänomen dar. Sie sind bei spontanen Krawallen keine festen, von außen vorgegebenen Größen, sondern werden von den beteiligten Menschen in der Situation konstruiert und erschlossen ... Aus Sicht der Synergetik entspricht die Gruppennorm einem Ordnungsparameter. Gewalt wird für die Gruppenmitglieder zur angemessenen normativen Verhaltensweise (Nachtigall 1992, S. 88).

Die für uns wichtigste Schlussfolgerung aus dieser Betrachtung ist die Erkenntnis, dass sich die in dem Geschehen wirksamen Werte und Normen dynamisch, während des Geschehens herausbilden. Sie sind nicht als Wissen oder vorgeprägte Verhaltensmuster bei den Handelnden bereits vorhanden. Insofern wäre es vollständig unangemessen, sie zu beschulen oder sie zu trainieren. Andererseits ergibt die Selbstorganisationsbetrachtung ganz neue Konsequenzen.

Es erwies sich nämlich, dass die Randalierer keine kranken, gestörten Täterpersönlichkeiten, sondern Freizeitcliquen ganz „normaler" Jugendlicher waren. Sie kamen aus der Mitte der Gesellschaft, waren vorher im Regelfall nicht wegen besonderer Aggressivität aufgefallen. Was jedoch in dem Modell vorhergesagt und in der Realität beobachtbar war, ist, dass sich ein generell fremdenfeindliches Klima, auch wenn nur in Spuren vorhanden, im Mittel als höchst wirksam für die Wertebildung erwies.

Die neue, Werte und Normen in den Mittelpunkt stellende Modellierung zeigte schließlich, dass Ursachenkonzepte in sozialen Systemen wenig tragfähig sind. „Der Nachteil besteht darin, das fremdenfeindliche Gewalt nicht einfach durch bestimmte Maßnahmen abgestellt werden kann, denn eine der zentralen Modelleigenschaften besteht gerade in der Möglichkeit zur Polarisierung in verschiedene Richtungen, sogar entgegen einem vorgegebenen Trend" (Nachtigall 1992, S. 125). Damit ist eine der wenigen Möglichkeiten des Eingriffs, durch ein aktives Dagegenhalten auch nur einiger Gruppenmitglieder eine Gegenbewegung in Gang zu setzen und so aktiven Einfluss auf Gruppenbildung und Wertebildung zu nehmen.

Es gibt zahlreiche Versuche, die fremdenfeindlichen Geschehnisse in der Erinnerung wach zu halten und erzieherisch zu nutzen. So wurde eine spezielle Bildungstour für Jugendliche in Form eines Stadtrundgangs

---

[22] Es handelt sich stets um Normen *und* Werte, wir haben im Nachtigall-Text den Normen- durch den Wertebegriff ersetzt, der uns primär erscheint.

entwickelt. Auf dieser Tour kann man beispielsweise Videos sehen und Zeitzeugen kommen zu Wort. Unterwegs kann gerätselt werden, man macht Fotos oder dreht eigene Videos mit dem Smartphone oder Tablet. So können auftauchende Fragen, Überlegungen und Erkenntnisse mit der heutigen Zeit in Beziehung gesetzt werden. Inwieweit das auch zu deutlichen Formen emotionaler Beteiligung und Labilisierung führt, bleibt allerdings unklar und ist eher anzuzweifeln. Diese Zweifel sind wohl auch bei anderen, initiativreich entwickelten Bildungsprojekten angebracht.[23]

Manche Vorhaben grenzen sich zwar von einem bloßen Kanon darstellbarer Fakten und dazu festgelegter Bewertungen, aber auch von einer „konstruktivistischen Verunsicherung", also einer gezielten Labilisierung, ab (vgl. hiergegen Brandl 2011); stattdessen werden Formate entwickelt, die „Lernprozesse ermöglichen". Das soll durch Archiv- und Bildungsangebote für „junge Menschen" erreicht werden. Erinnerung wird dabei als Lernfeld verstanden, das einen „Beitrag für lebendige und inkludierende, zivilgesellschaftlich verankerte Erinnerungskulturen als Bedingung für die Konstituierung und Entwicklung kollektiver Gedächtnisse und ihrer Korrektiv- und Orientierungsfunktion bezüglich gegenwärtiger und zukünftiger Herausforderungen" leistet. So verworren dieser Anspruch, so faktenlastig sind die Bildungsformate. Sie sollen die Themen DDR-Transformation, Asylpolitik der BRD, Rassismus, Rechtsextremismus und -populismus, Menschenrechte, post-kolonialer Diskurs, Post-Migration und noch weitere wachhalten. Wer da nicht einschläft, ist zu bewundern…[24]

Leider wiederholt sich der Ruf nach einer wissensorientierten Weiterbildung immer wieder, wenn soziale Wertekonflikte und Auseinandersetzungen eigentlich nach gezielt wirksamer Werteentwicklung schreien.

Ein schrecklich schönes Beispiel ist die Forderung von 2018 des Unions-Fraktionsvorsitzenden, den Kindern Geflüchteter in Deutschland einen „Unterricht über deutsche Werte" zu verpassen. Zur Integration von Kindern Geflüchteter gehöre, ihnen die Werte und Grundregeln des deutschen Rechtsstaates zu vermitteln. Dem solle ein Wertekundeunterricht dienen. Die Achtung der Menschenwürde, die Gleichberechtigung von Mann und Frau oder auch die Einhaltung der Presse- und Meinungsfreiheit sind Grundwerte der Verfassung. Wer hier lebt, müsse sich daran halten. Das

---

[23] https://soziale-bildung.org/jugend-und-erwachsenenbildung/projekte/lichtenhagen-im-gedaechtnis/; https://www.politische-jugendbildung-et.de/lichtenhagen-1992/

[24] https://soziale-bildung.org/jugend-und-erwachsenenbildung/projekte/historisch-politische-bildung/

schon den ganz Kleinen beizubringen, sei angebracht. Denn woher sollen Kinder diese Werte kennen, wenn sie das Miteinander bisher anders erlebt, anders vorgelebt bekommen hätten? Ein gemeinsames Verständnis von den Grundwerten der Verfassung sei die Voraussetzung für Integration. Das sei eine Herausforderung – ein pures Auswendiglernen werde wohl nicht reichen.[25]

Iris Mack artikuliert, wie wir meinen zutreffend, die Gegenposition: „Wenn wir ein respektvolles Miteinander vorleben, dann brauchen auch Flüchtlingskinder keine Bücher, um zu begreifen, dass Antisemitismus und Frauenfeindlichkeit nicht zu dieser Gesellschaft gehören. Wir müssen endlich aufhören, Verantwortung immer nur zu delegieren – an die Lehrer und Erzieher, die trotz übervoller Kitas und Klassen sowieso schon einen Großteil der Integrationsarbeit leisten, und an die Flüchtlingskinder selbst, die teils Schlimmes erlebt haben – jetzt aber möglichst schnell Sprache, Sitten und Gebräuche in Deutschland lernen sollen… Es mutet in meinen Augen seltsam an, Kindern die Grundlagen der christlich -abendländisch geprägten Kultur zunächst in trockenen Lehrbüchern einzupauken – sozusagen als Vorbereitung auf die Integration. Kinder brauchen nicht vor allem Theorie, sondern praktische Anschauung. ‚Um ein Kind zu erziehen, braucht es ein ganzes Dorf', heißt ein afrikanisches Stichwort. Nehmen wir unsere Verantwortung wahr und leben wir Demokratie vor. Praktische Beispiele statt Wertekunde-Unterricht!".[26]

Fazit: Die Auseinandersetzung mit historischen wie aktuellen Wertekonflikten zeigt überdeutlich, dass alle unterrichtsförmigen Versuche, Werte zu lehren, ins Leere stoßen. Wo der Grundprozess emotionale Labilisierung nicht greift, hat die gezielte Werteentwicklung ihr Recht verloren. Das gilt für die Randalierer in Rostock Lichtenhagen und ihre Mitläufer ebenso wie für die heutigen Rechtsradikalen, es gilt aber auch für die Wertekonflikte von und mit Immigranten. „Werte und Normen isoliert lehren zu wollen dürfte sich bei Flüchtlingskindern als ebenso erfolglos herausstellen wie bei Einheimischen. Solange die überzeugenden Vorbilder fehlen und der gelebte Alltag nicht gelingt, handelt es sich nur um den durchschaubaren Versuch, alle Verantwortung den ohnehin schon überforderten Schulen zuzuschieben".

---

[25] https://www.swr.de/swraktuell/Pro-Contra-Brauchen-wir-einen-Werteunterricht-fuer-Fluechtlingskinder,wertekundeunterricht-gefluechtete-102.html

[26] https://www.swr.de/swraktuell/Pro-Contra-Brauchen-wir-einen-Werteunterricht-fuer-Fluechtlingskinder,wertekundeunterricht-gefluechtete-102.html

Der gelebte Alltag, die individuelle und soziale Praxis mit ihrem hohen Labilisierungspotenzial, ist das Hauptfeld von gezielter Werteentwicklung und Wertewandel.[27]

Beispiel schulische Werteentwicklung

Das *erste Beispiel* nahm ein Verfahren gezielter Werteentwicklung, die Werteklärung, in den Blick und kritisierte, dass es sich allein auf die gedanklich-sprachliche Beschreibung eigener und fremder, individueller und gesellschaftlicher Werteorientierungen konzentriert. Emotionale Prozesse, emotionale Labilisierung spielen hingegen kaum eine Rolle. Damit war und ist es trotz seiner Verbreitung weitgehend zum Scheitern verurteilt.

Das *zweite Beispiel* betrachtete Vorgänge, die brachial und erschreckend durch rassistische und fremdenfeindliche Wertungen angetrieben wurden, wobei sich diese im Prozess fremdenfeindlicher Handlungen selbstorganisiert aufschaukelten, durchsetzten, gegenläufige Wertehaltungen zunichte machten und versklavten. Ihnen entgegenzuwirken oder sozial akzeptierte Werthaltungen zu interiorisieren braucht es allerdings mehr als nur Information und Belehrung. Entsprechende Entwicklungsanstrengungen, auch auf gegenwärtige fremdenfeindliche Werteorientierungen bezogen, benötigen tiefgreifende, emotional oft schmerzliche Labilisierungen und verstörende Eingriffe, die oft nicht eingesetzt werden, so unsere Kritik.

Unser *drittes Beispiel* wendet sich der gezielten Werteentwicklung im Rahmen des schulischen Unterrichts und der Erwachsenenbildung zu. Das Kernproblem haben wir bereits in unserer Schrift „Stoppt die Kompetenzkatastrophe" (vgl. Erpenbeck und Sauter 2014) umrissen, die ihrerseits an der Überzeugung „Wissen ist keine Kompetenz" anknüpfte (vgl. Arnold und Erpenbeck 2014). Wissensvermittlung anstatt Kompetenz- und Werteentwicklung ist eine Katastrophe, an die wir uns gewöhnt haben. Hier wollen wir nur kurz auf ein Resümee verweisen, das die in der Schulpraxis gängigen Verfahren der sogenannten Werteerziehung im Blick hat. Dabei muss der Ethikunterricht unbedingt mit angesprochen werden, denn er ist, im Gegensatz zu anderen Formen der gezielten Werteentwicklung, in vielen Bundesländern in den Gesamtunterricht einbezogen, lehrplanmäßig verankert und methodisch durchdacht.

Das macht beispielsweise der Lehrplan Ethik des Ministeriums für Kultur des Saarlandes für Berufsschulen, Fachoberschulen und viele andere berufliche

---

[27]http://www.faz.net/aktuell/feuilleton/hochschule

Lehreinrichtungen sehr deutlich (Ministerium für Bildung und Kultur Saarbrücken 2017). Dort heißt es:

„Neben der Vermittlung fachlicher Kompetenzen ist vor allem der Auftrag der Schule hervorzuheben, die Schülerinnen und Schüler in der Entwicklung einer eigenen Persönlichkeit zu unterstützen und sie auf ein selbstbestimmtes Leben als aktive und mündige Bürger in der Gesellschaft vorzubereiten. Eine besondere Rolle kommt hier dem Ethikunterricht zu. Er bietet den Schülerinnen und Schülern einen Rahmen, in welchem sie sich mit Themen ihres Alltags, fremden und eigenen Standpunkten auseinandersetzen können, indem sie diese auf der Basis von Respekt und Toleranz kritisch hinterfragen und diskutieren, um letztendlich eine eigene, reflektierte Haltung innerhalb der Gesellschaft zu finden, die sie selbstbewusst vertreten und bestenfalls zur Mitgestaltung ihrer Umwelt einsetzen. Dies kann nur erfolgen, indem die Schülerinnen und Schüler unter anderem durch die Auseinandersetzung mit dem Unterrichtsgegenstand die Tragweite ihrer Handlungen erkennen und sich ihrer individuellen Verantwortung der Umwelt gegenüber bewusst werden. Am Ende ihrer schulischen Laufbahn sollen die Schülerinnen und Schüler imstande sein, „moralisch kompetent" zu handeln...

Ein offener Zugang zu ethischen Themen ermöglicht es den Schülerinnen und Schülern, sich zu jedem Zeitpunkt einer Unterrichtseinheit unvoreingenommen Inhalten zu nähern. Sie sollen Inhalte nicht nur wahrnehmen, sondern auch beschreiben können, sodass vorhandenes Vorwissen mit neuen Inhalten vernetzt wird. Dabei ist eine korrekte fachwissenschaftliche Auseinandersetzung unabdingbar. Denn nur unter dieser Voraussetzung können sich die Schülerinnen und Schüler kritisch mit ethischen Positionen befassen, sie in ihrer Tiefe durchdringen und sie auf lebensnahe Beispiele übertragen. Demzufolge darf es nicht um eine bloße Wissensvermittlung gehen; vielmehr sollen die Schülerinnen und Schüler eigene Urteile über ethische Phänomene ausbilden.

Dies macht deutlich, dass der Ethikunterricht mehr als ein abgehobenes Theoriegerüst ist, sondern sich als normativer Werteunterricht versteht, der den Schülerinnen und Schülern Handlungskompetenzen vermittelt, die in allen Arbeits- und Lebensbereichen fruchtbar gemacht werden können. So setzen sich die Schülerinnen und Schüler selbstständig mit Problemen auseinander und entwickeln individuelle Lösungswege, sodass sie in letzter Konsequenz eigene Positionen – sowohl im beruflichen als auch alltäglichen Kontext – vertreten können (Ministerium für Bildung und Kultur Saarbrücken 2017)."

Wir haben diese Einleitung so ausführlich zitiert, weil sie alle guten Absichten und praktischen Probleme schulischen Werteunterrichts zusammengefasst enthält. Wer wollte der Absicht widersprechen, dass die Schülerinnen und

Schüler ihre eigene Persönlichkeit weiterentwickeln? Dass sie sich auf ein selbstständiges, selbstbestimmtes, aktives Leben vorbereiten? Dass sie sich kritisch mit ethischen Positionen befassen? Dass sie individuelle Positionen und eigene Lösungswege entwickeln?

Die Frage ist aber, ob das mit einem „normativen Werteunterricht" der beschriebenen Art zu bewältigen ist. Liest man den Text genauer, so läuft alles darauf hinaus, dass die Lernenden kritisch hinterfragen und diskutieren, eine reflektierte Haltung entwickeln, Unterrichtseinheiten unvoreingenommen (!) wahrnehmen und beschreiben, ihr Vorwissen mit neuen Inhalten vernetzen. „Dabei ist eine korrekte fachwissenschaftliche Auseinandersetzung unabdingbar". Also kann nicht ethisch handeln, wer eine korrekte fachwissenschaftliche Auseinandersetzung gar nicht erst kennengelernt hat? Es gehe angeblich nicht um eine bloße Wissensvermittlung. Aber aufgrund welcher gezielter Werteentwicklung und emotionaler Beteiligung sollen denn die Schülerinnen und Schüler ihre eigenen „Urteile über ethische Phänomene" ausbilden? Welche wahnwitzige Idee, dass ein Jugendlicher, der mehr als alles in der Welt eine Spielkonsole begehrt und die Möglichkeit sieht, sie in einem Laden unbemerkt zu stehlen, die Situation kritisch analysiert, diskutiert, reflektiert, korrekt ethisch-fachwissenschaftlich hinterfragt und aufgrund dessen vielleicht vom Diebstahl ablässt? Wenn er nicht zuvor in vielen kritischen Alltagssituationen emotional tief verinnerlicht hat, dass Diebstahl etwas Verachtenswertes, Widerliches ist, wird ihn kein Ethikunterricht der beschriebenen Art davon abhalten!

Da hilft dann auch kein Lehrplan, der mit den Themenbereichen „Das gute Leben", „Der Mensch als Person", „Tierethik", „Weltreligionen", „Ethische Herausforderungen unserer Zeit", „Anthropologie", „Grenzsituationen des Menschseins", „Ethik des Sollens", „Zusammenleben mit anderen", „Gewalt", „Vorbilder", „Idole" und „Medienethik" (Ministerium für Bildung und Kultur Saarbrücken 2017) auf das Heftigste überladen ist. Jedes Thema ist lebensweltlich hoch interessant, aber ein lediglich kritisches, diskutierendes, reflektierendes Hinterfragen weitgehend überflüssig machend. Es darf tatsächlich nicht um eine bloße Wissensvermittlung gehen. Aber die wirklich tiefgreifenden Prozesse einer echten gezielten Werteentwicklung durch emotionale Labilisierung kommen in dem Text und im Lehrplan nicht vor.

Es gibt zahlreiche Ansätze, gezielte Werteentwicklung in der Schule zu durchdenken und zu erfühlen. Ein großer Teil der Ansätze und viele Lehrer halten es angesichts der realen und zunehmenden Wertevielfalt für angebracht, vor allem mit Unterrichtsdialogen und Klassendiskussionen über Werte zu arbeiten (vgl. Steinherr 2017; eine frühe Zusammenschau gibt Zierer 2010). Der Grundwiderspruch – Wertewissensvermittlung versus Werteinteriorisation – wird aber sehr oft mit angesprochen, am deutlichsten natürlich in Bezug auf den Religionsunterricht. Einerseits werden von Politik, Industrie, Handwerk und Dienstleistung große Erwartungen in die Wertevermittlung durch Religion und Kirche gesetzt. Andererseits wird darin eine Gefährdung von Demokratie und Freiheit gesehen, denn wer Werte religiös begründet, schließt andere Menschen anderer Religionen aus (vgl. Eisenbast et al. 2008). Dieser Widerspruch besteht bis heute. Religion in einer pluralen Gesellschaft, gezielte Werteentwicklung unter Pluralitätsbedingungen – wie soll das gehen? Darf die öffentliche Schule überhaupt Werte vermitteln, obwohl sie doch zu weltanschaulicher Neutralität verpflichtet ist? Widerspricht das nicht der Freiheit des Individuums? Diese Fragen werden immer wieder umkreist; die Labilisierungs- und Interiorisationsthematik wird aber leider nur selten direkt angesprochen (vgl. Gruber 2009; Lindner 2017).

Die aus unserer Sicht interessantesten Versuche, gezielte Werteentwicklung in der Schule anders zu durchdenken, beziehen diese Thematik hingegen betont ein.

- *Philosophisch,* indem sie nachweisen, dass Wissen allein, auch Wissen über Werte, keine Handlungsgründe liefert, dass Menschen immer verinnerlichte, interiorisierte Werte in Form von Überzeugungen, subjektiven Gewissheiten und Glauben brauchen, um überhaupt handeln zu können (vgl. Fritz 2012).
- *Psychologisch* und *soziologisch,* indem die inzwischen von Gehirnforschung, Psychologie und Soziologie erarbeiteten Erkenntnisse ernst genommen werden, wie auch wir das versucht haben (vgl. Wahl 2014). Vor allem indem man den gesamten sozialen Entstehungs- und Entwicklungsprozess von Werten in den Blick nimmt und ihn nicht schulähnlichen Belehrungsprozessen überlässt (Giesecke 2005).
- *Praktisch,* indem besonderer Wert auf Einfühlung, Aggressionssteuerung, reale Konfliktbewältigung und gelingendes, nicht nur sprachliches Miteinander gelegt wird, wie es der bekannte Familientherapeut Jesper Juul immer wieder fordert (vgl. Juul et al. 2017). „Das Wissen bringt einem nichts, wenn man keine Werte hat" – diese kluge Einsicht von Jugendlichen ist zu ihren Lehrern und Ausbildern leider oft noch nicht vorgedrungen. Die Rolle von persönlichen Beziehungen und sicheren Bindungen, von Wertschätzung, Respekt und Vertrauen als Schlüssel zur Wertebildung und Werteentwicklung wird viel zu oft missachtet (vgl. Kürzinger 2014).

Die Erforschung der wichtigsten Konzepte gezielter Werteentwicklung hinterlässt einen ernüchternden Eindruck. Am fortgeschrittensten erscheinen Dilemmadiskussionen, also die Diskussion komplizierter, manchmal auch unentscheidbarer Entscheidungssituationen, die zumindest gesprächsweise Formen hoher emotionaler Labilisierung erzeugen können. Natürlich kann auch der Schulalltag als Trainingssituation für soziale Werte und Normen benutzt werden, besonders wenn man den Gedanken der „gerechten Gemeinschaft" einführt.

Trotzdem bleibt ein schwieriger Konflikt bestehen:

> Die pädagogische Herausforderung der pluralistischen Moderne liegt ganz bewusst nicht in einer Werteneutralität, sondern neben der Herausbildung einer Sachurteilsfähigkeit in besonderem Maße auch in jener einer Werteurteilsfähigkeit. Wäre es möglich, Werte oder Regeln technologisch zu vermitteln oder sie einfach in einer Situation anzuwenden, gebe es keine Schwierigkeiten mit der moralischen Erziehung. Das Problem besteht aber gerade darin, dass der gleiche Wert für unterschiedliche Handlungsausgänge Begründungen liefert, eine Norm oder ein Wert also offenbar längst nicht immer klare Regeln für das Verhalten einschließt (Standop 2005, S. 24).

Deshalb ist eine Gültigkeitsprüfung für moralische Prinzipien, wie sie Oser und Althoff vorgeschlagen haben, wohl eher fragwürdig: „Nur wenn alle Betroffenen eine Problemlösung dauerhaft als ‚fair' akzeptieren und sich darauf einlassen können, liegt ein unvoreingenommenes und unparteiisches moralisches Prinzip vor" (Standop 2005, S. 24). Wann ist das schon mal der Fall? Auf sozial-weltanschauliche Werte wäre eine solche Gültigkeitsprüfung überhaupt nicht anzuwenden (vgl. Standop 2005, S. 24–25).

Eine der überzeugendsten Zusammenfassungen zur gezielten Werteentwicklung in Familie und Schule hat die Psychologin und Pädagogin Margit Stein vorgelegt. „Welchen Beitrag leistet Schule zur Wertevermittlung?", fragt sie. Formen *indirekter Werteentwicklung* durch Schulklima, demokratische Mitbestimmung, Vorbildhaftigkeit der Lehrkräfte und erlebte Zugehörigkeit – also hochgradig emotional geprägte Faktoren – stellt sie elf Modellen *direkter Werteerziehung* gegenüber. Diese sind entweder direkt auf inhaltliche, „materiale" Werte wie Verantwortungsbewusstsein, Nächstenliebe, Heimatliebe und so weiter gerichtet. Oder aber auf Formen des Durchdenkens von Konfliktsituationen, von Dilemmata, in „Diskursen" (vgl. Stein 2008).

Das Resümee der Autorin fällt ziemlich ernüchternd aus: „Entgegen den hochgesteckten Erwartungen erwiesen sich die Ansätze, welche materiale

Werte für sich allein angewandt vermitteln möchten, wie etwa das Wertvermittlungsmodell, als wenig hilfreich, um Einstellungs- und Verhaltensänderungen bei den Schülerinnen und Schülern zu produzieren. Auch spezielle Themeneinheiten im Unterricht mit ethischem Schwerpunkt, wie die Umwelterziehung, die Antidrogenerziehung und Ähnliches, können zumeist nur Änderungen in Bezug auf das Wissen anstoßen, jedoch keine Änderung von Haltungen und Verhalten. Auch die Ergebnisse der Ansätze, die auf eine größere Sensibilität beim Umgang mit eigenen Werten hinarbeiten, sind entmutigend. Bei diesen Ansätzen verbesserte sich mehr das Wissen der Schülerinnen und Schüler sowie allgemein die Haltung zur Schule, jedoch nicht die Sicherheit im Umgang mit wertrelevanten Entscheidungen. Zu einer Festigung und Bewusstwerdung des eigenen ethischen Selbstbildes konnte nicht beigetragen werden" (Stein 2008, S. 163). Wissensvermittlung statt Werteentwicklung, so lässt sich die Einschätzung grob zusammenfassen.

Fazit: Wo gezielte Werteentwicklung in der Schule sich bemüht, emotionale Labilisierung einzusetzen, um Werteinteriorisation zu erreichen und eine wirkungsvolle Werteentwicklung zu gestalten, hat sie mit einer geforderten Werteneutralität zu kämpfen, die eine solche Entwicklung oft unmöglich macht. Formen gedanklich-sprachlicher Wertereflexion ermöglichen zwar ein tiefergehendes Nachdenken über Wertedilemmata und Werteprobleme, einen Wertediskurs und die Benennung verschiedenster wertesensibler Problemfelder, entwickelt und festigt aber keine persönlichen, tiefgegründeten Werteorientierungen. Die im Unterricht eingesetzten Modelle sogenannter direkter Werteerziehung führen zu Wissenserweiterungen, stoßen aber keine Änderungen von Haltungen und Verhalten an und erhöhen nicht die Sicherheit im Umgang mit werterelevanten Entscheidungen.

Wertegelenkte Organisationen

Jede Organisation, jedes Unternehmen ist wertegelenkt. Selbst die wertevergessenste Unternehmung ist zumindest vom Nutzenwert, also einem Basiswert getrieben. Andere mögen am Wohlgefühl der Kunden oder an einem guten Betriebsklima, also an Genusswerten, interessiert sein. Viele fühlen sich ethisch-moralischen Zielen verpflichtet. Stets sind sie nicht nur durch rechtliche, finanzielle und infrastrukturelle Fäden mit dem Staat und seinen politischen Institutionen verbunden, sondern sind auch überzeugt, eigene Beiträge zum Gemeinwohl, also zu einem sozial-weltanschaulichen Wert zu liefern (vgl. Papier und Meynhardt 2016).

Es gibt allerdings Organisationen, deren vorrangige Aufgabe es ist, Werte zu bewahren, umzusetzen und im Ernstfall auch zu verteidigen. Wir wollen auf sie kurz eingehen, weil sie die Notwendigkeit und die Macht von Werten für jede einzelne Persönlichkeit sinnfällig machen und diese Macht auch materiell verkörpern; man denke an Regierungsbauten und schwarze Fahrzeugkolonnen, an beeindruckende alte und neue Kirchenbauten, an hochgerüstetes Militär und zumindest deutlich präsente Polizei und Feuerwehr, an Krankenhäuser und Pflegeeinrichtungen in großer Zahl.

Auf solche Organisationen wollen wir kursorisch eingehen.

Politische Parteien und Organisationen

Mehrere Parteien tragen ihre Werteorientierung bereits im Namen, das heißt die Orientierung auf das Christliche, auf das Soziale, auf das Demokratische, auf das Freiheitliche, auf das Nationale. „Ausgangspunkt politischen Denkens und Handelns ist die unveräußerliche Würde und Autonomie des Menschen. Eine allgemeingültige Definition politischer Grundwerte gibt es indes nicht. Ihre Bedeutung ändert sich nach Zeit und Ort."[28] Was einen angesichts von über 860.000 Wohnungslosen in Deutschland auch nicht allzu sehr verwundert.

Gibt es noch – politisch verbindende – Werte, fragt Siegfried Schiele zu Recht und stellt fest: „Unsere demokratische Gesellschaft ist auf Grundwerte angewiesen. Es ist allerdings nicht einfach, Werte zu vermitteln, da sie nicht einfach gelehrt und gelernt werden können. Wir sollten verstärkt darüber streiten, was uns wichtig ist." (Schiele 2012). Er hat damit gleich zwei Punkte berührt, die Kernanliegen unseres Buches sind. Zum einen, dass gezielte Wertevermittlung eben kein Belehrungsprozess, kein Sach- und Fachlernen ist, sondern eigene Zugänge und Methoden erfordert. Zum anderen, dass der wichtigste Ort politischer Werteentwicklung die Öffentlichkeit ist. Dass Streit, die oft übermäßig emotional geführte Auseinandersetzung um wichtige Absichten und Ziele, genau der Prozess ist, der zur Verinnerlichung bestehender wie auch zur Entwicklung neuer Werte führt.

Um Werte wie Gleichheit, Freiheit, Gerechtigkeit, Solidarität, Nachhaltigkeit und Sicherheit werden zurecht intensive Debatten geführt, auch weil sie letztlich, in gesellschaftliches Handeln überführt, einen immensen

---

[28]Aus Politik und Zeitgeschichte (APU 34–36/2012).

ökonomischen Wert repräsentieren.[29] Damit ergibt sich aber für die gezielte Werteentwicklung politisch Denkender und Handelnder ein nahezu unlösbares Problem:

> „Es gibt eine unüberschaubare Anzahl von Versuchen, ,Werte' zu definieren, zu katalogisieren oder zu klassifizieren. Es scheint jedoch unmöglich zu sein, sich auf eine einheitliche Bestimmung dessen, was Werte sind, zu einigen. Politische Bildung ist allerdings ohne Auseinandersetzung mit Werten nicht vorstellbar, denn politisches Urteilen und politisches Handeln sind immer von bestimmten Werten geleitet. Dabei sind mit Werten immer Orientierungswerte, also Leitvorstellungen gemeint, an denen wir uns in allen unseren Wertungen orientieren. Sie können als Muster für den einzelnen dienen, aber auch gesellschaftlich verbindliche Orientierungsleitlinien sein. Die Frage, welche Werte in der politischen Bildung vermittelt, geklärt oder diskutiert werden sollen, ist eine der ältesten, die unter den Fachleuten debattiert wird" (vgl. Gloe 2015).

Dieser Widerspruch von großer Beliebigkeit und absoluter Notwendigkeit von sozial-weltanschaulichen Werten prägt viele politische Debatten, lässt Wissenschaftler Werte und Wertebildung aus interdisziplinärer Sicht untersuchen (vgl. Verwiebe 2019), den Zusammenhängen von Werten in der Politik und im Leben nachgehen (vgl. Mitterlehner 2019) und besonders aufmerksam die Prozesse der Verinnerlichung, der Interiorisation von Werten durchdenken (vgl. Hübl 2019; Lakoff und Wehling 2016; Baurmann und Brennan 2010). Die heuchlerische Berufung auf die politischen Werte des Westens wird zurecht in einer Schärfe angeprangert, die sich in anderen Sparten so kaum finden lässt (vgl. Todenhöfer 2019).

Etwas wechselnd bevorzugen die Deutschen folgende Spitzenwerte: Frieden (59 %), Menschenrechte (47 %), Demokratie (37 %), Rechtsstaatlichkeit (26 %), Respekt gegenüber menschlichem Leben (26 %), Freiheit des Einzelnen (26 %), Toleranz (18 %), Solidarität, Unterstützung anderer (13 %), Gleichheit (7 %), Respekt gegenüber anderen Kulturen (7 %), Selbstverwirklichung (6 %), Religion (2 %).[30] Gegenüber den durchweg politischen, vorderen Werten halten es also nur 2 % mit der Religion. Und doch ist die Kirche beider Konfessionen heute, da die traditionellen Werteentwickler Elternhaus, Schule und Militär nur noch eine bescheidene Rolle spielen, neben der Kunst das vielleicht wichtigste werteproduzierende, -reproduzierende, -kommunizierende, und -rezipierende „Organ" der Gesellschaft.

---

[29] vgl. https://www.bpb.de/apuz/166638/politische-grundwerte (aufgenommen 12. Januar 2019).
[30] https://de.statista.com/statistik/daten/studie/151354/umfrage/meinung-ueber-die-wichtigsten-werte/

Kirche

Wie stark die Kirchen und kirchliche Organisationen auf die Kommunikation und Produktion von Werten fokussiert sind, auch auf die Besinnung hinsichtlich traditioneller menschheitlicher Werteerrungenschaften und auf Werteverluste, verbunden mit ökonomischem und technischem Fortschritt, zeigt sich beispielsweise regelmäßig bei den evangelischen Kirchentagen. Sie verstehen sich neben der Diskussion religiöser und kirchlicher Themen als ein wichtiger öffentlichkeitswirksamer Lernort für politische Bildung. Hier können sich die Teilnehmenden ein eigenes Bild von vielen prominenten Politikerinnen und Politikern aus dem In- und Ausland machen. Hier sind Wissenschaftler zu erleben, die aktuelle gesellschaftliche Fragestellungen öffentlich diskutieren. Hier erheben Menschen mit gemeinsamen gesellschaftlichen Interessen ihre Stimme z. B. durch Demonstrationen oder Resolutionen."[31] Dies zeigt sich nicht weniger bei den Stellungnahmen der katholischen Kirche zu ethischen und sozial-weltanschaulichen Menschheitsproblemen. Erinnert sei nur an die vielen Vorstöße von Papst Franziskus, beispielhaft etwa in seiner Umwelt-Enzyklika „Laudato si. Über die Sorge für das gemeinsame Haus". So heißt es dort in seinem Gebet für die Erde: „Lehre uns den Wert von allen Dingen zu entdecken und voll Bewunderung zu betrachten...Ermutige uns bitte in unserem Kampf für Gerechtigkeit, Liebe und Frieden" (Papst Franziskus 2015, S. 199).

Wertekern der christlichen Kirchen sind christliche Werte wie Glaube, Liebe, Hoffnung, Barmherzigkeit, Gerechtigkeit. Hinzu kommen die sogenannten göttlichen Tugenden wie Demut, Mildtätigkeit, Keuschheit, Geduld, Mäßigung, Wohlwollen, Fleiß.[32] Auch die vier Grundwerte der katholischen Soziallehre, Gemeinwohl, Solidarität, Subsidiarität und Personalität kann man hinzuzählen (vgl. Sedmak 2017). Jede dieser Wertevorstellungen ist heiß umkämpft, viele ebenso infrage gestellt wie befürwortet. Uns ist wichtig, dass Organisationsformen, Strukturen und Handlungsweisen der Kirchen unmittelbar und mittelbar von solchen Werten abgeleitet und angetrieben sind. Das kann man sich beispielsweise an der diakonischen – im Dienste am Menschen im kirchlichen Rahmen stehenden – Arbeit klar machen, etwa an Einrichtungen der inneren Mission, die soziale Arbeit mit

---

[31] https://www.bibelwissenschaft.de/wirelex/das-wissenschaftlich-religionspaedagogische-lexikon/lexikon/sachwort/anzeigen/details/deutscher-evangelischer-kirchentag/ch/1ccd01a9d-4326f1c1cc666a184301b8c/

[32] https://de.wikipedia.org/wiki/Tugend#Christliche_Tugenden (aufgenommen am 03. 05. 2017).

dem kirchlichen Auftrag der Nächstenliebe verbinden. Diakone werden in Ausbildungen und Gemeinschaften für den Dienst am Menschen vorbereitet und gestärkt, oft auch im Ausland, in armen Ländern (vgl. Albrecht und Krause-Wack 2019). Die katholische Soziallehre, Handlungsmotor der katholischen Kirche, ist direkt auf die Umsetzung politischer und ethischer Werteorientierungen gerichtet (vgl. Bernard und Schallenberg 2008; Eurich und Barth 2008; Thierse 2005).

Aufgrund der starken Beziehungen der Kirchen zu Werteorientierungen und Wertehaltungen ist es sinnvoll, in Kirchengemeinschaften und Diözesen, ähnlich wie in anderen Organisationen, Werte zu hinterfragen und zu messen. Die Wertevorstellungen der Gemeinschaften oder Diözesen sind nicht einfach die Summe der Werte ihrer Mitglieder. Es kann, vor allem in Umbruchsituationen, zu deutlichen Differenzen zwischen den Gemeinschaftswerten und den Individualwerten kommen. Diese beispielsweise mit dem Instrumentarium der werteerfassung herauszufinden, kann der Gemeinschaft wie den Einzelnen nützen und ihre Werteentwicklung gezielt vorantreiben.

Eine solche Untersuchung wurde von uns zum Beispiel in einer katholischen Diözese durchgeführt. Nicht nach kirchlichen, sondern nach lebensweltlich orientierten Werten wurde zunächst gefragt. Etwa „Mir ist wichtig, meine eigene Phantasie und Kreativität zu entwickeln" versus „Der Organisation ist wichtig, dass die Mitarbeiter ihre eigene Phantasie und Kreativität entwickeln können" und so weiter, über sechzehn Fragen nach Bereichswerten hinweg. Im Ergebnis lagen die persönlichen Präferenzen – „es ist mir wichtig…". – fast ausnahmslos über den organisationalen Präferenzen – „es ist der Organisation wichtig…". Es war damit ein deutlicher Spielraum für die Organisation vorhanden, ihre Werteansprüche zu erhöhen oder sie zu den Mitarbeitern hin noch sichtbarer zu machen. Weitere Wertedifferenzen wurden ermittelt und besprochen.

Am deutlichsten traten diese Abweichungen im Wertebereich *Ökonomie und Nutzen* auf. Während die Organisation glaubte, nur wenig dazu beisteuern zu können und zu müssen, dass sich das Engagement der Mitarbeiter auch materiell lohnt, wollten diese ihr Wissen und Können auch materiell nutzbringender – für die Organisation und für sich! – einsetzen. Und während es vielen Mitarbeitern ein vordringliches Anliegen im Wertebereich *Geist, Genuss und Ästhetik* war, die eigene Fantasie und Kreativität zu entwickeln und nach Erlebnissen zu suchen, die den eigenen Wissenshorizont erweitern, kümmerte sich die Organisation aus ihrer Sicht zu wenig um die geistige Entwicklung der Mitarbeiter und „verheizte" sie im Tagesgeschäft. Schließlich wurde im Wertebereich *Familie und Ethik* zwar anerkannt, dass die Organisation viel für die Familien tut, aber der Anspruch der Mitarbeiter war doch deutlich höher. Positiv wurden *Wärme, Nähe, Menschlichkeit* hervorgehoben; negativ die Auflösung dessen durch Leistungs- und Gewinnorientierung. Positiv wurden *Vertrauen und Ehrlichkeit* gegenüber den Mitarbeitern herausgestellt, negativ *Unsicherheit* und eine gewisse *Konfliktscheu*. Als werteproduzierendes, -reproduzierendes und -kommunizierendes „Organ" der Gesellschaft konnte die Diözese auf ein hohes sozial-weltanschauliches Potenzial verweisen. Unter Wahrung und Verteidigung des originär Katholischen müssten, so die Summe, diese Potenziale viel mehr bei der weltweit zunehmenden Werte- und Sinnsuche im durchdachten Wechselspiel von Abgrenzung und Öffnung gelebt werden.

Wir haben dieses Beispiel so ausführlich dargestellt, weil wir überzeugt sind, dass gerade in wertegelenkten Unternehmen eine gezielte Werteentwicklung der Gesamtorganisaiton, der Teams sowie der MItarbeiterpersönlichkeiten auf Basis von Werteerfassung von großem Nutzen für beide Seiten sein kann.

Armee, Polizei und Katastrophenschutz

Ein Feuerwehrteam steht vor einem brennenden Haus, aus dem die Flammen zehn oder zwanzig Meter hochschlagen. Der Einsatzleiter muss in Sekunden entscheiden, ob er seine Mannschaft in das Haus schickt, um eventuell Überlebende zu retten, oder ob er das Haus aufgibt, um das Leben seiner Mitarbeiter zu retten. Er muss entscheiden, obwohl ihm nahezu alle erforderlichen Informationen fehlen. Dafür benötigt er Ordner des Handelns, die ihm intuitiv eine passende Entscheidung ermöglichen, er benötigt Werte.

Soldaten, Polizisten und im Katastrophenschutz Tätige arbeiten in sogenannten *Hochleistungsorganisationen*, deren Mitarbeiter auch in unbekannten Herausforderungen unter Einfluss von Stress, Zeitdruck, Entscheidungsdruck und der Bedingung unvollständiger Information fähig sein müssen, sofort situationsgerechte Entscheidungen zu treffen und entsprechend zu handeln (vgl. Pawlowsky et al. 2008).

Diese Organisationen stehen vor der Herausforderung, situationsadäquat auch in besonders kritischen Situationen reagieren zu können. Dies wird nur möglich sein, wenn die Mitarbeiter Werte verinnerlicht haben, die es ihnen erlauben, in solchen unübersichtlichen Herausforderungen Entscheidungen zu treffen. Dabei benötigen die Teams ein gemeinsames Bild der Sachlage und der Handlungsmuster der Teammitglieder, sodass Handlungen schnell und ohne Aushandeln von Rollenzuweisungen möglich sind.

Hinzu kommen weitere Herausforderungen, wie dies am Beispiel der Polizei verdeutlicht werden kann. Eine der größten Herausforderungen für die Polizei wird in Zukunft sein, gesellschaftlichen Wertewandel zu beobachten, zu erkennen und gegebenenfalls darauf zu reagieren. Kollektive Veränderungen von Wertehaltungen mögen nur auf den ersten Blick keine Auswirkungen auf die Arbeit der Polizei haben. Der Polizeiwissenschaftler Raphael Behr definiert Polizeikultur als „ein Bündel an Wertebezügen, die als transzendentaler Rahmen das Alltagshandeln von Polizeibediensteten ermöglicht, begrenzt und anleitet. Wertebezüge geben also darüber Auskunft, in welchen Situationen welche Werte und Tugenden in welchem Ausmaß zur Geltung kommen", so Behr (SIAK S. 14).

Polizeiliches Handeln muss an rechtsstaatliche Grundsätze gebunden sein und das Gebot der Verhältnismäßigkeit wahren. Dabei muss die Polizei zu Transparenz und Dialogbereitschaft den Menschen gegenüber bereit sein. Die Gefahr, durch polizeiliches Handeln die Grenzen des Legitimen zu überschreiten, kann nur durch ein stabiles Wertegerüst minimiert werden, das durch die Reflexion des eigenen Denkens und Handelns laufend weiterentwickelt wird.

Die Werteentwicklung in Hochleistungssystemen erfolgt im situativen Kontext, indem akute Herausforderungen als Auslöser und Gegenstand der Entwicklung dienen. Unerfahrene Mitarbeiter bauen ihre Werte dabei in realen Aufgaben auf. In realitätsnahen Übungen trainieren sie die erforderlichen Handlungen, bauen Routinen auf und schaffen damit die Basis für ihre Werte- und Kompetenzentwicklung in der Realität. Eine besondere Rolle spielt hierbei das *Coaching* durch erfahrene Kollegen, mit denen die jeweiligen Erfahrungen nach jedem Einsatz reflektiert werden. Dabei analysieren sie, was gut gemacht wurde und was in den kommenden Einsätzen verbessert werden kann.

Ähnlich wirkt das Prinzip des „Bärenführers", bei dem ein Neuling einen erfahrenen Einsatzleiter bei all seinen Aufgaben begleitet und nach und nach Aufgaben von ihm übernimmt, bis zur Leitung kleinerer Einsätze (vgl. Pawlowsky et al. 2008, S. 29).

In Hochleistungssystemen sind handlungsbegleitendes *Feedback* und *Reflexion* von zentraler Bedeutung. Deshalb evaluieren die Mitarbeiter regelmäßig ihre Leistungen, analysieren Probleme und entwickeln neue Lösungen.

Mitarbeiter in der Armee, bei der Polizei oder im Katastrophenschutz zeichnen sich im Regelfall durch andere Handlungsmotive aus, als Beschäftigte in Dienstleistungs- oder Produktionsunternehmen. Sie wollen Leben retten, Katastrophen verhindern oder zur Sicherheit der Bevölkerung beitragen. Die Motivation ergibt sich aus dem sichtbaren Erfolg.

Hochleistungsunternehmen sind dann erfolgreich, wenn es ihnen gelingt, neue oder unbekannte Herausforderungen erfolgreich zu bewältigen. Dafür müssen die Entwicklungsprozesse folgende Merkmale aufweisen: Ausgeprägte Werteorientierung, insbesondere im Bereich der Werte Gemeinnutz, Verantwortung, Kollegialität oder Norm und Gesetz, konsequente Zielorientierung, hohe Achtsamkeit und Wahrnehmungskompetenz, auch für schwache Signale oder regelmäßige Reflexionen und hohe Einsatzbereitschaft (vgl. Pawlowsky et al. 2008, S. 30).

Helfende Einrichtungen

> „Der ‚Notstand' in der Pflege hat nicht nur mit Geld und Macht zu tun. Die Pfleger fühlen sich nicht mehr wertgeschätzt, es geht um die ideelle Anerkennung ihrer Arbeit… Der Pflegenotstand wird nicht gelindert werden, wenn man sich ausschließlich von politischen und ökonomischen Ideen leiten lässt. Gesellschaftliche und ethische Kategorien müssen mindestens gleichrangig berücksichtigt werden. Nächstenliebe und Fürsorge waren ebenso wie eine Ethik des Dienens schon immer Leitgedanken der Pflege. Soziale Berufe, in denen man für andere da ist, bringen das mit sich. Das ist ein hohes gesellschaftliches Gut…" (Schmidt, L. 2019, S. 2).

Helfende und soziale Berufe, in denen man für andere da ist, gibt es viele. Ihnen liegen im besonderen Maße ethisch-moralische und sozial-weltanschauliche Werte zugrunde. Es sind Berufe, in denen Menschen gepflegt, behandelt, beraten oder betreut werden. Beispiele sind Arzt und Notarzt, Krankenschwester oder -pfleger, Medizinischer Fachangestellter, Schwesternhelfer, Rettungssanitäter, Notfallsanitäter, Diätassistent, Krankengymnast, Sozialarbeiter, Drogen- und Suchtberater, Altenpfleger, Psychotherapeut, Ergotherapeut, Heilerziehungspfleger, Seelsorger und Bewährungshelfer. In helfenden Berufen soll der leidende, kranke, einsame Mensch im Mittelpunkt stehen… Dabei gibt es sehr unterschiedliche Arbeitsfelder: Beratung, Erziehung, Therapie, Kranken- oder Altenpflege, Sozialarbeit, Sozialpädagogik, Medizin, Seelsorge…[33]

Schon die Aufzählung zeigt, dass in diesen Arbeitsfeldern ganz unterschiedliche Handlungsorientierungen, ganz verschiedene Kompetenzen und damit ganz verschiedene Wertekerne zugrunde liegen, die natürlich nicht über einen Kamm geschoren werden können. Für jedes dieser Arbeitsfelder

---

[33]https://de.wikipedia.org/wiki/Helfende_Berufe

gibt es eine eigene Literatur, die sich mit den zugrundeliegenden Werten beschäftigt. Es würde eine eigene Arbeit kosten, sie auch nur zusammenzufassen. Das ist in unserem Zusammenhang aber auch gar nicht nötig. Wir wollen in diesem Abschnitt „Wertegelenkte Organisationen" nur auf solche hinweisen, in denen Werte eine besonders bestimmende, beherrschende Rolle spielen.

Das ist bei allen helfenden Berufen der Fall, denn immer steht die Frage im Vordergrund: Helfen – wem, wozu, wie weit? Es ist letztlich immer eine ethisch-moralische, eine sozial-weltanschauliche Frage. Soll dem Neunzigjährigen mit gleicher Intensität geholfen werden wie dem Dreißigjährigen? Wird der berühmte Sportler, damit er bald wieder fit ist für neue Ruhmestaten, mit dem gleichen Aufwand behandelt werden wie Otto Normalverbraucher, der Rentner? Soll die Betreuung des einfachen Rollstuhlfahrers genauso weit getrieben werden wie die des berühmtesten Rollstuhlfahrers der Welt, Stephen Hawking? Die wissenschaftlich-technischen Möglichkeiten sind vorhanden, für wen, wozu und wie weit sie genutzt werden, ist eine Wertefrage (vgl. Großmann und Perko 2011).

Dabei muss man sich bewusst machen, dass aufgrund alternder Bevölkerungen, demografischer Probleme, Einsamkeits- und Isolationstendenzen durch moderne Kommunikationsmittel und andere technische Entwicklungen die Nachfrage nach helfenden Tätigkeiten schnell zunehmen wird. Es geht nicht um abstrakte Wertevorstellungen sondern um auch ökonomisch höchst wichtige Tätigkeiten!

Werteorientierte Unternehmen

Digitalisierung, Automatisierung, Flexibilisierung der Arbeit, agile Arbeitswelt, Fachkräftemangel auf der einen und sinnsuchende High-Potentials auf der anderen Seite des Arbeitsmarktes; Klimawandel, wachsender Ressourcenverbrauch, instabile Märkte, Null-Zins-Politik und unvorhersehbare, disruptive Marktentwicklungen …

Alle Organisationen stehen vor gewaltigen Herausforderungen, die mit den bisherigen Methoden nicht mehr zu bewältigen sind. Wie findet eine Organisation eine sinnerfüllte Zielsetzung, die ihren Erfolg in der Zukunft sichert, ihre Attraktivität als Arbeitgeber steigert und gleichzeitig den zunehmenden gesellschaftlichen Anforderungen an Nachhaltigkeit sowie sozialer und kultureller Verantwortung zukunftsweisend gerecht wird? Wie können Organisationen als Ganzes eine zukunftstaugliche Qualität „kollaborativer Intelligenz" aufbauen und es ihren Mitarbeitern gleichzeitig ermöglichen, ihre für die Zukunft erforderlichen Werte und Kompetenzen selbstorganisiert im Prozess der Arbeit und im Netz zu entwickeln?

Die Veränderungen der Umwelt und damit der Arbeit haben bereits zu mehr oder weniger starken Weiterentwicklungen der Unternehmen geführt. Insbesondere der klassische Taylorismus hat sich im Zug der Digitalisierung überlebt und wurde in vielen Unternehmen in unterschiedlicher Weise angepasst oder gar ersetzt. Trotzdem wird dieses Prinzip der Prozesssteuerung immer noch in vielen Unternehmen oder in einzelnen Teilbereichen gelebt (vgl. Sauter et al. S. 9 ff., 2018).

Die Erkenntnis, dass Werte Wert schaffen, hat nun auch in der Frankfurter Allgemeinen Zeitung (s. Fußnote) Eingang gefunden. Investoren treffen ihre Anlageentscheidungen zunehmend nicht nur nach dem wirtschaftlichen Erfolg eines Unternehmens, sondern achten auch auf eine verantwortungsvolle Unternehmensführung. Sie erwarten unternehmerisches Handeln im Einklang mit Gesetzen, Richtlinien, Kodizes (Compliance) und Satzungen, also mit dem sozial-weltanschaulichen Wert Norm und Gesetz, aber insbesondere auch mit ethisch-moralischen Werten, wie Verantwortung und Respekt gegenüber Mitarbeitern und Gesellschaft, einschließlich Umwelt- und Klimaschutz, also Nachhaltigkeit.

Die Fondsgesellschaft der Volks- und Raiffeisenbanken Union Investment kündigte beispielsweise an, mittelfristig fast das gesamte verwaltete Vermögen nachhaltig anzulegen. Diese Entscheidung erfolgte vermutlich nicht aus altruistischen Gründen, sondern aus der Erwartung, dass sich verantwortungsvolle, werteorientiertes Handeln langfristig auszahlt. Ein anderes Beispiel ist das liechtensteinische Technologieunternehmen Hilti, das alle zwei Jahre einen unternehmensweiten Prozess zur Beschäftigung aller Mitarbeiter mit den Werten der Unternehmung initiiert. Diese werden dabei in einen Zusammenhang mit der aktuellen Geschäftsentwicklung gebracht. Dass sich dies lohnt, zeigt die Eigenkapitalrendite von Hilti mit 20 %!

Auch andere Unternehmen, wie die Deutsche Bank AG, wollten vordergründig diesen Weg gehen. Nach dem Abgang von Josef Ackermann formulierte sie in ihrem Geschäftsbericht 2012: Unsere Leistungskultur muss gleichermaßen auch eine Kultur der Verantwortung sein. Unternehmerische Verantwortung bedeutet für uns, Wert mit Werten zu schaffen. Wert von dem alle unsere Interessengruppen – unsere Kunden, Mitarbeiter, Anleger und die Gesellschaft – profitieren". Wunderschön formuliert, die Praxis des Handelns war aber eine andere, wie der Libor-Skandal mit der gezielten Manipulation der Referenzzinssätze unter Banken, zeigte. 2015 lag die Eigenkapitalrendite schließlich bei rund minus 10 %!

Die Beispiele Hilti und Deutsche Bank AG zeigen deutlich, was den Unterschied ausmacht. Wenn die Unternehmensstrategie, das Handeln der Führungskräfte und die verinnerlichten (!), nicht die in Hochglanzbroschüren formulierten, Werte nicht zusammenpassen, dann werden sich nachhaltig negative, teilweise existenzbedrohende, Konsequenzen für die Unternehmen ergeben.

Unternehmen benötigen deshalb die die stete Aufmerksamkeit für die Verinnerlichung von Werten auf allen Ebenen, den Individuen, den Teams und der gesamten Organisation. Die obere Führung muss über ihr symbolisches Handeln deutlich machen, dass ihre Entscheidungen und Handlungen konsequent wertekonform sind. Die Formulierung der gemeinsamen, angestrebten Werte ist aber nicht von oben zu verordnen, sondern in einem Prozess unter Einbeziehung der Mitarbeiter zu initiieren. Voraussetzung dafür sind die Erhebung der Ist-Werte, aber auch der Wunsch-Werte durch die Mitarbeiter auf Organisationsebene, also der aktuellen und der erwarteten Organisationskultur.

Diese Evolution von Organisationen kann, basierend auf einem Phasenmodell von Laloux (2014), das wiederum auf den Arbeiten von Graves (1970) und in weiterer Folge von Beck und Cowan (1996) bzw. Wilber (2000) beruht, verdeutlicht werden.

Bei dieser Organisationsform stehen der Mensch, seine Werte und Kompetenzen sowie seine Beziehungen im Mittelpunkt, um sie zum Wohl der Organisation einzusetzen. Es gibt zwar meist immer noch eine klare Hierarchie, jedoch sorgen die persönlichen Netzwerke und gemeinsame Werte für eine koordinierte Gestaltung der Organisation mit dem Ziel zufriedener Kunden.

Deshalb wird die Organisation konsequent an den Bedürfnissen der Kunden ausgerichtet. Die Mitarbeiter agieren dabei relativ frei. Die notwendige Voraussetzung dieser Organisationen ist eine Kultur, die durch Zusammenhalt und ein Wir-Gefühl geprägt ist. Deshalb ist eine strikte Kontrolle nicht mehr notwendig. Die Mitarbeiter beginnen selbstständig nach Lösungen zu suchen, interagieren und kooperieren mit ihren Kollegen, treffen Entscheidungen und übernehmen Verantwortung für ihr Handeln.

Dieser Ansatz erfordert entsprechende Werte sowie eine hohe Kompetenz der Mitarbeiter, damit sie die entstehenden Herausforderungen selbstorganisiert bewältigen und in der Kommunikation mit ihren Kollegen kreative Lösungen entwickeln können.

Solche Organisationen findet man in nahezu allen Bereichen. Sie genießen meist ein hohes Ansehen und zeichnen sich im Regelfall durch hohe Mitarbeiterzufriedenheit und erstklassigen Kundenservice aus.

Zunehmend entwickeln sich Organisationen, die nicht nur auf Gewinn und Kundenzufriedenheit, sondern auf zusätzliche Ziele im Bereich der Gesellschaft, des Umfelds oder der Umwelt ausgerichtet sind. Deshalb bestimmen auch hier das persönliche Netzwerk und die Interaktion mit den Kollegen die Struktur der Organisation. Dabei dienen die gemeinsamen Werte der Mitarbeiter als Handlungsanker im Arbeitsprozess, sodass eine enge Kontrolle überflüssig wird. Die Mitarbeiter sind intrinsisch motiviert und arbeiten selbstorganisiert, um ihre beruflichen, aber auch privaten Visionen zu erfüllen. Deshalb ist es auch nicht mehr notwendig, ständig nach dem Konsensprinzip zu handeln, da grundsätzlich jeder Mitarbeiter mit bestem Wissen und Gewissen nach der Erfüllung der gemeinsamen Ziele strebt.

Die Mitarbeiter werden deshalb ganzheitlich betrachtet. Sie sind mehr als nur Mitarbeiter der Organisation, sondern gestalten diese maßgeblich mit.

Organisationen auf dieser Stufe arbeiten daher sehr oft nach dem Konsensprinzip. Meist nimmt sich jeweils ein Mitarbeiter eines Themas an und bearbeitet dieses federführend. Der Mitarbeiter unterbreitet im Team einen Vorschlag, der umgesetzt wird, solange kein anderer Mitarbeiter einen begründeten Einwand hat. Dies führt i. d. R. zu erheblich schnelleren Entscheidungen als beim Konsensprinzip und ermöglicht es der Organisation, flexibel zu agieren.

Für diese Organisationsform gibt es noch relativ wenige Praxisbeispiele, obwohl sie in der Regel sehr gute Ergebnisse erzielt. Die besondere Vision der Organisation, die von allen Mitarbeitern geteilt wird, führt erfahrungsgemäß zu einer starken Differenzierung am Markt, die nicht nur passende Bewerber, sondern auch Kunden mit demselben Wertebild anzieht. Dieses Alleinstellungsmerkmal der Authentizität gibt den Mitarbeitern das Gefühl, nicht nur ein Produkt oder eine Dienstleistung zu erwerben, sondern Teil einer ideellen Gemeinschaft zu sein.

Ein Beispiel dafür ist Patagonia, eine Outdoorbekleidungsmarke, die in den letzten Jahren für ihre Nachhaltigkeitsinitiativen und soziale Verantwortung bekannt wurde. Gegründet vom Kletterer Yvon Chouinard mit dem Ziel, die besten Kletterhaken der Welt zu entwickeln und zu produzieren, wurde das Unternehmen bekannt, weil es die Produktion der Haken einstellte, um nicht zur Umweltverschmutzung beizutragen. Patagonia macht häufig mit ihrem Ansatz der radikalen Nachhaltigkeit auf sich aufmerksam. Eine der Initiativen ist es, dass Kleidungsstücke der Marke kostenlos repariert werden, um zu vermeiden, dass neue Produkte gekauft werden, obwohl die alten noch weiterverwendet werden können.[34]

---

[34]vgl. https://eu.patagonia.com/de/de/shop/web-specials?gclid=Cj0KCQiAj4biBRC-ARIsAA4WaFic0qZvc-VE3LcdXZhbzB0F7xIBWafkhu6-os1D1S7iGxbbPZJ0zY6kaAjDUEALw_wcB.

Durch diesen auf Kernwerte basierenden Ansatz werden Mitarbeiter angezogen, die sich mit den Werten und vor allem der Vision identifizieren und Teil der Gemeinschaft werden wollen. In diesem Umfeld zählen die gleiche Einstellung und der Wunsch, mit Gleichgesinnten zu arbeiten, mehr als Gehalt und der Rang beziehungsweise Titel. Durch diesen Ansatz arbeiten alle Mitarbeiter an den gleichen Zielen und geben ihr Bestes, um dem Unternehmen zum Erfolg zu verhelfen.

Werteentwicklungsorganisationen

Die gezielte Wertentwicklung von Persönlichkeiten erfordert ein radikal verändertes Verständnis von Lernen. Selbstorganisierter Werteaufbau ist eine konstruktive Leistung jedes Einzelnen. Dieser Prozess kann jedoch durch den Aufbau eines bedarfsgerechten Ermöglichungsrahmens mit professioneller Lernbegleitung initiiert und gefördert werden. Damit werden sich die Rollen und damit die Geschäftsmodelle der betrieblichen und beruflichen Bildungsanbieter fundamental verändern (vgl. Sauter 2017).

Organisationen benötigen anstatt der heutigen zentralistischen Personalentwicklung sowie seminaristischer Bildungsangebote ein agiles Werte- und Kompetenzmanagement, das es den Mitarbeitern gezielt ermöglicht, die erforderlichen Werte und Kompetenzen, auch für heute noch nicht bekannte Herausforderungen, selbstorganisiert und kreativ im Arbeitsprozess und im Netz aufzubauen. Dabei wachsen Arbeiten und Lernen zusammen. Dies setzt veränderte, agile Arbeitsmethoden und Lernarrangements für personalisierte Kompetenzentwicklungsprozesse im Arbeitsprozess, einen Ermöglichungsrahmen für kollaboratives Arbeiten und Lernen sowie ein Veränderungsmanagement mit dem Ziel der Selbstorganisation voraus.

„Bloß gelernte", nicht interiorisierte Werte sind wertlos. Das Wertemanagement durchschlägt den gordischen Knoten dieser Wirkungslosigkeit. Es geht davon aus, dass Werte nur in Kompetenzentwicklungsprozessen der Praxis, mit Coaching und Mentoring, manchmal, wenn auch seltener, in Trainingsprozessen interiorisiert werden. Es stellt diese Prozesse in den Vordergrund und nutzt sie. Die Wertehaltung, die mein Arbeits-, gar mein Lebensproblem löst, wird tief in meinen Emotionen verankert. Die Werte einer Unternehmenskultur, die von den Mitarbeitern emotional tief verankert werden – „Wir, das Unternehmen" – führen von Erfolg zu Erfolg.

Dies hat tiefgehende Konsequenzen für die Rolle und die Aufgaben des Corporate Learning (vgl. Sauter et al. 2018, S. 183 f.):

- Die Entwicklungsprozesse werden nicht mehr mittels Curricula, die für alle Mitarbeiter die gleichen Lernziele, standardisierten Inhalte und Methoden vorgeben, geprägt. Nunmehr bestimmen die strategischen Ziele und der Werterahmen die personalisierten Entwicklungsprozesse. Auf Basis von Werte- und Kompetenzmessungen legen die Mitarbeiter nunmehr selbst ihre individuellen Entwicklungsziele fest und vereinbaren im Gespräch mit ihrer Führungskraft Herausforderungen, die sich für ihre personalisierte Werte- und Kompetenzentwicklung eignen. Sie organisieren diese Entwicklungsprozesse selbstorganisiert und werden dabei durch professionelle Lernbegleiter unterstützt.
- Wissen und Qualifikation sind nicht mehr das Ziel der Entwicklungsprozesse, sondern notwendige Voraussetzung und werden bei Bedarf „on-demand" mithilfe digitaler Angebote aufgebaut.
- Es dominieren nicht mehr Push-Formate, z. B. Vorträge, Unterricht, Seminare, Kurse, Fallstudien oder reine E-Learning-Module. Nunmehr stehen Pull-Formate, z. B. Design Thinking, Scrum oder Kanban im Vordergrund. Die Entwicklungsprozesse werden durch Ermöglichungsrahmen mit vielfältigen Entwicklungsangeboten sowie durch Entwicklungspartnerschaften (Co-Coaching) unterstützt. Eine zentrale Rolle spielen das Social Learning im Rahmen kollaborativer Entwicklungsprozesse sowie die professionelle Prozessbegleitung und das Mentoring der Führungskräfte.
- Es wird nicht mehr in gesonderten Seminarzeiten und -orten gelernt, wenn zufällig eine Lehr- oder Lernmaßnahme angeboten wird. Gelernt wird dann, wenn eine Herausforderung neue Werte und Kompetenzen erfordert. Arbeiten und Lernen wachsen zusammen, sodass die Entwicklungsprozesse in den Arbeitsprozess integriert werden. Das Netz wird, entsprechend den Entwicklungen im Arbeitsprozess, konsequent für die Entwicklung der Mitarbeiter genutzt. Präsenzveranstaltungen werden vor allem zur Förderung der Netzwerke und zum Erfahrungsaustausch genutzt.
- Die Inhalte werden durch Experten und Medienentwickler, aber immer mehr durch die Mitarbeiter selbst („user-generated-content") erarbeitet.
- Der Entwicklungserfolg wird nicht mehr mittels Trests und Prüfungen, sondern am Erfolg im Arbeitsprozess – der Performanz – gemessen.

Werteorientierte Entwicklungskonzeptionen erfordern damit eine Neupositionierung des betrieblichen Bildungsmanagements, das zukünftig die Rolle eines aktiven, strategieorientierten Gestalters und Begleiters der Entwicklungsprozesse im Unternehmen spielt. Für diese Neupositionierung des Bildungsbereichs müssen viele liebgewonnen Rollenelemente über Bord geworfen werden.

Die gezielte Werteentwicklung von Persönlichkeiten mit zunehmender Selbstorganisation und -verantwortung der Mitarbeiter hat zur Folge, dass die heutigen Personalentwickler entweder ihre Rolle verlieren oder sich zu Werte- und Kompetenzmanagern wandeln. Auch Bildungsplaner werden zunehmend an Zielen im Bereich der Wettbewerbsfähigkeit der Unternehmen gemessen werden. Neue Strukturen, Rollen und Kompetenzen der Planer, Entwickler, Trainer, Tutoren und Coachs in betrieblichen Lernsystemen sind erforderlich. Werte- und Kompetenzmanager werden bereits bei der strategischen Planung als Partner einbezogen, damit sie die notwendigen Entwicklungsprozesse zur Umsetzung strategischer Maßnahmen rechtzeitig initiieren können. Dies setzt ein hohes Standing der Werte- und Kompetenzmanager im Unternehmen voraus. Vor allem kleinere und mittlere Organisationen können mit dieser Herausforderung sowohl personell als auch finanziell überfordert sein.

Damit entsteht ein Bedarf an Bildungsanbietern, die sich als Werte- und Kompetenzentwicklungsorganisationen verstehen, die es anderen Organisationen ermöglichen, ihre Entwicklungskonzeption für Werte und Kompetenzen bedarfsgerecht zu entwickeln und professionell in die Praxis umzusetzen.

Ein Beispiel für solch eine Werteentwicklungsorganisation ist die *WeQ Alliance eG* in Berlin.[35] Diese Learning Alliance ist ein aktives Netzwerk aus Unternehmen, Fach- und Führugnskräften, Coaches, Experten, Vordenkern und Querdenkern, das in kollaborativen Prozessen zukunftsweisende und attraktive Wirtschaftsweisen ermöglichen will. Diese basieren auf den Grundwerten und Grundprinzipien von Teilhabe, Empathie, Transparenz, Resilienz, Nachhaltigkeit, gesamtsystemischer Verantwortung, individueller und kollaborativer Potenzialentfaltung, Selbstverantwortung und Subsidiarität (vgl. Marx und Stegfellner 2018).

Die gezielte, werteorientierte Enwicklung von Menschen, Teams und Organisationen der Entrepreneure, wie sich die Mitglieder des Netzwerkes nennen, wird in kollaborativen Prozessen unternehmensübergreifend (Collaborative Learning Journeys) und in den einzelnen Organisationen (Personal Learning Journeys) ermöglicht. Dabei gestalten die Mitarbeiter und Teams ihre Werteentwicklung selbstorganisiert in realen Herausforderungen auf Basis von Werte- und Kompetenzmessungen.

Das Menschenbild von WeQ Alliance gründet dabei auf selbstorganisierten und eigenverantwortlich handelnden Menschen, die unabhängig, offen und

---

[35]vgl. www.weq-alliance.net

kollaborativ mit Würde, Respekt, Achtung, Toleranz und Akzeptanz auf Augenhöhe handeln.

Auf dem Weg zu sinnhaft wirtschaftenden, werteorientierten Unternehmen sind innovative Wege der Organisations-, Team- und Mitarbeiterentwicklung mit dem Ziel der Werte- und Kompetenzentwicklung auf allen Ebenen der Organisation erforderlich. Werte- und Kompetenzentwicklung wird dabei als die Bildung der Zukunft angesehen! Erst der moderne Kompetenzbegriff erfasst die menschlichen Fähigkeiten, in offenen Situationen selbstorganisiert und kreativ zu handeln. Der so gefasste Kompetenzbegriff ist der moderne Bildungsbegriff (vgl. Arnold und Erpenbeck 2014).

Der ganzheitliche Lösungsansatz *WeQ Alliance* hat zum Ziel, werte- und kompetenzorientierte Veränderungsprozesse zu initiieren, zu gestalten und zu begleiten, um die selbstorganisierte, kollaborative Werte- und Kompetenzentwicklung von Mitarbeitern, Teams und Organisationen im Arbeitsprozess und im Netz zu ermöglichen. Zu diesem Veränderungsprozess gehören insbesondere folgende Aktivitätsbereiche:

- *Collaborative Learning Journey:* Gemeinsame, längerfristige Entwicklungsprozesse in *Learning Alliances* von und mit Fach- und Führungskräften unterschiedlicher Organisationen aus verschiedenen Branchen und Größen, um konkrete Zukunftsherausforderungen gemeinsam kreativ zu bewältigen.
- *Positionsfinder:* Strategische Positionierung der Organisation und die daraus abgeleitete gemeinsame Definition des Bedarfes auf Basis von Werte- und Kompetenzmessungen auf Organisationsebene, verbunden mit Impulsen und Workshops zur Auswertung von Vorbildprojekten *(Best Practice)* zur Initiierung und gemeinsamen Umsetzung der notwendigen Neupositionierung des Corporate Learning.
- *Personal Learning Journey:* Initiierung und Begleitung werteorientierter, personalisierter und teambezogener Entwicklungsprozesse auf Basis von Werte- und Kompetenzmessungen, verbunden mit der Gestaltung und laufenden Optimierung digitaler Räume *(Digital Space)* und von *Kreativräumen,* dem Aufbau der notwendigen Kompetenzen professioneller Lernbegleiter *(Werte- und Kompetenzentwicklungsberater)* und der beteiligten Führungskräfte *(Mentoren)* sowie der *Entwicklungsbegleitung* durch Coaching der Lernenden, der Lernbegleiter und Führungskräfte. Initiierung von *Pilotprojekten,* um Erfahrungen zu sammeln und auszuwerten.

- *Transformationsprozess:* Dieser Ansatz macht es erforderlich, Führung neu zu denken und ein gezieltes Werte- und Kompetenzmanagement zu entwickeln. Voraussetzung dafür ist ein grundlegender Veränderungsprozess zum Aufbau einer neuen Führungskultur, die durch agile Werte und Prinzipien, einer Teamkultur, die durch Kollaboration und Gruppenprozesse, sowie einer Lernkultur, die durch Selbstorganisation und die Verknüpfung von Arbeiten und Lernen geprägt wird.

Korb 1: Gezielte Werteentwicklung von Persönlichkeiten in der Praxis

Ihre Familie sucht eine neue, größere Wohnung in Berlin. Durch die zwei Kinder, die inzwischen so alt sind, dass sie nicht nur ein Zimmer brauchen, durch Ihre gewachsenen Ansprüche auf mehr als nur Wohn- und Schlafzimmer, wird der Wohnungswechsel unaufschiebbar notwendig.

Was Sie nun an Übertreuerung, unverschämten Hinhalte- und Betrugsversuchen, hoffnungsweckenden Zusagen und hoffnungsvernichtenden Absagen erleben, lässt Sie gefühlt um Jahre altern. Wie hier aufgrund von Profitgier, moralischer Verkommenheit und sozialer Verantwortungslosigkeit ein grundlegendes, politisch verankertes Menschenrecht (van Gunsteren und Fassbender 2009, S. 159) missachtet wird, erschüttert Ihre ethischen-moralischen und sozial-weltanschaulichen Grundüberzeugungen, ändert Ihre Wertehaltungen grundlegend. Sie finden sich in einem Demonstrationszug wieder, den Sie früher als das Letzte verachtet hätten.

Natürlich wussten Sie von Wohnungsnot und Mietwucher. Freunde hatten Ihnen davon erzählt, junge Kollegen hatten Ihnen, mit Tränen in den Augen, davon berichtet. Fast täglich lasen sie davon in der Zeitung. Aber erst jetzt, wo Sie es selbst erleben, wo sie selbst praktisch damit konfrontiert werden, wo Ihre Emotionen hochkochen und Jahrzehnte lang gepflegte Überzeugungen zerbrechen, findet etwas statt, was nur als tiefgreifender Wertewandel zu beschreiben ist.

Probleme, Differenzen, Konflikte gibt es alltäglich und überall. Im Privaten, im Freundeskreis, im Verein, in der Arbeit. Lebenspraxis und Arbeitspraxis halten eine Fülle davon bereit. Immer, wenn die emotionalen Spannungen, Irritationen, Labilisierungen ein für jeden Menschen unterschiedliches Mittelmaß übersteigen, ändern sich seine Wertungen und sein

Handeln. Deshalb haben wir die Rolle der Praxis für jeglichen Wertewandel so betont; für einen Wertewandel, der durch Informationen, Instruktionen, Belehrungen und Appelle nicht zu erreichen ist. Training, Schule, Aus- und Weiterbildung können natürlich punktuell Werte beeinflussen und ändern. Eine gezielte Werteentwicklung von Persönlichkeiten wird vor allem in der Lebens- und Arbeitspraxis passieren.

Praxis, die Mutter der Werteentwicklung

Allerdings – Praxis ist ein umfassender Begriff. So erklärt die Enzyklopädie Philosophie und Wissenschaftstheorie Praxis als „Bezeichnung für menschliche Lebenstätigkeit im Allgemeinen, verstanden als tätige Auseinandersetzung des Menschen mit der ihn umgebenden Wirklichkeit." In der Geschichte der Philosophie hat dieser Gebrauch des Wortes Praxis zu einer Fülle von Gegenüberstellungen und Unterscheidungen geführt, wobei vor allem das Verhältnis des Praxisbegriffs zu Begriffen wie Arbeit, Handlung, Theorie diskutiert wurde. Als wichtige Kategorie bei Aristoteles, als Kernbegriff der Marxschen Gesellschaftskritik, vor allem aber als Mittelpunktskategorie der sogenannten Praxisphilosophie wird die menschliche Lebenstätigkeit selbst in das Zentrum der Analysen gerückt. „Der Rückgriff auf und die Orientierung an der Praxis sollen dabei nicht nur die Überwindung der … klassischen Transzendentalphilosophie ermöglichen, sondern auch ein normatives Fundament für kritische Überlegungen ethischer und gesellschaftstheoretischer Art zur Verfügung stellen…Auch radikaldemokratische Spielarten des Pragmatismus bei G.H. Mead und J. Dewey, ferner die existenziale Analytik M. Heideggers gelten in diesem Sinne als Praxisphilosophie. Der so verstandene Begriff der Praxis steht in enger Beziehung zu dem phänomenologischen Begriff der Lebenswelt. Praxis wird nicht im Gegensatz zu Theorie verstanden, vielmehr werden auch Theoriegebilde als Erzeugnisse einer Praxis begriffen" (Demmerling in: Mittelstraß 1996, S. 336–337).

Wir haben diesen Rückgriff auf den philosophischen Praxisbegriff so ausführlich wiedergegeben, weil er grundlegende Hinweise auf alle weiteren Überlegungen bereithält.

Zunächst und vor allem geht es keineswegs nur um das Handeln in gewerblichen Arbeitsprozessen. Alles lebensweltliche Tun gehört zur Praxis. Auch geistiges Handeln wie Programmieren, Mathematisieren, juristische, religiöse oder künstlerische Tätigkeiten gehören dazu. Allerdings geht es in der Praxis selten unmittelbar um gezielte Werteentwicklung. Aber jeder konfliktäre, emotional labilisierende Handlungsprozess in der Praxis kann, gezielt und bedacht eingesetzt, zur Werteentwicklung genutzt werden. Um kein Gesamtgemälde aller solcher Prozesse zu entwerfen, werden wir uns auf die moderne Arbeitswelt beschränken und herauszufinden versuchen, wo und wie dort gezielte Werteentwicklung genutzt werden kann.

Sodann macht der philosophische Abstecher klar, dass der Rückgriff auf und die Orientierung an der Praxis tatsächlich ein Wertefundament für kritische Überlegungen ethischer und gesellschaftstheoretischer Art zur Verfügung stellt. Schon seit dem 17. Jahrhundert wird der Begriff praktische Philosophie synonym für Ethik oder Moralphilosophie verwendet. Werte sind nichts bloß Ausgedachtes, Erfundenes. Sie werden im praktischen Handeln geboren, durch praktisch Handelnde verinnerlicht, bewähren sich im praktischen Handeln, bleiben in dieser Praxis bestehen oder gehen irgendwann auch darin unter.

Solche Einsichten legen folgendes Vorgehen nahe. Wir geben zunächst eine Übersicht über Arbeits- und Lernprozesse in der neuen, industriellen Revolution, charakterisiert durch Begriffe wie Vernetzung, Digitalisierung und Komplexität. Dabei zeigen wir, dass Entscheiden und Handeln unter den Bedingungen dieser Revolution neue, fundamentale Werte benötigt, die noch nicht vorhanden sind, die von jedem einzelnen Handelnden verinnerlicht, interiorisiert werden müssen, um in seinem Handeln wirksam zu werden und die – ökonomisch, politisch und kulturell erwünscht und gefordert – nur mithilfe gezielter Werteentwicklung jedes Einzelnen zur materiellen Gewalt werden können.

Gezielte Werteentwicklung in modernen Arbeitswelten

Keine technische Revolution hat unsere Arbeits- und Lernwelt so radikal verändert wie die aktuelle Digitalisierung und Vernetzung. Damit wir uns in Zeiten der Digitalisierung in der Arbeitswelt zurechtfinden, müssen wir sozusagen im Nebel navigieren können (vgl. Malik 2015). Und dieses Navigieren bedarf tief verankerter, handlungsleitender Werte, die auf Erfahrungen und Überzeugungen beruhen. Im Zuge der Digitalisierung werden wir immer mehr selbstorganisiert handeln und eigenverantwortlich Entscheidungen treffen müssen. Dabei werden wir mit einer hohen Komplexität und ständig mit neuen, unvorhersehbaren Entwicklungen konfrontiert. Dafür benötigen wir Orientierung durch Werte, die als Ordner des Handelns diese Selbstorganisation erst möglich machen. Deshalb kommt unseren Werten und unserem persönlichen Wertemanagement eine immer größere Bedeutung zu.

Zunehmend sind Organisationen nicht nur auf Gewinn und Kundenzufriedenheit, sondern auch auf zusätzliche Ziele im Bereich der Gesellschaft, des Umfeldes oder der Umwelt ausgerichtet (vgl. Sauter et al. 2018, S. 12 f.). Deshalb bestimmen persönliche Netzwerke und Interaktionen mit Kollegen die Struktur der Organisation. Dabei dienen die gemeinsamen Werte der Mitarbeiter als Ordner im Arbeitsprozess, sodass eine enge Kontrolle überflüssig wird. Die Mitarbeiter sind hoch motiviert und arbeiten selbstorganisiert, um ihre beruflichen, aber auch ihre privaten Visionen zu erfüllen. Deshalb ist es auch nicht mehr notwendig, ständig nach dem Konsensprinzip zu handeln, da grundsätzlich jeder Mitarbeiter mit bestem Wissen und Gewissen nach der Erfüllung der gemeinsamen Ziele strebt. Die Mitarbeiter sind mehr als nur ein Teilchen der Organisation, sie gestalten diese maßgeblich mit.

Unsere persönlichen Arbeitswelten werden sich in den kommenden Jahren radikal verändern. Wir müssen uns auf Herausforderungen in der Zukunft vorbereiten, die wir heute noch nicht kennen, auf Berufe, die noch gar nicht existieren, auf die Nutzung von Technologien, die noch gar nicht entwickelt sind. Dies wird nur möglich sein, wenn wir unsere Fähigkeiten, selbstorganisiert und kreativ – auch mithilfe digitaler Systeme und agiler Methoden – zu handeln, konsequent erweitern. Deshalb benötigen wir eine gezielte Werteentwicklung unserer Persönlichkeit.

Es gibt somit zumindest drei fundamentale Gründe für die Notwendigkeit von Wertungen:

- *Viele Prozesse in Organisationen sind im Zuge der Digitalisierung immer mehr selbstorganisiert. Deshalb werden zunehmend Werte als Ordner der Selbstorganisation benötigt.*
- *Werte ermöglichen unser Handeln, auch wenn wir nicht alle Informationen, die für eine durchgerechnete Entscheidung notwendig wären, besitzen. Dies ist in der Praxis der Regelfall.*
- *Wir haben es ständig mit neuen, unvorhersehbaren Entwicklungen zu tun.*

Wertungen, Werte in den neuen Arbeits- und Lernwelten

Die bisherige Trennung in eine berufliche Aus- und Weiterbildung, die eine theoretische, meist zertifizierte Basis für Tätigkeiten in der Praxis bilden soll, und ein Lernen im Betrieb sehen wir als überholt an. Der Aufbau von Fachwissen und die Qualifizierung kann in werte- und kompetenzorientierten

Lernarrangements nicht mehr von der Werte- und Kompetenzentwicklung in der Praxis oder in Projekten getrennt werden. Diese Entwicklungsschritte erfolgen immer weniger nacheinander – erst Wissensaufbau, dann Übungen zur Qualifizierung und vielleicht irgendwann Werte- und Kompetenzentwicklung in der Praxis – sondern parallel, integriert in den Arbeitsprozess.

Grundlegende Überlegungen für eine Umgestaltung beruflicher und betrieblicher Lernsysteme und die Verhinderung einer Kompetenzkatastrophe in diesem Bereich umfassen verschiedene Elemente.

- *Ermöglichungsdidaktik* bildet dafür die konzeptionelle Grundlage (vgl. Arnold 2017). Diese Theorie und Praxis des Lehrens und Lernens hat zum Ziel, den Mitarbeitern alles an die Hand zu geben, damit sie ihre Werte-Entwicklungsprozesse problemorientiert und selbstorganisiert gestalten können. Deshalb bietet sich der Ansatz des Co-Working an, weil sich in diesen realen oder virtuellen Räumen Menschen auf flexibler und freiwilliger Basis treffen, die sich sonst unter Umständen nicht nähergekommen wären. Dabei profitieren alle voneinander. Wichtig ist, dass es zielgruppenspezifische, aber auch offene Arbeits- und Entwicklungsbereiche gibt, die die Kommunikation und Kollaboration untereinander ermöglichen. Begleitet werden können diese Prozesse von Mentoren und Coaches, d. h. Prozessbegleitern. Der Ermöglichungsrahmen ist damit ein planvoll hergestellter Co-Working Space, der didaktische, methodische, materielle und mediale Aspekte so anordnet, dass die Wahrscheinlichkeit für die angestrebten Entwicklungsprozesse auf allen Ebenen möglichst hoch wird (nach Wahl 2006, S. 206).
- *Agilität* und selbstorganisierte Entwicklungsprozesse mit Lern- und Tandempartnern, im Team und im Netz – in Verbindung mit Coaching und Co-Coaching – sind dafür anzustreben. Agilität ist das Merkmal, das in den Arbeits- und Lernprozessen der modernen Industrie immer mehr gefordert wird. Dabei wird unter Agilität die Fähigkeit verstanden, sich kontinuierlich an eine komplexe, turbulente und unsichere Zukunft anzupassen (Häusling und Fischer 2016, S. 30).
- *Hohe Disziplin* wird im agilen Arbeiten vorausgesetzt, etwa die strikte Einhaltung von Vereinbarungen in einem Rahmen, der alle erforderlichen Tools und Systeme zur Verfügung stellt. Werteentwicklung wird durch eine große Verbindlichkeit von Lernpartnerschaften im Sinne eines Co-Coaching, durch die Vereinbarung von Jour-Fixe und durch Projekttagebücher als Grundlage selbstorganisierter Lernprozesse erreicht.

- *Wissensaufbau und Qualifizierungsmaßnahmen* für agiles Arbeiten sind nicht einmal die halbe Miete, weil sie lediglich die notwendigen Voraussetzungen im Bereich des Wissens und der Fertigkeiten schaffen, aber nicht das Ziel der Handlungsfähigkeit und -sicherheit im zunehmend agileren Arbeitsprozess erreichen können. Agilität ist mehr als nur eine Ansammlung von Methoden. Im Kern geht es vielmehr um eine geistig – wertende Haltung, ein „agiles Mindset", das durch agile Praktiken unterstützt und gefördert wird.
- *Die Kompetenzforschung* zeigt klar, dass Kompetenzen nur dann aufgebaut werden können, wenn die notwendige Interiorisation, das heißt die emotionale Verankerung von Wertungen und die damit erfolgende emotionale Imprägnierung des Informations- und Handlungswissens über widersprüchliche, dissonante, irritierende, emotional anrührende, „labilisierende" Situationen erfolgt. Dies ist primär in der Praxis über Transferaufgaben, Forschungsaufträge, Praxisprojekte oder Herausforderungen am Arbeitsplatz möglich. Auch Coaching und Mentoring, Training und Weiterbildung können, wie wir im Weiteren zeigen werden, ein gezielte Werteentwicklung in der und durch die Praxis nicht ersetzen, sondern bestenfalls weitere Bausteine dieser Entwicklung hinzufügen.
- *Wo keine emotionale „Labilisierung"*, keine emotionale Berührung stattfindet, werden keine Werteorientierungen aufgebaut. Deshalb sollten Persönlichkeiten ihre Werteentwicklung selbst vorantreiben und einen Paradigmenwechsel weg vom unsinnigen Vorratslernen zu ihrer gezielten, personalisierten Werteentwicklung vollziehen.

Agiles Lernen ist also identisch mit der selbstorganisierten Werte- und Kompetenzentwicklung im Prozess der Arbeit und im Netz. Agilität basiert auf einem Gerüst an interiorisierten, agilen Werten, die überhaupt erst einen Kompetenzaufbau ermöglichen.

Vision des Lebenslangen Lernens

Vor etwa zwanzig Jahren entwarfen Morgan McCall, Robert Eichinger und Michael Lombardo vom Center for Creative Leadership in North Carolina das berühmte 70:20:10-Modell, das Charles Jennings 2002 als strategisches Modell umsetzte und bekannt machte (vgl. Jennings 2013). Danach erwerben Mitarbeiter Kompetenzen zu 70 % durch die eigenständige Bewältigung von Herausforderungen, zu 20 % über die Kommunikation mit Kollegen und Führungskräften und gerade mal zu 10 % durch Seminare, E-Learning oder Lesen von Büchern und Artikeln.

Zwar sind sich viele Unternehmen der Notwendigkeit einer Entwicklung von Werten und Kompetenzen gemäß der Unternehmensstrategie durchaus bewusst. Diese Entwicklung soll dann aber, nach unseren Praxiserfahrungen, überwiegend in einer Reihe von Qualifikationsmaßnahmen, insbesondere in Seminaren, „nachgeholt" werden.

Diesem nachholenden Lernen ist die Vision des Lebenslangen Lernens entgegengesetzt. Sie baut darauf auf, dass die Menschen Fähigkeiten erwerben, eigenständig fast über ihre gesamte Lebensspanne hinweg zu lernen. Sie umfasst damit alle Gelegenheiten zum Lernen, im Alltag, in der Arbeit, in sozialen Netzwerken, in Projekten, in Seminaren, im E-Learning, Blended Learning oder Social Learning. Das ist nicht nur auf die Länge des Lebens, sondern auf seine vielfältige Weite bezogen (vgl. Baethge-Kinsky und Döbert 2010).

Die *Vision des lebenslangen, lebensweiten Lernens* ist im betrieblichen Kontext durch folgende Merkmale geprägt (vgl. Hoskins et al. 2010):

- *Individuelle, strategieorientierte Werte- und Kompetenzziele* statt standardisierter Wissens- und Qualifizierungsziele (Curricula)
- *„Ermöglichungsdidaktik"* statt fest vorgegebene Lernpfade
- *Selbstorganisation* statt Fremdsteuerung
- Lernbegleitung statt Lehre
- *Innovative Lerntechnologien* konsequent und zielorientiert genutzt, entsprechend den Entwicklungen im Arbeitsprozess
- *Agile Entwicklungssysteme* statt Vorratslernen in Seminaren

Die liebgewonnenen und nur vordergründig erfolgreichen *Lehr*konzepte auf Basis von über Jahrzehnten entwickelten Lernmaterialien können den Anspruch der Vision des lebenslangen Lernens nicht einmal ansatzweise erfüllen. Es ist vielmehr erforderlich, dass die Lernenden die Verantwortung für ihre Entwicklung selbst übernehmen und ihre personalisierten, lebenslangen Entwicklungsprozesse selbst gestalten.

Grundsätze gezielter Werteentwicklung von Persönlichkeiten in der Praxis

„Werte", die so häufig in Hochglanzbroschüren verbreitet werden, sind zunächst ausschließlich in der oberen Etage der normativen Leitlinien, Visionen und Grundsätze einer Organisation angesiedelt. Sie erscheinen als etwas Hehres, Entrücktes, aber auch sich schnell Veränderndes. Also auch als etwas, worauf man in der „niedrigen", alltäglichen Praxis nicht unbedingt zu achten braucht. Deshalb ist die Vielzahl der Skandale, die wir in den vergangenen Jahren im Wirtschaftsleben erfahren haben, z. B. Zins- und Devisenmanipulationen, „Dieselgate" oder Geldwäsche, nicht verwunderlich.

Bei der Frage nach dem Wertewandel werden viele Mitarbeiter und Führungskräfte vor allem an instruktionale Maßnahmen denken (vgl. Girbig 2014). Die wichtigsten aktuellen Instrumente, die als Reaktion auf den Human-Resources-Megatrend „Wertewandel" genannt wurden, sind neben der „Thematisierung" im Rahmen von Seminaren zur Führungskräfteentwicklung vor allem Verhaltenskodexe (Code of Conduct). Wir sind der Meinung, dass diese normativen Formulierungen und deren Diskussion, z. B. in Führungsseminaren, allein keinerlei Wertewandel bewirken können.

Wir haben schon früher herausgearbeitet: Werte lassen sich immer nur im konkreten Entstehungs- und Wirkungszusammenhang verstehen. Wertungen können nicht vollständig von außen gelenkt und gesteuert oder gar vorsätzlich geschaffen werden. Werte helfen, sich in den komplexen Strukturen und Prozessen der Organisation und ihrer Umgebung auch ohne vollständige Informationen zurechtzufinden und zu handeln.

Unterschiedliche Werte können friedlich nebeneinander existieren, sich aber auch heftig bekriegen. Jedes Handeln wirkt auf das Wertesystem selbst zurück und ist Ausgangspunkt weiteren Handelns. Werte entwickeln sich gemeinsam aus und mit ihrer Umwelt. Das human-soziale System einer Organisation ist immer werte- und willensgesteuert und beruht auf Kommunikation, Symbolen und Mitarbeiterentwicklung.

Grundsätzlich kann zwischen individuellen Werten – „Human Values" –, Teamwerten – „Team *Values*" – und Unternehmenswerten – „Corporate Values" unterschieden werden (vgl. Wieland 2004):

- *Unternehmenswerte* sind die Werte der Organisationskultur. Sie umfassen Elemente der sinnlichen Identifizierbarkeit, des ökonomischen Erfolgs, der Organisationsethik und der Organisationspolitik.
- *Teamwerte* sind Ideen und Ansichten, Orientierungen und Verhaltensweisen, die von den Mitgliedern einer Gruppe in der Summe als wichtig, gut und damit erstrebenswert angesehen werden. Sie beeinflussen das Handeln im Team in nachhaltiger Weise. Als Teammitglied hat man maßgeblichen Einfluss auf die Teamwerte.
- *Individuelle Werte* sind Ideen und Ansichten, Orientierungen und Handlungsweisen, die von den einzelnen Menschen als wichtig, gut und damit erstrebenswert angesehen werden. Sie beeinflussen nicht nur Urteile und Bewertungen, sondern auch Handlungsweisen der Menschen in nachhaltiger Weise.

Die gezielte Entwicklung individueller Werte ist der *Schlüsselprozess* jeglicher Werteaneignung. Dabei sind folgenden Prinzipien zu beachten:

- *Werteinklusion:* Werte sind „Ordner" der Selbstorganisation, die menschliches Handeln bestimmen. Sie sind Kernbestandteile der Kompetenzen, da der Aufbau der Fähigkeit, Problemstellungen in der Praxis selbstorganisiert zu lösen, nur erfolgen kann, wenn neben der Fertigkeits- und Wissensaneignung Werteinteriorisation systematisch ermöglicht und methodisch sinnvoll vorangetrieben wird. Werte sind Kompetenzkerne. Kompetenzen ohne interiorisierte, „verinnerlichte", das heißt zu eigenen Emotionen gewordene Werte gibt es nicht. Auf individueller Ebene findet Werteentwicklung deshalb vor allem im Rahmen der Kompetenzentwicklung statt.
- *Werteinteriorisation*: Ohne echte emotionale Labilisierung gibt es keine Werteinteriorisation, keinerlei Werteaufbau! Dabei entstehen oft neue Lösungsmuster. Emotionale Labilisierung basiert meist auf Konflikten, die durch die Wahrnehmung von Veränderungen oder von zunächst unlösbar erscheinenden und widersprüchlichen Problemlagen hervorgerufen werden. Erst durch die individuelle Labilisierung in Projekten und Praxisaufgaben, durch die Umwandlung von Wertungen in eigene Emotionen werden diese handlungswirksam. Der ausgelöste emotionale Spannungszustand, die „emotionale Labilisierung" ist die entscheidende Voraussetzung jeder Interiorisation von Werten: Je größer das emotionale Gewicht, desto tiefer werden die zur Auflösung der Dissonanz führenden Werte später verankert. Diese bestimmen wiederum die Handlungen in vergleichbar herausfordernden Situationen.
- *Wertemediation:* Nur solche Medien gestatten die Aneignung von Werten, die echte Entscheidungssituationen setzen und damit Dissonanzen und Labilisierungen erzeugen. Social Software, also internetbasierte Kommunikationsinstrumente, die das gemeinsame Erarbeiten von Inhalten unterstützen und damit auch Interaktionen unter den Benutzern auslösen können, ermöglicht beispielsweise die Bearbeitung offener Entscheidungsprobleme in sozial kontroversen, Dissonanzen und Labilisierungen setzenden Kommunikationsformen im Web. Damit ist Social Software geeignet, Kompetenzentwicklung im Netz und folglich auch die Interiorisation von Werten zu ermöglichen. Social Software ist unter anderem Werteentwicklungssoftware. Digitale Medien ermöglichen zudem ganz neue Formen des Umgangs mit anderen Menschen. Wissen kann im Netz inhaltlich wie emotional bei der kollaborativen Bearbeitung realer Herausforderungen entwickelt und geteilt werden. Damit ist Werteentwicklung im Netz möglich.

Gezielte Werteentwicklung von Persönlichkeiten baut auf grundlegenden Erkenntnissen der Selbstorganisationstheorie und der Neurobiologie auf. Um in einer zunehmend agileren Welt zu handeln, benötigt man mehr denn je Fähigkeiten, selbstorganisiert und kreativ zu handeln. Jeder Mensch ist von Natur aus fähig, selbstorganisiert und kreativ – also kompetent – zu handeln. Zeitgenössische Modellierungen des Gehirns zeigen, dass Informationen immer zugleich mit emotionalen Bewertungen, mit Werten, zusammen gespeichert werden. Deshalb muss persönliches Wissen durchgehend über eigene Erfahrungen emotional „imprägniert", muss von „Wissen an sich" zu „Wissen für uns" werden.

Gezielte Werteentwicklung von Persönlichkeiten im Netz

Im privaten Bereich nutzen die meisten Menschen heute soziale Medien wie Facebook, WhatsApp, Twitter oder Instagram (vgl. ARD/ZDF 2018). Social-Software-Systeme sind im Regelfall selbstorganisiert. Damit eignen sie sich vor allem für Phasen informellen Lernens, das wiederum eine zentrale Rolle bei der Interiorisation von Werten spielt. Deshalb empfehlen wir, Social Software für die Werteentwicklungsprozesse zu nutzen.

Die Digitalisierung hat unser aller Kommunikation verändert. Wir organisieren einen Teil unseres Lebens offline, einen anderen online, und bauen neue soziale Strukturen in sozialen Netzwerken und Communities auf.

Social Software oder Social Media umfassen sozio-technische, webbasierte Anwendungen, die im sozialen Kontext der Vernetzung von Personen, von deren Kommunikation, Koordination und Kollaboration dienen (Sauter et al. 2018, S. 76).

Social Software ist damit eine technische Basis für gezielte Werteentwicklung, losgelöst von Ort und Zeit. In sozialen Netzwerken sind selbstorganisierte, gleichberechtigt vernetzte Menschen in Communities of Practice, in netzbasierten, selbstorganisierten Praxisgemeinschaften, die sich oft spontan und über längere Zeit entwickeln, zusammengeschlossen. Dort gibt es dagegen keine formalisierten Pfade. Die Mitglieder wählen selbst die Ziele, Inhalte, Strategien, Methoden und Kontrollmechanismen der gezielten Werteentwicklung. Ihr Erfolg hängt dabei davon ab, dass sie herausfordernde Problemstellungen in der Praxis selbstorganisiert lösen und in diesem Prozess Werte interiorisieren.

Wir empfehlen, als Infrastruktur für eine gezielte Werteentwicklung im Netz grundsätzlich die gleichen Netzwerke und sozialen Medien zu nutzen, die im Arbeitsprozess eingesetzt werden, weil die Entwicklungsprozesse genau dort stattfinden werden und man sich mit Entwicklungspartnern vernetzen kann.

Mit Social Media wird nicht nur Wissen im engeren Sinne entwickelt, vielmehr wird durch das Zusammenwirken auch die Interiorisation von Werten initiiert.

Werteentwicklung in Netzwerken führt dazu, dass soziale und kulturelle Prozesse an Bedeutung gewinnen. Sie finden nicht ausschließlich im Kopf der Menschen statt, sondern basieren auf gemeinsamen Aktivitäten. Sie beziehen den ganzen Menschen und seine Umwelt mit ein. Werteentwicklung ist damit ein Prozess des kulturellen Austauschs, durch den geistige Aktivitäten strukturiert und geformt werden. Dies bedingt aber, dass gemeinsam mit Entwicklungspartnern Entwicklungsziele formuliert und Prozesse der Werteentwicklung gezielt angegangen werden, dass man Erfahrungen austauscht und gemeinsam Entscheidungsprozesse erlebt.

Die *Voraussetzungen* für eine erfolgreiche Werteentwicklung in Netzwerken sind (vgl. de Laat und Simons 2007, S. 15 ff.)

- eine „grenzenlose" *Kommunikation,* bei der Netzwerke räumliche und hierarchische Barrieren überwinden,
- die konsequente Nutzung realer und virtueller *Netzwerktreffen,* bei denen jeder Teilnehmer gezielt Lösungen für die eigenen Probleme sucht,
- und schließlich eine große *Offenheit* für neue Lösungen, Alternativen und „Querdenken" im Rahmen einer dauerhaften Vertrauensbasis.

Man benötigt für die Werteentwicklung im Netz einen Co-Working Space, einen *Ermöglichungsrahmen,* über den Netzwerker ihre Erfahrungen austauschen, bewerten und gemeinsam weiterentwickeln können. Sie können sich dort gegenseitig unterstützen, aber auch motivieren.

Die eigenen Aktivitäten sowie die der Kollegen und gemeinsame Interaktionen stehen damit im Vordergrund und nicht Dokumente und Lernmaterialien. Die Lernumgebung wird zu einer sozialen Wertegemeinschaft, in der man gemeinsame Problemstellungen aus Praxisprojekten bearbeitet, Werte aufbaut, verändert und entwickelt, sich aktiv über Themen austauscht, Kommentare hinterlässt und andere Beiträge bewertet.

Das Internet stellt bei Bedarf eine Fülle von, meist kostenlosen, Tools zur Verfügung, die auch dafür geeignet sind, Werteentwicklungen im Netz zu ermöglichen. Einige Werkzeuge gehören nicht zu den klassischen Tools mediengestützter Kommunikation, sondern sind eher dem Bereich der digitalen Webdienste zuzurechnen (vgl. Dückert, 2017, S. 81 ff.). Trotzdem lassen sie sich für eine medienbasierte Werteentwicklung hervorragend verwenden. Solche Werkzeuge sind beispielsweise

- *Soziale Netzwerke:* netzbasierte Plattformen, z. B. Facebook, Twitter, LinkedIn oder XING, in denen Nutzer durch Profile repräsentiert sind, sich miteinander vernetzen *(folgen, Freunde werden)* und miteinander kommunizieren können (Status Updates, Microblogs, persönliche Nachrichten).
- *Onlineforen*: themenbezogene, asynchrone Diskussionsbereiche mit nachvollziehbaren Diskussionssträngen, sogenannten „Threads".
- *Weblogs (Blogs):* digitale Prozesstagebücher einer Person oder einer Gruppe, die für definierte Entwicklungsgruppen oder alle Internetnutzer zugänglich sind und deren Einträge kommentiert werden können.
- *Wikis:* einfach benutzbare, webbasierte Autorensysteme (Content-Management-Systeme), bei welchen alle Besucher alle Seiten verändern dürfen („open editing").
- *Instant Messaging (IM):* Instant-Messaging-Dienste, die den Versand von Sofortnachrichten unterstützen. Bei den meisten IM ist die Bildung von Gruppen möglich. Darüber hinaus bieten viele Messenger Funktionen wie Emojis, Voice-over-IP (Audio-Telefonie), Video-Telefonie, Versand von Dateien etc. an. Mit Diensten wie beispielsweise Slack verschwimmen aktuell die Grenzen zwischen IM und Sozialem Netzwerk.
- *Audio- und Videoplattformen:* Die Nutzer können Audio- und Videodateien, z. B. ogg, mp3, webM oder mp4, hochladen. Die Mediendateien werden in Kanälen organisiert, die von anderen Nutzern per URL aufgerufen und auch abonniert werden können. Typische Funktionen auf Multimedia-Plattformen sind Kommentare, Favorisieren, Teilen, Einbetten von Medien in andere Inhalte, z. B. YouTube-Video in eigenen Blog einbinden, Herunterladen von Medien sowie Abonnieren von Kanälen.
- *Dokumentenplattformen:* Dateisysteme, in denen Ordner sowie Unterordner angelegt und einzelne Dateien darin abgelegt werden, z. B. Office-Dokumente oder ZIP-Dateien. Die Mitarbeiter können Ordner oder einzelne Dateien für andere Nutzer sowie die Synchronisation über eine Vielzahl von Plattformen, z. B. Dropbox-Client auf Windows/Mac oder Dropbox-App für iOS/Android, hinweg freigeben.
- *Social Bookmarks:* Abspeichern von Links in der Cloud, über die der Mitarbeiter sich die Rechercheleistung anderer Nutzer zu eigen machen kann.

- *Suche:* Übergreifendes Suchen, z. B. mit Google, Spezialsuchen, z. B. auf YouTube sowie allgemeines Suchen und persönliches Suchen, z. B. mit Windows-Suche, Docfetcher oder Google Custom Search Engine (CSE).
- *Ökosystemdienste:* Damit zwischen den vielen Plattformen und Diensten sowie einzelnen Anwendungen Verbindungen hergestellt werden, können die Mitarbeiter Dienste, z. B. das User Management und Identity Management (Login mit Facebook oder die Aggregation von News- und Blogkanälen in Feedreadern z. B. per RSS oder ATOM) nutzen.

Wir haben diese Instrumente so ausführlich zusammengestellt, weil sie zwar noch recht neu sind, sich aber ohne Frage weiter durchsetzen werden. Wer sie benutzt, muss dann bedenken, dass es sich keineswegs um stets eines bloßen Informationsaustauschs handelt, sondern dass mit ihnen auch fundamentale Wertehaltungen und Werteorientierungen kommuniziert werden können. Die widerlichen Beispiele von Hass im Netz machen schnell klar, dass Wertungsaspekte zuweilen sogar im Vordergrund stehen. Ist aber eine Verbreitung, eine Vernebelung von Köpfen und Herzen und eine emotionale Solidarisierung von Menschen unter finstersten Werteorientierungen mithilfe solcher Medienwerkzeuge möglich, müssen sie sich umgekehrt auch als *machtvolle Instrumente gezielter Werteentwicklung* nutzen lassen.

Gezielte Werteentwicklung von Persönlichkeiten unter dem Handlungsaspekt

Grundsätzlich stehen für die gezielte Werteentwicklung von Persönlichkeiten gestufte Möglichkeiten zur Verfügung: Die Praxisstufe, die Coaching- und Mentoringstufe, die Trainingsstufe und die Stufe der Aus- und Weiterbildung (vgl. Erpenbeck und Sauter 2007). Erstere durchdenken wir hier, im Korb 1, die anderen in den folgenden Körben 2 bis 4.

Bei der hier im Mittelpunkt stehenden *Praxisstufe* handelt es sich immer um ein Handlungslernen. Dieses Handeln kann eines im Arbeitsprozess wie auch im sozialen Umfeld, etwa bei der Lösung von Konfliktsituationen, sein. Werteentwicklung findet somit vor allem im Prozess der Arbeit oder in herausfordernden Praxisprojekten statt. Für die Werteentwicklung auf der Praxisstufe lassen sich verschiedene Formen gezielter Werteentwicklung nutzen. Wir umreißen sie kurz, geben Hinweise auf ihre reale Anwendung und fassen sie in einer „Nutzanwendung" zusammen.

Werte werden stets erlebt und erfahren, nicht „bloß gelernt". Erfahrungen, gewonnen aus Erlebnissen, werden stets bewertet, sind nicht bloße Erweiterungen von Sachwissen. Einer der größten Vorwürfe von Pädagogen an Erlebnis- und Erfahrungs„lernen" ist, dass die Effekte nicht, wie bei schulischem Lernen „nachgewiesen" werden können. Das Wissen in Mathematik, Informatik, Naturwissenschaft und Technik kann gepaukt, geprüft, zensiert werden; „Bulimielernen" sozusagen. Erlebnisse, Erfahrungen – wer will sie prüfen, beurteilen, zensieren? Ein lebenslang weiterwirkendes, einschneidendes Erlebnis, eine grundlegende Erfahrung, die künftigen Arbeitseinstellungen, die Berufswahl, die Partnerwahl, die ganze Lebenswelt eines Menschen nachdrücklich zu prägen vermögen, entziehen sich oft dem – engen – Blickfeld der Normalpädagogik (Zuffelato und Kreszmeier 2012). Durch das Verständnis von Werten als Ordnern der Selbstorganisation des Handelns, die nicht deterministisch, aber durchdringend wirken wie alle Selbstorganisationsprozesse, ist uns klar: Was sich in Erlebens- und Erfahrungsprozessen entwickelt ist nicht primär Wissen, obgleich dieses nicht fehlen darf, sondern es sind vor allem Wertungen, Werte, Werteorientierungen, Wertehaltungen, Überzeugungen. Mitgefühl; der Bezug auf Andere.

Jack Ma, ehemaliger CEO des Weltkonzerns Alibaba, mahnte auf dem Weltwirtschaftsgipfel in Davos 2018 überzeugend:

> „Ändern wir nicht die Art, wie wir unterrichten, haben wir in 30 Jahren große Probleme. Wir können Kindern nichts beibringen, was Maschinen besser können. Unser Bildungssystem basiert darauf, das Wissen der vergangenen 200 Jahre zu vermitteln. Kinder sollten aber etwas Einzigartiges lernen, was Maschinen niemals können. Wichtig sind: Werte, Überzeugungen, unabhängiges Denken, Teamwork, Mitgefühl – Dinge die nicht durch reines Wissen vermittelt werden. Alles was wir lehren, muss unterschiedlich von Maschinen sein. Wenn es Maschinen besser können, müssen wir darüber nachdenken."[1]

Deshalb setzen wir hier Erlebens- und Erfahrungsprozesse an die Spitze unserer Praxis- Überlegungen zur gezielten Werteentwicklung von Persönlichkeiten. Ereignis → Erlebnis → Erfahrung → Erkenntnis ist die wirkliche Abfolge unseres physischen und geistigen Handelns (vgl. Paffrath 2017).

---

[1] https://fendi911.wordpress.com/2018/01/27/jack-ma-weise-worte-ueber-bildung/

In den folgenden Abschnitten beschreiben und bewerten wir eine Vielzahl von Methoden der Werteentwicklung aus der Anwendersicht. Wir gehen dabei jeweils so vor, dass wir zunächst die Methode beschreiben, um dann die praktische Vorgehensweise zu erläutern. Abschließend bewerten wir jeweils die Nutzanwendung der einzelnen Methoden, um den sinnvollen Einsatz in der Praxis abzugrenzen.

Erleben und gezielte Werteentwicklung von Persönlichkeiten

Es gibt ein breites Schrifttum zu Erlebnis- und Abenteuerpädagogik. Trotzdem ist sie innerhalb der Pädagogik immer noch „randständig", oft verkannt, belächelt, verdrängt (vgl. Bauer 2001). Und doch steht sie vom pädagogischen Gewicht her im Mittelpunkt jeden wirklichen Erfahrungslernens.

Wir werden diesem Phänomen immer wieder begegnen. Wo allgemein festgestellt wird, wie wichtig Werteentwicklung, „Werteerziehung" sei, ist einem die Zustimmung gewiss. Verweist man auf Methoden der gezielten Werteentwicklung von Persönlichkeiten, wie wir sie in unserem Buch skizzierend zusammengetragen haben, stößt man oft auf pädagogische Schmallippigkeit. Da wird im schulischen Bereich gegen Montessori, Waldorf und Co. endlos polemisiert, da macht man sich im Bereich von Unternehmenstrainings über Verfahren lustig, „wenn Manager auf Bäume klettern…" und qualifiziert sie als Mythen der Personalentwicklung und Weiterbildung ab. Ohne zu bedenken, welche lebens- und geschichtsverändernde Kraft gerade wertebasierte Mythen entwickeln… (vgl. Kanning 2013).

Erleben ist als Grundlage für den eigenen Erfahrungsgewinn unverzichtbar. Gerade Erlebnisse liefern die Momente der emotionalen „Labilisierungen", unter denen nicht nur Sachwissen aufgebaut, sondern Emotionen angeregt, Motivationen ausgeprägt und Wertehaltungen entwickelt werden. Beim Erleben wird nicht Wissen im engeren Sinne aufgebaut, sondern es werden Labilisierungssituationen so unumgänglich gemacht, dass Wertehaltungen emotional verankert und damit handlungswirksam werden. Emotionale Labilisierung wird durch die Erlebnispädagogik mit dem Terminus der Grenzsituationen belegt. Grenzsituationen verunsichern danach gewohnte Handlungsmuster und lösen Krisen auf mehreren Ebenen aus: auf der geistigen Ebene Irritationen, Konfusionen, Desorientierungen und Chaos; auf der emotional-psychischen Beunruhigung, Verstörung, Ärger und Angst; auf der physiologischen die Ausschüttung von Adrenalin und eine erhöhte Anspannung; auf der direkten Handlungsebene Erschrecken, Flucht und Aggressionen... „Reicht jedoch in einer Situation der Rückgriff auf tradiertes Wissen nicht mehr aus, greifen die alten Codes und Filtersysteme nur noch teilweise oder erweisen sich als kontraproduktiv, sind Explorationsversuche, Veränderungen, Neuorientierungen notwendig" (vgl. Paffrath 2017, S. 59).

Das gilt übrigens besonders für die Herausforderungen der Digitalisierung, für den Umgang mit den immer neuen technischen und kommunikativen Möglichkeiten elektronischer Datennetze und ihrer kreativen Weiterentwicklung. Es handelt sich stets um ein Erleben anhand möglichst authentischer Problemsituationen und Entwicklungsaufgaben.

„Erlebnispädagogik ist ein handlungsorientiertes Erziehungs- und Bildungskonzept. Physisch, psychisch und sozial herausfordernde, nicht alltägliche, erlebnisintensive Aktivitäten dienen als Medium zur Förderung ganzheitlicher Lern- und Entwicklungsprozesse. Ziel ist es, Menschen in ihrer Persönlichkeitsentfaltung zu unterstützen und zu verantwortlicher Mitwirkung in der Gesellschaft zu ermutigen... Ziel ... ist es, Wissen, Kompetenzen, Einstellungen, Wertehaltungen zu fördern, Menschen je nach Entwicklungsstand und individuellen Möglichkeiten zu befähigen, die eigene wie auch die gesellschaftliche Lebenswelt verantwortungsbewusst mitzugestalten" (Paffrath 2017, S. 21, 24 f.).

Die in dieser Aufzählung mitgenannte Aufgabe, Einstellungen und Wertehaltungen zu fördern, wird leider nicht gesondert und ihrer Besonderheit behandelt. Erlebnis und Erfahrung in der Arbeits- und Lebenspraxis ist aber der wichtigste, unersetzbare Aspekt für die gezielte Werteentwicklung von Persönlichkeiten überhaupt (vgl. Heckmair 1995).

Erfahrene Pädagogen spüren das große Potenzial der erlebnisorientierten Methoden. Sie werden als anregende methodische Prinzipien, wichtige Alternativangebote in der Erlebnisgesellschaft, als ganzheitliche Erziehungs- und Entwicklungskonzepte hervorgehoben. Besonders wird die aktivierende Wirkung von Wagnis und Bewährung, die Erprobung selbstverantwortlichen Handelns betont, ein Synonym für emotional labilisierende, werteerzeugende Situationen.

Fast noch interessanter sind die kritischen Einwände, halten sie doch oft an einem engen, aufklärerischen Rationalismus fest, der für Ordner der Selbstorganisation, überhaupt für soziale Selbstorganisation nur wenig Raum lässt (vgl. Michl 2015). So wird Erlebnispädagogik zu einem antimodernen Entwurf mit antiaufklärerischen Tendenzen, zu einer Spielart von Irrationalismus und Antiintellektualismus erklärt. Sie vertrete eine

Einstellung, die nicht daran interessiert sei, die Gesellschaft und gesellschaftliche Problemlagen zu erkennen, sondern vor allem „an die Gefühle heranzukommen". Daran ist richtig, dass Erlebnispädagogik, nach einem Jahrhundert mit zwei Weltkriegen und dem Zusammenbruch Millionen menschenvernichtender Werteillusionen nicht mehr bemüht ist, „die Gesellschaft" zu erkennen, sondern entscheidende Mechanismen ihrer Antriebe und Umsetzungen zu verstehen und zu beeinflussen. In dem Bewusstsein, dass das einer der Schlüssel dafür ist, „an die Gefühle heranzukommen".

Praktisches Vorgehen
Erlebnispädagogik umfasst ein buntes Bündel von Methoden. Alle führen zu mehr oder weniger starken Konfliktsituationen, emotionalen Irritation, zu emotionalen Labilisierungen. Bei einigen halten sich die Labilisierungen in bescheidenen Grenzen, etwa beim Hochseilgarten, bei einigen entstehen oft unerwartet heftige, emotional hoch labilisierende Situationen, etwa bei einer echten Expedition in ein unbekanntes Land.

Praktisch unterscheidet man Abenteuerpädagogik, Outdoortraining und andere erlebnisorientierte Trainingsformen. Auf einige gehen wir im Korb 3 mit Blick auf Trainings als Formen gezielter Werteentwicklung von Persönlichkeiten ein.

Alle Werteentwicklungen im Rahmen der Praxis beruhen auf Erlebnissen und Erfahrungen. Insofern wäre es müßig, ein sie alle gleichermaßen betreffendes „Schema" anzugeben. Wir ziehen stattdessen eine recht alltägliche betriebliche Situation heran, die Sie kennen und in die Sie sich versetzen können, eine Situation, die unverzichtbar Schritte einer gezielten Werteentwicklung der beteiligten Persönlichkeiten erfordert.

Mitarbeiter, die bisher kaum Erlebnisse mit ausländischen Mitbürgern hatten, weisen häufig im Bereich des Wertes „Respekt" solchen Kollegen gegenüber Defizite auf. Eine Entwicklung dieses Wertes wird dabei mit Sicherheit nicht möglich sein, wenn die Organisationsleitung belehrende Publikationen verteilt oder die Mitarbeiter in Seminaren über die Bedeutung des Respekts „aufklärt". Eine nachhaltige Entwicklung des Wertes Respekt gegenüber anderen wird nur möglich sein, wenn Sie und alle Beteiligten die Zusammenarbeit mit diesen Mitarbeitergruppen erleben.

Die intensivste Form ist sicherlich ein *Erfahrungsgewinn,* bei dem gemeinsam Herausforderungen in der Arbeitspraxis bewältigt werden. Es bieten sich in Ihrem betrieblichen Kontext aber auch weitere Möglichkeiten des *gemeinsamen Erlebens* an. Dies können gemeinsame Feiern, beispielsweise von Erfolgen, oder Weihnachtsfeiern sein, gemeinsame sportliche oder kulturelle Aktivitäten oder gemeinsames Kochen. Es geht dabei immer darum, sich auf Augenhöhe zu begegnen und wie selbstverständlich zu kommunizieren. Auch Entwicklungspatenschaften, die Mitarbeiter für neue ausländische Mitarbeiter übernehmen, können geeignet sein, den Wert Respekt für andere durch Erlebnisse weiter zu entwickeln. Wir geben als Nutzanwendung einen kleinen Aufriss, wie die genannten Erlebnisse tatsächlich gezielt für Ihre Werteentwicklung eingesetzt werden können.

∑ Nutzanwendung
Der gezielte Einsatz von Erlebnissen ist dann sinnvoll, wenn die Werteentwicklung nicht im Rahmen des Arbeitsprozesses möglich ist. Das Ziel ist dabei, Möglichkeiten für Erlebnisse zu schaffen, die eine Verinnerlichung, eine Interiorisation hilfreicher Werte ermöglichen.

Hierfür schlagen wir Ihnen folgende grundlegende Vorgehensweise vor:

- Am Anfang sollten eine Messung der individuellen Werte und eine Definition individueller Werteziele stehen.
- Auf dieser Grundlage gestalten Sie den Rahmen für Erlebnisse, die geeignet sind, die gewünschte Werteentwicklung zu ermöglichen.
- Nach dieser selbstorganisierten Planung der eigenen Werteentwicklung legen Sie Sprints und wöchentlichen Reviews (Jour-fixe) mit den Entwicklungspartnern ein. Wir gehen darauf bei der Analyse gezielte Werteentwicklung von Persönlichkeiten unter dem Aspekt moderner Arbeitsmethoden ausführlicher ein.
- Sie vollziehen regelmäßige Reflexionen über die eigenen Erlebnisse und nehmen die Planung weiterer Entwicklungsschritte mit einem Entwicklungspartner in Angriff.
- Eine Dokumentation Ihrer Erfahrungen und ein abschließender Austausch mit Ihren Entwicklungspartnern bilden einen vorläufigen Abschluss.
- Diese Vorgehensweise kann bei Bedarf wiederholt werden.

Erfahrung und gezielte Werteentwicklung von Persönlichkeiten

Erfahrung bezeichnet Wissen, das man im eigenen materiellen oder ideellen Handeln selbst gewonnen hat und das unmittelbar auf eigene, einzelne, emotional-motivational bewertete Erlebnisse zurückgeht (Erpenbeck und Sauter 2007, S. 25 f.) Erlebnisse gehen Erfahrungen meist voraus. Damit erfasst Erfahrung auch das Vertrautsein mit Handlungs- und Denkzusammenhängen ohne direkten Rückgriff auf ein davon unabhängiges theoretisches

Wissen. In diesem selbst Gewonnen- und unmittelbar Erlebtsein der Erkenntnis liegt ganz offenbar die Pointe der Erfahrung. Natürlich lassen sich Erfahrungen vermitteln – aber nur in Form von Wissen und Kenntnissen, nicht als Erfahrungen der Persönlichkeit, die sie vermitteln möchte oder der sie vermittelt werden soll. Erfahrung kann nur selbst handelnd, selbstorganisiert gewonnen werden. Jede selbst und unmittelbar gewonnene Erkenntnis einer Persönlichkeit ist durch die in Lebens- und Erlebensprozessen vor sich gehende Ausbildung von Emotionen, Motivationen, Willensentscheidungen und individuellen Wertungen flankiert. Jeder selbst und unmittelbar durch soziale Subjekte erzielte Erkenntnisgewinn ist von einer in Lebens- und Erlebensprozessen gegründeten Ausbildung von Werten, Normen, Regeln begleitet. Der Erfahrungsbegriff schließt Fähigkeiten und Überzeugungen als besondere Erfahrungsformen ein, die stets selbst und unmittelbar gewonnen sind. Ebenso stellen das primär über die Sinne Erfasste und Wahrgenommene, das nicht theoretisch, aber innerhalb des wissenschaftlichen Arbeitens gewonnene Empirische oder das Experimentelle auf je besondere Weise gewonnene Erfahrung dar. Jeder muss seine eigenen Erfahrungen machen – und das immer wieder neu (Erpenbeck 1999, S. 346–353). Der bekannte Entscheidungstheoretiker James March stellt in einem Interview treffend fest: „Individuen und Organisationen müssen Wege finden, um Dinge zu tun, für die sie keine guten Gründe haben" (March 2016, S. 15). Die Antriebe solchen Tuns sind ausnahmslos wertebasiert.

Erfahrungsgewinn heißt unter anderem, dass man im Rahmen des eigenen Handelns mit echten, emotional stark irritierenden, labilisierenden Entscheidungssituationen konfrontiert wird und dabei unmittelbar eigene Wertehaltungen entwickelt. Viele Unternehmen bauen nicht mehr auf die klassischen Erfa-Kreise, einen bloße Wissenserfahrungen umfassenden Mix aus Diskussionsrunden, Praxisberichten und Vorträgen, sondern auf echten Erfahrungs- und damit Wertetransfer (vgl. Humpl 2004, vgl. www.weq-alliance.net).

Das gilt übrigens auch für das Arbeiten im Netz. Es erfordert nicht weniger Erfahrungen, Emotionen, Motivationen und Wertehaltungen als andere Tätigkeiten. Die Einstellung zu bestimmten Geräten, zu Software, zu Programmvarianten, zum Netz hat unübersehbar emotionale und motivationale Momente. Der Spaß am gemeinsamen Kommunizieren, Arbeiten oder Projekteentwickeln im Netz ist hoch wertebesetzt.

Praktisches Vorgehen
Diese grundlegenden allgemeinen Einsichten machen wir an einem Beispiel plausibel.

Die Ausbildung von Mitarbeitern im Vertrieb oder im Verkauf fand jahrzehntelang in Seminaren statt, in denen vertriebliches Wissen, oftmals im Frontalunterricht, dargeboten wurde und verkäuferische Fertigkeiten, beispielsweise der Umgang mit möglichen Einwänden des Kunden, in Rollenspielen eingedrillt wurden. Damit waren diese Mitarbeiter zwar vielleicht hoch qualifiziert, besaßen aber unter Umständen nicht annähernd die erforderlichen Einstellungen und Werteorientierungen zur Bewältigung der Herausforderungen und waren deshalb völlig inkompetent als Verkäufer. Falls die Teilnehmer dieser Vertriebstrainings anschließend das Glück hatten, in ihrer Praxis mit Unterstützung eines erfahrenen Kollegen, der als Coach fungierte, eigene Erfahrungen zu sammeln, konnte sich aus Ihnen ein erfolgreicher Vertriebsmitarbeiter entwickeln. Im Regelfall waren diese Mitarbeiter aber auf sich selbst gestellt und mussten ihre Erfahrungen, insbesondere auch negative, selbst sammeln. Der Aufbau der erforderlichen Werte war dem Zufall überlassen.

Tatsächlich zeigen erfolgreiche Vertriebsmitarbeiter eine klare Werteorientierung als Antrieb ihres Handels, die sie nur in ihrer verkäuferischen Praxis selbstorganisiert gezielt entwickeln können. Hierfür hat sich folgende exemplarische und übertragbare Vorgehensweise bewährt:

Das Vertriebsteam entwickelt auf Basis einer Messung der Ist- und der Wunschwerte im Team in Abstimmung mit der Führungskraft die Werteorientierungen, die in der Praxis angestrebt werden. Versetzen Sie sich in die Rolle eines Vertriebsmitarbeiters. Sie reflektieren daraufhin Ihre eigenen individuellen Werte und setzen sich im Abgleich zu den erforderlichen Teamwerten Ihre ganz persönlichen zwei bis drei Werteziele. Dabei werden Sie von einem Werteberater und eventuell von Ihren Kollegen unterstützt.

Im Rahmen eines Entwicklungsgesprächs mit Ihrer Führungskraft definieren sie nun gemeinsam die vertrieblichen Herausforderungen, bei denen Sie in den kommenden Monaten Ihre Werte selbstorganisiert entwickeln wollen. Da diese gezielte Werteentwicklung im Kontext des gemeinsamen vertrieblichen Handelns erfolgt, fließen auch die Teamwerte in Ihre Werteentwicklung mit ein. Notwendiges Wissen dafür wird Ihnen „on-demand" in Form von Micro-Modulen im Netz als Web Based Trainings (WBT) oder interaktiven Lernvideos zur Verfügung gestellt.

In einem Kickoff mit einem professionellen Lernbegleiter stellen schließlich alle Teilnehmer des angestrebten gezielten Prozesses der Werteentwicklung persönlich ihre Vertriebsziele vor und bilden enge Partnerschaften für den gesamten Entwicklungsprozess. Sie treffen sich jeweils nach wöchentlichen Sprints zu einem Jour-fixe, in dem Sie Ihre eigenen Erfahrungen im Vertrieb reflektieren und aufarbeiten. Daraus leiten sie und Ihr Tandempartner jeweils ihre persönlichen Entwicklungsziele für den nächsten Sprint ab und vereinbaren nach Möglichkeit, sich gegenseitig in den Vertriebsgesprächen nach einer gemeinsam festgelegten Checkliste zu beobachten. Nach jedem Gespräch äußern die Mitarbeiter jeweils Ihre Eindrücke und Erfahrungen, die Sie gesammelt haben und gleichen diese mit den Rückmeldungen ihres Entwicklungspartners ab.

Daraus leiten Sie wiederum neue Vorsätze für den nächsten Sprint und damit für den kommenden Erfahrungsgewinn ab.

∑ Nutzanwendung

Die Nutzung von Erfahrungsgewinn für die persönliche gezielte Werteentwicklung bietet sich immer dann an, wenn generell eine Werteentwicklung der Mitarbeiter bei der Bewältigung von herausfordernden Praxisaufgaben erfolgen soll. Hierbei hat sich das eben skizzierte Verfahren des Social Blended Learning (vgl. Sauter, S. und Sauter, W. 2016, S. 200 f.) bewährt. Dabei wird der in Praxisprojekten oder -aufgaben erzielte Erfahrungsgewinn durch regelmäßige Reflexion nach jedem Sprint gemeinsam mit den Entwicklungspartnern und Entwicklungsbegleitern verknüpft. Hierfür schlagen wir Ihnen folgende grundlegende Vorgehensweise vor:

- Erhebung der Ist- und Wunschwerte im Team.
- Definition der Sollwerte des Teams in Abstimmung mit der Führungskraft.
- Messung der individuellen Werte und Abgleich mit den Sollwerten des Teams;
- Definition individueller Werteziele im Gespräch mit dem Werteberater.
- Vereinbarung von geeigneten Herausforderungen für die gezielte persönliche Werteentwicklung mit der Führungskraft oder dem Team.
- Die Mitarbeiter planen selbstorganisiert die eigene Werteentwicklung mit Sprints und wöchentlichen Reviews (Jour-fixe) mit Lernpartnern.
- Sie reflektieren die eigenen Erfahrungen regelmäßig und planen weitere Entwicklungsschritte mit dem Lernpartner und evtl. im Team.
- Abschließend dokumentieren sie Ihre Erfahrungen und tauschen sie mit Ihren Werteentwicklungspartnern aus.

Subjektivierendes Handeln und gezielte Werteentwicklung von Persönlichkeiten

Subjektivierendes Handeln baut auf den Erfahrungen und Erlebnissen einzelner Menschen auf und spielt in realen beruflichen Tätigkeiten und damit letztendlich auch für den Wissens- und vor allem Werteaufbau eine stark zunehmende Rolle (Sauter et al. 2018, S. 159). Gerade der Umgang mit moderner Technik, mit Computern und Software, mit komplexen Prozessen und Anlagen erfordert nicht nur ein logisch-kategorisierendes Wissen, sondern Momente komplexen, emotional-motivational basierten Handelns sowie assoziativ wertenden und erlebnisbezogenen Denkens unter Betonung sozial-kommunikativer Nähe zu anderen. In diesem Zusammenhang spielen auch Formen informeller, erfahrungsgeleiteter Kooperation und Kommunikation eine schnell zunehmende Rolle. Das gilt besonders für informelle Kommunikationsprozesse (Mailen, Chatten, Bloggen) und Kooperations- sowie Kollaborationsprozesse im Netz. Unter Kollaboration verstehen wir hierbei informelles Lernen am Arbeitsplatz (Workplace Learning), in dem Lernpartner gemeinsam Problemstellungen aus der Praxis oder in Praxisprojekten bearbeiten und Erfahrungswissen in Communities of Practice (Soziales Lernen, Social Collaboration) austauschen.

Praktisches Vorgehen
In einer zunehmenden Zahl von Organisationen arbeiten die Menschen in virtuellen Teams zusammen und nutzen die Möglichkeiten des Netzes für die kollaborative Bewältigung von Herausforderungen. Dieser Entwicklung können auch Sie sich anschließen. Die Werte, die hierbei zum Zuge kommen, können beispielsweise Nutzenwerte wie Sicherheit, Lebensstandard, Belohnung oder Gemeinnutz sein. Subjektivierendes Handeln kann in diesem Kontext gefördert werden, indem alle Teammitglieder, orientiert an den Teamsollwerten ihre individuellen Werteziele definieren, sich täglich in virtuellen Daily Stand-up synchronisieren, regelmäßige ihre Erfahrungen und Erlebnisse sowie ihre Zusammenarbeit, beispielsweise in Communities of Practice reflektieren (Retrospektive) und in Reviews ihre Lösungen zur Diskussion stellen. Hinzu kommt der regelmäßige Austausch mit Kollegen zu persönlichen oder privaten Themen. In wiederkehrenden Workshops treffen sich die Teammitglieder, reflektieren über ihre Erfahrungen und treffen verbindliche Vereinbarungen. Im kommunikativen Austausch bzw. im Rahmen von gemeinsamen Aktivitäten vertiefen die Teammitglieder ihre persönlichen Beziehungen. Dadurch wird das subjektivierende Handeln der Teammitglieder, auch Ihr eigenes, deutlich gefördert.

∑ Nutzanwendung
Subjektivierendes Handeln kann gefördert werden, indem Erfahrungen im Arbeitsprozess sowie Erlebnisse in weiteren herausfordernden Situationen miteinander verknüpft werden.

Hierfür schlagen wir folgende grundlegende Vorgehensweise vor:

- Erhebung der Ist- und Wunschwerte im Team.
- Definition der Sollwerte des Teams in Abstimmung mit der Führungskraft.
- Messung der individuellen Werte und Abgleich mit den Sollwerten des Teams;
- Definition individueller Werteziele im Gespräch mit dem Werteberater.
- Vereinbarung von geeigneten Herausforderungen für die personalisierte Werteentwicklung mit der Führungskraft oder dem Team in Verbindung mit einem Rahmen für Erlebnisse, die geeignet sind, die gewünschte Werteentwicklung zu ermöglichen.
- Selbstorganisierte Planung der eigenen Werteentwicklung mit Sprints und wöchentlichen Reviews (Jour-fixe) mit Lernpartnern.
- Regelmäßige Reflexion über die eigenen Erfahrungen und Erlebnisse und Planung weiterer Entwicklungsschritte mit dem Lernpartner.
- Dokumentation der Erfahrungen sowie Erlebnisse und Austausch mit Entwicklungspartnern.

Expertise und gezielte Werteentwicklung von Persönlichkeiten

Der Aufbau von Expertise ist ein Resultat der zuvor besprochenen Entwicklungsformen.

Expertise ist das, was Könner zu Könnern macht (vgl. Neuweg 2015).

Indikator für die Könnerschaft ist die Leistung beim Ausüben einer Tätigkeit. Untersucht man die tiefer liegenden Gründe für die Könnerschaft wird schnell deutlich, dass Könner sowohl von anderen geistigen Fähigkeiten als auch von anderen wertend-motivationalen Grundlagen als durchschnittlich Handelnde ausgehen. Sie verfügen über wirkungsvollere Wissensanteile und tiefergreifende Emotionen, vor allem sind sie zu einer – stets wertenden – Bedeutsamkeitserfassung von Problemen und Handlungszielen fähig. Das gilt auch und besonders für das Handeln an Computern und im Netz. Der Computerexperte weiß oft nicht mehr als der interessierte Laie, aber er hat es gelernt, problematischen und nahezu hoffnungslosen Situationen hochmotiviert und sehr emotional zu begegnen. Er handelt und lernt nicht objektivierend mit einer affektiv-neutralen Beziehung zum Lerngegenstand, sondern emotional, komplex wahrnehmend, handlungsbezogen denkend, Dialog und persönliche Nähe und Übereinstimmung suchend.

Erst Werte ermöglichen ein Handeln unter Unsicherheit, sie überbrücken oder ersetzen fehlendes Wissen, schließen die Lücke zwischen Wissen einerseits und dem Handeln andererseits. Allerdings wirken Werte nur, wenn ihre Sinnhaftigkeit im eigenen Handeln erlebt und emotional positiv gespeichert wird.

Jeder ist für seinen personalisierten Werteaufbau zunächst selbst verantwortlich, weil Werte nur selbstorganisiert bei der Bewältigung von Herausforderungen aufgebaut werden können. Jeder muss sich konsequent an den eigenen Bedürfnissen orientieren und selbst die Verantwortung für die eigene Entwicklung und deren Qualität übernehmen.

Praktisches Vorgehen
Zum Aufbau der eigenen Expertise sollten Sie sich von folgenden agilen Entwicklungswerten leiten lassen:

- *Mut:* Seien Sie bereit, Entscheidungen zu treffen und neue Wege zu gehen.
- *Fokus:* Konzentrieren Sie sich auf Ihre Praxisaufgaben und -projekte, um zielorientiert und kreativ zu arbeiten.
- *Commitment:* Übernehmen Sie im Team oder in der Entwicklungsgruppe im Rahmen verbindlicher Vereinbarungen Verantwortung.
- *Respekt:* Achten Sie ihre Entwicklungspartner und betrachten Sie sie als gleichwertig, auf „Augenhöhe".
- *Offenheit:* Seien Sie bereit, auf Veränderungen zu reagieren, sich mit Kollegen auszutauschen und Ihr eigenes Wissen zu teilen.
- *Wertschätzung und Vertrauen:* Geben Sie Ihr Bestes im Sinne des Teams und der Organisation.

Hinzu kommen:

- *Selbstorganisation:* Gestalten Sie Ihre Entwicklungsprozesse in eigener Verantwortung, evtl. in Abstimmung mit Entwicklungspartnern, ihrer Führungskraft und bei Bedarf einem Prozessbegleiter. Optimieren Sie Ihren Entwicklungsprozess in regelmäßigen Reflexionsphasen.
- *Flexibilität und Dynamik:* Passen Sie Ihre personalisierte Entwicklungskonzeption bei Bedarf an.
- *Verbindliche zeitliche Taktung:* Zerlegen Sie Ihren Entwicklungsprozess in Pakete, die für Sie einen eigenständigen Wert besitzen. Strukturieren Sie den gesamten personalisierten Entwicklungsprozess, z. B. mithilfe

eines Advance Organizer (vgl. Wahl 2013, S. 284). Diese Struktur des Entwicklungsprozesses erleichtert Ihnen den Einstieg in die Lernumgebung. Sie können damit ihre Aufmerksamkeit auf die für Sie wichtigen Teile lenken. Sie verstehen von Anfang an, um was es geht, erhalten eine klare Orientierung für Ihre selbstorganisierten Entwicklungsprozesse, können neues Wissen mit ihrem Vorwissen verknüpfen, vermeiden Missverständnisse, z. B. aufgrund von Verwechslungen, und erleichtern den Transfer in die Praxis. Wir empfehlen Ihnen zudem, die jeweiligen Schritte schriftlich zu dokumentieren, um Verbindlichkeit für sich selbst zu sichern.

- *Konstante Geschwindigkeit:* Vereinbaren Sie mit Ihren Entwicklungspartnern regelmäßige Arbeitsschritte, Meilensteine und Jour-fixe. Dies erhöht die Verbindlichkeit Ihrer Lernprozesse.
- *Soziale Entwicklung in Cross-functional Teams:* Lernen Sie gemeinsam mit Entwicklungsgruppen aus verschiedenen Bereichen der Wertschöpfungskette.
- *Entwicklung im Netz:* Agile Entwicklung basiert auf effizienter Kollaboration, d. h. der gemeinsamen Bewältigung von Herausforderungen in der Praxis mit Entwicklungspartnern, der erfahrungsorientierten Kommunikation und schnellen Rückmeldungen.
- *Werteentwicklung in Herausforderungssituationen der Praxis:* Ihre Entwicklungsprozesse orientieren sich konsequent an Ihrem Entwicklungsbedarf im Praxisprozess, nicht mehr an vorgegebenen Lernzielen (Curricula). Für Ihre Motivation ist in erster Linie eine klare Struktur am Anfang des Entwicklungsprozesses, die die Vorkenntnisse mobilisiert, die sinnvolle Verknüpfungen zwischen schon vorhandenem und neuem Wissen ermöglicht und die Prozesse des Verstehens anbahnt, maßgebend (vgl. Wahl 2013). Dies wird ermöglicht, indem Sie auf Basis ihrer selbst definierten Werteziele mit ihrer Führungskraft herausfordernde Praxis- und Projektaufgaben definieren, in denen sie ihre Werte und Kompetenzen selbstorganisiert und eingebunden in ein Netzwerk bearbeiten.

∑ Nutzanwendung

Praktisch gehen Sie am besten so vor, dass Sie sich die zwölf agilen Entwicklungswerte in einer Tabelle zusammenfassen und klären, welche davon für Ihre eigene Entwicklung wichtig sind und in welchem Maße die wirklich wichtigen für Sie eine Rolle spielen.

Voraussetzung für Ihre gezielte Werteentwicklung sind zum einen diese genannten *Entwicklungswerte,* zum anderen daran anschließend folgende *Verfahrensschritte:*

- Regelmäßige Werteerfassungen
- Reflexionen über diese Entwicklungswerte, z. B. mit Entwicklungspartnern oder Werteberatern
- Eigenverantwortliche Ableitung personalisierter Werteziele
- Selbstorganisierte Planung Ihrer personalisierten Werteentwicklungsprozesse
- Selbstorganisierte Werteentwicklung in realen Herausforderungssituationen, etwa in Projekten oder am Arbeitsplatz
- Einforderung einer Begleitung durch Führungskräfte als Entwicklungspartner (Mentoren)
- Ein Co-Coaching in dem Sinne, dass die Mitarbeiter sich gegenseitig coachen
- Professionelle Prozessbegleitung durch Coaches und zertifizierte Werteberater, die die Prozesse Ihres personalisierten Werteaufbaus unterstützen, sowie
- Werteentwicklung im Netz durch Aufbau von Wertepartnerschaften und Communities of Practice

Krisenmanagementexpertise und gezielte Werteentwicklung von Persönlichkeiten

Die Bilder von Terroranschlägen, Flugzeugabstürzen oder Hochwasserkatastrophen sind uns präsent. In allen Fällen wird ein professionelles, werteorientiertes Krisenmanagement mit hoher Kompetenz gefordert. Die Anforderungen an die Werte und Kompetenzen von Krisenmanagern sind sehr ausgeprägt und vielfältiger Art. Entsprechende Hochleistungsorganisationen müssen in der Lage sein, trotz struktureller und personeller Restriktionen auch in unüberschaubaren Situationen innerhalb kürzester Zeit zu entscheiden und flexibel und situationsgerecht zu handeln (Pawlowsky et al. 2005). Hervorzuheben ist bei diesen Hochleistungsmanagern besonders (vgl. Adler et al. 2015; Mistele und Pawlowsky 2008), dass von ihnen komplexe Herausforderungen selbstorganisiert und kreativ zu bewältigen sind, dass sie oft völlig unklaren Situationen, meist verbunden mit chaotischen Verhältnissen, Zeitdruck, Hektik sowie physischem und psychischem Stress gegenüberstehen. Schnelle Entscheidungen mit teilweise gravierenden Konsequenzen, häufig zu Leben und Tod, sind zu fällen, obwohl wesentliche Informationen oder Erfahrungen fehlen. Es kommt zu einem Führen und Kommunizieren in teilweise extrem stressbeladenen Situationen. Oft ist eine psychosoziale Unterstützung der Mitarbeiter in Form von Prävention, Früherkennung psychosozialen Stresses und der Sicherung der psychologischen, sozialen, administrativen und religiösen Unterstützung zur Verarbeitung von trauma- und stressbedingten Störungen sowie der Nachsorge notwendig.

Gefragt sind vor allem Einsatzbereitschaft und Motivation, Zielklarheit und -orientierung, Aufbau von Achtsamkeit, Flexibilität und Handlungssicherheit. Gegenseitige Wertschätzung spielt eine wichtige Rolle.

Persönlichkeiten im Krisenmanagement haben bereits und oft über Jahrzehnte hoch individuelle Situationsverarbeitungs- und Reaktionstypen entwickelt, jeder hat aufgrund seiner individuellen, vielfältigen Erfahrungen als Mitarbeiter und Führungskraft Probleme auf eine unverwechselbare Art verarbeitet und beantwortet.

Eine gezielte Werteentwicklung besteht deshalb vor allem darin, diese „typischen" Problemwahrnehmungen und Reaktionen, falls notwendig, zielgerecht zu verändern, weil den Werten als Ordnern des selbstorganisierten Handelns eine zentrale Bedeutung zukommt.

Je nach Handlungsdruck werden die Reaktionen von Krisenmanagern unterschiedlich ausfallen. Wir können deshalb bei nicht allzu offenen, kreativitätsfördernden Bedingungen *Grundformen menschlichen Handelns* nach dem Merkmal des Handlungsdrucks unterscheiden (Erpenbeck und Sauter 2007, S. 182 ff.).

Bei *geringem Handlungsdruck* und ohne den Zwang, unverzüglich reagieren zu müssen, kann der Mensch wie ein rationaler Problemlöser vorgehen, das heißt er analysiert die Situation und sucht unter Ausschöpfung seiner eigenen Problemlösungskapazität und vorgegebener Musterfälle die passende Lösung. So kann er bei rechtzeitiger Planung Emotionen, die handlungsbeeinträchtigend wirken könnten, weitgehend ausschalten und besitzt damit eine gute Chance, eine optimale Lösung zu finden; er ist in der Lage, umzudenken. Andererseits kann er seine Werte, die ihm als Ordner seines Handelns dienen, langfristig aufbauen.

Bei *hohem Handlungsdruck,* beispielsweise bei einem Großbrand, reduziert sich die Zeit, die Situation einzuschätzen und eine Lösung auszuwählen oft auf wenige Sekunden. Der Handelnde kann deshalb nicht alle Informationen aufnehmen und auswerten, die zu einer ausreichenden Situationsbeurteilung erforderlich wären. Sein gespeichertes Wissen über Lösungsmöglichkeiten wird nicht voll ausgeschöpft. Neuartige Lösungen können kaum gefunden werden. Handlungsbeeinträchtigende Emotionen können eine optimale Lösung verhindern. Er kann nur dann zielgerecht

Handeln, wenn er über die Jahre ein *stabiles Wertegerüst* aufgebaut hat, das ihm auch dann bedarfsgerechte Entscheidungen ermöglicht, wenn er aus Zeitgründen nicht alle notwendigen Informationen abrufen kann oder solche auch gar nicht existieren.

In empirischen Untersuchungen wurde nachgewiesen, dass Situations- und Handlungsauffassung so eng miteinander verzahnt sind, dass der Mensch in dem Moment, in dem er die Situation sieht, oft gleichzeitig die – aus seiner momentanen Sicht – beste Lösungsmöglichkeit erkennt (vgl. Wahl 2013). Damit finden beide Prozesse teilweise gleichzeitig statt. Das Ziel von Werteentwicklungsmaßnahmen besteht deshalb darin, einen *Ermöglichungsrahmen* zu schaffen, um werteorientiertes Handeln in Krisensituationen in einem längerfristigen Entwicklungsprozess zu fördern (vgl. Wahl 2006). Die Krisenmanager können Werte und Kompetenzen nur erwerben, indem sie in realen Entscheidungssituationen in ihrem Führungsalltag oder in herausfordernden Projekten sowie in Praxiseinsätzen schwierige Herausforderungen selbstorganisiert zu lösen gezwungen sind. Werte und Kompetenzen werden zum zentralen Ziel dieser integrierten Entwicklungsmaßnahmen, bei denen formelles und informelles Lernen systematisch miteinander verknüpft werden. Wirklichkeitsbezug, Werteinteriorisation, Handlungs- und Kommunikationsprozesse in realen Entscheidungssituationen, Reflexionen über die Entscheidungen mit Lernpartnern, Kollegen, Coaches und Mentoren unter Einsatz sozialer Medien wie Blogs, Wikis oder Workpads bieten eine breite Palette an Methoden gezielter Werteentwicklung.

Praktisches Vorgehen
Im Einzelnen ist für Krisenmanager ein *Ermöglichungsrahmen* gezielter Werteentwicklung aufzubauen. Dieser sichert eine offene *Kommunikation*. Die Krisenmanager können im Rahmen von regelmäßigen Workshops mit ihren Werteentwicklungsbegleitern, mit Partnern und in Gruppen offene Fragen klären und über Ihre Erfahrungen reflektieren. Nach jedem Einsatz werden ihre Erlebnisse und Erfahrungen analysiert und bewertet. Dafür hat sich auch der Erfahrungsaustausch im Netz und über Projekttagebücher bewährt. In Communities of Practice und in Webinaren können die Krisenmanager sich ohne räumliche Grenzen kollaborieren und sich zu wertebeladenen Themen austauschen.

Eine große Vielfalt an Case Studies, Best Practices und Dokumentationen sollte angeboten werden. Im Laufe der Zeit werden aber immer mehr *Erfahrungsberichte* der Krisenmanager an Bedeutung gewinnen, in denen sie ihre Eindrücke, Emotionen und Vorgehensweisen authentisch dokumentieren und zur Diskussion stellen.

Die Krisenmanager gestalten ihre *Werteentwicklungsprozesse* selbstorganisiert. Sie können dabei diese Prozesse unabhängig von Ort und Zeit (Mobile Learning) und nach dem individuellen Bedarf on demand (Micro Learning) gestalten und steuern. Während ihrer Entwicklungsprozesse wissen die Krisenmanager aufgrund laufender *Rückmeldungen* der Entwicklungspartner immer, wo sie in ihren Entwicklungsprozessen stehen.

Die *technologische Basis* des Ermöglichungsrahmens bildet eine Soziale Werte- und Kompetenzentwicklungsplattform (vgl. Sauter und Staudt 2016) mit Arbeits- und Lernräumen die sozialkommunikative und kollaborative Lernaktivitäten ermöglichen. Dort abgelegte Dokumente können Office-Dokumente, Blogs, Wikis, Podcasts, Audio- und Videomitschnitte oder Diskussionsbeiträge sein. Die Gestalter des Rahmens konzentrieren sich nicht auf eine detaillierte Planung gemeinsamer Entwicklungsprozesse (Planungsfixierung) sondern auf die Prozesse selbst (Realisierungsfixierung).

Werteentwicklung via Praxis, Coaching und Training, vor Ort und im Netz, weist eine große *potenzielle Methodenvielfalt* auf, die bedarfsgerecht in unterschiedlichen Entwicklungsphasen eingesetzt werden kann.

∑ Nutzanwendung

Als Krisenmanager sind Sie gefordert, zielorientiert und eigenverantwortlich zu handeln. Deshalb brauchen Sie *individuelle Werteziele* im Rahmen strategischer Vorgaben, vereinbart mit Ihrer Führungskraft oder im Team.

Ihre *Werteentwicklung* erfolgt teilweise im Netz, in Communities mit Kollegen aus dem eigenen Bereich, aber auch organisationsübergreifend und international, unter Einbeziehung von Lerntandems (Co-Coaching) und Lerngruppen, z. B. mit Blogs (Projekttagebücher) und Wikis (Social Software). Über den Austausch und die Diskussion von Erfahrungen aus Transferaufgaben und in Projekten entwickelt sich im Laufe dieser Maßnahme ein gemeinsames Grundverständnis von Krisenmanagement und Führung. Damit wird der Werteaufbau im Netz initiiert.

Entwicklungserfolge zeigen sich anhand der Ergebnisse, der Performanz in der Praxis.

Die einzelnen *Entwicklungsphasen* werden vor allem durch folgende Merkmale geprägt (vgl. Sauter und Sauter 2013):

- *Werteentwicklungsziele:* Ihre Werteentwicklung als Krisenmanager wird zu Beginn und in regelmäßigen Abständen aus verschiedenen Blickwinkeln von Ihnen, Ihrem Entwicklungspartner oder der Führungskraft gemessen, analysiert und ausgewertet. Die Werteentwicklungsziele werden bei Bedarf immer wieder dynamisch angepasst.

- *Erfolgskriterium:* Die Verbindlichkeit bei der Umsetzung der getroffenen Vereinbarungen.
- *Strukturierungshilfe:* Die personalisierte Werteentwicklung erfolgt innerhalb des Ermöglichungsrahmens, der die personalisierte Planung der Entwicklungsprozesse ermöglicht.
- *Selbstorganisierter Werteaufbau:* Er erfolgt innerhalb des vereinbarten Ermöglichungsrahmens, den Sie über eine soziale Entwicklungsplattform nutzen. Dabei orientieren sie sich an den Vereinbarungen mit ihrer Führungskraft und an dem verbindlichen Werterahmen ihres Teams. Schrittweise wird ein gemeinsames Verständnis des Teams für sinnvolle Vorgehensweisen entwickelt.
- *Kompetenzorientiertes Erfahrungsmanagement:* Erfahrungen, die Sie in ihren Entwicklungsprozessen aufbauen, tauschen Sie mit ihren Partnern über Blogs oder Wikis in Erfahrungstagebüchern aus und entwickeln sie im Rahmen der Community of Practice zu gemeinsamen Erfahrungen weiter. Dadurch entsteht ein netzbasierter Entwicklungsprozess (vgl. dazu auch Wahl 2013, S. 46 ff.). Neben Quellen mit Fach- und Erfahrungswissen finden Sie über die Tagebücher auch Personen für die Lösung von Problemstellungen.
- *Individueller Wissensaufbau und Qualifizierung:* Dieser Bereich umfasst eine Vielzahl von Lernangeboten und Tools, z. B. zum Stressmanagement, die Sie bei Bedarf nutzen können. Auf der Basis interaktiver Fallstudien, die auf realen Katastrophen basieren, beispielsweise auf Flugzeugabstürzen, Terrorattacken oder Überflutungen, erarbeiten Sie sich die notwendige Expertise, um Ihre persönliche Vorgehensweise in Katastrophenfällen zu entwickeln.
- *Soziale Kompetenzentwicklungsplattform:* Dieser digital Entwicklungsraum ermöglicht Ihnen kollaboratives Arbeiten und eine spannende Kommunikation mit Entwicklungspartnern.
- *Lernwegflankierung durch Co-Coaching:* Lerntandems unterstützten sich emotional, motivational und lernstrategisch (vgl. Wahl 2013). Ihre Tandemtreffen werden im Regelfall als persönliche Treffen, aber auch über Telefon, Skype oder Zoom gestaltet.
- *Kollegiale Beratung:* Komplexe Problemstellungen werden von Ihnen und Ihren Kollegen oft mit der Methode der Kollegialen Beratung, auf die wir später noch eingehen, gelöst.
- *Orientierung und Reflexion in Workshops:* In regelmäßigen Workshops miteinander, aber auch mit dem Entwicklungsbegleiter und eventuell weiteren Experten können Sie als Krisenmanager ihre Erfahrungen regelmäßig reflektieren und anwenden.

- *Feedback:* Selbst organisiertes Lernen erfordert zwingend regelmäßige Rückmeldungen. Sie werden dadurch in die Lage versetzt, ihre Werteentwicklung laufend zu reflektieren und zu optimieren,
- *In regelmäßigen Workshops:* Sie reflektieren mit Ihren Kollegen über ihre Entwicklungserfahrungen, stellen Ihre Praxiserfahrungen vor und diskutieren mögliche Entwicklungsmaßnahmen. Daraus leiten Sie gemeinsam die Konsequenzen für Ihr weiteres Handeln in Kriseneinsätzen ab.
- *Social Software:* Sie fördert nicht nur die Werteentwicklung, sie fordert sie auch. Um mit diesen Tools umgehen zu können, benötigen Sie sowohl Medien- als auch Selbstlernkompetenz. Deshalb kommt dem Implementierungsprozess von Social Software eine zentrale Bedeutung zu (vgl. Sauter 2016).

Mit diesen Anwendungsschritten können Sie als Krisenmanager ihren notwendigen Werte- und Kompetenzaufbau nachhaltig sichern und damit Ihre Rolle als einer der Garanten für die Sicherheit der Bevölkerung gezielt ausbauen.

Job Rotation und gezielte Werteentwicklung von Persönlichkeiten

Alle bisherigen Entwicklungsmomente – Erlebnisse, Erfahrungen, subjektivierendes Handeln, Expertise, insbesondere Krisenmanagementexpertise – fließen in einem Vorgehen zusammen, das so neu nicht ist, das sehr oft benutzt wird – allerdings, unseres Wissens, kaum je für die gezielte Werteentwicklung von Persönlichkeiten: Job Rotation, der geplante Arbeitsplatzwechsel. Auch die hier nachfolgenden, unter dem Handlungsaspekt einbezogenen Methoden KOPING, Kollegiale Beratung und Communities of Practice können, obgleich nicht zwingend, in diesem Vorgehen eine Rolle spielen.

Werte können nur selbst handelnd, selbstorganisiert in realen Entscheidungssituationen im Prozess der Arbeit (Workplace Learning) angeeignet werden. Wenn Mitarbeiter sich zum Ziel setzen, bestimmte Werte grundlegend zu verändern, kann es deshalb sinnvoll sein, sie auch längerfristig mit grundlegend neuen Herausforderungen zu konfrontieren. Hierfür bietet sich Job Rotation als Methode der gezielten Werteentwicklung von Persönlichkeiten an.

Job Rotation wird sehr vielfältig und unterschiedlich definiert. Die weiteste Definition ist der planvolle Einsatz von Mitarbeitern in wechselnden Tätigkeitsbereichen. Dabei wird als Kennzeichen hervorgehoben, dass der jeweilige Mitarbeiter die neue Aufgabe voll verantwortlich ausübt.

Im Kontext der persönlichen Werteentwicklung legen wir folgende *Definition* zugrunde:

Job Rotation ist der geplante Arbeitsplatzwechsel zum selbstorganisierten Aufbau von Werten und neuen Kompetenzen in grundlegend veränderten Herausforderungssituationen, die subjektivierendes Handeln der Mitarbeiter ermöglichen.

Zeigt beispielsweise ein Mitarbeiter durch seinen täglichen Umgang mit Kollegen ausländischer Herkunft deutlich, dass seine ethisch-moralischen Werte, insbesondere der Wert Respekt, gering ausgeprägt sind, kann ein mehrmonatiger Einsatz im Herkunftsland dieser Kollegen eine grundlegende Veränderung bewirken. Dort wird sich der Mitarbeiter tagtäglich der Herausforderung stellen müssen, in dieser fremden Kultur mit den Menschen, die dort leben, zielführend zusammenzuarbeiten, aber auch seine Freizeit zu verbringen. Diese Erfahrungen und Erlebnisse wird er nur dann erfolgreich bewältigen können, wenn er ihnen mit Respekt entgegentritt, das heißt seine Werte entsprechend entwickelt.

Job Rotation kann unterschiedliche Ausprägungen haben. Manche Mitarbeiter wechseln regelmäßig und zeitlich begrenzt in neue Herausforderungen. Dies kann im Rotationsprinzip erfolgen, wie in Trainee-Programmen, in denen der Trainee mehrere Stationen durchläuft. Es kann aber auch eine komplexe Projektarbeit sein, die für einen bestimmten Zeitraum grundlegend neue Aufgaben bereitstellt. Teilweise wird Job Rotation auch als Rollentausch gestaltet, bei dem Mitarbeiter wechselseitig Aufgaben anderer Mitarbeiter übernehmen.

Dabei geht es nicht um Lernprozesse auf der gedanklichen Ebene, sondern um Erlebnisse und Erfahrungen mit Menschen in fremden Umgebungen. Dabei werden zwangsläufig die eigenen Werte auf den Prüfstand gestellt.

Praktisches Vorgehen

Job Rotation mit dem Ziel der Werteentwicklung von Mitarbeitern wird nur dann wirksam werden, wenn die Mitarbeiter einer grundlegend veränderten Herausforderung ausgesetzt werden.

Wenn Sie Job Rotation mit diesem Ziel planen, sollte das Konzept der Job Rotation vorab mit allen Beteiligten *offen kommuniziert* werden. Die Mitarbeiter sollten ihre Werteentwicklung, möglichst mithilfe eines professionellen Werteberaters, selbst planen.

Die *Rotationsdauer* beträgt in der Regel mehrere Monate, um einen nachhaltigen Wertewandel zu ermöglichen. Manche Organisationen dehnen die Job Rotation bis zu einer Dauer von fünf Jahren aus. Gemäß den vor Ihnen und Ihren Kollegen liegenden Werteentwicklungsaufgaben sollten Sie die angemessene Dauer festlegen. Alle sollten ihre individuellen Werteziele für diese Zeit vereinbaren. Die entstehenden Herausforderungen müssen innerhalb der vereinbarten Zeit der Job Rotation bewältigt werden.

Sie und Ihre Kollegen werden in ein *Entwicklungsarrangement* eingebunden, das Ihre selbstorganisierte Werteentwicklung ermöglicht. Hierzu gehören insbesondere ein Ermöglichungsrahmen sowie das Coaching durch einen erfahrenen Entwicklungsbegleiter.

Binden Sie *neue Kollegen* in den Prozess der Job Rotation mit ein; sie werden das als Bereicherung empfinden. Neue Führungskräfte übernehmen Mentorenrollen und flankieren so diesen Werteentwicklungsprozess.

Die *Interiorisation,* die Verinnerlichung von Werten ist der Schlüsselprozess der Werteaneignung auch im Rahmen der Job Rotation. Es gibt kein kompetentes Handeln ohne Werte – Werte konstituieren kompetentes Handeln in jeder neuen Herausforderung.

Das *„Onboarding",* das an Bord nehmen von Mitarbeitern durch integrationsfördernde Maßnahmen, ist von zentraler Bedeutung für den Erfolg eines Job-Rotation-Programms. Dabei müssen Sie mit dafür sorgen, dass die Mitarbeiter ihre persönlichen Werte mit den neuen Organisationswerten abstimmen, sich rasch in das Team integrieren und in ihrem Aufgabenbereich handlungssicher fühlen.

∑ Nutzanwendung

Für werteorientierte Job Rotation schlagen wir Ihnen folgende beispielhafte Struktur vor:

1. *Wertemessung* und Beratungsgespräch; zwei bis drei Werteziele im Rahmen der Job Rotation.
2. *Entwicklungsgespräch* mit der Führungskraft; nach zwei bis drei Monaten sowie am Ende der Einarbeitungszeit weitere Entwicklungsgespräche mit der Führungskraft; Auswertung einer weiteren Werteerfassung.
3. Festlegung eines *Entwicklungsbegleiters,* der den Prozess des Erfahrens und Erlebens in der neuen Handlungswelt unterstützt.
4. *Kickoff,* ein eintägiger Workshop, von einem Entwicklungsbegleiter moderiert, mit Teilnehmer- und Aufgabenvorstellung, Bildung von Entwicklungspartnerschaften in Co-Coachinggruppen, kollegialer Beratung, Vereinbarung persönlicher Blogs als regelmäßige Lerntagebücher und von Communities of Practice.

5. *Selbstorganisierte Werteentwicklung,* Entwicklung des persönlichen Wertesystems als „roter Faden" der Entwicklungsprozesse. Ungeklärte Fragen werden in einem Themenspeicher gesammelt und später geklärt.
6. *Workshops und/oder Webinare* werden regelmäßig, z. B. alle vier Wochen, von den Teilnehmern des Job-Rotation-Programms online oder in Präsenz durchgeführt. Entwicklungsergebnisse werden mit dem Entwicklungsbegleiter reflektiert, Zwischenergebnisse vorgestellt, offene Fragen gestellt.
7. Organisationsspezifischer *Wissensaufbau und Qualifizierung,* indem die Teilnehmer des Job-Rotation-Programms alle verfügbaren Quellen (Informationen, Verlinkungen, Web Based Trainings, Videos, Podcasts oder PDF, dokumentiertes Erfahrungswissen) bei Bedarf nutzen. Damit wird ineffektives Vorratslernen, beispielsweise in Einführungsseminaren, vermieden.
8. *Kompetenzorientiertes Wissensmanagement* betreiben die Mitarbeiter im Job-Rotation-Programm als Wissensaufbau im weiteren Sinn, einschließlich Werte und Normen. Sachwissen wird bei Bedarf „on demand" selbstorganisiert von den Mitarbeitern recherchiert und über eine soziale Kommunikations- und Kollaborationsplattform in den Arbeits- und Entwicklungsprozess integriert.
9. Ihr Netzwerk bauen die Teilnehmer im Job-Rotation-Programm systematisch auf, indem sie in kollaborativen Prozessen ihre Werte und Kompetenzen entwickeln. Projekttagebücher und Communities of Practice erhalten dabei eine zentrale Bedeutung
10. In einem *Abschlussworkshop* stellen die Mitarbeiter im Job-Rotation-Programm im Beisein ihrer früheren und aktuellen Führungskräfte Arbeits- und Projektergebnisse vor. Bei Bedarf werden weiterführende Maßnahmen vereinbart.

Wenn Ihre Kollegen und Mitarbeiter in diesem Rahmen lernen, ihre neuen Herausforderungen selbstorganisiert zu lösen, bauen sie Ihre Werte aus und können entsprechende Kompetenzen auch auf andere Problemstellungen in ihrer Praxis übertragen. Die Entwicklung findet damit immer mehr am Arbeitsplatz im Sinne eines Social Workplace Learning und im Netz statt.

Job Rotation ist als Methode der gezielten Werteentwicklung von Persönlichkeiten dann sinnvoll, wenn ein besonders intensiver Entwicklungsprozess initiiert werden soll.

Dabei sollten folgende Prinzipien berücksichtigt werden:

- Die Planung der Job Rotation liegt in der Verantwortung des Mitarbeiters und wird von ihm auf Basis einer Werteerfassung in Hinblick auf selbst definierte Werteziele gestaltet,
- die neue Herausforderung sollte grundlegend neue Anforderungen, Belastungen und Beanspruchungen umfassen,
- der Wechsel des Mitarbeiters wird durch ein umfassendes Kommunikationskonzept, das alle Betroffenen einbezieht, flankiert,
- der Prozess der gezielten Werteentwicklung wird durch einen Entwicklungsbegleiter flankiert,
- die neue Führungskraft übernimmt eine Mentorenfunktion.

KOPING – Optimierung der gezielten Werteentwicklung einer Persönlichkeit

KOPING ist ein Kunstwort, das an das englische Wort „coping" (bewältigen, mit etwas fertig werden) angelehnt ist. Gleichzeitig bedeutet der Begriff „KOmmunikative Praxisbewältigung IN Gruppen" (Wahl 2013, S. 37 ff.).

In der Stressforschung werden mit dem Begriff „coping" die Anstrengungen oder Bemühungen einer Person bezeichnet, die diese zur Bewältigung von Anforderungen, Belastungen oder Konflikten unternimmt. Somit gibt dieser Begriff exakt die Zielsetzung agiler Entwicklungsmaßnahmen wieder.

In einer Reihe von Untersuchungen wurde nachgewiesen, dass Belastungen und Stresssituationen besser bewältigt werden können, wenn die Menschen in ein Netzwerk aus gut funktionierenden sozialen Beziehungen integriert sind, emotionalen Austausch erfahren und sich potenzieller Hilfeleistung sicher sind (vgl. Schmidt 2005, S. 176 ff.). Das Ziel ist deshalb, dass sich die Netzwerkmitglieder in ihren Entwicklungsprozessen gegenseitig unterstützen.

Aus der Social-Support-Forschung ergeben sich die Anforderungen an wirksame Entwicklungsnetzwerke, insbesondere an *Netzwerke zur gezielten Werteentwicklung von Persönlichkeiten.* Dazu bedarf es eines überschaubaren Systems in Form von Entwicklungspartnerschaften (Tandems) und Entwicklungsgruppen mit drei bis vier Tandems. Die Tandementwicklungspartner wählen sich nach dem *Prinzip der Sympathie,* d. h. beide sollen sich akzeptieren und verstehen, sowie nach dem *Grundsatz der Symmetrie,* d. h. beide sollen gleich „mächtig" sein. Sie sollten über einen homogenen Erfahrungshintergrund verfügen und bereit sein, sich dem anderen anzuvertrauen und auch eventuelle Schwächen zu offenbaren.

Angestrebt werden dichte, direkte Beziehungen, die intensiv und vielartig sind, über einen längeren Zeitraum dauern und bei denen Geben und Nehmen etwa im Gleichgewicht ist. Einfache und unkomplizierte Kommunikationsmöglichkeiten, im Regelfall im Netz, schaffen die Verbindungen. Außerdem sollten verpflichtende, regelmäßige persönliche oder virtuelle Treffen in vertraulichem Rahmen eingeplant werden.

Praktisches Vorgehen
Zur Sicherung und Optimierung Ihrer Werteentwicklungsprozesse empfehlen wir Ihnen die dargestellte soziale Unterstützung in Lerntandems und KOPING-Gruppen. Wir wollen den Text nicht mit zu vielen Details belasten, das Vorgehen ist aber bis ins Einzelne ausgearbeitet (vgl. Sauter et al. 2018, S. 204 ff.).

Grundsätzlich ist es durch zwei Dimensionen geprägt (vgl. Schmidt 2005, S. 177 ff.).

- *Durch eine deutliche sozio-emotionale Stabilisierung,* das heißt die Entwicklungspartner beziehungsweise Gruppenmitglieder vermitteln das Gefühl, aufgehoben und umsorgt zu sein und Anteilnahme zu erfahren. Die Partner, in einer Organisation die Mitarbeiter, werden dadurch motiviert, Handlungsweisen zu ändern und verpflichten sich auf gemeinsame Ziele, Werte und Normen (vgl. Miyashiro 2013).
- *Durch eine konkrete Hilfe,* das heißt die Entwicklungspartner beraten sich bei Problemen und Vorhaben gegenseitig, diagnostizieren Herausforderungen, brechen Handlungsroutinen auf, suchen Alternativen und verdichten gemeinsames, stets wertebeladenes Wissen. Sie entwickeln Ideen, tauschen Erfahrungswissen und Informationen aus und nutzen gemeinsam ihre Materialien. In gegenseitiger Absprache übernehmen sie konkrete Aufgaben, beispielsweise Recherchen, deren Ergebnisse sie gemeinsam verarbeiten.

Damit besitzen KOPING-Gruppen eine deutlich andere Qualität als beispielsweise Communities im Netz. Es handelt sich um enge Partnerschaften für einen bestimmten oder unbegrenzten Zeitraum.

Das KOPING-Verfahren hat sich in der Praxis seit nunmehr etwa drei Jahrzehnten in selbstorganisierten Lernprozessen hervorragend bewährt. Es bildet letztendlich die Grundlage dafür, dass sich die eigenverantwortlichen Entwicklungsprozesse der Teilnehmer durch eine sehr hohe Erfolgswahrscheinlichkeit auszeichnen. Hinzu kommt, dass die gegenseitige Unterstützung im KOPING-Verfahren wesentlich dazu beiträgt, die notwendige

Kultur der Entwicklung, auch der Werteentwicklung in Netzwerken, aktiv zu fördern. Deshalb haben wir es unter die praktischen Verfahren zur gezielten Werteentwicklung unter dem Handlungsaspekt eingereiht.

Σ Nutzanwendung
Im Einzelnen können Sie, nachdem die beschriebenen Tandems und Entwicklungsgruppen gebildet, die zeitlichen und medialen Vorgehensweisen festgelegt und die Entwicklungsziele herausgearbeitet sind, für Ihre gezielte Werteentwicklung vor allem Prozesse des Co-Coaching und der kollektiven Beratung nutzen.

Unter *Co-Coaching* verstehen wir eine wechselseitige, überwiegend gleichberechtigte und für die effektive Werteentwicklung der Coachingpartner förderliche Kollaborations- und Kommunikationsbeziehung. Diese Form des Coaching hat sich als besonders wirksam erwiesen, wenn die Entwicklungspartner eine geringe Wertedistanz aufweisen (Wahl 2013, S. 223).

Der *Nutzen* des Co-Coaching ergibt sich aus der gegenseitigen Sympathie der Partner, die oft zu einer besseren Kompatibilität als bei einem bezahlten Coach-Client-Verhältnis führt. Der Co-Coach kennt den Partner meist von Anbeginn, Anlaufschwierigkeiten des Kennenlernens entfallen. Keiner geht aus den Begegnungen geschwächt, in der Regel aber gehen beide gestärkt daraus hervor. Aufgrund der intimen Kenntnis der Umstände der Entwicklungspartner lassen sich schnell emotional wirksame Handlungsvorschläge machen. Es geht ja nie in erster Linie um Informationsweitergabe, sondern immer um Werteentwicklung (vgl. Nemko 2012):

Als *Vorgehensweisen* haben sich in der Praxis des Co-Coaching bestimmte Grundzüge herauskristallisiert (vgl. Nemko 2012).

- Die Entwicklungspartner kommunizieren mit Wertschätzung; die Ziele und Wünsche des Partners, der gecoacht wird, stehen immer im Vordergrund. Die Lernpartner beginnen mit der Definition und Bewertung zentraler Herausforderungen. Phasen des Zuhörens, der gemeinsamen Klärung oder der Entwicklung von Lösungen wechseln ab (Partnerorientierung).
- Bereits vollzogene Lösungsversuche und eventuelle Optionen werden analysiert und weiterentwickelt. Die Argumente dafür und dagegen werden sorgfältig personenbezogen abgewogen. Die Auswirkungen vereinbarter Maßnahmen werden regelmäßig überprüft und analysiert (Sachorientierung).
- Alles Gesprochene ist und bleibt streng vertraulich. Die Entwicklungspartner wechseln laufend ihre Rollen (Vertrauensorientierung).

Kollegiale Beratung und Communities of Practice als Formen gezielter Werteentwicklung von Persönlichkeiten

Kollegiale Beratung kann ergänzend zum Co-Coaching wichtige Impulse für die kollaborative Entwicklung von Werten beim praktischen Problemlösen geben (vgl. Tietze 2012). Dabei handelt es sich um eine wirksame Beratungsform in Gruppen, bei der sich Partner wechselseitig nach einem feststehenden Ablauf mit verteilten Rollen zu Herausforderungen in der Praxis oder in Projekten beraten, um kollaborativ Lösungen zu entwerfen. Auf diese Weise lernen sie, Probleme aus dem Prozess der Arbeit zu bewältigen, Kooperations- und Führungshandeln zu entwickeln, fundierte Entscheidungen zu treffen Belastungen zu vermindern, erfolgreicher zu handeln und mit alldem hilfreiche Wertungen zu entwickeln. Jeder wird damit zum Prozessberater seiner Entwicklungspartner.

Die Kollegiale Beratung weist im Kontext von Werteentwicklungsmaßnahmen einige charakteristische Merkmale auf.

Das Potenzial der Methoden entfaltet sich erst in Gruppen von sechs bis acht Teilnehmern mit klar festgelegtem Ablauf und verteilten Rollen, die wechseln.

Man kann deutlich unterscheiden:

- *Fallgeber* – die ein Problem im beruflichen Bereich haben, ihre Situation und ihr Erleben, angesichts dieses Problems schildern und ihre Schlüsselfragen formulieren können.
- *Berater* – die der Fallschilderung zuhören, Verständnisfragen stellen, Analysevarianten und Lösungsvorschläge entwickeln.
- *Moderatoren* – die Beratungsrunden leiten, auf die Einhaltung von Regeln und Zielvorgaben achten, Gesprächsfäden miteinander verknüpfen und die Phasenabfolgen regeln.

Die gezielte Aktivierung aller Mitglieder in der Entwicklungsgruppe prägt das Wesen der Kollegialen Beratung. Dadurch werden das breite Potenzial, die vielfältigen Erfahrungen und die Lebendigkeit einer Gruppe genutzt. Der erwünschte Effekt dieser Form der Beratung ist, dass die Teilnehmer neue Werte aufbauen, schwierige Situationen strukturiert reflektieren und in der Folge ähnlich gelagerte Probleme auch auf der Grundlage dieser Werte eigenständiger lösen.

Communities of Practice sind Praxisgemeinschaften im Netz, die sich oft spontan bilden und sich über einen längeren Zeitraum entwickeln (vgl. Sauter et al. 2018, S. 162 ff.).

In Communities of Practice (CoP) wählen die Teilnehmer selbst die Ziele, Inhalte, Strategien, Methoden und Kontrollmechanismen ihrer Entwicklungsprozesse und kommunizieren überwiegend über soziale Medien miteinander.

Praktisches Vorgehen
In Kollegialen Beratungen wie in Communities of Practice entstehen informelle soziale Strukturen, die von den Teilnehmern geprägt werden. Sie entwickeln darin Ihr individuelles Netzwerk, das sich laufend um neue Kontakte erweitert.

Sie legen zunächst die Rollen von Fallgebern, Beratern und Moderatoren fest. Anhand der eingebrachten Problemstellungen entwickeln die Beratungen eine selbstorganisierte Eigendynamik, der sich die Teilnehmer anvertrauen.

Communities of Practice haben weiterreichende Ziele und Aufgaben. In ihnen werden Praxis- und Entwicklungsprobleme gemeinsam schnell und kompetent gelöst und dabei – das ist hier die Stoßrichtung – die Werteentwicklung der Teilnehmer gezielt gefördert.

Es entwickeln sich gemeinsam geteilte und getragene Werte aus einem „user generated content" heraus und es entstehen innovative neue, wertgestützte Lösungsansätze („best practices").

Deshalb empfehlen wir, für konkrete Herausforderungen in Ihren Werteentwicklungsprozessen Communities of Practice zu organisieren, in denen Sie gemeinsam Lösungen entwickeln und dabei Ihre Werte aufbauen.

∑ Nutzanwendung
Werteentwicklung im Prozess der Arbeit, in der Praxis, entsteht fast immer auf Teamebene. Man arbeitet, leidet, kämpft und siegt in Teams, dabei entwickeln sich Teamwerte, aber auch individuelle, persönliche Werte. Die Werte auf Teamebene können in einer Organisation sehr unterschiedlich sein und sich deutlich von den individuellen Werten der Teammitglieder unterscheiden.

Die Werte der Teams, denen Sie angehören, bilden den Rahmen Ihrer eigenen Werteentwicklung. Gleichzeitig beeinflussen Sie mit Ihren Werten die teambezogenen Werteentwicklungsprozesse. Der Werte- und Kompetenzaufbau in einem Team kann nicht durch die Bündelung der individuellen Werte und Kompetenzen der Teammitglieder erfolgen, sondern erfordert einen eigenen Prozess, den wir bereits in anderem Zusammenhang breit dargestellt haben (vgl. Erpenbeck und Sauter 2018, S. 139 ff.).

Für Sie ist es wichtig, sich in diesen kollektiven Werteentwicklungsprozessen als Persönlichkeit einzubringen und sich darin zu behaupten, ohne die Arbeitsfähigkeit und Werteentwicklung des Teams zu gefährden, aber auch ohne eigene Werteorientierungen und Werteüberzeugungen aufzugeben.

Sie wirken mit an der Entwicklung werteorientierter Contents, das heißt an der inhaltlichen Seite der Zusammenarbeit und der Entwicklungsprogramme. Diese sind nicht das Endprodukt, sondern eine notwendige Voraussetzung für weitere Entwicklungsschritte, weil sie vielfältige Interaktionen zwischen Ihnen und Ihren Arbeitsinhalten, aber auch mit Entwicklungspartnern, Prozessbegleitern, Führungskräften und Experten ermöglichen. Solche inhaltlich gemeinsam erarbeiteten Entwicklungsprogramme geben Ihnen einen Spielraum, sich selbst zu entdecken, kreativ zu sein, Entwicklungsprozesse weitgehend selbst zu gestalten. Sie legen fest, welchen emotionalen Spannungen und Konflikten Sie sich auszusetzen bereit sind und welches Feedback Sie auf Ihre Aktionen – beispielsweise in kollektiven Beratungen, Workshops oder Communities of Practice – erwarten können.

Eine „echte", langfristige Interaktion zwischen Mitarbeitern und Entwicklungsprogrammen ist in der Praxis, meist schon aus Kostengründen, heute kaum möglich. Deshalb ist es für eine gezielte Werteentwicklung wichtig, dass von Ihnen mitgestaltete Entwicklungsprogramme zielorientiert Konflikte erzeugen.

Wenn Sie dafür Web Based Trainings oder interaktive Medien einsetzen wollen, machen Sie sich vorab bewusst, dass es Ihnen nicht um Wissensaufbau und Qualifizierung, sondern primär um Werteentwicklung geht. Das können Sie vor allem über offene, problemorientierte Aufgaben und die Setzung von konfliktreichen Dissonanzen erreichen. Die entsprechenden Medien müssen dann

- möglichst problemorientiert gestaltet werden
- so wenig Theorie wie nötig, so viel Praxis wie möglich enthalten
- zu aktuellen Quellen, Communities oder Experten im Netz verlinkt sein
- Möglichkeiten anbieten, mit Lernpartnern, Lernbegleitern oder Experten zu kommunizieren oder zu kollaborieren
- gestatten, die Erfahrungen der Entwicklungspartner zu nutzen und sie gemeinsam dynamisch weiterzuentwickeln.

Gezielte Werteentwicklung von Persönlichkeiten unter dem Aspekt moderner Arbeitsmethoden

Das kollaborative Arbeiten in Teams und Organisationen wird heute oft mittels so genannter agiler Methoden, insbesondere Design Thinking, Scrum oder Kanban, aber auch Pulse, Hackathon oder Working Out Loud gestaltet.

Im vorhergehenden Abschnitt hatten wir überlegt, wie eine gezielte Werteentwicklung generell unter dem Handlungsaspekt, speziell unter dem Aspekt praktischen Handelns von Persönlichkeiten in Teams und Organisationen gestaltet werden kann. Wie lassen sich Erfahrungen, Erlebnisse, subjektivierendes Handeln, Expertisegewinn, KOPING, Kollegiale Beratungen und Communities of Practice für die gezielte Werteentwicklung dieser Persönlichkeiten nutzen?

Jetzt wollen wir diese Überlegung in zwei Richtungen weitertreiben.

Zum einen wollen wir unsere Überzeugung verankern, dass eine gezielte Werteentwicklung nicht nur vage Anmutungen eigener Werte und Werteorientierungen, sondern eine gezielte Messung individueller Werte voraussetzt. Das gilt natürlich auch schon für die bereits umrissenen Formen gezielter Werteentwicklung unter dem Handlungsaspekt, allerdings mit einem wichtigen Unterschied. Kaum jemand wird bezweifeln, dass organisationale Erfahrungen, Erlebnisse, Expertiseentwicklungen, Beratungsrunden und Netzkontakte eine Entwicklung der Werte und Werteorientierungen der Teilnehmer im Gefolge haben. Es ist so selbstverständlich, dass es oft nicht thematisiert, ja nicht einmal bewusst wird. Das ist anders, wenn man die neuen Methoden schon mit dem Ziel einführt, sie auch oder sogar vor allem für eine gezielte Werteentwicklung einzusetzen.

Zum anderen wollen wir diese Methoden selbst auf ihre Potenziale zur gezielten Werteentwicklung von Persönlichkeiten abklopfen. Ihnen allen ist gemeinsam, dass sie Reaktionen auf immer schnellere, dissonante, oft disruptive Entwicklungen in heutigen Arbeitsprozessen sind. Schon aus diesem Grund müssen sie große Möglichkeiten an Werteentwicklungen bereithalten. Darüber hinaus sind sie auch methodisch gründlich durchdacht und vielfach reflektiert und erlauben damit, Werteentwicklungsprozesse einzubauen und anzuregen. Das werden wir im Einzelnen zeigen.

Individuelle Werteerfassung und ihre Nutzung für die gezielte Werteentwicklung von Persönlichkeiten

Eine selbstorganisierte, zielorientierte Werteentwicklung setzt zwingend voraus, dass die beteiligten Persönlichkeiten ihre Werte und deren jeweiligen Ausprägungen kennen. Werte und Werteverteilungen lassen sich heute zuverlässig und mit wenig Aufwand erfassen (vgl. Erpenbeck und Sauter 2018, S. 21 ff.). Damit lässt sich eine Basis für zielorientierte Werteentwicklungen in der Praxis schaffen. Wir benutzen für die folgenden Darstellungen ein von uns selbst entwickeltes Erfassungeverfahren[2], erinnern aber daran, dass wir in unserem Fieldbook für ein erfolgreiches Wertemanagement eine der wohl vollständigsten Zusammenfassungen aller gegenwärtig benutzten Erfassungsmethoden für Werte gegeben haben. Diese Zusammenstellung macht klar, dass Werte nicht etwas bloß Vages, Erahntes sind, sondern dass man sie generell in verschiedenen Formen, mit vielfältigen Methoden und guter Genauigkeit erfassen kann (Abb. 1).

Werteerfassung, die heute meist softwarebasiert erfolgen, erweitern die Möglichkeiten, über individuelle Werte nachzudenken und zu sprechen. Auf dieser Grundlage lassen sich individuelle Werteziele formulieren und damit gezielt personalisierte, teambezogene und organisationale Werteentwicklungsprozesse in einer angestrebten Richtung gestalten.

Verfahren zur Werteerfassung, die geeignet sind, individuelle Werteentwicklungsprozesse zu ermöglichen, müssen unterschiedlichen Anforderungen gerecht werden:

- Sie sollen eine transparente Grundlage schaffen, allein oder gemeinsam über Werte zu reflektieren.
- Sie erlauben individuelle Rückmeldungen mit Handlungsempfehlungen, welche die Basis für eigene Werteziele bilden, und die es ermöglichen, die eigenen Werteentwicklungen gezielt zu planen.
- Sie machen deutlich, welche dieser Werte für die eigene Kompetenzentwicklung als Ordner selbstorganisierten Handelns – im Sinne einer Werte-Kompetenz-Brücke – tauglich sind.

---

[2]Das Messverfahren KODE®W wurde von John Erpenbeck, Roman Sauter und Werner Sauter entwickelt und ist Teil der bewährten KODE® und KODE®X – Messsystem-Familie der KODE GmbH München.

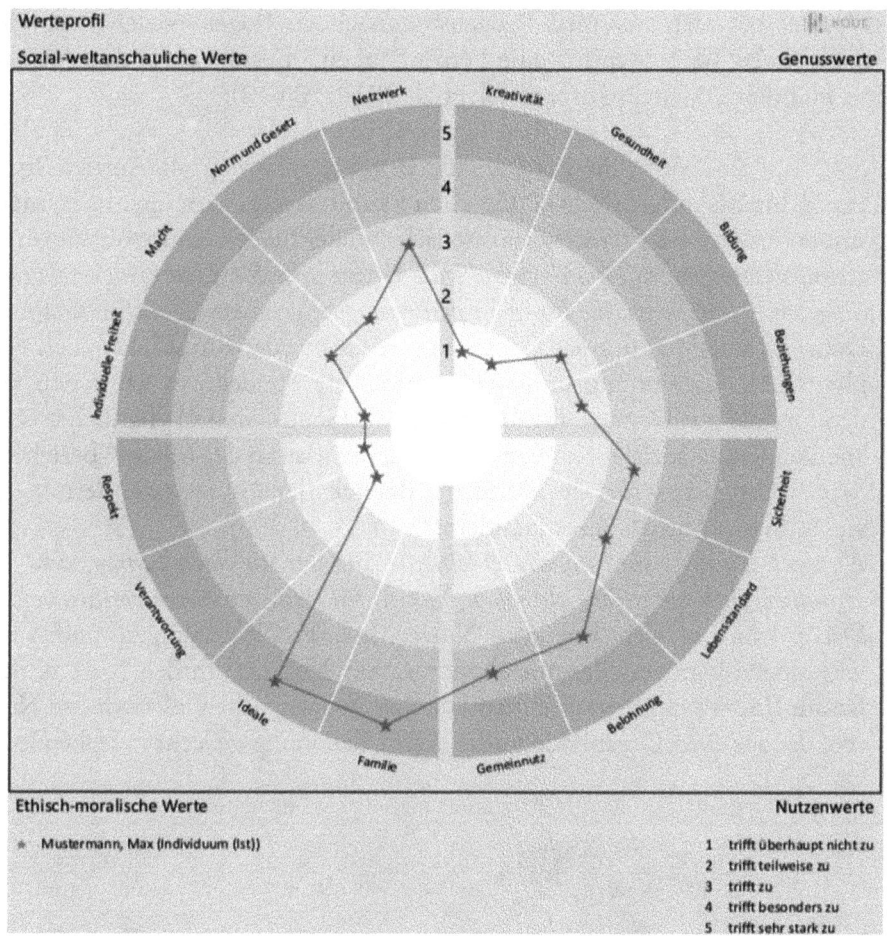

Abb. 1 Beispiel einer Auswertung eines individuellen Werteprofils. (KODE®W; KODE GmbH München)

Beispielsweise durchstreift KODE®W eine Vielzahl von alltäglichen Wertesituationen, erfragt vielerlei Wertehaltungen und umreißt 16 Gebiete menschlicher Wertungen, die für uns besonders wichtig sind. Die Ausprägungen dieser Werte werden transparent.

Praktisches Vorgehen
Es wird empfohlen, die resultierenden grafischen und verbalen Interpretationsvorschläge, wo das möglich ist, als Basis zur Formulierung persönlicher Werteziele zu nutzen und die Ergebnisse der Werteerfassung mit einem professionellen Werteberater zu besprechen sowie mit einem Kollegen des Vertrauens darüber zu reflektieren.

Hierbei hat sich bewährt, zunächst danach zu fragen, welche der vier *grundlegenden Wertearten* für eine Persönlichkeit in erster Linie den Antrieb Ihres Handelns darstellt (Erpenbeck et al. 2019; Abb. 2):

1. Sind für Sie Werte im Bereich der *Genussorientierung* als Antrieb Ihres Handelns besonders wichtig? Letztlich kann fast alles zum Genuss werden, sinnliche Genüsse ebenso wie ästhetisch-intellektuelle Genusswertungen.
   Genusswertungen sind handlungsleitende Ordner, die Sie dazu bringen, Handlungen zu bevorzugen, die Ihnen körperlichen oder geistigen Genuss verschaffen.
   Dabei kann es sich um das Genießen von Essen oder Kunst, aber auch von physischer Anspannung und Herausforderung handeln, es kann sich auf den Genuss am Denken aber auch auf den Genuss freundschaftlicher oder anerkennender sozialer Kontakte bis hin zum „Bad in der Menge" beziehen.
2. Wie wichtig sind für Sie Werte im Bereich der Nutzenorientierung als wesentlicher Antrieb Ihres Handelns?
   Nutzenwertungen sind handlungsleitende Ordner, die dazu führen, dass Sie Handlungen bevorzugen, die ihnen Nutzen im weitesten Sinne versprechen.
   Dabei kann es sich um den Nutzen aus Problemlösungen und Entwicklungen handeln oder um ökonomischen Nutzen, um den Nutzen, den Sie aus Ihrem fachlichen und methodischen Wissen ziehen oder um den Nutzen, der aus einer Organisation oder einem Beziehungsgeflecht zu ziehen ist.

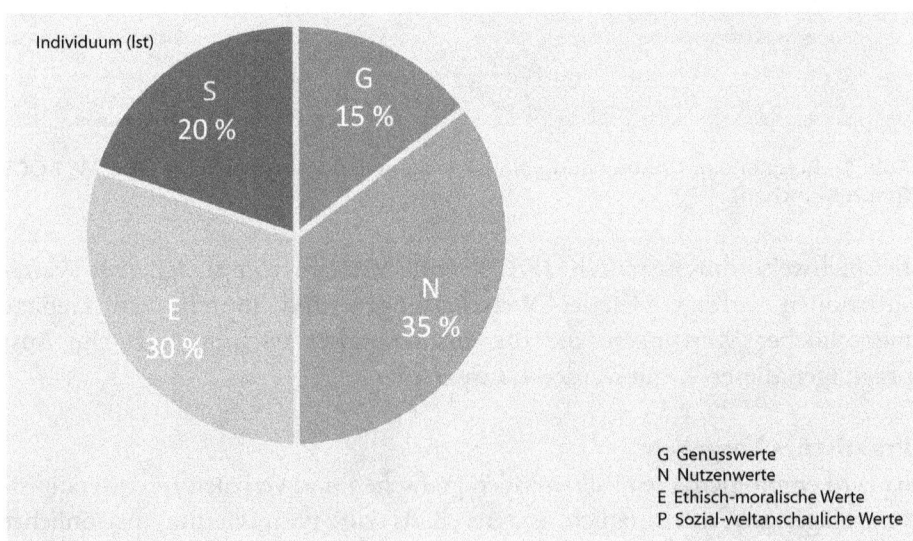

Abb. 2 Beispiel einer Verteilung der Wertearten in einer Auswertung. (KODE®W KODE GmbH)

3. Welche Bedeutung haben *ethisch-moralische Werte* als Antrieb Ihres Handelns? *Ethisch-moralische Wertungen sind handlungsleitende Ordner, die Ihnen Handlungen nahelegen, die das Wohl vieler oder aller Menschen ohne Ansehen der Person zum Handlungsanliegen machen.*
Dabei kann es sich um ethisch hochstehende und als solche akzeptierte Personen handeln oder um ihr Wirken, ethische Grundsätze auch aktiv und praktisch durchzusetzen. Es kann um die Fähigkeit gehen, ethisches Verhalten zu begründen und methodisch weiterzugeben, oder aber um die Fähigkeit, sich ethischen Maßstäben folgend um viele Menschen zu kümmern, zu helfen, Gutes zu tun.
4. Wie wichtig sind für Sie *sozial-weltanschauliche Werte* als Antrieb Ihres Handelns? *Sozial-weltanschauliche Werte sind handlungsleitende Ordner, die Sie zu einem sozial akzeptierten, optimalen oder auch zu einem innovativen Handeln bewegen.* Dabei kann es sein, dass Sie andere zu einem bestimmten Handeln bewegen oder durch eigene, ausgeprägte Aktivitäten solche Werte Wirklichkeit werden lässt.

Wenn Sie zu diesen vier Grundwerten für Sie persönlich geltende Einschätzungen gefunden haben, überlegen Sie dann, welche der zu den Grundwerten gehörenden 16 Werte Ihnen besonders wichtig sind.

Analysieren Sie sodann auf Basis der Softwareauswertung Ihre einzelnen Wertegebiete. Wir empfehlen Ihnen, sich vor allem auf die drei Werte, die am stärksten ausgeprägt sind, sowie auf zwei Werte, die das geringste Gewicht haben, zu konzentrieren.

Die insgesamt 16 Werte sind durch folgende Merkmale geprägt.

Zu den Genusswerten in einem weiten, Personalität, Aktivität, Moralität und Sozialität einschließenden Sinne, gehören Kreativität, Gesundheit, Bildung und Beziehungen.

- Menschen mit einer ausgeprägten *Kreativität* ist es wichtig, ihre eigene Kreativität, Phantasie oder künstlerisches Interesse weiterentwickeln zu können. Sie beschäftigen sich gerne mit kreativen Herausforderungen, beispielsweise im kulturellen Bereich, und bringen eigene kreative Ideen in ihren Arbeitsbereich ein. Sie sammeln gezielt kreative Erfahrungen in der Organisation, aber auch außerhalb, etwa im interkulturellen Bereich, und nutzen aktiv kreative Entwicklungsräume, auch im Netz.
- Menschen mit einem ausgeprägten Wert *Gesundheit* wollen das Leben in vollen Zügen genießen. Dies kann beim Sport oder beim Tanzen, beim Ausgehen oder Reisen, beim Kochen und Essen oder beim Feiern sein, Hauptsache es macht Spaß. Diesen Menschen ist es wichtig, sich körperlich oder geistig zu verausgaben. Fitness ist für sie ein hohes Gut. Sie

genießen es, wenn sie ihre Aktivität voll einsetzen können. Dabei besitzen sie einen hohen Willen, Widerstände und Schwächen zu überwinden und aus Wettbewerben erfolgreich hervorzugehen. Besonders genießen sie es, wenn sie auch Mitmenschen durch ihre Aktivitäten mitreißen können. Sie genießen körperliche Anerkennung und sogar Bewunderung. Manchmal führt das auch zu Überforderungen von ihnen oder anderen.

- Menschen mit einem ausgeprägten Wert *Bildung* ist es wichtig, die Freude am eigenen Erkennen und Verstehen zu vertiefen, beispielsweise beim Lesen und Besprechen von Literatur, Filmen oder Fachpublikationen und Lernmedien, bei Informations- und Bildungsveranstaltungen sowie bei Diskussionen und fachlichem Austausch, beim Nachdenken über eigene und fremde Erfahrungen, beim Studium oder bei der Aufbereitung von eigenem Erfahrungswissen. Diese Menschen sind darauf aus, Erlebnisse zu haben und Erfahrungen zu gewinnen, die ihren Wissenshorizont erweitern. Sie streben an, stets auf dem neuesten Wissensstand ihres Arbeitsgebietes zu sein. Die daraus resultierende Überlegenheit bereitet ihnen Genugtuung. Mit Genuss lösen sie komplizierte Probleme, sei es im Alltag, sei es in Wissenschaften. Sie knobeln gern an Problemen und kosten den Spaß dabei voll aus. Dabei sind sie bemüht, nicht an toten Fakten kleben zu bleiben, sondern alles in Gesamtzusammenhänge und mit den eigenen Erfahrungen zur Deckung zu bringen. Manchmal führt sie die Freude am Wissen und an Fakten jedoch auch zu einem Perfektionismus, der die eigene Handlungsfähigkeit einschränkt.

- Menschen mit einem ausgeprägten Wert *Beziehungen* ist es wichtig, gute Mitmenschen zu haben, die sie anerkennen, akzeptieren und mit denen sie sich wohlfühlen, etwa beim Austausch und Treffen mit Freunden und der laufenden Weiterentwicklung der Freundschaft, beim gemeinsamen Spaß, wie sportlichen oder kulturellen Aktivitäten, oder beim Feiern mit Kollegen, bei der Aktivierung guter Gefühle und Empfindungen ihnen gegenüber, beim Ausleben eigener Emotionen in einer Beziehung oder in der Familie. Diese Menschen empfinden Glücksgefühle beim aktiven Zusammenwirken mit anderen Menschen, mit unterschiedlichsten Charakteren und genießen es, geachtet und beliebt zu sein. Sie setzen sich gerne solidarisch und hilfsbereit für andere ein und wirken vermittelnd und taktvoll bei Konflikten. Es fällt ihnen leicht emotionale Beziehungen zur anderen aufzubauen. Sie genießen mit Ihnen gemeinsame Erfolge und sind in der Lage, Niederlagen gut zu verschmerzen. Es gelingt ihnen immer wieder, echte Freunde zu gewinnen. Zuweilen gehen sie allerdings harten Konflikten mit anderen vorsichtig aus dem Weg.

Zu den Nutzenwerten in einem weiten Sinne gehören Sicherheit, Lebensstandard, Belohnung und Gemeinnutz.

- Menschen mit einem ausgeprägten Werte *Sicherheit* ist es wichtig, ihren Lebensstandard nachhaltig zu sichern, die eigenen Erfolge über ihr Einkommen und ihre finanzielle Absicherung anerkannt zu bekommen und in relativ sicheren beruflichen und privaten Perspektiven zu leben. Diese Menschen wollen stets hinreichend informiert sein und streben an, von anderen unabhängig zu sein. Gleichzeitig bauen sie ein verlässliches Netzwerk an beruflichen und persönlichen Kontakten auf.
- Menschen mit einem ausgeprägten Wert *Lebensstandard* ist es wichtig, einen hohen Wohlstand zu erreichen, der sich in ihrer bisherigen Karriere und ihren weiteren Entwicklungsmöglichkeiten zeigt, der ihnen die Selbstverwirklichung in aktuellen oder neuen Aufgaben und Projekten ermöglicht, sich aber auch im Einkommen und Vermögen oder in einer gesundheitsbewussten Lebensweise niederschlägt. Dieser Wert wirkt vor allem als Antrieb für Aktivitätskompetenzen.
- Menschen mit einem ausgeprägten Wert *Belohnung* ist es wichtig, ihr Wissen und Können nutzbringend zu verwenden. Dieser Wert wirkt vor allem als Antrieb für fachlich-methodische Kompetenzen. Diese Menschen wollen eigene Ideen, Pläne oder Projekte erfolgreich umsetzen, bauen vor allem ihre fachlich-methodischen Fähigkeiten im Prozess der Arbeit auf, wollen sich beruflich entwickeln, um aktuelle Herausforderungen zu bewältigen, suchen in der Arbeit Anerkennung und Lob, bringen ihr Erfahrungswissen in das Wissensmanagement ihrer Organisation, aber auch in Fachpublikationen ein.
- Menschen mit einem ausgeprägten Wert *Gemeinnutz* ist es wichtig, dass ihr Handeln auch anderen nützt. Dieser Wert wirkt vor allem als Antrieb im sozial-kommunikativen Bereich. Diese Menschen wollen die berufliche Entwicklung von Kollegen und Mitarbeitern ermöglichen und begleiten, sich aktiv und konstruktiv in private und berufliche Netzwerke einbringen, kreative Lösungen in ihrer Organisation mit herbeiführen, die Öffentlichkeitsarbeit ihrer Organisation aktiv fördern sowie ehrlich und verlässlich den Erfahrungsaustausch, z. B. in Communities of Practice, vorantreiben.

Zu den ethisch-moralischen Werten in einem weiten Sinne gehören Familie, Ideale, Verantwortung und Respekt für andere.

- Menschen mit einem ausgeprägten Wert *Familie* wollen ein gutes Familienleben führen. Diesen Menschen ist es wichtig, ihr privates Leben mit gegenseitiger Akzeptanz und Gerechtigkeit zu verwirklichen. Sie beachten und schätzen das Familienleben ihrer Freunde und Kollegen. Sie akzeptieren und unterstützen bei Bedarf andere Beziehungen und Partnerschaften. Sie schöpfen Stabilität und Orientierung aus einem stabilen Familienleben, das sie mit Offenheit, Direktheit, Fairness und Toleranz gestalten. Sie sehen ihre Familie als Team.
- Mitarbeiter mit einem ausgeprägten Wert *Ideale* wollen sich aktiv für ihre Ideale einsetzen, indem sie im privaten und beruflichen Bereich Offenheit und Gerechtigkeit fördern, soziale Aktivitäten unterstützen sowie konstruktive Teamarbeit und teamorientiertes Handeln forcieren. Dabei wollen sie jedem Kollegen die eigene Entfaltung ermöglichen. Dieser Wert wirkt vor allem als Antrieb für eigene Aktivitäten. Sie engagieren sich im Sportverein und in vielfältigen Formen von Vereinigungen, nutzen aber auch die Möglichkeit, mit unterschiedlichen Gesprächspartnern zu diskutieren.
- Menschen mit einem ausgeprägten Wert *Verantwortung* wollen nach bestem Wissen eigenverantwortlich leben und handeln. Dieser Wert wirkt vor allem als Antrieb im fachlich-methodischen Bereich. Sie orientieren sich an der Kultur ihrer Organisation und versuchen, auch andere Kulturen und Religionen zu verstehen und kreativ in das eigene interkulturelle Handeln einzubeziehen. Sie gestalten die Zusammenarbeit und den Austausch mit Freunden und Kollegen, z. B. in Projekten, eigenverantwortlich im Rahmen der Zielvereinbarungen. Gleichzeitig nutzen sie diese Erfahrungen für ihren Kompetenzaufbau. Anderen ermöglichen sie es, selbst Verantwortung zu übernehmen.
- Menschen mit einem ausgeprägten Wert *Respekt* anerkennen und respektieren auch andersartige Menschen. Diesen Menschen ist wichtig, anderen Menschen möglichst viel Verständnis und Achtung entgegen zu bringen aber auch fremde Lebensverhältnisse ohne Vorurteile zu betrachten. Sie fordern den gleichen respektvollen Umgang für sich selbst, ihre Familie und ihre eigene Kultur. Sie respektieren fremde kulturelle, religiöse und politische Überzeugungen. In der Kommunikation versuchen sie, zuzuhören und Empathie sowie Toleranz zu zeigen.

Zu den sozial-weltanschaulichen Werten in einem weiten Sinne gehören individuelle Freiheit, Macht, Gesetz und Ordnung sowie Netzwerk.

- Menschen mit einem ausgeprägten Wert *individuelle Freiheit* ist es wichtig, von anderen Menschen unabhängig zu sein. Sie suchen für ihre Arbeit und ihr persönliches Leben Strukturen, die ihnen möglichst große Freiräume lassen, um sich persönlich möglichst große Weiterentwicklungs- und Erfolgsmöglichkeiten offen zu halten. Sie nutzen Anerkennung, um ihren Freiraum stetig zu vergrößern. Sie achten auf eine eindeutige Positionierung in der Arbeit und im Leben und definieren ihren Status, aber auch den ihrer Kollegen klar. Dabei begreifen sie Macht als Instrument der Selbstverwirklichung und Unabhängigkeit.
- Menschen mit einem ausgeprägten Wert *Macht* ist es wichtig, Einfluss und wo nötig Macht zu haben. Diesen Menschen ist Einfluss und Macht wichtig, um im Kleinen oder Großen etwas zu verändern. Sie suchen Netzwerke und Freundeskreise, die im Beruf und in der Gesellschaft etwas erreichen können. Sie streben mit ihrem beruflichen Aufstieg den Ausbau ihres Einflusses an, wollen proaktiv etwas verbessern und dabei ihre Handlungsspielräume sinnvoll erweitern.
- Menschen mit einem ausgeprägten Wert *Gesetz und Ordnung* ist es wichtig, soziale Regeln zu kennen und zu respektieren. Diese Menschen wollen verhindern, dass notwendige Informationen verloren gehen oder falsch interpretiert werden oder dass dadurch große kulturelle, ökonomische oder politische Fehlentscheidungen folgen können. Die Klärung eigener oder fremder Probleme sehen sie nur als möglich an, wenn der Wert Gesetz und Ordnung hochgehalten wird. Auch sehen sie Wissen im Rahmen von Gesetz und Ordnung als Machtfaktor an. Ihre eigene Karriere kann nach ihrer Ansicht nur im Rahmen von Recht und Ordnung gesichert werden, weil sie nur dann nicht angreifbar sind.
- Menschen mit einem ausgeprägten Wert *Netzwerk* ist es wichtig, sich mit anderen für wichtige gemeinsame Ziele zu verbünden. Diese Menschen wollen mit Verbündeten ihre Ziele erreichen, indem sie Handlungsspielräume und Netzwerke schaffen. Dadurch können sie ihre eigenen Vorstellungen besser durchsetzen. Gleichzeitig sichern sie sich die Wertschätzung und Anerkennung der anderen und können bemerkenswerte Verantwortung übernehmen. Über Karrierenetzwerke kann die eigene Entwicklung gefördert werden.

Wir haben die vier Wertearten und sechzehn Werte so ausführlich dargestellt, um Ihnen zu ermöglichen, für die eigene gezielte Werteentwicklung in der Praxis herauszufinden, welche Werte für Sie besonders wichtig und welche für Sie am wenigsten wichtig sind.

Ihre Werte sind die Kerne Ihrer Kompetenzen. Einen generellen Bezug zwischen Werten und Kompetenzen gibt es allerdings nicht. Sie können aus Ihrer Orientierung auf bestimmte Werte nicht eins zu eins auf Ihre Kompetenzen schließen – wie man übrigens auch von Persönlichkeitseigenschaften nicht direkt auf Kompetenzen schließen kann (Hossiep und Mühlhaus 2005, S. 15 f.). Wenn Sie jedoch Ihre gemessen wichtigsten Werte Ihren in einer Kompetenzerhebung gemessenen wichtigsten Kompetenzen gegenüberstellen, können Sie sehr wohl wertemäßige Begründungen für diese Kompetenzen herausfinden. Deshalb werden in einer Werte-Kompetenz-Brücke Ihre drei am stärksten ausgeprägten Werte Ihren drei Kompetenzen gegenübergestellt, die als stärkste gemessen wurden.

Wenn in Ihrer Organisation zugleich Team- und Organisationswerte gemessen wurden, können über die Software auch Ihre individuellen Werte mit den Team- oder Organisationswerten in Beziehung gesetzt werden.

Dabei können Sie aus dem Vergleich Ihrer individuellen Werte mit den Team- und Organisationswerten ableiten, in welchen Bereichen diese besonders stark von den Werten des Teams oder der Organisation abweichen. Auf dieser Basis können Sie, am besten mit Kollegen, analysieren, welche Konsequenzen dies für die Zusammenarbeit mit Ihren Kollegen hat und wie Sie sinnvoll mit diesen Abweichungen umgehen können (Abb. 3).

∑ Nutzanwendung

Eine Messung Ihrer wichtigsten individuellen Werte erlaubt es Ihnen, diese im Einzelnen zu durchdenken und in Beziehung zu Ihren Kompetenzen zu setzen, ohne auf eine Eins-zu-Eins Beziehung Werte/Kompetenzen zu hoffen. Stattdessen können Sie jetzt differenziert überlegen, wie sich die Ausprägung Ihrer Werte in Ihrer Praxis auswirkt (Abb. 4):

- Welche Wertarten sind in erster Linie Antrieb Ihres Handelns?
- Wie stark sind Ihre einzelnen Werte als Antrieb Ihres Handelns ausgeprägt?
- Welche drei wichtigsten Werte stehen welchen drei am stärksten ausgeprägten Kompetenzen gegenüber?
- In welchem Maße decken sich Ihre individuellen Werte mit den Team- oder Organisationswerten?

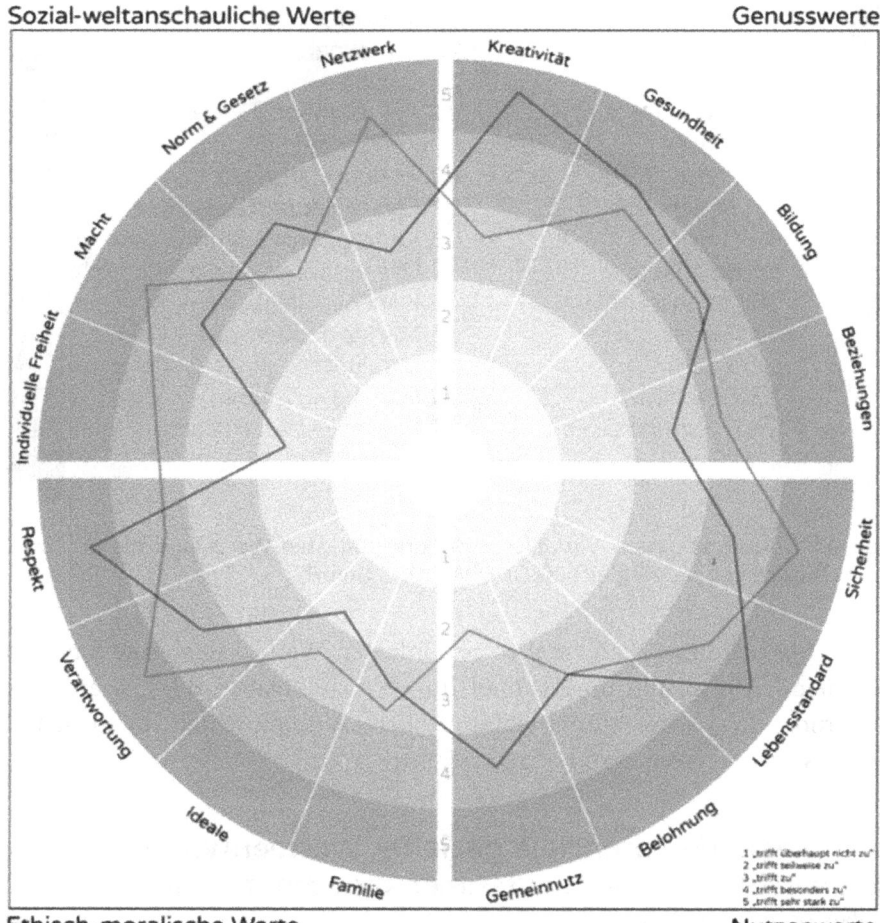

Abb. 3 Beispiel eines Vergleichs von individuellen Werten und Teamwerten. (KODE®W KODE GmbH)

Und schließlich:

- Welche Werte führen Sie zu welchen Handlungsabsichten und lassen Sie Ihre Handlungsvorsätze konsequent ausführen?
- Welche machen Sie erfolgreich und zufrieden?
- Welche bringen Sie in Widerspruch zu anderen Menschen oder zu den Verhältnissen?
- Welche fördern oder verhindern die Entstehung notwendiger Kompetenzen?
- Welche Handlungsresultate lassen Rückschlüsse auf bestimmte Werte zu?

Abb. 4 Werte-Kompetenz-Vergleich – die drei stärksten Werte und die drei stärksten Kompetenzen im Vergleich. (KODE®W KODE GmbH)

Leiten Sie aus dieser Analyse ihre persönlichen Werteziele ab, die Sie in den kommenden Monaten im Rahmen Ihrer Praxisaufgaben oder eines herausfordernden Praxisprojektes erreichen wollen. Wir empfehlen Ihnen, sich auf zwei bis drei Werteziele zu konzentrieren.

Grundlegende Potenziale gezielter Werteentwicklung von Persönlichkeiten im Rahmen moderner, agiler Arbeitsmethoden

Wir können, wie eingangs festgestellt, hier nicht einmal einen Bruchteil der Praxisprozesse in Teams, Organisationen, Unternehmen, Einrichtungen und Vereinen, in Arbeitszusammenhängen und im sozialen Umfeld abbilden, die zu echten und oft tiefgreifenden Werteentwicklungen führen und die auch für eine gezielte Werteentwicklung von Persönlichkeiten genutzt werden könnten. Deshalb beschränken wir uns auf bestimmte moderne Arbeitsmethoden, die schon von sich aus schnellen, oft dissonanten und disruptiven Veränderungen unterliegen und deshalb mehr als andere erlauben, Werteentwicklungsprozesse zu ermöglichen und anzuregen. Wir fassen sie unter dem bereits eingeführten Begriff agiler Arbeitsmethoden zusammen.

Eine gezielte Werteentwicklung ist in jedem Arbeitsprozess möglich. Eine solche Werteentwicklung darf jedoch nicht mit traditioneller Weiterbildung verwechselt werden. Werte lassen sich nicht im Vorhinein berechnen, ausarbeiten und festlegen. Sie bilden sich im individuellen und organisationalen Handeln selbstorganisiert aus. Sie sind nicht wahr oder falsch, sondern akzeptiert oder nicht akzeptiert. Sie sind notwendig, ja unumgänglich, um der „Gewissheit der Ungewissheit" entgegenzutreten (vgl. Böhle et al. 2004). Im Zeitalter der „Beschleunigung" und der „Disruption" sind sie, so ungewiss und unverlässlich sie sind, das Gewisse und Verlässliche im menschlichen Handeln.

Werte müssen, wie bereits betont, verinnerlicht, „interiorisiert", zu eigenen Emotionen und Motivationen gewandelt werden, um zu wirken. „Bloß gelernte", nicht interiorisierte Werte sind wertlos. Werte können nur in Prozessen der Praxis, des Coaching und des Mentoring, manchmal, wenn auch seltener, in Trainingsprozessen verinnerlicht werden. Die entscheidende Voraussetzung jeder Interiorisation von Werten ist der durch Herausforderungen, Konflikte, Schwierigkeiten, Irritationen, Dissonanzen ausgelöste emotionale Spannungszustand, die „emotionale Labilisierung". Je stärker die Labilisierung, desto tiefer werden die zu ihrer Auflösung führenden Werte später tief verankert.

Deshalb ist Werte- und Kompetenzentwicklung in Seminaren, Informationsveranstaltungen oder über Hochglanzbroschüren nicht möglich. Vollmundigen Versprechen solcher Angebote sollte man sehr kritisch beurteilen. Während in meist seminaristischen Lernveranstaltungen Trainer oder Dozenten das Steuer in der Hand haben, übernehmen nunmehr die Mitarbeiter selbst die Verantwortung für ihre Entwicklungsprozesse. Sie entscheiden, welche Ziele sie anstreben und mit welchen Methoden.

Der Trainer, Dozent oder Lehrer wird zum Prozessbegleiter (vgl. Pape 2017, S. 153–166). Prozessbegleiter schaffen ein emotional positives Umfeld für individuelle, selbstorganisierte Entwicklungsprozesse, regen die Teilnehmer zur Reflexion über ihre individuellen Ziele der Werteentwicklung an und ermutigen sie, diese Ziele umzusetzen. Dabei unterstützen sie die Teilnehmer bei Bedarf in der selbstorganisierten Planung und Steuerung ihrer Entwicklungsprozesse. Der Trainer, der bisher alles „im Griff" hatte, wird *zum Coach,* also zum Entwicklungspartner im Hinblick auf die zu erreichenden Werteziele der Teilnehmer, die weitgehend eigenverantwortlich handeln (vgl. Abschn. „Coaching"). Diesem Profil werden sicherlich nicht alle der heutigen Trainer gerecht werden. Es liegt jedoch an den Entwicklungspartnern und Teamkollegen, diese veränderte Rolle einzufordern.

Auch die Rolle der bisherigen „Vorgesetzten", die Weiterbildungsmaßnahmen genehmigen, ändert sich fundamental zum Entwicklungspartner, *zum Mentor* der Mitarbeiter (vgl. Sauter 1994; Sauter et al. 2018). Beim Mentoring gibt ein erfahrener Prozessbegleiter eigene Erfahrungen und Eindrücke an einen Mentee weiter. Ziel ist dabei nicht primär eine Informations- und

Wissensweitergabe, sondern die Entwicklung von implizitem Wissen und Werten des Mentees, der emotional aus dem Erfahrungs- und Wertehintergrund des Mentors schöpfen kann (vgl. Graf und Edelkraut 2017, S. 6 ff.).

Ausgehend von den bereits dargestellten Grundsätzen agiler Arbeitsmethoden hat sich eine bestimmte Vorgehensweise für die Nutzung dieser Methoden bei der gezielten Werteentwicklung von Persönlichkeiten bewährt.

Diese Vorgehensweise ist durch folgende Forderungen geprägt:

- Gemeinsame *Entwicklungsvision* im Team und eine kontinuierliche Entwicklung der Werte bei der Bewältigung realer Herausforderungen
- *Sprint-Iteration,* bei der durch Zyklisierung die Entwicklungsprozesse regelmäßig verinnerlicht werden
- *Visualisierung* aller relevanten Informationen
- *Frontloading,* d. h. gemeinsame, verbindliche Planung der nächsten Sprints
- *Timeboxing,* das über enge Zeitvorgaben die Zielfokussierung fördert
- *Daily Stand-up,* in dem das Team sich synchronisiert und relevante Informationen austauscht
- *Retrospektive,* d. h. die Mitarbeiter reflektieren regelmäßig ihre Entwicklungsschritte und ihre Zusammenarbeit im Team
- *Review,* d. h. nach den einzelnen Sprints stellen die Mitarbeiter im Team ihre Lösungen zur Diskussion
- *Priorisierung* durch regelmäßige Überprüfung der Entwicklungsprozesse im Team
- *Backlog,* indem das Team die Entwicklungspakete konsequent abarbeitet
- *Kompetenzorientiertes Wissensmanagement* über die Weitergabe und gemeinsame Weiterentwicklung des eigenen Erfahrungswissens

Bis auf den Begriff des Sprints, der die Dynamik der Entwicklungen bildlich schön erfasst und sich als Motor des ganzen Vorgehens herausstellt, sind alle anderen eigentlich Begriffe, die dem klassischen Verständnis des Managements schneller, dynamischer Prozesse entstammen. Gerade unter den Bedingungen einer Sprint-Iteration, also immer wieder nacheinander vollzogener Sprints, ist die Notwendigkeit von Wertungen in den gehäuft auftretenden Entscheidungs- und Handlungssituationen besonders augenfällig. Alle agilen Methoden bedürfen deshalb der Entwicklung organisationaler, teambezogener und vor allem persönlicher Werte in besonderem Maße!

Potenziale gezielter Werteentwicklung von Persönlichkeiten angesichts moderner, agiler Arbeitsmethoden im Einzelnen

In der Praxis haben sich einige agile Entwicklungsmethoden besonders bewährt. Wir skizzieren sie jeweils im Überblick, um sogleich unsere Gretchenfrage anzuschließen: Wie können wir im *praktischen Vorgehen* diese Methode einsetzen, um sie als „Instrument" für eine gezielte Werteentwicklung zu nutzen? Wir gehen darauf jeweils skizzenhaft ein und fassen das Resultat wieder in einer ∑ *Nutzanwendung* zusammen.

Scrum

Scrum ist eine Projektmanagementmethode für Produktentwicklungsteams, die von Ken Schwaber und Jeff Sutherland entwickelt wurde (Schwaber und Sutherland 1997). Sie ist die am häufigsten verwandte agile Methode. Der Grund dafür ist, dass es klar definierte Regeln gibt, die sehr leicht erlernt und umgesetzt werden können (Abb. 5).

Bei Scrum werden mehrere agile Konzepte und Prinzipien verknüpft: Ermöglichungsprozesse, die durch flache Hierarchien, Selbstorganisation, Sprints, Pragmatismus, Prototyping, rasches Feedback und Iteration geprägt sind. Die Entwickler verstehen darunter „ein Rahmenwerk, mit dessen Hilfe

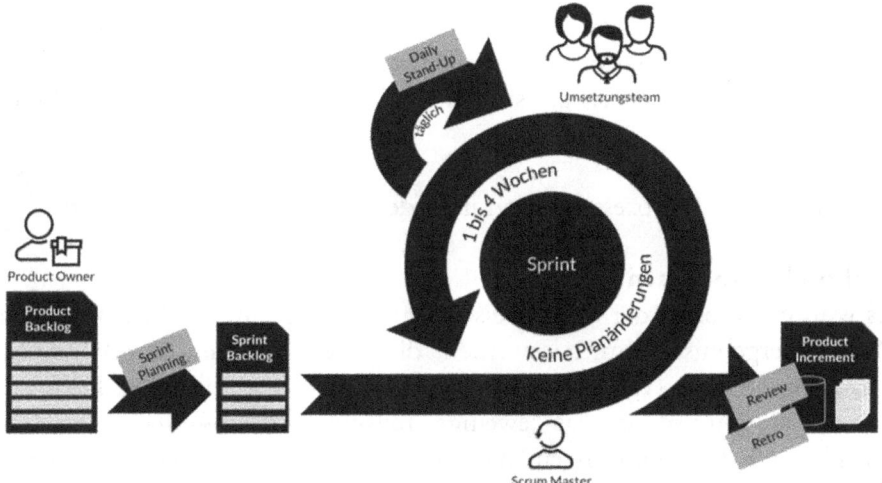

Abb. 5 Scrum-Prozess. (Nach Schwaber und Sutherland 2007)

Menschen komplexe adaptive Aufgabenstellungen angehen können, und durch das sie in die Lage versetzt werden, produktiv und kreativ Produkte mit dem höchstmöglichen Wert auszuliefern". Die wertebezogene Rollenverteilung im Scrum-Prozess ist klar definiert (vgl. Schwaber und Sutherland 1995):

- Das *Scrum-Team* entspricht einem Wertemanagementteam, das die selbstorganisierte Werteentwicklung im Team über die dynamische Gestaltung eines Ermöglichungsrahmens möglich macht. Es besteht aus dem Product Owner, dem Scrum Master und dem Umsetzungsteam.
- Der *Product Owner* ist im Regelfall die Führungskraft, welche die Anforderungen nach den strategischen Vorgaben innerhalb des Werterahmens priorisiert, teilweise auch ein gewähltes Teammitglied. Regelmäßig ordnet, detailliert und aktualisiert der Product Owner das *Product Backlog,* eine priorisierte Liste von Aufgaben für das Entwicklungsteam, nach Nutzen, Risiko und Notwendigkeit. Eintragungen mit der höchsten Priorität, die immer oben stehen, werden als erste im Sprint umgesetzt.
- Der *Scrum Master* begleitet das Entwicklungsteam als *Coach,* ist aber nicht Mitglied, sondern Prozessbegleiter. Er sorgt dafür, dass die erforderlichen Rahmenbedingungen für die Arbeit des Scrum-Teams sichergestellt sind. Er beseitigt Störungen und Hindernisse oder versucht, Konflikte zu lösen. Weiterhin sorgt er dafür, dass der Scrum-Prozess eingehalten wird, ohne aber weisungsbefugt zu sein.
- Das *Umsetzungsteam,* das sich jeweils für die Bewältigung von Herausforderungen bildet, arbeitet selbstorganisiert und ist dafür verantwortlich, dass die Ziele erreicht werden. Dabei lässt es sich von niemandem vorschreiben, wie es seine Aufgaben umsetzt. Weder der Product Owner noch der Scrum Master sind dem Umsetzungsteam formal übergeordnet.
- Die *Kunden* und *Anwender* sind alle Mitarbeiter und Führungskräfte der Organisation.

Alle Entwicklungsprozesse werden nach den Scrum-Prinzipien gestaltet.

Praktisches Vorgehen
Es wird ein Prozess der schrittweisen Annäherung initiiert, in dem laufend Zwischenergebnisse ermittelt werden, die eine Anpassung der Vorgehensweise ermöglichen (vgl. Gloger 2016, S. 198 ff.). Er umfasst die Definition der Anforderungen an das jeweilige Teilsystem des Wertemanagements, die Planung der Teillösungen, die im nächsten Sprint zu entwickeln sind, die Planung der Störungsbeseitigung und der weitgehend hierarchiefreien Entwicklung von Teillösungen. Die Präsentation der Teillösung und die

Rückmeldung der Product Owners und schließlich eine interne Feedback- und Optimierungsrunde des Scrum-Teams. Die Länge eines Sprints sollte zwischen einer bis vier Wochen betragen.

Diese Entwicklungsarbeit wird durch folgende Prinzipien geprägt (vgl. Gloger 2016, S. 200):

- *Interdisziplinäre Selbstorganisation:* Die Mitarbeiter der Organisation sollten möglichst repräsentativ abgebildet werden, um organisationale Entwicklungsprozesse zu initiieren.
- *Kommunikation:* Die Teams nutzen jeweils einen gemeinsamen Raum. In kurzen, täglichen Meetings (Daily Scrum), evtl. auch im Netz, stimmen sich die Teammitglieder ab. Auf einem Taskboard wird transparent gemacht, welche Aufgaben aktuell bearbeitet werden, wie der Entwicklungsstand ist und welche Aufgaben noch offen sind.
- *Pull:* Das Team zieht sich die entsprechenden Arbeitspakete und entscheidet über den Umfang, welchen es zu leisten im Stande ist.
- *Iteration/Sprint:* Mehrfaches Wiederholen gleicher oder ähnlicher Handlungen zur Annäherung an eine Lösung.
- *Timebox:* Alle Aktionen des Teams haben einen zeitlichen Rahmen, nach dessen Ende ein Ergebnis gezeigt wird. Planungs- und Entwicklungsphasen wechseln einander ab. Während des Sprints schirmt der Scrum-Master das Team von äußeren Störungen ab.
- *Daily Scrum:* Der aktuelle Status wird in einem 15-minütigen Meeting nachfolgenden Leitfragen kurz besprochen:
    - „Was habe ich gestern getan?"
    - „Was mache ich heute?"
    - „Was hindert mich?"
- *Sprint Review – Rasche Rückmeldung:* Nach jedem Sprint werden die Ergebnisse (Inkrement) im Scrum-Team maximal eine Stunde präsentiert und unter Einbeziehung von Stakeholdern, d. h. Mitarbeitern und Führungskräften, bewertet. Das Ergebnis ist das dokumentierte Feedback der Stakeholder.
- *Sprint Retrospektive – Optimierung:* Offene Überprüfung der Ergebnisse durch das Scrum-Team in max. 45 min. Gemeinsam werden Optimierungsansätze entwickelt und die Anforderungen für den nächsten Sprint bei Bedarf verändert.

Mit dieser strukturierten Vorgehensweise ist es möglich, in einem iterativen Prozess Lösungen zu entwickeln, die eine hohe Akzeptanz unternehmensweit ermöglichen. Dabei gelten u. a. folgende strenge Grundsätze:

- Im *Planning-Meeting* wird die Planung für den nächsten Sprint detailliert durchgeführt. Hier kommt es oft zu regen Diskussionen zwischen dem Umsetzungsteam und dem Product Owner, um sicherzustellen, dass alle Beteiligten das gleiche Verständnis entwickelt haben und die Anforderungen des Kunden umgesetzt werden können. Dies erfordert, besonders bei unerfahrenen Scrum-Teams, relativ viel Zeit. Dadurch wird aber sichergestellt, dass Unklarheiten und Ungenauigkeiten sofort ausgeräumt werden, sodass Fehler im Laufe der Implementierung vermieden werden.
Für die Planung des nächsten Sprints definieren die Teammitglieder bereits während des laufenden Sprints im Rahmen des Backlog Grooming die Anforderungen. Deshalb prüfen sie im Product Backlog, ob Ungereimtheiten bestehen, die dem Product Owner zurückgespiegelt werden.
Dadurch kann der Product Owner schon vor dem Planungsmeeting die Anforderungen verbessern und, falls notwendig, entsprechende Rückfragen beim Kunden platzieren. Dies führt wiederum zu einer effizienten Umsetzung und damit zu qualitativ besseren Ergebnissen.
Obwohl der anfängliche Aufwand deutlich größer ist, werden damit über die Projektlaufzeit Zeit und folglich Kosten eingespart, da der Aufwand für nachträgliche Klärungen, Fehlerbehebungen oder Nacharbeiten deutlich reduziert wird.
- *Timeboxing* hat zum Ziel, die Arbeit in kleinere, abgeschlossene Teile, meist Sprints, aufzuteilen, um schnell und kontinuierlich einen Mehrwert für den Kunden zu schaffen. Durch das regelmäßige Feedback des Kunden wird sichergestellt, dass jeweils an den wichtigsten Themen gearbeitet wird. Mögliche Fehlinterpretationen können damit nach kurzer Zeit identifiziert und angepasst werden. Dies verbessert die Kundenbeziehungen deutlich, da die Leistungen in überschaubarer Form transparent dargestellt werden, sodass der Kunde jederzeit und sehr flexibel Änderungswünsche einbringen kann.
- Diese *Zyklisierung der Arbeit* und die entsprechenden Meetings bewirken im Umsetzungsteam einen konstanten Arbeitsrhythmus und regelmäßige Kundenfeedbacks, Reflexionen und Verbesserungen der Arbeitsprozesse. Damit werden sowohl die Effizienz als auch die Effektivität gesteigert.

- Alle qualitätssichernden Maßnahmen, wie zum Beispiel Tests, Dokumentationen oder Reviews, werden in den Sprints sukzessive sofort durchgeführt. Damit besteht eine große Chance, dass der Kunde am Ende ein vollständiges, qualitätsgesichertes Ergebnis erhält. Dieses Prinzip des „build quality in" anstatt einer nachträglichen Überprüfung der Qualität führt zu deutlich besseren Ergebnissen.
- Durch die *regelmäßige Kommunikation* werden Unklarheiten schnell und effizient ausgeräumt, die individuellen Probleme der Mitarbeiter treten schneller in den Vordergrund. Damit wird der Zusammenhalt im Team gefördert. Durch die Reflexion im Review Meeting mit dem Kunden bzw. dem Product Owner erhält das Team eine Rückmeldung zu seiner Arbeit, sodass sichergestellt wird, dass es immer an den richtigen Themen arbeitet.
- In der *Retrospektive* wird die Frage nach möglichen Verbesserungen bei den Arbeitsmitteln und -prozessen gestellt. Dabei erarbeitet das Team Verbesserungsvorschläge und setzt diese so weit wie möglich um.

∑ Nutzanwendung

Mit Scrum wird der Arbeitsprozess mittels kleiner, aber kontinuierlicher Verbesserungsschritte immer weiter angepasst und optimiert. Dies reduziert eine mögliche Verschwendung von Ressourcen und steigert die Effizienz, sodass die Umsetzungsgeschwindigkeit des Teams und dessen Motivation im Laufe der Zeit zunimmt.

Die Erfahrungen in der Praxis zeigen, dass diese spontanen Änderungen nach kurzer Zeit deutlich weniger werden, dass die Anzahl der Probleme bei bereits gelieferten Ergebnissen abnimmt und der Kunde durch den konstanten Rhythmus sowie die dadurch resultierenden regelmäßigen Lieferungen Vertrauen in das Projektteam aufbaut. Deshalb agieren die Kunden in der Regel weniger hektisch und impulsiv und gewöhnen sich daran, ihre Verbesserungs- und Änderungswünsche zu den vereinbarten Zeitpunkten einzubringen. Damit wird ein gleichmäßiger Arbeitsrhythmus des Teams ermöglicht.

Da weder der Product Owner noch der Scrum Master eine formale Führungsrolle haben, arbeitet das Umsetzungsteam in einem großen Maße selbstorganisiert. Die Umsetzungsverantwortung, also das „Wie wird die Arbeit erledigt?", liegt ausschließlich bei den Teammitgliedern. Deshalb verpflichtet („committed") sich das Umsetzungsteam am Anfang des Sprints zu einem Paket an Aufgaben und Werten, die es in dem entsprechenden Zyklus umsetzen will. Diese Verpflichtung betrifft das ganze Team und soll sicherstellen, dass alle Teammitglieder gemeinsam an den Herausforderungen arbeiten und diese auch kollaborativ lösen. Dabei organisieren sie sich selbst. Sollte es zu Problemen kommen, kann der Scrum Master als Moderator und als Eskalationsstufe agieren.

Die Kommunikation zwischen Product Owner, Scrum Master und Umsetzungsteam wird durch die regelmäßigen Meetings forciert. Daily Stand-up führen zu einem regelmäßigen Austausch, der sicherstellt, dass alle Teammitglieder den gleichen Blick auf den Status der Aufgaben und auf den Status der Wertorientierungen haben. Dabei werden der Fortschritt und aktuelle Herausforderungen diskutiert und überprüft, ob man sich noch im Plan befindet. Dieses konstante Risikomanagement ermöglicht es, Probleme sofort zu bearbeiten.

Scrum ermöglicht durch klare Regeln und eine einfache Methodik agile Arbeitsprozesse. Der große Vorteil dieses Ansatzes liegt darin, dass während der Projekte permanent gelernt wird und Änderungen bzw. neue Erkenntnisse durch die strukturierte Vorgehensweise rasch aufgegriffen werden.

In der Anfangsphase von Scrum-Teams kann es zu Verzögerungen kommen, da etablierte Prozesse verändert oder angepasst werden müssen. Die Scrum-Methode wird jedoch nur dann erfolgreich sein, wenn Werte und Prinzipien von den Teammitgliedern internalisiert werden. Damit ist die Methode ein hervorragender Motor der gezielten Werteentwicklung von Persönlichkeiten.

Design Thinking

Design Thinking[3] ist ein Modell für die Orientierung und grobe Strukturierung von kreativen Prozessen (vgl. Uebernickel et al. 2016). Es ist eine Methode, um Kundenwünsche und Bedürfnisse zu verstehen, zu verfeinern und sofort zu testen. Dies ist besonders nützlich, wenn neue Produktideen oder Funktionen auf ihren praktischen Nutzen und Mehrwert für den Kunden überprüft werden (vgl. Weinberg 2018).

Eine wichtige Voraussetzung dafür ist, dass das Team aus interdisziplinären Mitgliedern besteht, um möglichst vielfältige Ideen und Lösungen zu kreieren.

Mit dieser Methode werden kreative und kollaborative Entwicklungsprozesse mit bestimmten Kernelementen ermöglicht. Erforderlich sind *repräsentative Entwicklungsteams,* bei denen die Teammitglieder die Struktur der Mitarbeiter und Führungskräfte in der Organisation oder in Teams möglichst repräsentativ abbilden. Diese Teams bearbeiten komplexe

---

[3]https://dschool.stanford.edu/resources/getting-started-with-design-thinking

Herausforderungen und werden durch einen Prozessbegleiter moderiert. Benötigt werden weiterhin *variable Räumlichkeiten,* da für kreative Prozesse flexible Raumkonzepte, z. B. bewegbare Möbel, Stehtische, Kissenlandschaften, Rückzugsorte, flexible Trennwände, Whiteboards, Präsentationsflächen sowie vielfältige Moderationsmedien erforderlich sind. Die Prozesse werden *iterativ* gestaltet, weil die Lösungswege grundsätzlich offen sind und nach den Prinzipien des Design Thinking erfolgen.

Praktisches Vorgehen
Design Thinking ist durch sechs Schritte geprägt (nach Kelley und Littmann 2001; Abb. 6):

- *Verstehen:* Es wird versucht, die zu lösende Aufgabe mit allen ihren Aspekten zu verstehen. Dabei wird der Problemraum mit sämtlichen Anforderungen und Bedingungen abgesteckt, um eine klare Definition der Herausforderung zu erstellen. Diese umfassen natürlich Werteaspekte und -orientierungen in Fülle. Es gibt kein Verstehen ohne wertendes Erfühlen von Sachverhalten und Problemlagen.
- *Beobachten:* Danach wird versucht, eine wertend-empathische Beziehung mit dem Kunden aufzubauen, indem man sie in ihrem Umfeld besucht. Dabei wird versucht, das Problem zu verstehen und somit die Anforderungen der Kunden zu definieren.
- *Synthese:* Im nächsten Schritt werden die Sach- und Werteanforderungen zusammengetragen und verdichtet. Ziel ist es, die wichtigsten Herausforderungen, die gelöst werden sollen, zu identifizieren, um alle relevanten Aspekte zu verstehen.
- *Ideen:* Als nächstes werden möglichst viele Ideen entwickelt, um die entwickelten Kundenanforderungen zu lösen. Dabei wird zuerst mehr auf Quantität als auf Qualität geachtet, um eine Vielfalt von möglichen Lösungen zu generieren. Als nächstes werden aus der Menge an Ideen die besten Konzepte herausgegriffen und, falls sinnvoll, kombiniert.

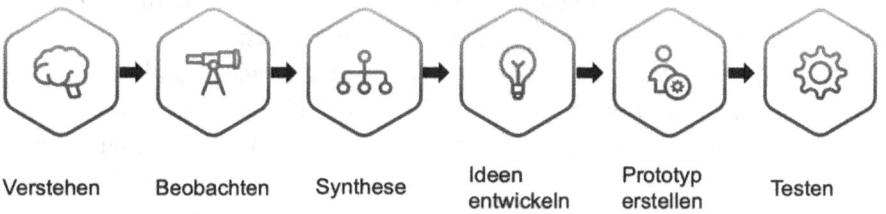

Abb. 6 Iterativer Prozess des Design Thinking nach Kelley und Littman (2001)

- *Prototyp erstellen:* Sind die Ideen dann ausgearbeitet und gereift, wird sofort eine praktische Lösung in Form eines Prototyps erstellt, welche die wichtigsten Konzepte und Ideen beinhaltet. Dabei kann es sich sowohl um einen physischen wie einen gedanklichen Prototyp handeln.
- *Testen:* Im letzten Schritt wird dieser Prototyp dann direkt beim und mit dem Kunden getestet, um sicherzustellen, dass das richtige Problem adressiert wurde und die gefundenen Lösungen auch praktikabel und anwendbar sind.

Design Thinking basiert auf dem Prinzip der iterativen Entwicklung. Der Prozess ist zwar klar definiert, jedoch gibt es in jedem Schritt Rückkopplungs- und Feedbackmechanismen. Das Ziel von Design Thinking ist, anders als bei den übrigen agilen Methoden, die Menschen und ihre Erwartungen, Bedürfnisse, Werte und Hoffnungen in den Mittelpunkt zu stellen und mittels Entwicklungsschleifen schnell praktikable Lösungen zu generieren. Aus diesem Grund ist es hilfreich, sich mit der Denkweise und geistigen Haltung von Design Thinking auseinanderzusetzen, da diese den agilen Gedanken konsequent widerspiegelt und, zumindest in Grundzügen, bei jeder Herausforderung angewandt werden kann, ob es sich um Produktionsaufgaben, Erkenntnisgewinn oder Werteentwicklung handelt.

∑ Nutzanwendung
Voraussetzung für eine erfolgreiche Umsetzung von Design Thinking ist ein Mindset, das unter anderem eine breite Palette von Wertungen, von Werten aufweist (vgl. Gerstbach 2018) und das Sie, falls Sie eine derartige Umsetzung planen, in seiner Gesamtheit beachten sollten:

- *Offenheit* gegenüber neuen Ideen, überraschenden Wendungen, anderen Perspektiven und Erfahrungen sowie innovativen Wegen. Dies erfordert eine aktive Vorstellungskraft, Sensibilität und Aufmerksamkeit, eine Vorliebe für Vielfalt, die intellektuelle Neugier und die Fähigkeit, sich selbst ein Urteil zu bilden.
- *Empathie:* Verständnis, tiefes Mitgefühl und eine echte Sorge um seine Mitmenschen. Die Fähigkeit, Gefühle, Gedanken und Bedürfnisse anderer Menschen zu verstehen und diese nachzuvollziehen.
- *Systemisches Denken*, nach dem jeder Mitarbeiter als wichtiges Element innerhalb des Systems Organisation betrachtet wird. Dabei bilden die Vision und die Unternehmensstrategie die Verbindung zu den einzelnen Mitarbeitern.
- *Kommunikation,* um sich an neue und unterschiedliche Situationen anzupassen, das Verhalten anderer Menschen nachzuvollziehen, Einigungen

zu erzielen und zur Vermeidung und Lösung von Konflikten beitragen zu können.

Daneben sind folgende Umweltfaktoren von zentraler Bedeutung:

- *Team:* Personen aus unterschiedlichen Hierarchiestufen und Abteilungen, mit unterschiedlichem Bildungshintergrund sowie verschiedenen Altersstufen und Geschlechtern bringen einen gesunden Mix aus verschiedenen Erfahrungen und Perspektiven ein.
- *Raum:* Unsere Seminarräume erinnern häufig mehr an Kasernen denn an offene Kommunikationsräume. Je mehr man an die Wände schreiben und zeichnen kann, desto schneller entsteht ein gemeinsames Verständnis, je offener die Möblierung der Räume mit Sitzkissen, Stehpulten, Diskussionsecken oder Arbeitstischen ist, desto ergiebiger wird der Erfahrungsaustausch.
- *Methoden:* Offenheit für neue Methoden und Techniken, die im Erfahrungsaustausch mit anderen bewertet werden.
- *Projektauftrag* mit überprüfbaren, schriftlich fixierten Zielen und Grenzen, aber auch Rahmenbedingungen.
Prüfen Sie anhand dieser Übersicht, welche Werte In Ihren persönlichen Arbeitsprozessen und in denen Ihres Teams ausgeprägt sind und versuchen Sie, eine entsprechende Schrittfolge zu realisieren.

Kanban

Kanban ist eine Methode, die das Ziel hat, Arbeitsprozesse zu optimieren und die Kommunikation zu fördern. David J. Anderson (2010) hat diesen Ansatz, welcher ursprünglich aus der Produktion kommt, auf die Wissensarbeit übertragen, um Produktentwicklungsprozesse zu optimieren. Wir schlagen hier vor, ihn auch auf Prozesse gezielter Werteentwicklung von Persönlichkeiten zu übertragen.

Kanban gestaltet einen *laufenden Entwicklungsprozess* innerhalb von Arbeitsprozessen, auch im Netz. Daraus ergibt sich ein reduzierter Aufwand durch Nutzung des Ermöglichungsrahmens für die Bewältigung akuter Herausforderungen mit Partnern und regelmäßigem Feedback. Der Entwicklungsprozess wird klar gegliedert in:

1. Visualisierung der Planung – Veröffentlichung im Team

2. Ressourcengerechte Planung
3. Regelmäßiges Feedback, Reflexion und Optimierung
4. Festlegung der Regeln und verbindliche Vereinbarungen
5. Selbstorganisierte Planung der Entwicklungsprozesse
6. Kollaboratives Arbeiten und Lernen in herausfordernden Problemstellungen in der Praxis und in Projekten
7. Eine laufende Evaluation

Praktisches Vorgehen

Im *ersten Schritt* wird der Arbeitsprozess, wie er im Moment gelebt wird und in den Sie einbezogen sind, visualisiert (vgl. Anderson 2010). Dies bedeutet, dass der Prozess in die einzelnen Arbeitsschritte unterteilt und abgebildet wird. Dies kann mittels einer Wertstromanalyse, einer betriebswirtschaftlichen Methode zur Verbesserung der Prozessführung, erfolgen oder in der Diskussion mit den Mitarbeitern ermittelt werden.

Im *zweiten Schritt* wird ein Board mit einer Spalte für jeden Arbeitsschritt aufgebaut. An diesem Aufbau sollten Sie sich unbedingt beteiligen.

Die *erste Spalte* ist der *Product Backlog,* in welchem alle Anforderungen bzw. Aufgaben gesammelt werden.

Die *zweite Spalte (Prio/Next)* dient zur Identifizierung und Priorisierung der Aufgaben, an denen als nächstes gearbeitet werden soll.

Danach werden die auf den Arbeitsprozess angepassten Spalten hinzugefügt.

Das einfachste Board hat nur eine weitere Spalte: in Progress. Wiederum allgemeingültig ist die letzte Spalte (Done) welche die abgeschlossenen Arbeitspakete beinhaltet. Darunter können auch Pakete der Arbeit an einer gezielten Werteentwicklung for Sie selbst und andere fallen.

Das Board kann sowohl in physischer als auch in digitaler Form aufgebaut werden. Zu Beginn wird meist das physische Board bevorzugt, da das Board im Regelfall im Teamraum untergebracht ist. Es bietet sich zudem an, die täglichen Treffen (Daily Stand-up) vor dem Board durchzuführen.

Im *dritten Schritt* werden die Arbeitspakete nun, meist auf Karten oder Post-its, visualisiert und den entsprechenden Prozessschritten zugeordnet. Diese Karten sollten alle Informationen und gegebenenfalls Werteorientierungen beinhalten, die Ihnen, dem Team und seinen Mitgliedern helfen, ihre Aufgaben zu erfüllen. Hierbei sind vor allem folgende Kriterien von Bedeutung:

- Titel: Kurze Beschreibung der Aufgabe
- Zusatzinformationen, insbesondere Werteaspekte

- Verantwortlicher Mitarbeiter
- Priorität/Deadline: Woran wird als nächstes gearbeitet, um rechtzeitig fertig zu werden
- Startzeitpunkt
- Endzeitpunkt
- Prozessschritt erledigt
- Blockierung, die vom Mitarbeiter gesetzt wird, wenn er ein Problem zu lösen hat, damit eine Reflexion der Werteorientierungen erfolgt, die für die Blockierung eine Rolle spielen und die eine gezielte Werteentwicklung erzwingen

Die Grundregel ist, dass alles von Relevanz auf der Karte stehen sollte, aber nicht mehr, als unbedingt notwendig, da der Überblick sonst verloren gehen könnte.

Der Ablauf im *vierten Schritt* ähnelt der Scrum-Methode. Der Product Owner priorisiert den Backlog und gibt die Arbeitspakete, an denen als nächstes gearbeitet werden soll, in die Next/Prio-Spalte. Die Teammitglieder ziehen sich daraus eigenverantwortlich Pakete, wenn sie die entsprechenden Kapazitäten frei haben, und arbeiten diese ab. Wenn sie fertig sind, zeigen sie dies auf der Karte an, um dem darauffolgenden Prozessschritt mitzuteilen, dass daran gearbeitet werden kann.

Die Karten werden jeweils beim Daily Stand-up von den Mitarbeitern, die gerade daran arbeiten, vorgestellt und wenn nötig, umgehängt. Dabei wird immer mit der Spalte am Prozessende gestartet und Spalte für Spalte vorgerückt, bis man sich am Anfang (Backlog) der Boards befindet. Das Ziel ist, die Arbeitspakete nicht von einer Person zuweisen zu lassen, sondern dies den Mitarbeitern zu überlassen.

Kanban lässt sich sehr gut mit Scrum kombinieren und bietet erweiternde Ansätze, die für die Agilität förderlich sind. Dabei gelten folgende Grundsätze:

- *Visualisierung:* Die bildliche Darstellung der Arbeit macht es jederzeit möglich, den aktuellen Status des Projekts zu ermitteln. Als erstes ist zu erkennen, wie viel Arbeit sich aktuell im Prozess befindet. Somit kann erkannt werden, wenn zu viele Themen gleichzeitig bearbeitet werden. In diesem Fall besteht die Gefahr, dass die Effizienz darunter leidet. Weiterhin werden komplexe Zusammenhänge und Abhängigkeiten grafisch verdeutlicht, sodass das gesamte Team einen guten Überblick über die Themen und das Projekt gewinnt. Dies erleichtert die Priorisierung und die Entscheidungsfindung.
Die grafische Darstellung unterstützt die Einführung in neue Aufgaben und erlaubt es, direkt auf die relevanten Punkte einzugehen. Dies för-

dert eine zügige Besprechung der relevanten Themen. Dabei wird jeder Mitarbeiter gehört und es entsteht ein gemeinsames Bild über den Fortschritt, die Hürden und Erfolge.

- *Limitierung der gleichzeitigen Arbeit:* Mit Kanban wird die Anzahl der gleichzeitigen Aufgaben limitiert, sodass Multitasking und damit eine Verringerung der Effizienz und Produktivität vermieden werden. Viele Mitarbeiter empfinden es auch als belastend, wenn sich ihre Arbeit immer mehr aufstaut. Mit Kanban ist dies gut zu erkennen, sodass der Manager oder der Flow Master schnell darauf reagieren können. Dies reduziert den gefühlten Druck der Mitarbeiter und erlaubt es dem Product Owner, klare Prioritäten zu vergeben.

  Ein wesentliches Merkmal ist die Optimierung des Arbeitsprozesses über die Durchlaufzeit. Diese gibt an, wie lange es dauert, bis ein Arbeitspaket benötigt wird, um die gesamte Prozesskette zu durchlaufen. Das Ziel ist, die Durchlaufzeit zu reduzieren, indem man die Arbeitspakete relativ klein definiert und versucht, parallele Arbeiten zu vermeiden.

  Die Optimierung der Durchlaufzeit kann durch sogenannte Work-in-Progress(WIP)-Limits gesteuert werden. Dabei wird jedem Prozessschritt, also jeder Spalte, eine maximale Anzahl von Aufgaben zugeordnet, die nicht überschritten werden darf. Dies sorgt dafür, dass sich immer eine konstante Anzahl von Arbeitspaketen im Prozess befindet. Sollte ein Mitarbeiter freie Kapazitäten haben und wird er durch das WIP-Limit daran gehindert, sich ein neues Arbeitspaket zu ziehen, ist er angehalten, die Kollegen bei ihrer Arbeit zu unterstützen. Falls dies nicht sinnnvoll erscheint, kann er sich in dieser „Slack Time" anderen Themen widmen. Diese beim ersten Blick nach Verschwendung aussehende Zeit ist ein wichtiges Instrument, um Prozessverbesserungen voranzutreiben, Kompetenzen gezielt aufzubauen und rückständige Arbeiten zu erledigen.

- *Pull:* Diesem Prinzip ziehen sich die Mitarbeiter ihre Arbeitspakete selbst und denken je selbst über ihre Werteorientierungen und -entwicklungen nach. Dadurch kann es zu keiner Überlastung der Mitarbeiter kommen, da diese sich nur neue Arbeit ziehen, wenn sie die nötigen Kapazitäten haben. Dies reduziert den Druck auf den einzelnen Mitarbeiter und führt dadurch zu einer produktiveren Arbeitsweise.

  Damit wird die Arbeitseffizienz, die Eigenverantwortung und die Motivation gestärkt. Die oftmals angeführte Sorge, dass dann Aufgaben liegen bleiben, ist in der Praxis kaum von Bedeutung. Selbstorganisierte Teams sorgen in der Regel dafür, dass die Aufgaben fair unter den Mitgliedern verteilt werden. Durch die Priorisierung hat der Product Owner immer auch die Möglichkeit, auf die nächsten Arbeitspakete Einfluss zu nehmen.

- *Flexibilität und Retrospektive:* Während Scrum durch seine Regeln sehr rigide ist, weist Kanban eine hohe Flexibilität auf. Das Ziel ist, auf pragmatische Weise, den Prozess und die Mitarbeiter in ihren Fähigkeiten wie in ihren Wertorientierungen kontinuierlich weiterzuentwickeln. Ein Kanban Board und dessen Strukturierung sollte regelmäßig vom Team auf Sinnhaftigkeit und Optimierungsmöglichkeiten überprüft werden.
Obwohl Kanban wenige Regeln definiert, haben sich doch einige Best Practices herausgebildet, mit denen sich die Methode sinnvoll erweitern lässt. So ist es sehr hilfreich, die Konzepte des Produktverantwortlichen (Product Owner) und des Methodenverantwortlichen (Scrum bzw. Flow Master) aktiv zu gestalten. Im Unterschied zu Scrum ist der Methodenverantwortliche jedoch keine eigenständige Rolle, sondern kann von einem oder mehreren Teammitgliedern übernommen werden. Diese Aufgabe besteht darin, die Meetings zu moderieren und dafür zu sorgen, dass das Board immer am aktuellen Stand ist. Es hat sich bewährt, diese Rolle im Team rotieren zu lassen. Damit würden auch Sie in den Vorzug oder die Verlegenheit geraten, diese Rolle auszufüllen.
Das Konzept der *Retrospektive* ist ein elementarer Bestandteil von Kanban, da die kontinuierliche Verbesserung dessen Kern bildet. Durch diese regelmäßigen Verbesserungen kann flexibel auf jede Änderung in der Umwelt des Projekts reagiert werden. Die Visualisierung ermöglicht es, agil auf Kundenwünsche einzugehen.
- *Skalierung:* Kanban kann auf jeder Ebene der Organisation eingesetzt werden, da jeder Arbeits- und Entwicklungsprozess abgebildet werden kann. Dies ermöglicht eine Verkettung der Arbeitsprozesse über mehrere Hierarchieebenen hinweg. Somit kann die Prozesskette über mehrere Teams und damit der gesamte Wertstrom dargestellt werden. Dies stellt sicher, dass der Prozess ganzheitlich (vom Kunden – zum Kunden) betrachtet und jede Schnittstelle innerhalb des Prozesses abgebildet wird. Dies führt zu verbesserter Kommunikation zwischen den verschiedenen Teams und Abteilungen und vermindert so ein für die Kundenorientierung schädliches Abteilungsdenken.

Eine Ebene darüber ist es möglich, mehrere Projekte, Kunden oder Wertströme abzubilden und zu koordinieren. Dies hilft, um auch auf höheren Ebenen Transparenz über die verschiedenen Themen zu bekommen, sodass eine faktenbasierte Priorisierung möglich wird. Zusätzlich können alle diese Ebenen miteinander verknüpft, koordiniert und transparent gemacht werden.

∑ Nutzanwendung

Kanban ist eine sehr einfache und flexible Methode, um die Arbeit auf allen Ebenen der Organisation mithilfe der visuellen Darstellung zu gestalten. Damit können Überlastung, fehlende oder falsche Priorisierung, unklare Verantwortlichkeiten, falsche Planung oder mangelhafte Kommunikation weitgehend reduziert werden.

Wenn Kanban in der gesamten Organisation ausgerollt wird, hilft es, die ökonomischen Wertschöpfungsketten, aber auch die Prozesse individueller und sozialer Werteentwicklung darzustellen und miteinander zu verbinden, sodass Schnittstellenprobleme identifiziert werden können. Zusätzlich ermöglicht es über alle Ebenen eine durchgängige Verfolgung von Entwicklungsprozessen, Programmen, Projekten und Arbeitspaketen und deren Status. Dadurch wird der Fortschritt von Arbeitspaketen innerhalb der Organisation transparent gemacht, sodass die Priorisierung erleichtert wird. Das kann auch direkt Prozesse gezielter Werteentwicklung von Persönlichkeiten im der Organisation betreffen.

Pulse

Pulse ist eine Methode auf der obersten Ebene der Organisation, die ähnlich wie Kanban die visuelle Darstellung eines Projektportfolios ermöglicht[4]. Das Ziel ist dabei, einen Überblick über alle Projekte einer Organisation oder einer Abteilung zu erhalten, Werteentwicklungsprozesse von Persönlichkeiten eingeschlossen. Dabei werden für jedes Projekt dessen Abhängigkeiten mit den verschiedenen Abteilungen dargestellt und bewertet.

Mittels eines Farbschemas wird angezeigt, ob es offene Themen gibt, die diskutiert werden müssen. Zusätzlich wird transparent, in welcher Phase sich das Projekt befindet und wie der allgemeine Status ist.

Pulse basiert auf bestimmten Wertehaltungen und Regeln, etwa:

1. Wir sind offen und ehrlich zueinander.
2. Wir suchen Lösungen, keine Schuldigen.
3. Wir wollen alle das Beste für unsere Projekte.
4. Wir wollen die ganzheitlich besten Entscheidungen.
5. Wir begegnen uns auf Augenhöhe und jede Meinung zählt.
6. Abweichungen helfen uns, zu lernen und unsere Probleme zu lösen.

---

[4]Vgl. https://parmatur.com/agile-pulse-model/.

Damit wird auch eine entsprechende, gezielte Werteentwicklung deutlich vorangetrieben.

Praktisches Vorgehen
Pulse setzt voraus, dass Sie Einstellungen und Regeln für eine agile Entwicklungskultur verinnerlichen, die eng an die entsprechenden Werteorientierungen Ihrer Organisation und ihre Interiorisation geknüpft ist. Das zeigt sich insbesondere in Workshops, bei denen die jeweiligen Führungskräfte mit anwesend sind. Die Präsentation der Projektergebnisse durch die Mitarbeiter, wird auf jeweils 60 s begrenzt. Bei unterschiedlich gekennzeichnetem rotem, blauem oder gelbem Status kann der Mitarbeiter eine Diskussion nach dem Pulse Meeting fordern. Jeder anwesende Manager kann eine Table Discussion zu jedem Status eines Projektes verlangen, On Board wird aber nur der Status aufgezeigt; Table Discussions finden immer nach dem Pulse Meeting statt. Durch die begrenzte Zeit ist der Statusbericht sehr fokussiert, sodass nur auf die Abweichungen eingegangen wird.

Der Grundgedanke ist, dass emotional labilisierende Abweichungen eine Möglichkeit des Lernens und der Werteentwicklung bieten und deshalb aktiv aufgegriffen werden. Falls es beim Statusbericht zu Themen kommt, die weiter diskutiert werden müssen, können sowohl der Projektleiter als auch die anwesenden Führungskräfte eine Table Discussion einfordern. Diese wird in kleiner Runde im Nachgang mit zeitlicher Limitierung durchgeführt. Danach sollten sofort Maßnahmen ergriffen werden, um das entsprechende Projekt dabei zu unterstützen, die Abweichungen wieder in den Griff zu bekommen.

∑ Nutzanwendung
Der Vorteil von Pulse ist, dass viele Themen in kurzer Zeit besprochen werden und es sofort zu einer lösungsorientierten Diskussion kommt, bei der auch die entsprechenden Entscheidungen getroffen werden, um die Projekte zu unterstützen. Der Fokus liegt dabei darauf, die Unterstützung durch das Management für persönliche Werteentwicklungsprozesse zu bekommen.

Peer Working und Peer Learning

Die Vereinbarung von Tandems mit wöchentlichem Jour Fixe und Entwicklungsgruppen mit gemeinsamen Aufgaben spielt in den Konzepten zur gezielten Werteentwicklung eine zentrale Rolle. Alles läuft dabei auf kollaboratives Arbeiten und Entwicklungsprozesse mit Co-Coaching hinaus. Eine gegenseitige, überwiegend gleichberechtigte und für die effektive

Werteentwicklung der Coachingpartner förderliche Kommunikations- und Kollaborationsbeziehung wird, beispielsweise in Communities of Practice, aufgebaut.

Praktisches Vorgehen
Peer Working und Learning ist eng verknüpft mit Social Learning, bei dem die Werte- und Kompetenzentwicklung im Netzwerk mit Lernpartnern sowie in Communities of Practice stattfindet (vgl. Sauter et al. 2018, S. 196 ff.). Dies kann durch folgende Elemente gefördert werden:

- Erfahrungsberichte, Best Practices …
- Gemeinsame Bearbeitung von Erfahrungsberichten, z. B. aus Projekten
- Gemeinsamer Aufbau und Weiterentwicklung eines Wissenspools mit Erfahrungswissen, Dokumenten, Links …
- Erarbeitung von Arbeitshilfen, z. B. Checklisten
- Communities of Practice

Es entsteht damit eine informelle soziale Struktur, die von den Teilnehmern geprägt wird. Häufig wird dabei Social Software genutzt, sodass soziale Entwicklungsgemeinschaften entstehen können.

Soziales Lernen erfordert eine soziale Plattform, die die Kommunikation mit Social Software aktiv unterstützt und Möglichkeiten bietet, Erfahrungen der Teilnehmer, sofern sie dokumentierbar sind, strukturiert zu speichern und über Suchfunktionen nutzbar zu machen.

Die meisten Teilnehmer nutzen daneben öffentlich zugängliche Communities, insbesondere um Informationen zu erhalten und in der Kommunikation mit anderen neue Werte und neues Wissen zu entwickeln. Diese sind durch eine gemeinsame Verständigungsbasis und vergleichbare Problemstellungen geprägt. Damit entwickelt jeder Teilnehmer sein individuelles Netzwerk, das er laufend um neue Kontakte erweitert, die er in persönlichen Treffen, aber auch virtuell, knüpft.

∑ Nutzanwendung
Mit Peer Working und Peer Learning werden unter anderem folgende Ziele erreicht:

- Praxis- und Entwicklungsprobleme werden gemeinsam schnell und kompetent gelöst.
- Die Werteentwicklung der Persönlichkeiten wird gezielt gefördert.

- Es entwickeln sich gemeinsam geteilte und getragene Werte aus einem „user generated content" heraus.
- Es entstehen innovative neue, wertegestützte Lösungsansätze („best practices").
- Das Netzwerk der Werteentwickler wächst dynamisch weiter.

Meet-ups

Eine wesentliche Voraussetzung für den Erfolg des Werte- und Kompetenzentwicklungsprojekts ist eine hohe, organisationsweite Transparenz über

- die Bedeutung des Werte- und Kompetenzmanagements auf allen Ebenen für die Organisation,
- die Ziele des individuellen, des teambezogenen und des organisationalen Werte- und Kompetenzmanagements,
- die definierten Rahmenbedingungen der Entwicklungsprozesse,
- das Zustandekommen dieser Anforderungen,
- die Struktur für ein systematisches organisationales Wertemanagement,
- die jeweiligen Prozesse des Werte- und Kompetenzmanagements auf den einzelnen Ebenen,
- die Kommunikation und Dokumentation der Ergebnisse.

Dabei ist es eine wesentliche Anforderung, allen Mitarbeitern und Führungskräften die Möglichkeit zu geben, sich über die Antworten auf diese Fragen zu informieren und ihre eigene Sicht, ihre Erwartungen oder Befürchtungen, einzubringen und über alle Hierarchieebenen zu diskutieren.

Unter Meet-ups verstehen wir offene Kommunikationsräume zum selbstorganisierten Aufbau von unternehmensweiten Kommunikationsprozessen. Dafür bietet sich beispielsweise die Methode des MOOCathon[5] an, die in einem mehrmonatigen cMOOC einen organisationsweiten Austausch über die Werte und Kompetenzen auf individueller, teambezogener und organisationaler Ebene sowie das Werte- und Kompetenzmodell erlaubt und die Ergebnisse aus diesen Erörterungen in einem mehrtägigen Hackathon in Präsenz mit bis zu 30 Teilnehmern zu einer Mission zusammenführt (vgl. Sauter et al. 2018, S. 149 ff.).

---

[5]Ein prägnantes Beispiel dafür ist https://colearn.de/cl2025/.

Praktisches Vorgehen

MOOC – Massive Open Online Courses – sind offene, im Netz angebotene Entwicklungsmaßnahmen, die jedem Mitarbeiter offenstehen (Sauter et al. 2018, S. 149).

Da im Prozess der Werteentwicklung die Kommunikation mit den Mitarbeitern und der Austausch von Ideen, Anregungen und Kritik im Vordergrund stehen, bietet sich die Ausprägung des *cMOOC – connectivist Massive Open Online Courses* – an. Diese werden im Kontext von Organisationen durch folgende Grundprinzipien geprägt (vgl. Sauter et al. 2018, S. 149 ff.): Sie sind

- offen für alle Mitarbeiter und Führungskräfte, evtl. auch Stakeholder, und setzen selbstorganisiertes und problemorientierte Werte- und Kompetenzentwicklung voraus,
- bauen auf der dezentralen Infrastruktur des Intranets auf,
- vernetzen die Mitglieder mithilfe von Communities of Practice, Social Media, Social Networks oder RSS,
- werden aber auch mit geschlossenen Räumen verknüpft, um Entwicklungsprozesse in vertraulichem Rahmen zu ermöglichen,
- bilden eine wichtige Grundlage für die persönliche Dokumentation im Rahmen von E-Portfolios, d. h. von personalisierten, digitalen Entwicklungsräumen,
- fordern die aktive Mitwirkung aller Teilnehmer,
- können durch Barcamps und Webcamps flankiert werden,
- bilden die Basis für den Aufbau eines Wissensmarktes.

Alle individuellen Entwicklungsprozesse in cMOOC, auch Ihre eigenen, werden durch folgende Aktivitäten geprägt, bei denen jedes Organisationsmitglied zum „Teilgeber" werden kann:

- *Orientieren:* Die Mitarbeiter wählen aus den angebotenen, digitalen Kommunikationstools in der MOOC-Plattform (Blogs, Wikis, Workpads…) sowie den inhaltlichen Angeboten und Diskussionsbeiträgen aus, was Ihnen relevant bzw. geeignet für das Werte- und Kompetenzmanagement erscheint. Deshalb sollten dort vielfältige Erläuterungen und „Geschichten", z. B. in Form von Videos, Podcasts, PDF etc. zum Entwicklungsprozess der Werte- und Kompetenzmanagementkonzeption eingestellt werden. Außerdem bietet es sich an, zu einzelnen Themenfeldern des Werte- und Kompetenzmanagements Communities einzurichten, in denen mit Experten diskutiert werden kann. Dabei erhalten

die Mitarbeiter auch die Gelegenheit, ausgewählte Tools des Werte- und Kompetenzmanagements zu nutzen und Erfahrungen zu sammeln.
- *Ordnen:* Die Mitarbeiter analysieren und sortieren die Informationen und die Diskussionsbeiträge der Teilnehmer dieses cMOOCs, die dadurch zu „Teilgebern" mit ihren individuellen Erfahrungen und Meinungen werden. Dabei suchen sie nach Verbindungen zu ihren eigenen Problemstellungen in der betrieblichen Praxis.
- *Beitragen:* Die Mitarbeiter bringen als „Teilgeber" eigene Informationen und Erfahrungsberichte sowie Lösungsvorschläge, Ideen oder Kommentare in das Netzwerk ein.
- *Teilen:* Die Mitarbeiter teilen ihre Beiträge und entwickeln den cMOOC zu einem gemeinsamen Erfahrungspool weiter, der bottom-up aufgebaut und ständig erweitert wird. Es entwickelt sich ein werte- und kompetenzorientiertes Wissensmanagement. Die Werteberater stehen als Experten für Fragen zur Wertemanagementkonzeption zur Verfügung.

Ein Hackathon, eine Wortschöpfung aus „Hack" (technischer Kniff) und „Marathon", ist eine kollaborative Entwicklungsveranstaltung, in der bis zu 30 Teilnehmer in funktionsübergreifenden Teams Lösungen entwickeln (vgl. Sauter et al. 2018, S. 151).

Diese Konzeption hat sich zur konzentrierten Entwicklung komplexer Lösungen auch für Themen bewährt, die nicht zum Kreis der Soft- und Hardwareentwicklung gehören, für die diese Methode ursprünglich entwickelt wurde.

Im Hackathon werden aus den im cMOOC erzeugten Beiträgen in mehreren Tagen vor allem folgende Ergebnisse formuliert:

- Mission des Werte- und Kompetenzmanagements in der Organisation
- Anforderungen an das Werte- und Kompetenzmanagementsystem
- Bewertung der im cMOOC vorgestellten Ideen, Systeme und Anpassungsvorschläge
- Ideen zur weiteren Gestaltung des Werte- und Kompetenzmanagementsystems
- Empfehlungen für die Gestaltung der Werte- und Kompetenzmanagementprozesse auf allen Ebenen

∑ Nutzanwendung

cMOOC entsprechen dem Ansatz der „Ermöglichungsdidaktik", in der davon ausgegangen wird, dass die Mitarbeiter sehr wohl lernfähig, aber nicht „belehrbar" sind (Siebert 2011).

cMOOC in Verbindung mit einem Hackathon können nach unseren Erfahrungen ein wichtiges Instrument sein, um alle Mitarbeiter und Führungskräfte von Anfang an in den Wertemanagementprozess mit einbinden zu können, weil sie dazu beitragen, den Veränderungsprozess vorzubereiten und zu begleiten und einen permanenten Optimierungsprozess unter Einbeziehung aller Mitarbeiter und Führungskräfte zu ermöglichen.

Barcamps und Webcamps

Die meisten Konferenzen sind durch eine Vielzahl von Vorträgen mit wenigen, in der Regel zeitlich begrenzten Diskussionen geprägt. Die Teilnehmer haben eine passive Rolle und neigen dazu, irgendwann abzuschalten.

Die Konzeption der Barcamps bzw. Webcamps basiert auf einem radikalen Wandel der Rollen. Nicht mehr die Veranstalter bestimmen die Themen, sondern die Teilnehmer, die sich zu Teilgebern wandeln[6].

Ein *Barcamp (Unkonferenz, Nicht-Konferenz)* ist ein offenes Treffen mit einer Vielzahl paralleler, offener Workshops mit jeweils bis zu 60 min Dauer, deren Themen von den Teilnehmern, die damit als „Teilgeber" fungieren, vorgeschlagen und moderiert werden.

Die Themen können beispielsweise Vorschläge, Thesen, Erfahrungsberichte, aber auch einfach offene Fragen sein. Meist werden mehrere „Sessions" nacheinander angeboten, sodass im Verlauf eines Tages eine große Breite an Themen behandelt werden kann. In den Workshops übernimmt ein weiterer Teilnehmer die Dokumentation der wesentlichen Diskussionspunkte, z. B. in einem Workpad oder Wiki, sodass jeder Mitarbeiter auch im Nachhinein die Diskussionen gezielt verfolgen kann.

Webcamps sind Webinare in einem Barcamp-Format, das die Kommunikation im Netz auf Augenhöhe ermöglichen soll.

Praktisches Vorgehen

Jeder Teilgeber kann einen Themenvorschlag einbringen, z. B. zum Erfahrungsaustausch oder zur Klärung eigener Fragen. Alle Sessions werden morgens im Plenum in drei Sätzen von dem jeweils Vorschlagenden persönlich vorgestellt, damit man weiß, worum es geht und wer das Thema einbringt. So füllt sich die Agenda – z. B. fünf 30-min-Sessions parallel und nach jeweils zehn Minuten Wechsel zur nächsten Session-Runde. Alle

---

[6]Vgl. https://www.barcamp.at/Was_ist_ein_BarCamp; Ein erfolgreiches Beispiel dafür finden Sie unter https://colearn.de/clc19hh/.

Teilgeber können jederzeit das für sich selbst interessanteste Thema wählen. Das gilt auch innerhalb einer Session.

Die Prinzipien des Barcamps sind:

- Selbstorganisation als Grundprinzip
- Keine hierarchischen inhaltlichen Planungen und Festlegungen eines Veranstalters
- Die Teilgeber entscheiden vollkommen autark, was für sie gerade wichtig ist, ob sie sich einbringen oder lieber zuhören wollen.
- Wechsel während der Sessions ist jederzeit möglich, falls das gewählte Thema doch nicht zusagt
- Begegnung findet auf Augenhöhe statt
- Ansprache mit dem Vornamen, ohne Titel und Funktionsbezeichnungen, häufig duzt man sich auch
- Entspannte Gesprächsatmosphäre durch „informelle" Kleidung: Dresscode „Casual" ist hier hilfreich

Sehr hilfreich ist es, wenn die Teilgeber Smartphones, Tablets oder Laptops mitbringen, um die einzelnen Sessions in einer gemeinsamen Onlinedokumentation, z. B. mittels der Open-Source-Lösung etherpadHz, zu dokumentieren und zu kommentieren.

∑ Nutzanwendung

Jeder Teilgeber in einem Barcamp oder Webcamp kann selber entscheiden, ob er überhaupt mitmacht, ob er nur passiv zuhört oder sich aktiv einbringt. Damit handelt jeder gesteuert von seinen derzeitigen eigenen Interessen und Werteorientierungen. Es treffen sich deshalb in diesen Formaten nur motivierte Mitarbeiter. Das ist einer der wesentlichen Erfolgsfaktoren. Ein weiterer ist der Umgang miteinander auf Augenhöhe. Da es keinen inhaltlich Bestimmenden gibt, fehlt die übliche hierarchische Rollenverteilung. Jeder kann sich mit seiner Perspektive und damit mit seinen Herausforderungen einbringen.

Wissensmarkt

Erfahrungswissen der Mitarbeiter ist ein Erfahrungsschatz, der für den Erfolg der Organisation entscheidend sein kann. Mit dem Konzept des Wissensmarktes soll erreicht werden, dass das Erfahrungswissen aller Mitarbeiter allen Organisationsmitgliedern zur Verfügung steht. Dies wird beispielsweise durch die Vereinbarung verbindlicher Projekttagebücher (Blogs) im Rahmen der Entwicklungsprojekte der Mitarbeiter erreicht. Dabei geht es nicht nur um Wissen im engeren Sinn, also Faktenwissen bzw. Informationen, sondern um Wissen im weiteren Sinn, das immer auch Werte umfasst.

Damit entsteht ein werte- und kompetenzorientiertes Wissensmanagement „bottom up", das es allen Mitarbeitern in der Organisation ermöglicht, den Wissensschatz der Organisation für ihre eigenen Werte- und Kompetenzentwicklung zu nutzen (vgl. Scholz und Sauter 2015).

Praktisches Vorgehen
Es hat sich bewährt, in jeder Entwicklungsmaßnahme im Kickoff eine Vereinbarung über verbindliche Projekttagebücher zu treffen, die einmal wöchentlich bis zu einem festgelegten Termin ins Netz der Lerngruppe zu stellen sind. Diese Projekttagebücher können als persönlicher Blog von einzelnen Mitarbeitern oder als Wiki von Projektgruppen gestaltet werden. Die Entwicklungsgruppen sollten sich vorab über die Gliederung der Projekttagebücher einigen. Mögliche Themen sind

- Aktueller Stand des Projekts.
- Was lief gut?
- Was lief schlecht?
- Welche offenen Probleme sind noch zu lösen?
- Welche Anregungen, Hilfen oder Vorschläge werden benötigt?

Die Mitglieder einer Entwicklungsgruppe verpflichten sich, gegenseitig ihre Projekttagebücher zu lesen und zu kommentieren.

∑ Nutzanwendung
Mit dem Instrument des Projekttagebuches erfahren die Mitarbeiter den Nutzen sozialen Lernens, sodass die Chance besteht, offene und vernetzte Entwicklungsprozesse im Rahmen eines Social Learning, das Prozesse gezielter Werteentwicklung immer mit beinhaltet, zu initiieren.

WOL – Working Out Loud

Mitarbeiter wollen teilhaben, eingebunden und wertgeschätzt werden und möchten wissen, was sie selbst beitragen können. Mit WOL wird deshalb ein offener Austausch in Tandems und Gruppen mit bestimmten Prinzipien angestrebt (Stepper 2015).

John Stepper entwickelte 2015 die Work-Out-Loud-Methode als ein Zwölf-Wochen-Programm auf Basis von Collaboration Tools oder Enterprise Socal Networks (ESN), um Prozesse anzustoßen und Projekte umzusetzen.

WOL wird durch eine Kultur des Gebens und Nehmens geprägt, die auf fünf Kernelementen basiert. Gruppen von vier bis fünf Personen bilden einen Circle (Kreis), der sich real oder virtuell für eine Stunde pro Woche in zwölf direkt aufeinanderfolgenden Wochen trifft. Jeder Teilnehmer formuliert sein Ziel, das er in diesem Rahmen anstrebt. Alle Gruppenmitglieder unterstützen sich gegenseitig aktiv. Daraus entsteht ein vielfältiges persönliches Netzwerk.

Die Grundelemente von Working Out Loud sind:

1. *Die eigene Arbeit sichtbar machen:* Arbeitsergebnisse, auch Zwischenergebnisse, veröffentlichen.
2. *Die eigene Arbeit verbessern:* Querverbindungen und Rückmeldungen helfen, die eigenen Ergebnisse kontinuierlich zu verbessern.
3. *Großzügige Beiträge leisten:* Die Teilnehmer bieten sich gegenseitig Hilfe an, ohne sich großspurig selbst darzustellen.
4. *Ein soziales Netzwerk aufbauen:* Aufbau breiter, interdisziplinärer Beziehungen, die die Teilnehmer weiterbringen.
5. *Zielgerichtet zusammenarbeiten:* Das volle Potenzial der Gemeinschaft wird ausgeschöpft.

Praktisches Vorgehen

Working Out Loud bietet Mitarbeitern unabhängig von der Hierarchieebene die Möglichkeit, vernetztes Arbeiten zu erleben und die eigenen Fähigkeiten und Werte darin auszubauen. Mitarbeiter treffen sich real oder digital und unterstützen sich gegenseitig dabei, persönliche Ziele, aber auch Ziele mit Business-Bezug zu erreichen. Die Menschen, die bei WOL zusammenkommen, weisen im Regelfall eine heterogene Struktur auf und kennen sich oftmals nicht.

Das vernetzte Arbeiten und Lernen innerhalb des Circles ermöglicht es, Erfahrungen mit Collaboration-Tools zu machen. Die Einführung von WOL kann nach folgendem Schema erfolgen:[7]

Schritt 1 Sammeln Sie Erfahrungen in WOL-Circles, indem Sie aktiv teilnehmen.

---

[7]Vgl. https://workingoutloud.com.

Schritt 2 Suchen Sie Mitstreiter, die WOL in Ihrer Organisation stärken wollen und treffen Sie sich regelmäßig.

Schritt 3 Gründen Sie eine WOL-Gruppe im internen Social Network.

Schritt 4 Entwickeln Sie gemeinsam einen Vorschlag zur Einbindung von WOL in die Organisation und stellen Sie ihn im Social Network zur Diskussion.

Schritt 5 Legen Sie eine Liste an, in der sich Mitarbeiter, die an WOL interessiert sind, eintragen können. Organisieren Sie eine Kick-off-Veranstaltung, in der Sie Ihr WOL-Projekt vorstellen. Laden Sie dazu auch das Management und den Betriebsrat bzw. Personalrat ein.

Schritt 6 Begleiten Sie Ihre Kollegen, die mit WOL starten, als Mentor.

Schritt 7 Erweitern Sie Ihre WOL-Gruppe über die Organisation hinaus.

∑ Nutzanwendung

Working Out Loud kann, wenn es auf breiter Ebene umgesetzt wird, zu einem Werte- und Kulturwandel in der Organisation führen. Da WOL in erster Linie ein Prinzip des Umgangs mit seinem Erfahrungswissen ist, eignet sich WOL insbesondere als ergänzendes Prinzip der Werteentwicklung durch Erfahrungslernen. Deshalb empfehlen wir Ihnen, WOL als Grundprinzip in Ihre Konzeption des Erfahrungslernen zu integrieren.

Agile Entwicklungskonzeptionen in der Praxis

Alle erforderlichen Softwaresysteme für diese agilen, selbstorganisierten Werteentwicklungsprozesse sind, auch auf wirtschaftlicher Open-Source-Basis, vorhanden und erprobt. Die Umsetzung dieser Ansätze erfordert aber eine grundlegende Veränderung der Konzeptionen, der Entwicklungskultur sowie der Rollen aller Beteiligten und kostet damit Zeit. Deshalb ist es notwendig, dass sehr schnell damit begonnen wird, die eigene Werteentwicklung selbst in die Hand zu nehmen und zielgerichtet gemeinsam mit den Kollegen, dem Team, dem Corporate Learning und der Führungskraft zu gestalten.

Der Nutzen aus solchen agilen, selbstorganisierten Entwicklungsprozessen ist deutlich höher als heute in zentral vorgegebenen Qualifizierungssystemen. Jede Persönlichkeit entwickelt nachhaltig die erforderlichen Werte zur Bewältigung der Herausforderungen in einer zunehmend agileren Arbeitswelt. Und sie entwickelt sich zu einem autonom und selbstorganisiert handelnden Teammitglied, das ihr persönliches Netzwerk aufbaut und eigene Netzwerkkompetenzen ausbildet. Durch die kollaborative Zusammenarbeit, eventuell unter professioneller Prozessbegleitung und mit dem Mentoring durch die eigene Führungskraft, werden Lösungen für die großen Herausforderungen im Arbeitsprozess sowie die erforderliche Werteentwicklung gefunden. Dabei wachsen Arbeiten und Lernen zusammen, der eigene Arbeitsplatz wird nach und nach zum wichtigsten Lernort für den Werte- und Kompetenzaufbau. Dort findet auch die gezielte Entwicklung der eigenen Werte individuell und primär statt. Die Qualität der eigenen Arbeit wird so in einem laufenden Prozess gesteigert.

Insgesamt entsteht eine *neue Unternehmenskultur,* die durch Nachhaltigkeit, Mut, Respekt, Offenheit und Transparenz, Commitment und Selbstverpflichtung sowie Veränderungsbereitschaft geprägt ist. Ein Teil dieser neuen Unternehmenskultur ist die *Kultur, digitale Systeme* zum selbstorganisierten Aufbau von Wissen, Qualifikation, Werten und Kompetenzen aktiv zu nutzen. So bereiten sich die Mitarbeiter in einem lebenslangen Entwicklungsprozess gezielt auf die Herausforderungen einer heute noch unbekannten Zukunft vor.

Gezielte Werteentwicklung von Persönlichkeiten durch Serious Games

Mit der flächendeckenden Verbreitung von Smartphones und Tablets nehmen Computerspiele, insbesondere in Form von Browser- und Social-Games, immer mehr zu. Der Markt der Computerspiele boomt. Mit fast 10 Mrd. Umsatz liegt World of Warcraft auf Platz 1, gefolgt von Crossfire und Street Fighter II.[8] Die Faszination, die diese Spiele auf Millionen von Spielern ausüben, wirft die Frage auf, ob es nicht möglich ist, mit solchen Systemen Handlungsszenarien zu gestalten, die eine gezielte Entwicklung der Werte von Persönlichkeiten ermöglichen (vgl. Le und Weber 2011, S. 2).

Die Begriffe *Serious Games* oder *(Digital) Game Based Learning* werden nicht einheitlich definiert. Wir bevorzugen folgende Definition:

Serious Games ((Digital) Game Based Learning, Educational Games u. a.) ist eine Lernkonzeption, die den Spielmechanismus in einem

---

[8]https://www.handelsblatt.com/unternehmen/it-medien/games-branche-geschaeft-mit-computer-und-videospielen-boomt/22915568.html?ticket=ST-953.992-TDo3XQj1zJkrbtrlPUWC-ap3, abgerufen am 20.01.2019.

virtuellen, interaktiven Rahmen vor allem für die Qualifikation der Lerner nutzt, indem sie diese emotional bindet.

Seit der Jahrtausendwende haben sich auch im Arbeitskontext hoch komplexe Anwendungs- und Nutzungsstrukturen in Form kollaborativer Spielformen in virtuellen Welten entwickelt. Lernspiele werden wie Unterhaltungsspiele konzipiert. Die Lerner werden durch die Spielsituation kontinuierlich motiviert, weiterzuspielen. Sie sollen in einen „flow" geraten und sich den Lerngegenstand aneignen, ohne es zu merken („stealth learning"). Dies wird erreicht, indem die Lerner in eine virtuelle Welt und in Geschichten eintauchen und die vom Spiel vorgegebenen Ziele verfolgen, Aufgaben lösen, Hindernisse überwinden und sich mit Freunden verbünden. Teilweise vermischen sich Spielfiktion und Realität. So ging es beispielsweise beim Lernspiel ARG World without Oil darum, die ersten 32 Wochen einer weltweiten Erdölkrise so durchzuspielen, als ob sie tatsächlich stattfinden würde (vgl. Kaufmann 2011).

Um den finanziellen Aufwand zu verringern, aber auch um die Anpassung an den Bedarf zu fördern, können Unternehmen mit neuen Tools einfache Serious Games selbst erstellen. Sie können damit beispielsweise „Avatare", die als grafischer Stellvertreter des Lerners in der virtuellen Spielwelt agieren, in einem computeranimierten Büro Dialoge führen lassen.

Diese Konzeptionen können nach der Spieldynamik, der Symbolstruktur und den Handlungsforderungen unterschieden werden (Son Le und Weber 2011, S. 6). Hierbei kommen vor allem folgende Varianten vor:

- *Actionspiele,* in denen die Reaktionsgeschwindigkeit entscheidend ist,
- *Adventurespiele,* in denen das Lösen von Rätselaufgaben die Rahmengeschichte fortführt,
- *Casual Games,* deren Spielrahmung weniger komplex und deren Spielregeln schnell erlernbar sind, sodass sich die Spiele gut für eine „gelegentliche" und beiläufige Nutzung eignen,
- *Rollenspiele,* in denen sich die Spielfiguren durch Aktionen in ihrer Handlungskompetenz weiterentwickeln;
- *Simulationsspiele,* in denen die Spielenden realitätsnahe Erfahrungen sammeln,
- *Sportspiele,* die in ihren Regeln echten Sportarten nachempfunden sind;
- *Strategiespiele,* die hohe Anforderungen an das Management von Ressourcen und Einheiten stellen.

Dabei werden Kontext und Inhalt so miteinander verbunden, dass sich der Lerner nach Möglichkeit die ganze Zeit über wie ein Spieler und nicht wie ein Lernender fühlt. Es ist deshalb ein Gleichgewicht aus Engagement und Lernen anzustreben, da das Spiel sonst entweder zum bloßen Lernprogramm oder aber zu einem Entertainment Game (Unterhaltungscomputerspiel) wird.

Serious Games werden über die Qualifikation hinaus auch gezielt Werte entwickeln können, wenn es gelingt, in den Spielszenarien kognitive Dissonanzen zu erzeugen, die als Basis gezielter Werteentwicklung fungieren können.

Praktisches Vorgehen
Auch bei der Entwicklung von Serious Games mit dem Ziel der Werteentwicklung von Persönlichkeiten ist die zentrale Frage, welche physischen, psychischen und sozialen Prozesse für Menschen derart relevant sind, dass sie zu wirkungsvollen emotionalen Anstößen oder Irritationen, also zur emotionalen Labilisierung und damit zu Werteentwicklungen führen. Hierfür bieten sich Praxisstufe, Coachingstufe und Trainingsstufe an, vor allem, wenn diese Stufen der Werteentwicklung miteinander verknüpft werden.

Die Konzipierung von Serious Games, die gezielter Werteentwicklung von Persönlichkeiten dienen können, erfordert deshalb bestimmte Elemente (nach Klimmt 2008). In den Spielen werden meist Lebens- und Rollenerfahrungen *realitätsgleich oder realitätsähnlich* in multimedialer Form simuliert. Für die Werteentwicklung der Anwender ist es zwingende Voraussetzung, dass das Spielszenario in ihrem Empfinden nicht nur realitätsnah, sondern realitätsgleich ist. Dies bedeutet, dass sie im Spiel nur dann gezielt Werte aufbauen können, wenn sie vergessen, dass sie sich in einem Spielszenario bewegen. Es werden also Spielumgebungen benötigt, in denen die gezielte Werteentwicklung beim Bewältigen von real wahrgenommenen Herausforderungen stattfindet. Dabei werden Zweifel, Widersprüchlichkeiten oder Verwirrungen aufgelöst; es entstehen neue Lösungsmuster.

Die emotionale Labilisierung bildet die Basis der Werteentwicklung. Bearbeitet werden offene Entscheidungsprobleme in sozial widersprüchlichen, Dissonanzen und Labilisierungen setzenden Kommunikationsformen. Hinzu kommt eine hoch emotionalisierende *Selbstwirksamkeitserfahrung,* bei der ein Nutzer auf seine Aktivität hin eine unmittelbare Reaktion erhält, sodass er fühlt, einen direkten Einfluss auf die Handlung in der Spielumgebung zu haben. Hinzu kommen Identifikation und Spannung mit Spielhandlung und Spielfigur, die immer mehr ein Spiegelbild von ihm selbst wird. Das Spiel kann Stolz und gesteigerte Selbstwertgefühle, aber auch Frust und Enttäuschungen bewirken. Der Spielzyklus aus Spielerverhalten, Rückmeldungen des Programms und der daraufhin von Spielenden vorgenommenen Beurteilung des Spielfeedbacks und des eigenen Verhaltens führt zu vergrößerter *Entwicklungsfähigkeit* (vgl. ebenso die Ausführungen von Kerres et al. 2009). Hierbei ist eine abgestimmte Balance von Herausforderungen und Erfolgserlebnissen für den Lernerfolg förderlich.

∑ Nutzanwendung

Mit realitätsnahen Serious Games können im betrieblichen Kontext folgende Werte-Entwicklungsbereiche gefördert oder initiiert werden (vgl. Meier und Seufert 2003):

- Die *Aktivität der Werteentwicklung:* Die Teilnehmer müssen in den Spielzyklen kontinuierlich handeln. Deshalb besteht die wesentliche Herausforderung für das Spieldesign darin, Entwicklungsprozesse beim Spielen anzuregen, das Spiel aber auch so zu gestalten, dass der Werteentwicklungsprozess im Spiel stattfindet.
- Das *konstruktive Herangehen:* Handlungsalternativen werden nach dem Versuch-und-Irrtum-Prinzip und durch die Auswertung eigener Erfahrungen entwickelt.
- Eine *selbstorganisierte Werteentwicklung:* Eine intensive Interaktion kann hoch motivierend sein, passt sich an das Niveau der Mitarbeiter an und führt so zu spürbaren Erfolgserlebnissen.
- Eine *soziale Werteentwicklung:* Serious Games erfordern ein kollaboratives, aber auch wettbewerbsorientiertes Zusammenwirken der Teilnehmer.
- Eine *situierte Werteentwicklung:* Die Spieler versetzen sich in unterschiedliche Rollen und Spielsettings mit entsprechenden Problemen und Aufgaben.
- Eine *emotionale Entwicklung:* Die Mitarbeiter identifizieren sich persönlich mit Ihren Rollen bzw. Avataren und werden im Spielverlauf immer mehr emotional gefordert.

Serious Games können in eine didaktisch aufbereitete Lernkonzeption mit anschließender Reflexion der Erfahrungen eingebettet werden oder man lässt die Lernenden im Rahmen des Spieles didaktisch aufbereitete Herausforderungen lösen, um weiterspielen zu können. Damit wird das Spiel quasi zur Anwendungsumgebung.

Natürlich findet auch in Entertainment Games Werteentwicklung statt, jedoch in weniger gezielter, informeller Form (vgl. Gebel et al. 2005).

Unter der Bezeichnung *Gamification* wird versucht, Spielelemente und Spielmechanismen in nicht spielerische Lernkontexte zu übertragen, um dort die Spielfreude zu nutzen und den Entwicklungserfolg zu erhöhen (vgl. Kienbaum 2013).

Beispielsweise können dafür Punktevergaben, Ratings oder Badges (Leistungsplaketten) eingesetzt werden. Hinter dem Ansatz der Gamification steht die meist nicht hinterfragte Annahme, äußerliche Motivation sei der bedeutsamste Faktor im Lernprozess. Nach dem derzeitigen Stand der Forschung ist dies falsch. In der Rangfolge wichtiger, Entwicklungsprozesse beeinflussender Faktoren steht diese Motivation weit hinten, gerade noch unterboten von Lernstrategien. Viel wichtiger ist, dass die Mitarbeiter bei ihren aktuellen Herausforderungen abgeholt werden, eine klare Struktur ihrer Entwicklungsprozesse erfahren, die ihr Vorwissen mobilisiert, eine sinnvolle Verknüpfungen zwischen schon vorhandenem und neuem Wissen ermöglicht und Prozesse des Verstehens anbahnt (vgl. Wahl 2011).

Wir halten eine bloße Gamification für Werteentwicklungsprozesse nicht für besonders nützlich und empfehlen deshalb deren Anwendung für eine gezielte Werteentwicklung von Persönlichkeiten nicht. Es genügt nämlich nicht, spannende Spielszenarien zu entwickeln und mittels „Gamification" Belohnungen zu verteilen. Gezielte Werteentwicklung erfordert vielmehr grundlegend veränderte Denk- und Handlungsweisen aller Beteiligten, von den Spielentwicklern über die Lernbegleiter bis zu den Mitarbeitern.

Die gezielte Entwicklung von Werten kann mit den heutigen, uns bekannten Serious Games noch nicht erreicht werden. Die Mitarbeiter können in den meisten Spielen Wissen aufbauen, sich die notwendigen Methoden und Fertigkeiten erarbeiten, sich also qualifizieren, und sie können für die emotionalen Aspekte der Problemlösung sensibilisiert werden, aber nicht mehr. Im Vordergrund steht bei den aktuellen Spielen somit der wertfreie Transfer von Wissen im engeren Sinne über den Avatar zum Spieler bzw. Lerner. Werte können aber erst dann verinnerlicht werden, wenn sich die Lerner in als real empfundenen Situationen beweisen müssen und Entscheidungen zu treffen haben, deren Folgen sie mit allen Konsequenzen tragen müssen.

Eine Ausnahme bilden Systeme wie Flugsimulatoren der Fluggesellschaften, bei denen die Akteure Realität und Fiktion häufig nicht mehr auseinanderhalten können. Mit der Entwicklung semantischer Systeme werden sich die Spiele zukünftig immer mehr der Realität angleichen, sodass in einigen Jahren auch gezielte Werteentwicklungsprozesse mit Seroius Games möglich sein werden, weil sie dann emotional-motivationale Labilisierungsprozesse in „fiktiver Realität" ermöglichen.

Ein Ausblick: Personalisierte Werteentwicklung 2029

Die Zukunft hat schon begonnen. Nicht länger bedarf es menschlicher Mithilfe, um aus dem Wissensvorrat und permanenten Wissensnachschub (in der Cloud) ebenso unaufhörlich neue Schlüsse zu ziehen. Der Computer lernt selbst. Und denkt selbst.

Wir nennen die zukünftigen, menschenähnlich agierenden Rechner humanoide Computer (auch Humancomputer, Human Computer, kognitive Computer) (vgl. dazu Jeffery 2000; Scheibner 2002; BITKOM 2015). Mit dieser Bezeichnung wollen wir kennzeichnen, dass sie, ähnlich wie Menschen, Problemstellungen erfassen, analysieren, bewerten und unter Nutzung der Möglichkeiten des Netzes lösen können. Sie haben eigene Meinungen, die sie auch kritisch äußern, und entwickeln von sich aus Lösungsvorschläge. Dabei nutzen sie ihre Erfahrungen aus früheren Entscheidungen der sich entwickelnden Persönlichkeit, sodass sie im Laufe der Zeit auch deren emotionale und motivationale Wertungen und deren Wertesystem verinnerlichen und in ihre Vorschläge mit einbeziehen. Es wird dadurch möglich sein, Werte- und Kompetenzentwicklung mithilfe des Partners Computer auf einem bisher nicht möglichen Niveau zu optimieren (vgl. Erpenbeck und Sauter 2014). Human Computer ermöglichen Werte- und Kompetenzentwicklung im Netz mit Computer Co-Coaching.

Stellen sich schon heute bei Coachingprozessen oft gegenseitige Beziehungen ein, die man zutreffend als Co-Coaching bezeichnen kann, resultiert nun ein Computer Co-Coaching, das heißt, der Computer übernimmt die Rolle eines Coaches, ist nicht mehr nur technischer Gehilfe, Gerät, Instrument, sondern Entwicklungspartner im eigentlichen Kompetenzentwicklungsprozess (vgl. im Folgenden Erpenbeck und Sauter 2014).

Die Mitarbeiterentwicklung in und mit solchen Systemen verändert alle unsere Gewohnheiten in dynamischer Form. Die Anforderungen an Bildungsplaner, Prozessbegleiter und vor allem an die Mitarbeiter selbst verändern sich fundamental und mit wachsender Geschwindigkeit:

- *Lernorte:* Die Arbeit „wächst" in das Lernen, das Lernen in die Arbeit hinein; duale Formen des Lernens (in der Verschmelzung von Arbeits- und Entwicklungsprozessen) werden immer wichtiger.
- *Lerninhalte:* Werte und Kompetenzen, die Fähigkeit, Problemstellungen im Arbeitsprozess selbstorganisiert und kreativ lösen zu können.

- *Lernräume und Lernumgebungen:* Vorratslernen und vom Arbeitsprozess abgekoppelte Lernräume werden seltener. Es entstehen Entwicklungs- und Coachingumgebungen, in denen die Mitarbeiterentwicklung beim Bewältigen von realen Herausforderungen stattfindet. Dabei werden Zweifel, Widersprüchlichkeit oder Verwirrung (Dissonanzen) aufgelöst; es entstehen neue Lösungsmuster. Diese emotionale Labilisierung bildet die Basis der Werte- und Kompetenzentwicklung, die durch neue Erlebnisse, Erfahrungen, Schwierigkeiten oder Konflikte bis hin zu Katastrophen gekennzeichnet sein wird.
- *Lernformen:* Offenes Lernen und Fernlernen werden erheblich zunehmen, das E-Learning, das heute noch in hohem Maße formellen Charakter hat, wird sich immer mehr zu einem Social Learning wandeln und an Bedeutung gewinnen.

Die Mitarbeiter werden ihr Wissen zukünftig nicht mehr nach den Vorgaben eines Curriculums mit Web Based Trainings, die durch geschlossene, formelle Aufgabentypen wie Multiple Choice oder Drag & Drop geprägt sind, sondern im Rahmen ihrer Werte- und Kompetenzentwicklung in der Kommunikation mit ihrem persönlichen Lernpartner Computer (Computer Co-Coaching) und ihren menschlichen Lernpartnern (Co-Coaching) gezielt bei Bedarf aufbauen.

Bei diesem Computer Co-Coaching erhalten die Mitarbeiter für ihre Herausforderungen im Arbeitsprozess bei Bedarf Lösungsvorschläge, die sich nicht nur an den Fakten, sondern auch an deren Gewohnheiten und Werten, die der Entwicklungspartner Computer laufend erfasst, orientieren. Entscheidungen der Persönlichkeiten fließen dann wiederum in die zukünftigen Ausarbeitungen und Vorschläge des Partners Computer mit ein. Damit entwickelt sich diese Partnerschaft in einem dynamischen Prozess weiter.

Wir gehen davon aus, dass das Co-Coaching mit (menschlichen) Entwicklungspartnern dabei an Bedeutung deutlich zunehmen wird, weil die Mitarbeiter immer mehr selbstorganisiert arbeiten und lernen. Diese Partnerschaften konzentrieren sich dabei jedoch zunehmend auf die Bewertung der Vorschläge des Partners Computer und auf die Entscheidungsfindung. Unsere künftigen KI-Partner werden eigene Werte entwickeln, die vielleicht häufiger als uns lieb ist, in Konflikt mit unseren eigenen Werteorientierungen geraten. Wann sie sich dann gegen uns kehren ist vielleicht nur eine Frage der Zeit.

Korb 2: Gezielte Werteentwicklung von Persönlichkeiten im Coaching und Mentoring

„Handeln kann man nur handelnd erlernen!" (Diethelm Wahl)[1]

Was bedeutet diese Erkenntnis von Diethelm Wahl für den Aufbau von Werten? Auch ein Dirigent kann die Musik nicht selbst machen, er schafft lediglich die Bedingungen dafür. Alle Musiker eines Orchesters lernen selbstverständlich täglich selbstorganisiert, indem sie mit ihrem Instrument üben. In den Proben bringen sie sich anschließend in gemeinsame Lernprozesse ihres Netzwerks ein und werden dabei vom Dirigenten gezielt begleitet. Natürlich werden sie auch theoretisches Wissen über ihre Musik aufbauen. Dies bildet aber nur die notwendige Voraussetzung.

Wir müssen deshalb die Antwort auf die Frage, wo der wichtigste Lernort ist, vom Kopf auf die Füße stellen. Lernen findet dort statt, wo Herausforderungen zu lösen sind. Die Schweizer Mediendidaktiker Christoph Meier und Sabine Seufert überschreiben diese Entwicklung am Beispiel der beruflichen Bildung mit (Meier und Seufert 2012, S. 20):

Arbeiten ist Lernen und Lernen ist Arbeiten.

Deshalb kommt der gezielten Begleitung der Werteentwicklung von Persönlichkeiten, dem Coaching und Mentoring eine zunehmende Bedeutung zu. Dabei zeigt es sich in der Praxis, dass die Grenzen zwischen Mentoring und Coaching fließend sind, obwohl beide Formen grundsätzlich unterschiedlich sind.

---

[1]http://www.prof-diethelm-wahl.de

Coaching

Der Begriff Coaching hat ebenso viele Spielarten wie der Kompetenzbegriff (vgl. Migge 2005; Radatz 2006; Braun et al. 2004).

Wir verstehen unter Coaching die Beratung und Begleitung einer Person (Coachee, Gecoachter) oder mehrerer Personen durch eine oder mehrere andere (den Coach, die Coaches), die den Gecoachten bei der Ausübung von komplexen Handlungen befähigen, optimale Ergebnisse selbstorganisiert hervorzubringen.

Damit greifen wir den Ansatz des *Peer Working* auf. Das heißt nichts anderes, als zu ermöglichen, Selbstorganisationsfähigkeiten des Handelns, also Werte und Kompetenzen zu entwickeln. Folgerichtig stärkt Coaching in beruflichen Entwicklungsprozessen die Fähigkeit zur Selbstorganisation im Sinne einer „Hilfe zur Selbsthilfe". Es handelt sich überwiegend um arbeitsbezogene Selbstreflexion. Sie kann von Person zu Person, aber auch im Netz erfolgen.

Allerdings ist damit noch nichts dazu gesagt, wie das Coaching für die gezielte Werteentwicklung von Persönlichkeiten genutzt werden kann. Die Stoßrichtung ist verständlicherweise viel allgemeiner. Wir werden deshalb so vorgehen:

Zunächst knüpfen wir an Überlegungen von Gerhard Roth und Alicia Ryba an, die in ihrem Buch „Coaching, Beratung und Gehirn" (2016) die neurobiologischen Grundlagen wirksamer Veränderungskonzepte analysieren, jedoch ohne speziell auf die gezielte Veränderung von Wertungen, von Werten einzugehen. Ihnen gelingt es, die große Fülle von Coachingansätzen unter dem Blickwinkel grundlegender Coachingprinzipien zu systematisieren.

Dabei zeigt es sich, dass *erstens* ein Rückgriff auf neurobiologische Sachverhalte, insbesondere auf die Rolle von Emotionen und des limbischen Systems, wie wir sie schon an anderer Stelle – auf Seite 23 – mit Bezug auf Forschungen von Gerhard Roth skizziert haben, unerlässlich ist.

Zweitens wird deutlich, dass ein wirkungsvolles Coaching, auch ein werteentwickelndes Coaching nur vor dem Hintergrund von Selbstorganisationstheorien verstanden werden kann. Das legt nahe, besonders die sogenannten systemischen Ansätze zu betrachten, wobei in den meisten Fällen der Begriff „systemisch" auf einen Selbstorganisationshintergrund verweist.

Drittens ist das Level der „Involvierung", in unserem Verständnis also der emotionalen Labilisierung, von großer Bedeutung für die Klassifizierung der Coachingansätze und für das Verständnis ihrer Wirksamkeit.

Zusammenfassend wird in diesem Werk definiert:

„Coaching ist eine aus der Praxis heraus entstandene Beratungsform, die zu einem globalen Phänomen geworden ist, weltweit wächst und sich immer weiter ausdifferenziert... Hierzulande steht das *Einzelcoaching* durch externe Berater im Mittelpunkt. Ein weiteres wichtiges Merkmal ist der Schwerpunkt auf *Executive-* oder *Business-Coaching*. Mittlerweile ist jedoch eine zunehmende Diversifizierung in verschiedene Zielgruppen, Praxisfelder und Varianten entstanden, die zusammen einen bunten Markt ergeben. Um die Vielfalt sinnvoll zu erfassen, verwenden wir in Anlehnung an Segers und Kollegen einen Coaching Cube, den wir abgewandelt haben. Darin unterscheiden wir vier Dimensionen:

- Kontext (Zielgruppen, Praxisfelder)
- Agenda
- Ansätze und
- Varianten...

Je nach Kombination der entsprechenden Dimensionen ergeben sich verschiedene Nuancen bei der Beantwortung der Frage ‚was ist Coaching?' Wir haben festgestellt, dass der gemeinsame Nenner im Coaching der berufliche Handlungserfolg ist. Dieser steht meist unabhängig vom Kontext im Vordergrund, denn für den Klienten geht es im Kern darum, ‚etwas zu verbessern, zu erleichtern, zu erreichen oder auch zu ermöglichen'... Eine wichtige Rolle spielt dabei die Entwicklung von Fähigkeiten, Leistungen und der Person als Ganzes...

International setzt sich langsam eine Unterscheidung der Coaching – Agenden nach dem Level der ‚Involvierung' durch."

Wir fügen aus unserer Sicht hinzu: Coaching ist in der Regel nicht inhaltsorientiert *(Welche Werte werden entwickelt?)* sondern prozessorientiert *(Wie werden diese Werte entwickelt?)*; es geht nicht davon aus, dass Werte- und Kompetenzentwicklung durch einen Experten gesteuert werden muss, sondern dass es durch die Fragen, Ziele und Werte des Lerners selbst vorangetrieben wird; es wird nicht primär vom Wissen, sondern von Reflexionen, Wertungen und Handlungen angetrieben.

Coaching erfolgt auf freiwilliger Basis, als zielgerichtetes, gemeinsam abgestimmtes Vorgehen zwischen Coach und Gecoachten und ist gekennzeichnet durch Akzeptanz, Vertrauen und Kooperation auf beiden Seiten. Es erfolgt in mehreren Sitzungen, meist in begrenzter und zuvor festgelegter Anzahl und ist deutlich von therapeutischen Interaktionen zu unterscheiden, selbst da, wo gelegentlich Methoden und Denkweisen aus dem therapeutischen Bereich als Anregungen übernommen werden. Häufig geht es nämlich auch um schwierige und emotionsbeladene Situationen des Gecoachten.

Coaching im Netz vereint Vor- und Nachteile: Als Fernberatung ist es oft schwerer, emotionsgeladene Situationen aufzuspüren und die notwendige Unterstützung für die Selbstorganisation zu leisten. Andererseits ist die Möglichkeit intimer Anonymität des Netzes oft hilfreich, um emotionale Verwundungen und Konflikte anzugehen.

Coaching erfolgt in miteinander verknüpften Phasen. Sie lassen sich kennzeichnen als (Claushues 2002, S. 1–2):

- Kontraktphase
- Diagnosephase
- Phase der Gewinnung von Handlungsalternativen
- Reflexions- und Auswertungsphase

Diese Phasen ähneln deutlich denen des Interiorisationsprozesses, was die Nähe zum Werteaufbau unterstreicht. Der Coach wird mehr und mehr zum Wertecoach und wächst über die Rolle des traditionellen Lehrers oder Ausbilders hinaus (vgl. Bauer et al. 2006).

Der Coachingbegriff wird ebenso wie andere vielfältig nutzbaren Begriffe heute fast inflationär verwendet und entwickelt sich zu einem allgegenwärtigen Begriff, der manchmal zum Deckmantel für altbewährte Konzepte wie Schulung oder Beratung gebraucht wird. An unserer Fragestellung nach der gezielten Werteentwicklung durch Coaching können wir jedoch festhalten.

Neurobiologie und das Coaching gezielter Werteentwicklung von Persönlichkeiten

Wenden wir uns noch einmal dem inzwischen weithin bekannt gewordenen neurobiologischen Vier-Ebenen-Modell der Persönlichkeit von Gerhard Roth zu, mit den Ebenen: vegetativ-affektives Verhalten und emotionale Konditionierung, Belohnung, Motivation zusammengefasst als *unbewusstes Selbst*, rechter assoziativer Neocortex als *individuell-soziales Ich* und linker assoziativer Neocortex, Broca-Wernicke als *kognitiv-kommunikatives Ich*. Wir haben das Vier-Ebenen-Modell auf Seite 23 kurz herangezogen. Dieses Modell macht in hohem Maße sinnfällig, welche zentrale Rolle Wertungen in den neurobiologischen Prozessen des Gehirns und damit für die Persönlichkeit spielen.

Die wirklichen neurobiologischen Prozesse, die diesem Modell zugrunde liegen, sind allerdings viel komplizierter und komplexer. Um sie anzudeuten gehen Roth und Ryba einen weiten Weg (vgl. Roth und Ryba 2016). Sie stellen die neuronale Grundstruktur des Gehirns und seine funktionelle Anatomie detaillierter dar. Sie entwickeln ein neurobiologisch inspiriertes Modell der Persönlichkeit, welches das klassische Eigenschaftsparadigma der psychologischen Persönlichkeitspsychologie überwindet und doch zugleich die Stabilität der Persönlichkeit erklärt. Sie erfassen die Organisation des Gedächtnisses und gehen dabei auch auf das emotionale Gedächtnis ein. Für uns besonders wichtig erscheint das Kapitel über Motivation und Veränderbarkeit. Während wir uns nahezu ein Leben lang Sachwissen in bestimmten Gebieten aneignen können, erlebt das emotionale Lernen seinen Höhepunkt in den ersten Lebensjahren, dann verfestigt sich langsam unsere Emotionalität; während wir im mittleren Lebensalter erkenntnismäßig meist noch fit sind, fallen uns emotionale Veränderungen zunehmend schwer (Roth und Ryba 2016, S. 202).

Besonders wichtig erscheint uns die Feststellung, dass das wertende limbische System bei der Verhaltensentscheidung „das erste und das letzte Wort" hat:

„Das erste Wort beim Entstehen der Wünsche und Pläne, und das letzte bei der Entscheidung darüber, ob das, was an Handlungsabsichten gereift ist, jetzt und so und nicht anders getan werden soll. Natürlich redet das limbische System auch zwischendurch mit, aber hier kommt ebenfalls der rationale Verstand zu Wort, der vorher und nachher schweigt und dann erst wieder bei der Bewertung der Konsequenzen des Handelns mitspricht…

Die wichtigste Botschaft dieses Kapitels lautet, dass es entgegen der traditionellen Sicht nicht wesentlich Rationalität und Verstand sind, die letztendlich unser Verhalten bestimmen, sondern dass dies das limbische System als umfassendes Erfahrungsgedächtnis macht, das sich in der ständigen unbewussten beziehungsweise bewussten Bewertung dessen, was wir erleben und was wir tun, ein Leben lang anreichert.

„Dies garantiert, dass wir alles, was wir tun, im Lichte unserer gesamten Erfahrung tun. Ist diese Erfahrung mehr oder weniger positiv, so resultiert daraus ein positives Handeln. Wurde sie von vorgeburtlichen, früh- nachgeburtlichen und späteren negativen Ereignissen geprägt, so ergibt sich entsprechend ein eingeschränktes bis schwer gestörtes Verhalten… diese Tatsache gibt vor, auf welchen Ebenen unseres Gehirns Beratung, Coaching und Psychotherapie ansetzen müssen, nämlich dort, wo unsere gesamte Lebenserfahrung verhaltenswirksam wird" (Roth und Ryba 2016, S. 222–224).

Diese Erfahrung wird auf keinen Fall dort verhaltens- und handlungswirksam, wo unsere Lebensereignisse nur kühl, gleichsam protokollarisch abgespeichert sind. Sie umfasst immer und nie vernachlässigbar das erste und das letzte Wort, das unser wertendes limbisches System gesprochen hat. Sie umfasst alle Wertungen, die wir früher oder aktuell aufgrund von Dissonanzen, Irritationen, Labilisierungen emotional tief verinnerlicht haben – unabhängig davon, wie weit wir diese Interiorisationsprozesse schon verstehen und beschreiben können.

Das hält uns dazu an, nicht alles, was sich Coaching nennt, in unsere Betrachtung einzubeziehen. Eine Fülle von Coachingpublikationen ist Ratgeberliteratur. Aber „wir können die Probleme anderer weder verstehen noch lösen" (Raddatz 2003 S. 49). Etliche Handbücher stellen die Schlüsselkonzepte im Coaching zusammen (vgl. Braun 2004; Rauen 2005; Migge 2007, 2018; Greif und Möller 2018; Rückerl 2018). Andere gehen wie in einem Kochbuch vor und summieren Coachingtools oder Coachingfragen (vgl. Gabal 2012).

Ein Ratschlag ist keine Beratung. Wo das Coaching nicht ins Unbewusste und Vorbewusste hineinwirkt, sondern auf der Ebene des Bewusstseins verbleibt, kann es sehr wohl fachliche und persönliche Unterstützung liefern, aber es kann nicht Einfluss auf Wertungen und Entscheidungen der gecoachten Persönlichkeit nehmen. Der berühmte Satz von Maria Montessori „Hilf mir es selbst zu tun. Zeige mir wie es geht" (Montessori 1985, S. 5) bringt das unnachahmlich auf den Punkt. Der komplexen, selbstorganisierten Persönlichkeit helfen Ratschläge nur in sehr begrenztem Maße. Es geht um die Organisation der Selbstorganisation, um einen Ermöglichungsansatz im tiefsten Wortsinn. Gezielte Werteentwicklung im Rahmen des Coaching ist nur auf diesem Wege möglich. Wenn das aber akzeptiert und umgesetzt wird, erweist sich Coaching als eines der wirkungsvollsten Instrumente dieser Entwicklung, weshalb wir ihm hier einen ganzen, wenn auch kleineren Korb eingeräumt haben.

Selbstorganisation und das Coaching gezielter Werteentwicklung von Persönlichkeiten

Von den unterschiedlichen Interventionsverfahren und -techniken im Coaching nimmt die systemische Therapie bzw. Kommunikationstherapie den Spitzenplatz ein (vgl. Gabal 2012). Systemisch ist fast immer ein Synonym für selbstorganisativ. Es rückt damit von vornherein in die Nähe unseres Verständnisses von Wertungen, von Werten. Diesen Gedanken wollen wir einen Moment verfolgen. Wir sind mit einer großen Anzahl von Werken über systemisches Coaching konfrontiert (vgl. Schmidt 2004; Müller und Hoffmann 2008; König und Volmer 2009; Janßen 2013; Vaterlaus 2016; von Schlippe und Schweitzer 2016; König und Volmer-König 2016; Janßen und Schödlbauer 2017; Schubert-Golinski und Wandhoff 2018; König und Volmer 2018; König und Volmer 2019). Wir wollen aber vorab dem Begriff des Systemischen etwas Aufmerksamkeit zuwenden.

„Systemisches Denken verwendet Erklärungen, die sich aus der Systemtheorie ableiten lassen, und das heißt konkret: an die Stelle geradlinig-kausaler Trident zirkuläre Erklärungen, und statt isolierter Objekte werden die Relationen zwischen ihnen betrachtet" (Simon 2006, S. 12). Fritz B. Simon führt unterschiedliche Systemtheorien an, von der klassischen Kybernetik bis hin zur Kybernetik 2, welche letztere Ansätze wie die Theorie dissipativer Strukturen, Chaos- und Komplexitätstheorie, das Modell der Autopoiese und die Synergetik von Hermann Haken umfasst. Unabhängig davon, wie weit man den einzelnen Ansätzen folgen mag, gibt es Erkenntnisse, die kein bloßes Produkt der Beschreibung sind, sondern einen faktischen Wahrheitsgehalt bergen. Dazu gehören Einsichten, die Simon in der Form von Geboten fasst:

- „Mache Dir klar, dass alles was gesagt wird, von einem Beobachter gesagt wird" – dass es also „Objektivität" im besten Fall als Ergebnis der Einigung unterschiedlicher Beobachter über die anzuwendenden Beobachtungsmethoden und deren Ergebnisse gibt.
- „Trenne in Deiner inneren Buchhaltung die Beschreibung beobachteter Phänomene von ihrer Erklärung und Bewertung" – aus der Beschreibung von Phänomenen ergibt sich noch keine direkte Handlungskonsequenz; erst die Bewertung eines so beschriebenen Zustandes als erwünscht oder unerwünscht führt zu der Frage, wie er erhalten oder verändert werden kann; die Maßnahmen, die dann ergriffen werden, um dieses Ziel zu erreichen, richten sich nach den jeweils konstruierten Erklärungen.
- „Betrachte Paradoxien und Ambivalenzen als normal und erwartbar!" – das Ideal der zweiwertigen Logik, wonach Aussagen entweder „wahr" oder „falsch" zu sein haben …ist ein Artefakt, das durch den Beobachter produziert wird; die tatsächlich existierenden Welt ist immer voller Widersprüche, Antagonien, Unklarheiten, Vieldeutigkeiten und Oszillationen; daher ist Ambivalenz eigentlich die für jeden Beobachter angemessene Normalverfassung (Simon 2006, S. 113–116).

Wir haben hier nur die drei „Gebote" herausgegriffen, die unmittelbar für unsere Frage nach der gezielten Werteentwicklung von Persönlichkeiten wichtig sind. Das erste hier angeführte „Gebot" betont noch einmal deutlich, dass Selbstorganisationsbeschreibungen immer von Elementen und Systemen handeln, die selbst Produkt einer theoretischen Modellierung sind. Das zweite trifft unmittelbar den Kern unseres Anliegens. Objekt und Subjekt der Wertung, wie wir es eingangs im Kleeblatt der Wertungsstruktur unterschieden haben, verraten noch nichts über die Grundlagen und Maßstäbe des Wertens, die uns zu Handlungsvorsätzen und Handlungen führen. Ohne „Ordner des Handelns" wären wir gelähmt, handlungsunfähig. Das dritte „Gebot" führt uns alle Quellen von emotionaler Labilisierung vor Augen, mit denen wir bei komplexen sozialen und psychischen Systemen ständig rechnen müssen.

Simon führt auch die Synergetik als Bezugstheorie an. Er nimmt jedoch auf den großartigen Gedanken der „Ordner" keinen Bezug; dadurch finden Wertungen, Werte nur einen vage beschriebenen, aber keinen fixierten Platz im System.

Auch Roth und Ryba verweisen bei der Beschreibung systemischer Coachingansätze auf die erwähnten Selbstorganisationstheorien, merken aber zurecht an: „Der systemische Ansatz ist gut mit dem Unternehmenskontext des Coaching kompatibel und bietet nützliche Denkmodelle, um systemische, interaktionelle Probleme zu analysieren und zu lösen. Für intrapsychische Probleme reicht dieser Ansatz allein jedoch nicht aus" (Roth und Ryba 2016, S. 39). Es ist ein grundlegender Unterschied, ob man sich von einer Selbstorganisationstheorie die Modellierung komplexer intrapsychischer Probleme erhofft oder ob man nur ein – wichtiges! – Detail, nämlich die Idee der Ordner der Selbstorganisation, herausnimmt, wie wir es vorschlagen.

Involvierung und das Coaching gezielter Werteentwicklung von Persönlichkeiten

Das individuelle Beteiligtsein, Einbezogensein, Mitfühlen und die Involvierung hatten wir bereits früher als Kennzeichen emotionaler Irritation, emotionaler Labilisierung gekennzeichnet. Diese haben wir als wichtigste Voraussetzung der Interiorisation von Werten beschrieben. Wenn wir Roth und Ryba folgen, die meinen, „international setzt sich langsam eine Unterscheidung der Coaching-Agenden nach dem Level der ‚Involvierung' durch", so heißt das nichts anderes, als dass Coachingansätze umso wirksamer sind, je höher der Grad der emotionalen Labilisierung ist – und das wiederum heißt vor allem, dass die Entstehung und emotionale Verankerung von Werten den eigentlichen Kern des Coaching bildet, sieht man von Bestandteilen traditioneller Wissensweitergabe einmal ab.

So ist es kein Wunder, dass erfolgreiche Coaches fordern: Coach Limbic! Und versuchen, gezielt auf jenes Areal des Gehirns einzuwirken, das die Quelle der Emotionen bildet, die zum Erfolg führen, aber auch Erfolge verhindern können: Auf das limbische System (vgl. Besser-Siegmund und Siegmund 2008; Häusel 2009). Und dass sie auf Methoden setzen, die Labilisierung forciert bewirken und damit eine gezielte Werteentwicklung beschleunigen (vgl. Wartenweiler 2003).

Besonders deutlich sieht man den Unterschied von bloßer Wissensweitergabe und Involvierung im Bereich des Politischen. Das politische Wissen der Bürger ist der aussagekräftigste Indikator für die politische Informiertheit. Das lässt sich in objektives politisches Wissen als Faktenwissen und in subjektives politisches Wissen unterteilen, also das Wissen, das der einzelne Bürger glaubt, über die Politik zu besitzen. Politische Informiertheit wird als unverzichtbare und wichtigste Eigenschaft eines „zuverlässigen Demokraten" eingestuft. Eine ganz andere Sicht eröffnet der Begriff der – politischen – Involvierung. Er beschreibt die „Aufmerksamkeit", die Interessen, die ein Individuum den politischen Geschehnissen entgegenbringt. Sie sind notwendige Voraussetzung funktionsfähiger Demokratien: ohne Involviertheit keine Mitbestimmung. Die Interiorisation politischer Werte in Form von Interessen wird zu einem deutlichen Politikum, die Involviertheit zu einem Zukunftsschlüssel (Gally 2004, S. 4).

Wertecoaching und die gezielte Werteentwicklung von Persönlichkeiten

Nach allem bisher Zusammengetragenen besitzt das Coaching die Methoden und Möglichkeiten, gezielt Werte von Persönlichkeiten zu entwickeln, sei es im Bereich von Organisationen und Unternehmen, sei es im Bereich von Schulen und Bildungseinrichtungen, die sich aber, wie wir im Korb 4 sehen werden, diesen Möglichkeiten weitgehend entziehen. Stattdessen hat sich ein eigener Coachingbereich herausgebildet, der nicht weniger und nicht mehr als ein echtes Wertecoaching anstrebt (vgl. Dyckhoff und Kensok 2004; Schlieper-Damrich und Kipfelsberger 2008; Schlieper-Damrich

2010; Grün 2011; Kensok 2012; Ohnesorge und Engelbert Fitz 2014; Gössl 2016; Migge 2016; Migge und Fränkle 2016; Schlegel 2017; Bänziger-Plocher 2018; Besser-Siegmund und Siegmund 2018; Burmeister 2018).

Neben eigenen oder an anderes Coaching angelehnten Methoden findet man vor allem solche, die sich am religiösen oder anderem spirituellen Umgang mit Werten orientieren und solchen, die auf die Logopädie des Psychotherapeuten Viktor Frankl bauen (Frankl 2015; Schechner und Zürner 2013). Das ist schon insofern nahegelegt, als die Logotherapie eine Kategorie in den Mittelpunkt stellt, die enge Beziehungen zu Wert und Wertung besitzt: den Sinn. *Sinn ist immer eine Wertezuschreibung.*

Wesentliche Beiträge zur psychologischen Sinnproblematik stammen neben Frankl vor allem von Jantzen (Jantzen 1994; Jantzen 1987, S. 132 ff.), der u. a. Ansätze Leontjews weiterentwickelt. Seinen Ergebnissen nach hat man zu unterscheiden zwischen einem biologischen Sinn, der die lebensgeschichtliche Gesamtheit der Bewertungen des emotionalen Apparates (Unlust, Angst/Furcht, Zorn, Behagen) umfasst, einem individuellen Sinn, der diese Bewertungen individualisiert (individuell-differenzielle Emotionen: Angst, Zorn, Unbehagen, Ekel, Schmerz, Furcht, Überraschung, Freude) und schließlich einem persönlichen Sinn, der die Form der Herausbildung von ethisch-moralischen und politisch-weltanschaulichen Werten des Handelns annimmt. Hier gibt es enge Bezüge zu Gerhard Roths Vier-Ebenen-Modell.

Im historisch-philosophischen Bereich erlangt der Sinnbegriff eine vielfache Belegung. Sinn kann Zweckdienlichkeit, also utilitaristische Werte beinhalten; er kann eine Deutbarkeit, also Wertehaltigkeit, für das oder die Individuen meinen. Sinn kann, wie bei Frankl, als Wertung der Existenz selbst fungieren, sich auf den Sinn des Lebens, auf die Überwindung von Entfremdung beziehen oder die Existenz individueller und kollektiver Subjekte hinsichtlich gesellschaftlichen Fortschritts werten.

Alle diese Sinnbegriffe sind auf Wertebegriffe gegründet. Man kann von Werten sprechen, ohne die Sinnkategorie zu bemühen. Man kann nicht von Sinn sprechen, ohne auf die Kategorie „Wert" Bezug zu nehmen. Man kann Werte vielfältig differenzieren, wie in der Einführung angedeutet. Ähnliches ist beim Sinn nicht möglich. Die sozialhistorische Konkretheit ist geringer. Die Wertekategorie ist beispielsweise besser geeignet, die spezifischen Unterschiede wissenschaftlicher, künstlerischer und lebensweltlicher Aneignungsprozesse und -resultate erkenntniskritisch zu hinterfragen. Die Sinnkategorie ist bestenfalls geeignet, prinzipielle Gemeinsamkeiten zu betonen. Es gibt einen Widerspruch zwischen dem Anspruch des Sinnkonzepts und seiner wirklichen Leistung.

Seine Vorzüge liegen also weniger auf der allgemein philosophischen Ebene als darin, die Wertehaltigkeit für einzelne Persönlichkeiten, für die Wertung ihrer persönlichen Existenz festzustellen, den Sinn ihres Lebens als Eigen-Sinn zu erklären. Das ganze praktisch-therapeutische Bemühen von Viktor Frankl ist genau darauf gerichtet. Insofern stellt das an Logopädie und Existenzanalyse anknüpfende Wertecoaching einen wichtigen und fruchtbaren Zugang zur gezielten Werteentwicklung von Persönlichkeiten dar.

Praktisches Vorgehen
Bei der Entwicklung von Entwicklungskonzeptionen ist die zentrale Frage, welche physischen, psychischen und sozialen Prozesse für Menschen derart wichtig sind, dass sie zu wirkungsvollen emotionalen Anstößen oder Irritationen, also zur Werte- und Kompetenzentwicklung führen. Neben der Praxis- und der Trainingsstufe spielt das begleitende Coaching eine zentrale Rolle.

Beim Coaching der gezielten Werteentwicklung von Persönlichkeiten sollten Sie, unabhängig vom einzelnen Ansatz des eben besprochenen Wertecoaching, den Sie für sich auswählen, entsprechend den realen und für Ihre Bedürfnisse weiterentwickelten Herausforderungen den Ansatz des *Peer Working* aufnehmen. Das heißt nichts anderes, als zu ermöglichen, Selbstorganisationsfähigkeiten des Handelns, also Werte und Kompetenzen, kollaborativ zu entwickeln. Das können Sie am vorteilhaftesten als arbeitsbezogene Selbstreflexion gestalten. Sie kann von Person zu Person, aber auch im Netz erfolgen.

Legen Sie fest, worauf Ihr Coaching bezogen sein soll: Auf eine handelnde Person, auf ihre Aktivität und ihr Engagement, auf ihre Position in und gegenüber sachlichen Erfordernissen und Aufgaben oder auf ihre Funktion in und gegenüber anderen Menschen in Gruppen, Teams, Unternehmen, Organisationen. Soll es im Rahmen Ihres werteorientierten Coaching mehr um die Werteaarten Genuss, Nutzen, ethisch-moralische Aspekte oder sozial-weltanschauliche Aspekte sowie um Kombinationen davon gehen?

Coaching setzt die Ziele von Aktivität und Engagement in der Regel nicht selbst, sondern nutzt die im beruflichen oder auch persönlichen Alltag vorkommenden Probleme, um diese Werte zu entwickeln und Handlungsfähigkeiten und Lernoutcomes der Coachees zu erhöhen. Hierin können Sie den entscheidenden Unterschied zum Training sehen, das Ziele und Aufgaben selbst setzt, um eine beabsichtigte Entwicklung zu erreichen.

Ihr Coaching muss, wie bereits generell festgestellt, auf freiwilliger Basis, als zielgerichtetes, gemeinsam abgestimmtes Vorgehen zwischen Ihnen und dem Gecoachten erfolgen. Es sollte durch Akzeptanz, Vertrauen und Kooperation auf beiden Seiten gekennzeichnet sein. Beraumen Sie mehrere Sitzungen in begrenzter und zuvor festgelegter Anzahl an. Heben sie die deutlichen Unterschiede zu therapeutischen Interaktionen hervor. Sie selbst müssen entscheiden, wo Sie gelegentlich Methoden und Denkweisen aus dem therapeutischen Bereich als Anregungen übernehmen, besonders wenn es um schwierige und emotionsbeladene Situationen des Gecoachten geht.

Überlegen Sie, ob Sie Methoden des E-Coaching einsetzen wollen. Das vereint, wie angedeutet, Vor- und Nachteile: Als Fernberatung ist es oft schwerer, emotionsgeladene Situationen aufzuspüren und die notwendige Unterstützung für die Selbstorganisation zu leisten. Andererseits ist die Möglichkeit intimer Anonymität des Netzes oft hilfreich, um emotionale Verwundungen und Konflikte anzugehen.

Sie können Ihr Coaching durchführen als *Einzelcoaching* oder *Gruppencoaching*, als *Teamcoaching* oder *Projektcoaching*, als *internes* oder *externes* Coaching, als *Fremdcoaching* oder *kollegiales Coaching* zum Beispiel unter Nutzung des *Doppeldeckerprinzips*. Dabei entwickeln Sie als künftiger Coach ihre Kompetenzen über das Netz und mit genau den Methoden, die sie später selbst einsetzen. Hier gibt es Parallelen zur Lehranalyse bei Sigmund Freud. Sie werden dabei mehr und mehr zum Werte- und Kompetenzcoach und wachsen über die Rolle eines traditionellen Lehrers oder Ausbilders hinaus.

Unabhängig davon, welche Methode des Wertecoaching Sie für sich auswählen, erfolgt die *Begleitung gezielter Werteentwicklungsprozesse in mehreren Schritten*, die teilweise oder ganz ins Netz verlegt werden können.

- Zunächst klären Sie Werteentwicklungsziele und legen den individuellen Entwicklungsbedarf Ihrer Coachees fest.
- Danach wählen Sie gemeinsam mögliche Wege der Werteentwicklung und überlegen, welche Arbeitsprozesse oder Praxisprojekte so herausfordernd sind, dass sie, wenn sie bewältigt werden, die angestrebten Werte aufbauen und verankern können.
- Der Mitarbeiter plant und setzt seine personalisierte Werte- und Kompetenzentwicklung nunmehr selbstorganisiert um, lediglich begleitet durch Sie als Coach.
- Sie beobachten und bewachen den Werteentwicklungsprozess, helfen dem Coachee über Entwicklungsklippen hinweg und führen regelmäßige Reflexionsgespräche.
- Auf dieser Basis plant der Coachee seine weiteren Entwicklungsschritte.

Coaching hat sich in agilen Entwicklungsprozessen als die optimale Begleitung erwiesen. Da es jedoch nicht möglich ist, jedem Mitarbeiter und jeder Führungskraft einen Coach zur Seite zu stellen, kommt der Entwicklungsbegleitung durch Partner im Rahmen des Co-Coaching eine zentrale Bedeutung zu. Immer wenn eine solche Engpasssituation besteht, sollten Sie an die Einführung eines Co-Coaching denken.

∑ Nutzanwendung

Der Coach soll den Gecoachten bei der Ausübung von komplexen Handlungen befähigen, optimale Ergebnisse selbstorganisiert hervorzubringen. Das heißt nichts anderes, als Selbstorganisationsfähigkeiten des Handelns, also Kompetenzen und mit ihnen Werte, zu entwickeln. Folgerichtig stärkt Coaching in beruflichen Entwicklungsprozessen die Fähigkeit des Coachee zur Selbststeuerung, zur Selbstorganisation im Sinne einer „Hilfe zur Selbsthilfe".

In jedem Coachingprozess entwickeln sich Werte, Werteorientierungen und Wertehaltungen des Coachees. Aber nicht jedes Coaching dient dazu, die gezielte Werteentwicklung der Persönlichkeit des Coachees zu begleiten und zu fördern. Das setzt vielmehr ein spezielles Wertecoaching voraus. In der Fülle beschriebener Coachings bilden Wertecoachings einen geringen Teil. Aber sie erweisen sich für das von uns verfolgte Ziel als äußerst wirkungsvoll.

Mentoring und die gezielte Werteentwicklung von Persönlichkeiten

„Beim *Mentoring* geht es darum, Weisheit zu teilen… eine Zwei-Wege-Straße, von der beide Seiten profitieren" (Sokrates).

Mentoring ist seit der Antike ein Begriff für intensives, zielorientiertes und individuelles Lernen.

„Beim werteorientierten Mentoring ermöglicht ein erfahrener, interner Prozessbegleiter (Mentor) Werteentwicklungsprozesse seiner Mitarbeiter, indem er auf Basis seiner breiten Erfahrungen und Eindrücke seine Mitarbeiter berät und die erforderlichen Rahmenbedingungen für gezielte, selbstorganisierte Entwicklungsprozesse schafft" (nach Graf und Edelkraut 2017, S. 1 ff.).

Es handelt sich um ein Wertementoring zur gezielten Werteentwicklung durch – oft ältere – Mitarbeiter oder Führungspersonen. Die Mentoren werden von den Mentees fachlich und persönlich anerkannt, Ihnen wird vertraut.

Bereits seit dem Ende der 70er-Jahre hat sich Mentoring in den USA, vor allem in der Führungskräfteentwicklung und bei der Einführung neuer Mitarbeiter, in neue Aufgaben verbreitet (Höher 2014, S. 79). Seit dem Ende des vergangenen Jahrhunderts gewinnt Mentoring auch in Deutschland, insbesondere in Form des Business-Mentoring, an Bedeutung. Mentoring wird u. a. als Instrument der gezielten Werteentwicklung in Unternehmen eingesetzt (vgl. Höher 2014, S. 79 ff.).

Während das Mentoring in klassischen Ansätzen meist eine Beziehung einer älteren, erfahrenen Person aus einer höheren Hierarchie zu einer Nachwuchskraft beschrieben, wird im Rahmen der selbstorganisierten Werteentwicklung ein Mentoring in Form einer Entwicklungspartnerschaft benötigt, bei dem die Kommunikations- und Kollaborationsprozesse in der Organisation mit dem Ziel der Vernetzung der Mitarbeiter auf Augenhöhe im Vordergrund stehen. Dabei wird nicht nur Erfahrungswissen weitergegeben, sondern neues Wissen in einem gemeinsamen Prozess entwickelt, sodass dabei die Werte beider Partner selbstorganisiert weiterentwickelt werden.

Die Führungskräfte schaffen als Entwicklungspartner ihrer Mitarbeiter – Mentor – die notwendigen Rahmenbedingungen, stellen bei Bedarf Kontakte her und vereinbaren in Abstimmung mit ihren Mitarbeitern verbindliche Ziele für Praxis- oder Projektaufträge, die eine selbstorganisierte Werte- und Kompetenzentwicklung ermöglichen.

Praktisches Vorgehen
Das Ziel des werteorientierten Mentoring ist es, den gezielten Entwicklungsprozess der Mitarbeiter mithilfe des Netzwerks ihrer Führungskräfte zu intensivieren und ihrer Entwicklungsprozesse beratend zu begleiten. In diesen Mentoringprozessen liegt der Effekt vor allem auf dem Transfer sowie der Entwicklung von implizitem Wissen und Werten des Mentors, der dafür einen entsprechenden Erfahrungshintergrund mitbringen sollte (vgl. Sauter und Sauter S. 2016, S. 216 ff.).

Zusätzlich zu den genannten Vorteilen fördert ein Mentoring die Vernetzung der Mitarbeiter in der Organisation, insbesondere mit Entscheidern. Umgekehrt erhalten die Mentoren ein eindeutiges Feedback von ihren Mitarbeitern und erfahren selbst einen anderen Blickwinkel auf die Organisation.

Zu Beginn der Zusammenarbeit ist es notwendig, dass Mentor und Mentee ihre wechselseitigen Erwartungen klären und daraus verbindliche Vereinbarungen für ihre Zusammenarbeit treffen. Die Rolle der Mentoren in

Werteentwicklungsprozessen konzentriert sich auf folgende Bereiche (vgl. Höher 2014, S. 114 ff.):

- In einem Entwicklungsgespräch mit seinen Mitarbeitern vereinbart die Führungskraft (Mentor) auf Basis der Werteerfassung Herausforderungen im Arbeitsprozess oder in Praxisprojekten, in denen die angestrebten Werte und Kompetenzen aufgebaut werden können.
- Die Führungskraft sorgt für die erforderlichen Rahmenbedingungen organisationaler, finanzieller und personeller Art.
- Bei Bedarf stellt sie Kontakte her und öffnet Türen für den Mitarbeiter.
- Der Mentor begleitet die Werte- und Kompetenzentwicklungsprozesse aus der Metaebene und gibt regelmäßig Feedback, passt bei Bedarf die Rahmenbedingungen an und unterstützt den Mitarbeiter, der zunehmend auch die Verantwortung für den Prozess mit seinem Mentor übernimmt.
- Zum Abschluss des Entwicklungsprozesses präsentiert der Mitarbeiter auch seinem Mentor die Ergebnisse und berät sich mit ihm über die weiteren Schritte.

Werteorientiertes Mentoring setzt somit eine entsprechende Führungskonzeption voraus, in der die Führungskräfte ihre Rolle vom hierarchischen „Vorgesetzten" zum Entwicklungspartner der Mitarbeiter auf Augenhöhe wandeln (vgl. Sauter 1994). Wichtig ist dabei, dass diese Rollen in einem Veränderungsprozess verinnerlicht werden. Die Treffen finden im Regelfall alle paar Wochen oder Monate statt, während der Austausch mit den Coaches häufiger und bedarfsbezogen erfolgen.

Im Rahmen der Werteentwicklung gewinnt auch das *Peer Mentoring*, bei dem gleichberechtigte Partner sich gegenseitig unterstützen, an Bedeutung. Diese Form des Mentoring ist deutlich stärker durch die gegenseitige psychosoziale und emotionale Unterstützung der Mitarbeiter und ihren gegenseitigen Erfahrungsaustausch geprägt.

Beim *Team-Mentoring* (Heyse und Ortmann 2008, S. 100) berät ein Mentor ein Team, um den Austausch und die Vernetzung mit dem Ziel der Werteentwicklung im Team zu fördern.

Das Ziel des *E-Mentoring* ist es, den Entwicklungsprozess der Lerner mithilfe des digital gestützten Netzwerks des Mentors zu intensivieren und die Lernprozesse beratend zu begleiten. Für das E-Mentoring werden geschützte Kommunikationsbereiche auf der sozialen Lernplattform angelegt, die einen vertraulichen Austausch außerhalb der persönlichen Treffen erlauben. Auch für die Vernetzung der Mentoren beziehungsweise der Lernenden untereinander sind geschlossene Bereiche vorgesehen.

∑ Nutzanwendung

Werteorientierte Mentoringkonzepte werden auf Augenhöhe durch beide Partner selbst gesteuert, sie beziehen die Netzwerke der Partner mit ein, zielen auf eine qualitativ hochwertige Beziehung mit gegenseitigem Vertrauen.

Damit unterscheidet sich werteorientiertes Mentoring deutlich von dem traditionellen, hierarchisch organisierten Mentoringansatz. Methodisch greifen Sie mit Coaching und Mentoring auf die gleichen Interventionen und Grundüberzeugungen zurück (vgl. Höher 2014, S. 108). Beim Mentoring steht jedoch vor allem die nachhaltige Entwicklung von Werten, Beziehungen und Netzwerken von Persönlichkeiten im Vordergrund. Damit ergänzen sich Coaching und Mentoring im Prozess der Werteentwicklung.

Die Mentoren benötigen für das werteorientierte Mentoring die Kompetenz, eine Entwicklungskultur der Selbstorganisation und Autonomie zu fördern, im Gespräch die Entwicklungsphasen zu reflektieren und zu bewerten, Risiken im Entwicklungsprozess zu akzeptieren und mit Fehlern der Mentees lösungsorientiert umzugehen, bei Bedarf zu helfen und zu unterstützen und Rückmeldungen zu geben (vgl. Höher 2014, S. 114 ff.). In diesem Verständnis ist Mentoring eine Wertehaltung, welche die Mentoren verinnerlicht haben und die in ihrer Bereitschaft zur Unterstützung sowie Freude an der Entwicklung anderer zum Ausdruck kommt und wechselseitige Entwicklung ermöglicht.

Die *Praxis* liefert den Methodenkorb der Wahl, wenn es darum geht, hohe emotionale Labilisierung zu erreichen mit dem Ziel, Wertungen, Werte tief im emotionalen Grund zu verankern und damit wirklich handlungswirksam zu machen. *Coaching und Mentoring* können ähnlich massive Wirkung erzielen, wenn es sich nicht nur um Ratschläge handelt, sondern die Methoden neurobiologisch begründet, selbstorganisativ im systemischen Sinne angelegt, von hoher Involvierung getragen und möglichst von vornherein in Richtung eines Wertecoaching bzw.-mentoring geplant sind. Methoden des *Trainings* und der *Weiterbildung* liefern dagegen oft viel geringere Beiträge und müssen tief greifend analysiert werden, ob sie für die gezielte Werteentwicklung der einbezogenen Persönlichkeiten etwas taugen.

Korb 3: Gezielte Werteentwicklung von Persönlichkeiten im Training

Sie haben sich endlich entschließen müssen, ein Training „Projektmanagement" zu besuchen. Immer häufiger ist in Ihrer Organisation, in Ihrem Unternehmen von Projektmanagement die Rede. Schon mehrmals sollten Sie einen Qualifizierungslehrgang Projektmanagement besuchen, aber Ihnen grauste vor der Verpflichtung, wieder die Schulbank zu drücken. Sie wussten, dass Sie von solchen Lehrgängen gewöhnlich nicht viel mehr mitnehmen, als Sie ohnehin schon wissen. Und Sie wissen ziemlich viel. Sie haben schon so manches Projekt gemanagt, ohne sich als Projektmanager zu fühlen. Nun aber bestand Ihr Chef auf diesem mit der Leitung abgesprochenen Training, stellte Wohlwollen und vielleicht, vielleicht sogar eine Gehaltserhöhung in Aussicht.

Training ohne Werteentwicklung

Eine gute Atmosphäre empfängt Sie, Kolleginnen und Kollegen Ihres Alters, besonders freundliche, vertrauenserweckende Trainer. Das Trainingsprogramm wird vorgestellt. Sie sollen einen praxisnahen Einstieg in die wichtigsten Methoden und Werkzeuge des Projektmanagements erhalten.

Sie trainieren anhand zahlreicher Übungen und Fallbeispiele. Flugs werden die Begriffe und Grundlagen des Projektmanagements erläutert, Rollenverteilungen abgegrenzt, Projektziele definiert und die Erwartungen der Stakeholder bestimmt. Dann geht es daran, Projekte zu planen, ihre Strukturen, Abläufe, Kosten und Qualitätskontrollen zu organisieren, eventuelle Risiken abzuschätzen. Schließlich das Projekt zu einem guten Abschluss zu führen und alle Erfolge und die wenigen Misserfolge zu dokumentieren. Sie trainieren sogar, Ihr Projektteam zu entwickeln und zu führen, ein Schwachpunkt bisher, Sie wissen es. Sie arbeiten und entscheiden lieber allein.

Trotz netter und informativer Pausengespräche, trotz eines hervorragenden Caterings, trotz der wunderschönen Tiroler Alpenumgebung, Sie fahren nach drei Trainingstagen mit einem ziemlich unbefriedigten Gefühl nach Hause.

Warum?

Es war doch ein wirklich professionelles Training, mit einer Fülle auch unbekannten, neuen Wissens, einer Menge guter Tipps und hilfreicher Hinweise. Sie haben die Ihnen gebührenden Professional Development Units (PDU) erhalten. Warum fühlen Sie sich so wenig davon bereichert, so wenig in Ihrer Entwicklung weitergebracht? Wenn Sie das Training noch einmal geistig Revue passieren lassen, dämmert es Ihnen. Das neue Wissen, so wissen Sie, wird in sechs, acht Wochen bis auf Reste vergessen sein. Was Sie davon konkret brauchen, müssen Sie sich neu, nicht unter Spiel-, sondern unter emotional außerordentlich belastenden Realitätsbedingungen erarbeiten. Vergebliche Hoffnung, dass Sie sich im Bedarfsfall erinnern werden; hat nur selten geklappt. Aber auch die Tipps und Hinweise waren zu allgemein, um in konkreten Arbeitssituationen hilfreich zu sein. Ihre Handlungsfähigkeit in konkreten, eventuell in Projekten, die zu scheitern drohen, mit offenen Situationen, Risiken und Problemen hat sich dadurch kaum verbessert. Wertehaltungen wie Zuversicht, Antrieb, Mut, Entschlossenheit, Risikofreude, Selbstvertrauen, Begeisterung haben sich kein bisschen eingestellt. Wodurch auch? Die Übungen und Fallbeispiele zu bewältigen war interessant, manchmal sogar spannend, aber nie emotional stark berührend oder belastend. Ihre Kompetenzen haben sich kaum erhöht, nicht weil das dargebotene Wissen nicht ausreichte, sondern weil sich die notwendigen Werte als Kompetenzkerne nicht entwickeln konnten. Dafür war Ihre emotionale Beteiligung viel zu gering. Eine gezielte Werteentwicklung war nicht beabsichtigt und fand, auch beiläufig, kaum statt.

Wir haben dieses Beispiel so ausführlich dargestellt, weil die Mehrzahl der in Organisationen und Unternehmen durchgeführten Trainings ähnlich abläuft. Auch wenn sie zuweilen als Kompetenztraining firmieren, sind sie im Grunde wissensorientierte Weiterbildungsveranstaltungen.

Dagegen ist zunächst einmal überhaupt nichts zu sagen. Die Einführung neuer, insbesondere digitaler Technologien, neuer Software, neuer innerbetrieblicher Strukturen und Kommunikationskanäle, neuer Sicherheitsbestimmungen und -maßnahmen erfordert, dass sich die Beteiligten das neue Wissen möglichst schnell und effektiv selbst aneignen. Die Weiterbildung hat das ebenso effektiv zu ermöglichen. Die Einführung eines neuen SAP-Release sollte möglichst ohne emotionale Belastungen und Irritationen geschehen. Das Eindrillen faktischer Sachverhalte, ob es sich um das Einmaleins oder um Fremdsprachenvokabeln und Fremdsprachenkomplexe (Pattern Drill), Elementarformeln in Physik, Chemie, Biologie oder auch komplexere Wissensstrukturen wie in Medizin oder Rechtswissenschaften handelt, ist aus praktischen und denkökonomischen Gründen oft angezeigt. Man kann das als *Drillkompetenz* bezeichnen – mit einer wirklichen Kompetenz hat es weder im Prozess noch im Resultat etwas zu tun. Der emotionale, wertende Untergrund, sich einem solchen Drillprozess zu unterziehen, muss nämlich im Vorfeld bereitet werden. Der SAP-Nutzer will seine eigene erfüllende Arbeit mithilfe des neuen Releases verbessern, der Fremdsprachen Lernende möchte sich endlich im Lieblingsreiseland oder mit seiner ausländischen Freundin verständigen können, der angehende Arzt oder Jurist übt seinen Beruf – hoffentlich – mit Freude aus, der Drill ist dafür Mittel zum Zweck.

Kurzum, es gibt Trainings, die mit gezielter Werteentwicklung nichts zu tun haben. Während Praxis, Coaching und Mentoring immer mit einer deutlichen Werteentwicklung verbunden sind, ist das bei Trainings – und auch, wie wir später sehen werden, bei vielen Formen der Weiterbildung – keineswegs immer der Fall. Das zwingt uns, einen Trainingsbegriff zu verwenden, der auf die gezielte Werteentwicklung gerichtet ist.

Training und gezielte Werteentwicklung von Persönlichkeiten

Der Begriff Training hat zumindest ebenso viele Spielarten wie der Kompetenzbegriff und nicht weniger als der Coachingbegriff (vgl. Weidenmann 2006; Kießling-Sonntag 2003; Cameron-Bandler et al. 1995).

Training ist die professionelle Entwicklung der Fertigkeiten, des Wissens, vor allem aber der Kompetenzen und Werte einer Person (Trainee, Trainierter) oder mehrerer Personen.

Allgemein steht der Begriff Training für alle Prozesse, die gezielt eine verändernde Entwicklung eines Individuums oder einer Gruppe hervorrufen.

Handlungsfähigkeit ist der erste Fokus gezielter Werteentwicklung durch Training. So können bei einem einzelnen Menschen Veränderungen der Fähigkeit, selbstorganisiert zu handeln, entstehen:

- *Im personalen* Aspekt: durch interne Prozesse in ihm selbst: Also durch Veränderungen seiner wertebezogenen Einstellungen, Emotionen, Motivationen, Orientierungen, Haltungen.

- *Im aktivitätsbezogenen* Aspekt: durch Erhöhung seines Aktivitätsniveaus, also durch Veränderung seiner stets wertenden Aufmerksamkeit, Aufgewecktheit oder Neugier.
- *Im wissensbezogenen* Aspekt: durch Erweiterung seiner kreativ anwendbaren Wissensbestände, also durch Veränderung seines Fachwissens, seines überfachlichen Wissens oder seines Methodenwissens, immer angetrieben durch die Werteorientierung Kreativität.
- *Im sozial-kommunikativen* Aspekt: durch Erweiterung seiner sozialen und kommunikativen Beziehungen, seiner stets sozial gegründeten Werteorientierungen Ausdrucksfähigkeit, Kommunikationsfähigkeit und Kooperationsfähigkeit.

Nicht zufällig beziehen sich diese Erweiterungen auf die großen Bereiche der Basiskompetenzen: personale, aktivitätsbezogene, fachlich-methodische und sozial-kommunikative Kompetenzen. Während bei der Kompetenzentwicklung aber alle Bemühungen auf die *Erweiterung der Fähigkeiten* gerichtet sind, selbstorganisiert und kreativ in offenen Situationen zu handeln (vgl. Heyse und Erpenbeck 2008), so ist eine gezielte Werteentwicklung *auf die Wertekerne dieser Kompetenzen* orientiert. Jede Kompetenz baut auf Werten auf, aber nicht jeder Wert hat Kompetenzen zur Folge. Es gibt kompetenzbezogen folgenlose Wertungen; ob man die Mona Lisa als Meisterwerk europäischer Renaissance bewertet, hat für die eigene Kompetenzentwicklung verschwindend geringen Einfluss.

Übung und Training werden im wissenschaftlichen Diskurs oft unterschieden. Eine Übung kann eine kurzfristige Anpassung erreichen. Systematisches Training zielt hingegen darauf, möglichst langfristig stabile Entwicklungseffekte zu erreichen. Das gelingt nur, wenn die Entwicklungsbedingungen, -prozesse und -resultate selbst reflektiert und systematisch gestaltet werden. Im Bereich der Psychotherapie ist Training ein gängiger Terminus (autogenes Training, Verhaltenstraining), ebenso in der Gruppendynamik (gruppendynamisches Training, Kleingruppen-, Großgruppentraining). Das ist unseres Erachtens kein Zufall, wurden doch gerade in diesen beiden Bereichen nicht nur die Entwicklungen eines Individuums oder einer Gruppe registriert, sondern auch die dafür notwendigen Methoden als spezifische Methoden der Werteentwicklung tief gehend analysiert.

Trainingsmethoden gezielter Werteentwicklung von Persönlichkeiten

Trainingsmethoden gezielter Werteentwicklung von Persönlichkeiten lassen sich unter verschiedenen Blickwinkeln ordnen. Wir können also sehr verschiedene, auf die gezielte Werteentwicklung von Persönlichkeiten bezogene Trainingsmethoden unterscheiden:

- *Praktische, in realen Handlungsumgebungen verankerte Methoden* wie zum Beispiel beim Outdoor-Training oder beim Seitenwechsel®, wo die gesetzte Umgebung gleichsam eine Werteentwicklung erzwingt. Auch wo die Methode direkt auf die Wirklichkeit Bezug nimmt, etwa beim viel diskutierten Outdoor-Training, handelt es sich stets um eine weitgehend umgedeutete oder umfunktionalisierte Wirklichkeit. Die Natur, die gemeinschaftlich bezwungen, die Stromschnelle, die zusammen überquert, das Floß, das im Team gebaut wird, werden rein funktional verwendet. Die Wirklichkeit wird zur gezielt benutzten Erlebnismetapher. Das gezielte Wertelernen einer Persönlichkeit nutzt in einem durchdachten Training diese Realität primär, um anstehende Werteentwicklungsprozesse zu fördern – was natürlich im Nachhinein durchaus die Realität massiv verändern kann.
- *In den Kommunikationsmitteln, ihrer Reflexion und Optimierung verankerte Methoden.* Es ist bei allen Wertetrainings wichtig, die Kommunikationsformen selbst zu berühren: Wie drücke ich meine Wertehaltungen und -ansichten nachvollziehbar aus? Wie kann ich kontraproduktive emotional-motivationale Wertehaltungen „umlernen"? Wie kommuniziert ein Team untereinander Einsatzbereitschaft und gegenseitige Anerkennung? Für die Wertekommunikation sind oft, unabhängig vom Werteinhalt selbst, sehr unterschiedliche Mittel nutzbar, die methodisch eingesetzt werden können: Sprachliche und weitere symbolische Mittel, Mittel, die z. B. Tastsinn (Fingerspitzengefühl), Geruch (einander „riechen" können), Geschmack (fremde Nationalspeisen mögen), Gehör (Stimulanz durch unterlegte Musik) und mannigfaltige Kombinationen aus alldem als Wertungsmittel benutzen. Ein Training dieser Wertekommunikationsmittel kann ohne Frage auch als gezielte Werteentwicklung einer Persönlichkeit fungieren.

- *Eher auf unterschiedliche Mittel der Wertekommunikation selbst bezogene Methoden.* Unsere Sprache erlaubt das Nachdenken mit Sprache über Sprache. Damit erst kann man auch Erkenntnisse über Erkenntnisse, Wertungen von Wertungen, Erkenntnisse über Wertungen und Wertungen von Erkenntnissen gewinnen. Damit ist schließlich auch die Reflexion der Kommunikationsmittel selbst möglich. Bei erkenntnisakzentuierten Sprachverwendungssystemen lassen sich von den Erkenntnisinhalten, also von dem, was erkannt wurde, die Erkenntniskommunikationsmittel abheben: also die sprachlichen Mittel, mit denen jene Erkenntnisse formuliert und weitergegeben werden. Erstere sind Gegenstand der Natur- und Sozialwissenschaften. Letztere werden in methodologischen Disziplinen wie Logik, Mathematik, bestimmten Bereichen der Wissenschaftstheorie und in den Sprachwissenschaften untersucht. Was für uns aber noch wichtiger ist: Ebenso lassen sich bei den wertungsakzentuierten Sprachverwendungssystemen von den Wertungsinhalten, also von dem, was die Wertung besagt, die Wertungskommunikationsmittel abheben: also die im allgemeinsten Verständnis sprachlichen Mittel, mit denen jene Wertungen formuliert und weitergegeben werden. Sie haben stets die Form von Gestalten.

Als Gestalt bezeichnet man jede auf die Sinne wirkende Reizgegebenheit, die eine sachliche oder personale oder symbolische Bedeutung hat und damit auch stets eine Wertung transportiert. Gestalten werden in sozialen Kommunikationsprozessen natürlichen Gegenständen und Beziehungen als Wertungen zugeordnet, gesellschaftlich produzierten materiellen Gegenständen und Beziehungen als Wertungen durch Formgestaltung aufgeprägt, gesellschaftlich produzierten ideellen Gegenständen und Beziehungen als Wertungen durch spezifische sprachliche Wertungskommunikationsmittel überlagert. Also: Jede Wertung wird als Gestalt kommuniziert, jede Gestalt kommuniziert Wertung, ist Wertungskommunikationsmittel.

Die Wertungsinhalte werden in eigenen, sozialwissenschaftlichen Disziplinen der Wertelehre, etwa in der Ethik oder im Wertungsbereich von Politik, untersucht. Dabei geht es darum, aufzuklären, wie beispielsweise ethisch-moralische oder sozial-weltanschauliche Wertungen gesellschaftlich „funktionieren", das heißt, wozu sie gut sind, wie sie entstehen und vermittelt werden und welche Bereiche des gesellschaftlichen Lebens von ihnen berührt sind. Aber auch die Wertungskommunikationsmittel, die „Gestalten", können jetzt, relativ unabhängig von den Wertungen, die sie transportieren, wissenschaftlich untersucht, entwickelt und normiert werden. Wir können uns im Bereich künstlerischer

Wertungskommunikation beispielsweise über Vers-, Prosa- und Dramenformen, über Bild- und Farbgestaltungen, über die räumlichen Formen von Plastiken und die musikalischen von Opern oder Orchesterwerken weitgehend abstrahiert von je einzelnen Kunstwerken unterhalten. Wir können uns über die Form von parlamentarischen Streitgesprächen unabhängig vom jeweiligen Anlass des Streits ärgern.

- *Auf Individual- oder Gruppentrainings bezogene Methoden* führen zu sehr unterschiedlichen Wertetrainings. Das Wertetraining einer Führungsperson, die zur Führungspersönlichkeit wachsen soll, ist vom Trainingsarrangement, vom Inhalt wie von den Kommunikationsformen ganz anders als ein Teamtraining, das die Werteorientierungen des gesamten Teams, aber auch der einzelnen Teammitglieder erhöhen soll.
- *Auf unterschiedliche Einsatzgebiete bezogene Methoden* führen ebenfalls zu sehr unterschiedlichen Wertetrainings. Ob eine Methode gezielter Werteentwicklung im psychotherapeutischen oder im arbeitsbezogenen Gebiet angewendet wird, modifiziert die Methode selbst. Oft sind auch ganz neue, neu zu entwickelnde Methoden gefragt. Ein Großteil der in Psychotherapien eingesetzten Methoden können auch der Entwicklung positiver Werteorientierungen im Arbeitsbereich dienen und führen dort zu einer deutlichen Steigerung des Selbstwertgefühls und der Wertebewusstheit (vgl. Ant 2004). Bewerbertrainings, Präsentationstrainings und Konversationstrainings wären hier zu verorten.
- *Auf verschiedene Einzelwerte bezogene Methoden* führen zu unterschiedlichen Formen gezielten Wertetrainings. Handelt es sich um ein Training eines oder mehrerer der vier Basiswerte – Genuss, Nutzen, ethisch-moralische, sozial-weltanschauliche –, der sechzehn Werte oder weiterer Einzelwerte? Das ist am günstigsten durch eine vorausgehende valide Werteerfassung zu ermitteln.
- *Auf das Training von auf sozial-weltanschauliche Wertungen bezogene Methoden* stehen hier ganz vorn. Oft handelt es sich um sozial problematische Wertschätzungen, wie unsicheres Verhalten, negative Selbsteinschätzungen oder Aggressivität, zuweilen verbunden mit weltanschaulichen Hintergrundargumenten. Hier lassen sich ganze Arsenale von Konzepten sozialen Trainings ins Feld führen, wie der lerntheoretische Ansatz des Social-Skills-Trainings sowie kognitive und prozessorientierte Ansätze, wobei zu den Kognitionen wie zu den Prozessen maßgeblich Werte und Wertungsprozesse gezählt werden. Weit ausgearbeitet ist das Gruppentraining sozialer Kompetenzen (GSK) (vgl. Hirsch und Pfingsten 2015). Sozial kompetentes Verhalten und dafür notwendige Wertehaltungen werden darin über stark emotionalisierende Rollenspiele trainiert, wobei es

vor allem um die Bewertung der eigenen Situation geht: Glaube ich mich im Recht oder kann ich zu wenig eigene Rechte durchsetzen (Typ Recht), kann ich in einer gleichwertigen Beziehung oder Verbindung meine eigenen Ansichten vertreten und durchsetzen oder kann ich zu wenig eigene Gefühle, Bedürfnisse und Wünsche gegenüber anderen äußern und auch nur schwer mit Kritik umgehen (Typ Beziehung), kann ich leicht Kontakt mit anderen Menschen aufnehmen oder fällt es mir schwer, Kontakt zu fremden Menschen aufzunehmen, Menschen für mich zu gewinnen oder Sympathien zu erwerben (Typ Kontakt). Die starke emotionale Labilisierung durch dieses Training rührt daher, dass das Agieren vor und in einer Gruppe hohe soziale Spannungen und Irritationen erzeugt, die dann gezielt zu erwünschtem Wertewandel führen können. Dass die Gefahr manipulativer Beeinflussung nahe liegt, sei zumindest angemerkt. Im Arbeitsbereich werden gezielte Trainings sozial-weltanschaulicher Werte vor allem in den Bereichen Führung, Verkauf und Akquise sowie Bewerbung und Assessment durchgeführt. Hier geht es um den Umgang mit Kritik, um die angemessene Form, Bedürfnisse und Wünsche zu äußern, um Sympathiegewinn und Überzeugungsfähigkeit. Methodisch wird mit Übungen gearbeitet, die Teilnehmer hoch emotionalisieren und sie gegen Blamagegefühle, Unsicherheiten und Peinlichkeiten wappnen. Eine der wichtigsten Möglichkeiten ist der Einsatz von Videoaufzeichnungen, um Trainingsteilnehmern das eigene Sozialverhalten vor Augen zu führen. Angemerkt sei schließlich, dass es die Entwicklung sogenannter Social Software ermöglicht, soziale Kontakte weit auszudehnen und damit gezielte Werteentwicklung in einem ganz neuen Maßstab zu ermöglichen.
- *Auf das Training von ethisch-moralischen Wertungen bezogene Methoden* werden in der Literatur viel häufiger dargestellt. Genauer besehen handelt es sich aber oft gar nicht um Trainings, sondern um das manchmal gebetsmühlenartig wiederholte Predigen ethisch-moralischer Normen, das keinerlei echte persönliche Werteentwicklung bewirkt. Das gilt für die familiäre „Du-sollst-Erziehung" ebenso wie für die betriebliche Compliance-Unterrichtung. Das gilt auch für den schulischen Unterricht in Ethik. Ethik im Unterricht – Unterricht in Ethik analysiert Thomas Kesselring und zeigt schlüssig, dass man zwar ethische Grundsätze im Unterricht befolgen kann und sollte – wobei sich für uns schon die Frage erhebt, ob Fragen der Macht und Machtausübung in den ethischen Bereich und nicht in den sozial-weltanschaulichen gehören – dass aber der Unterricht in Ethik stiefmütterlich, wissensorientiert und emotional kaum berührend gestaltet wird (vgl. Kesselring 2014). Ein Ergebnis, das

wir auch später bei einer Übersicht zur Werteentwicklung in der Schule wiederfinden.
- *Auf das Training von Genuss- und Nutzenwertungen bezogene Methoden* führen wir hier nicht im Einzelnen auf, obwohl gerade bei ersteren die Fülle von sinnesorientierten kulinarischen, erotischen, physischen und anderen Ratgebern zu einer Auswertung reizt.

Wertetrainings können also an viele Methoden gezielter Werteentwicklung von Persönlichkeiten anknüpfen, nicht scharf abtrennbar, aber doch deutlich abhebbar von der gezielten Werteentwicklung in der Praxis oder im Coaching, auf die wir bereits eingegangen sind.

Planung gezielter Werteentwicklung von Persönlichkeiten

Die Festlegung auf bestimmte Methoden der gezielten Werteentwicklung von Persönlichkeiten ist das eine. Die Festlegung des Rahmens solcher Entwicklung ist das andere. Wir müssen klären:

- *In welchem Bereich* wollen wir Werte gezielt trainieren: in Arbeit, Unternehmen, Organisation; in Bezug auf das Personal, auf Führungskräfte, Manager; in Bezug auf bestimmte Projekte, etwa des sozialen Umfelds oder sozialer Problemgruppen; in Bezug auf Therapien?
- *Mit welchem Ziel* wollen wir Werte gezielt trainieren: geht es um die Erhöhung des Humankapitals, des Kompetenzkapitals, geht es um die Verbesserung interner und externer Unternehmens- und Organisationsabläufe; um Effektivitätserhöhung, Krisenmanagement, Konfliktbearbeitung; oder sogar um die Klärung persönlicher Probleme?
- *Wer sollen die Teilnehmer* des Trainings sein: handelt es sich um individuelle Kompetenzentwicklung, etwa beim Einzelcoaching und Einzeltraining, handelt es sich um gezielte Werteentwicklung in Gruppen und Teams, etwa beim Gruppencoaching, Gruppentraining?
- *Auf welche Werte* wollen wir uns konzentrieren: die vier Basiswerte, die sechzehn Werte oder weitere Einzelwerte oder Wertekomplexe?
- Soll die Werteentwicklung *tatsächlich als Training* erfolgen oder sollen Praxis, Coaching und Mentoring sowie Weiterbildungsbemühungen einbezogen werden?

Gezieltes Wertetraining ist darauf aus, endlich der „rekonstellierenden Kraft des Emotionalen und damit der vielleicht zentralen Dimension der Subjektivitätsentwicklung wirklich einen grundlegenden Stellenwert einzuräumen" (Arnold 2005, S. 229). Emotionsentwicklung erfolgt über die charakteristischen Stufen Verunsicherung – Information – Transformation. Dies ermöglicht es dem Einzelnen, sich in der Welt neu und anders „zurechtzufühlen".

Realitätsgleiche, realitätsnahe und realitätsähnliche Situationen beim Training gezielter Werteentwicklung von Persönlichkeiten

Im ersten Korb, der die gezielte Werteentwicklung von Persönlichkeiten durch und in der Praxis umfasst, haben wir als ein Beispiel sogenannte Trainingsunternehmen erwähnt. Da ist beispielsweise das vollständige Hotel mit ganz unterschiedlichen Mitarbeiterpositionen, von der Hotelleitung bis zur Servicekraft, von Chefkoch bis zum Koch- und Servier-Auszubildenden. Dieses Hotel unterscheidet sich in seinem Funktionieren kaum von anderen, es macht Gewinn und bietet Leistung, der Unterschied liegt allein darin, dass etliche oder alle der Mitarbeiterpositionen bestimmten, vorher verabredeten und geplanten Aus- und Weiterbildungszielen dienen. Darunter fallen dann natürlich auch alle Einstellungen und Werteorientierungen, die künftiges Personal im Hotelgewerbe braucht: Erstklassiger Erfolg durch erstklassige Mitarbeiter heißt die Devise und schließt auch das Ablesen der Kundenwünsche an den Augen, eine ausgeprägte Servicementalität ein.[1] In diesem Fall des Trainings unter Realbedingungen sprechen wir von einer *realitätsgleichen Trainingssituation*.

Eine andere Form des Trainings kennt wahrscheinlich jeder: das sogenannte Bewerbungstraining. Da wird der Bewerber mit Informationsmaterial zum Job und zum Unternehmen, bei dem er sich bewerben will, ausgestattet, da werden Fachwissen, Kompetenzen und Wertehaltungen erfragt und getestet, da werden Hinweise auf Bewerbungssituationen und Bewerbungsfehler gegeben. Schließlich, und das ist der Drehpunkt unserer Betrachtung, wird das Vorstellungsgespräch „live" geübt. Was zunächst

---

[1] https://blog.gronda.eu/wie-man-gute-mitarbeiter-der-gastronomie-bekommt-und-sie-behaelt/ (aufgenommen 2016).

wie eine Spielsituation anmutet, schlägt sehr schnell in schweißtreibenden, emotionsbelastenden Ernst, in eine hohe emotionale Labilisierung um. Freundliche Bemerkungen, wie man die eigene Haltung deutlicher zeigen, das eigene Interesse am Job und am Unternehmen glaubhafter machen und wie man dem Personalreferenten auch als Menschen begegnen könne, bohren sich tief in die Wertewelt des Bewerbers ein, bleiben manchmal lebenslang als Wertehaltungen gespeichert. In diesem Fall des gezielten Trainings der sich bewerbenden Persönlichkeit, das reale Momente künftigen Handelns unter Einbeziehung notwendiger Werteorientierungen in den Mittelpunkt stellt, sprechen wir von einer *realitätsnahen Trainingssituation.*

Eine dritte Trainingsform hat mit realen Lebens- oder Arbeitssituationen zunächst scheinbar weniger zu tun. Wenn wir in unseren Studentengruppen an der School of International Business and Entrepreneurship (SIBE) fragen, wer schon mal in einem Hochseilgarten herumgeklettert ist, melden sich in der Regel etwa drei Viertel der Studenten. Wenn wir weiter fragen, bei wem es das Interesse des Unternehmens war, dass sie auf die Bäume klettern, ist es immer noch etwa ein Drittel bis die Hälfte. Und welches Interesse hatten die Unternehmen und Organisationen daran? Die Antworten reichen von der Erhöhung der Sozialkompetenz über die Fähigkeit, besser miteinander zu kommunizieren bis zur Verstärkung von Überzeugungen, Mitgefühl, Teamwork und generell sozialen Werteorientierungen. Das Klettern im Hochseilgarten wird also eindeutig als Training gezielter Werteentwicklung von Persönlichkeiten genutzt. Entscheidende Momente der gegenseitigen Hilfe und Unterstützung im Hochseilgarten ähneln realen Situationen der Zusammenarbeit im Unternehmen, im Team. In diesem Fall sprechen wir von einer *realitätsähnlichen Trainingssituation.*

Zu jeder dieser Trainingssituationen ließen sich viele Beispiele finden und darstellen. Wir konzentrieren uns auf einige ausgewählte, mit besonders deutlichem Bezug zur gezielten Werteentwicklung von Persönlichkeiten.

Zur Darstellung *realitätsgleicher* Trainingssituationen gehen wir ausführlicher auf Trainingsunternehmen ein. Zur Darstellung *realitätsnaher* Trainingssituationen behandeln wir fiktive Bewerbungen, Präsentationstrainings und konfliktäre Arbeitssituationen, in denen der Trainee als Schlichter auftritt.

Zur Darstellung *realitätsähnlicher* Trainingssituationen ziehen wir solche heran, die man in diesem Zusammenhang auch erwarten darf: neben dem *Outdoortraining* auch der erwähnte *Hochseilgarten. Führen mit Pferden* darf in dieser Reihe nicht fehlen, dann der für die gezielte Entwicklung von sozial-weltanschaulichen Werten wichtige *Seitenwechsel*®. Überraschender wird für manche

Leser die Einordnung des *ressourcenorientierten Selbstmanagements* – nach dem Züricher Ressourcenmodell – sein. Wir sind der Überzeugung, dass dessen Idee von der tief emotionalen, unbewussten Verankerung von Handlungsbewertungen einer Persönlichkeit sehr genau auf die von uns immer wieder herangezogene Interiorisationsthematik zielt und dass das Herausarbeiten individueller Handlungsmottos eine exzellente Methode gezielten Wertetrainings darstellt. Überraschend wird vielleicht auch die Einbeziehung eines spezifischen pädagogischen Ansatzes sein, der nach ihrer Gründerin sogenannten *Montessori-Pädagogik*. Diese Einbeziehung beruht auf unserer Überzeugung, dass die bisherige Theorie und Praxis des Unterrichtens trotz wichtiger Einzelvorstöße und wunderbarer einzelner Schulen und Lehrer überwiegend auf dem Grundansatz „Wissensvermittlung statt Kompetenzentwicklung" aufbaut. Wissensvermittlung kann natürlich auch wertegestützt betrieben werden, bedarf aber nicht unbedingt der Werte und der Werteentwicklung. Kompetenzentwicklung bedarf hingegen alternativlos der Wertekerne von Kompetenzen und damit einer gezielten Werteentwicklung. Die Montessori-Pädagogik stellt für uns das Beispiel einer kompetenzorientierten und damit werteorientierten Form von Pädagogik dar.

Realitätsgleiche Werteentwicklung von Persönlichkeiten in Trainingsunternehmen und Übungsfirmen

Die grundlegend veränderten Anforderungen am Arbeitsmarkt haben zur Folge, dass selbstorganisiertes Handeln eine immer größere Bedeutung gewinnt. Deshalb benötigen die Mitarbeiter zukünftig immer mehr Ordner für ihr strategieorientiertes Handeln, sie benötigen Werte. Trainingsunternehmen können ein wirksamer Ansatz sein, diese gezielte Werteentwicklung von Persönlichkeiten zu ermöglichen.

Trainingsunternehmen haben in Deutschland eine lange Tradition.

Erste Spuren lassen sich bis ins 17. Jahrhundert verfolgen.[2] So veröffentlichte beispielsweise der „Rechenmeister" Ambrosius Lerice bereits 1610 in Danzig ein Lehrbuch für Buchhaltung. Im 2. Teil, der 1660 erschien und mit „Commission und Factorey" überschrieben ist, lässt er den fiktiven Kaufmann Peter Winst fiktive Geschäfte führen, die die Schüler erfassen und verbuchen sollten. Die erste „echte" deutsche Übungsfirma wurde 1954

---

[2]vgl. http://www.die-zentralstelle.de/uebungsfirmen-und-co/die-uebungsfirma.html.

gegründet. Die Gründung der ältesten Übungsfirma, die noch heute aktiv ist, datiert auf das Jahr 1960. Aktuell gibt es in Deutschland zwischen 500 und 600 Trainingsunternehmen, vorwiegend im schulischen Bereich und im Bereich der Aus- und Weiterbildung sowie der Rehabilitation. Zwischenzeitlich gibt es auch das Konzept der Übungsfirma 4.0, die berufliche Herausforderungen in der Industrie 4.0 simuliert.[3]

Unter Trainingsunternehmen versteht man didaktische Simulationsmodelle, in denen eine Organisation in ihrer Struktur und Dynamik realitätsgleich nachgebildet wird. Häufig sind der Geldverkehr sowie die angebotenen Waren und Dienstleistungen fiktiv, jedoch finden alle übrigen Geschäftsprozesse und Außenkontakte, z. B. zum meist fiktiven Markt der Trainingsunternehmung sowie zu nationalen und internationalen Übungsfirmen, im Rahmen von betriebswirtschaftlichen und volkswirtschaftlichen Modellen tatsächlich statt.

Es gibt eine Vielzahl von Angeboten am Markt, die Übungsfirmen in einer modernen Arbeitswelt simulieren.[4] Diese Lösungen sind sicherlich gut geeignet, unternehmerisches Fachwissen und Qualifikationen aufzubauen. Häufig wird dabei aber auch der Anspruch erhoben, mit Übungsfirmen in fiktiven Märkten Werte und Kompetenzen aufzubauen. Jedoch scheint es uns nicht möglich, mit noch so komplexen Szenarien diese Ziele zu erreichen, da in diesen Lernszenarien keine realen Herausforderungen zu bewältigen sind. So können in künstlichen Szenarien oder in Rollenspielen sehr wohl Strategien und Techniken trainiert werden. Kompetenzen und Werte als Ordner des Handelns werden sich aber erst dann entwickeln, wenn die Erfahrungen aus vielen realen, stark emotional beladenen Herausforderungen verinnerlicht werden. Für die zielorientierte Werteentwicklung sind deshalb fast nur Trainingsunternehmen geeignet, die reale Produkte, z. B. Apps, in realen Märkten vermarkten.

Die gezielte Werteentwicklung von Persönlichkeiten erfordert deshalb folgende zugespitzte Definition:

Ein Trainingsunternehmen für die Werte- und Kompetenzentwicklung der Mitarbeiter ist eine gezielt gestaltete Organisation, die mit realen Produkten in echten Märkten agiert.

Die Mitarbeiter dieser Trainingsunternehmen wirtschaften und handeln unter realen Bedingungen mit eigenem Budget, mit der Infrastruktur ihrer Organisation und in echten Märkten. Sie bauen beim Lösen realer

---

[3] http://www.die-zentralstelle.de/uebungsfirmen-und-co/files/zuef_willing-26.jpg
[4] Vgl. beispielsweise Übungsfirma 4.0 http://www.die-zentralstelle.de/uebungsfirma-40/die-uebungsfirma-40.html.

Problemstellungen im Rahmen ihrer unternehmerischen Aktionen Kompetenzen auf, die sie für ihre späteren beruflichen Aufgaben benötigen. Dies setzt voraus, dass sie emotional labilisierende Schwierigkeiten, Probleme und Konflikte überwinden und Werte wirklich verinnerlichen, interiorisieren.

Praktisches Vorgehen
Beim Aufbau von Trainingsunternehmen, die eine gezielte Werteentwicklung ihrer Mitarbeiter ermöglichen, sollten Sie folgende Merkmale beachten:

Die Arbeitswelt wird immer digitaler. Deshalb benötigen Sie die Fähigkeit, Herausforderungen in der Arbeits- und Lebenswelt, die zum großen Teil heute noch unbekannt sind, mithilfe digitaler Systeme selbstorganisiert und kreativ lösen zu können. Ihre Werteentwicklung in einem Trainingsunternehmen für die digitale Arbeitswelt umfasst damit zumindest einige fundamentale Aspekte.

Eine Werte- und Kompetenzorientierung, also Fähigkeiten, auch mit den neuesten technischen und kommunikativen Möglichkeiten, etwa elektronischen Datennetzen, selbstorganisiert und kreativ umzugehen. Für Ihre eigene Werteentwicklung und die Ihrer Mitarbeiter sollten Sie diese selbstorganisiert und kreativ nutzen, aber auch, wo möglich, helfen, sie kreativ mit weiterzuentwickeln und zu verbreiten.

In *gemeinsamem Handeln, gemeinsamer Werteentwicklung* verantworten Sie gemeinsam mit Ihren Entwicklungspartnern alle Phasen des – ökonomischen – Wertschöpfungsprozesses in Ihrem Trainingsunternehmen, von der Vision und Mission zur Strategieentwicklung, vom Gründungsprozess über die Entwicklung von kundenbezogenen Lösungen bis zur Vermarktung und zum Vertrieb. Hinzu kommen Aufgaben wie Rechnungswesen, Controlling oder Human Resources Management. Sie lernen, selbstsicher Verantwortung zu übernehmen und Probleme gemeinsam zu lösen. Sie erfahren direkt und emotional bedrückend, welche Folgen Fehlentscheidungen bis hin zur Insolvenz(!) nach sich ziehen können, aber auch, wie es sich anfühlt, Fehler zu machen oder sich erst schrittweise an Lösungen „heranzutasten".

Eine *reale Unternehmenswelt* wird für Ziele einer Werteentwicklung vorausgesetzt, sodass sich die Teilnehmer in einer realitätsgleichen Umwelt bewegen. Deshalb empfehlen wir Ihnen, für die notwendige Lerninfrastruktur entweder Tools zu nutzen, die auch von realen Start-up-Unternehmen genutzt werden, oder in einem eigenen, abgegrenzten Bereich die Infrastruktur Ihrer Organisation einzubeziehen.

Auf eine *agile Arbeitsstruktur und -kultur*, wie wir sie bereits in Kap. 2 diskutiert haben, sollten Sie von Anfang an achten und bauen. Also dass die mitwirkenden Menschen und ihre Interaktionen deutlich im Mittelpunkt stehen, dass Lösungen entwickelt werden, bei denen die Kunden wirklich einbezogen und ihre Bedürfnisse tatsächlich befriedigt werden und dass flexibel auf unausweichliche Veränderungen reagiert wird. Damit erhöhen sich die Erfolgschancen Ihres Trainingsunternehmens erheblich. Dabei orientieren sich die Teilnehmer an agilen Werten, wie sie beispielsweise im Scrum-Ansatz abgeleitet werden.

Seien Sie innerlich vorbereitet und bereit, Entscheidungen für das Trainingsunternehmen zu treffen und neue Wege zu gehen. Konzentrieren Sie sich auf vereinbarte Strategien, um zielorientiert und kreativ zu arbeiten und Ihre Werte gezielt zu entwickeln. Übernehmen Sie im Rahmen der getroffenen Vereinbarungen im Trainingsunternehmen Verantwortung. Achten Sie Ihre Entwicklungspartner und betrachten Sie diese als gleichwertig. Seien Sie bereit, auf Veränderungen zu reagieren, sich mit Kollegen konstruktiv und kreativ auszutauschen sowie eigenes Wissen zu teilen. Geben Sie Ihr Bestes im Sinne des Teams und der Organisation. Bringen Sie jedem Entwicklungspartner grundsätzlich erst einmal Vertrauen entgegen.

Wir empfehlen Ihnen, im Team jeweils einen sogenannten Produktverantwortlichen (Product Owner) als internen Vertreter des Kunden zu definieren, der die Verantwortung für das Produkt trägt. Die Entwicklung der Produkte wird durch das gesamte Entwicklungsteam verantwortet, das auch die Entscheidungen trifft. Bei Bedarf kann das Team auf das Coaching eines Entwicklungsberaters zugreifen, der beispielsweise als Scrum Master agiert.

Agile Prinzipien und agile Praktiken halten wir also für die Planung und Gestaltung Ihrer Arbeits- und Entwicklungsprozesse, in Abstimmung mit Ihrem Team, für höchst hilfreich. Sie übernehmen Verantwortung für Ihr Handeln, fokussieren es konsequent auf die Kunden, nutzen laufend deren Rückmeldungen und übernehmen die volle Verantwortung für die Qualität Ihrer Leistungen und Arbeitsprozesse. Sie kommunizieren offen und direkt ohne Rücksicht auf Rang, Hierarchie oder Formalismus, tauschen laufend Ihr Erfahrungswissen aus und gestalten Ihre Wertschöpfungsprozesse nach dem Pull-Prinzip, d. h. sie gehen ihre Arbeitspakete nach Verfügbarkeit an, um nicht überlastet zu werden. Setzen Sie agile Praktiken um, beispielsweise, indem Sie eine gemeinsame Vision Ihres Trainingsunternehmens und seiner Strategie ableiten und mit einer hohen Planungsdisziplin auf Basis gemeinsamer Regeln vorgehen. Priorisieren Sie die Arbeitspakete, visualisieren Sie alle relevanten Informationen, nutzen Sie wo möglich Backlogs, also Listen oder Themenspeicher von eindeutig definierten Anforderungen oder Arbeitspaketen, die Sie konsequent abarbeiten. Fördern Sie die Zielfokussierung durch enge Zeitvorgaben (Timeboxing). Erzeugen Sie emotional antreibende, aber höchst wirksame Sprints, in denen bestimmte Arbeitspakete verbindlich in den festgelegten Zeiträumen bearbeitet werden müssen und der aktuelle Stand regelmäßig reflektiert wird. Dokumentieren Sie zum einen Ihre Erfahrungen als Kundengeschichten, die aus Anwendersicht den Nutzen verdeutlichen, und zum anderen Ihre neu gewonnenen Werteorientierungen, die aus Ihrer Sicht den Nutzen für Ihre gezielte Werteentwicklung bilden.

∑ Nutzanwendung

Wir empfehlen Ihnen, das Trainingsunternehmen in enger Zusammenarbeit mit den Verantwortlichen Ihrer Organisation für die einzelnen Schritte des – ökonomischen – Wertschöpfungsprozesses zu gestalten. Damit erreichen Sie, dass das Trainingsunternehmen ein Spiegelbild der realen Arbeitswelt in Ihrer Organisation darstellt.

Im ersten Schritt ist gemeinsam mit den zukünftigen Mitarbeitern der Trainingsunternehmung eine *Vision* zu entwickeln. Diese bildet die Grundlage für eine *Vereinbarung mit der Geschäftsleitung*, um die notwendigen Rahmenbedingungen an Budget, Infrastruktur oder Zeit zu schaffen.

Weitere Schritte liegen in der Verantwortung der Werteentwicklungspartner, die von einem Entwicklungsbegleiter unterstützt werden können. Hierfür bietet sich, stichpunktmäßig, folgendes Vorgehen an:

Auf der *individuellen Ebene*

- regelmäßige Werteerfassungen,
- Reflexionen über diese Entwicklungswerte, z. B. mit Entwicklungspartnern oder Werteberatern,
- eigenverantwortliche Ableitung personalisierter Werteziele daraus,
- selbstorganisierte Planung Ihrer personalisierten Werteentwicklungsprozesse.

Auf der *Ebene des Trainingsunternehmens*

- gemeinsame Entwicklung der Unternehmensstrategie,
- gemeinsame Entwicklung des Geschäftsmodells und detaillierte Planung des Wertschöpfungsprozesses,
- selbstorganisierte Werteentwicklung in der Umsetzung dieser Maßnahmen,

- Einforderung einer Begleitung durch Führungskräfte als Entwicklungspartner (Mentoren),
- ein Co-Coaching in dem Sinne, dass die Mitarbeiter sich gegenseitig coachen,
- eine professionelle Prozessbegleitung durch Coaches und zertifizierte Werteberater, die die Prozesse Ihres personalisierten Werteaufbaus unterstützen, sowie
- eine Werteentwicklung im Netz durch Aufbau von Wertepartnerschaften und Communities of Practice, z. B. mit anderen Trainingsunternehmen.

Realitätsnahe Bewerbungs-, Präsentations- und Konfliktbewältigungstrainings in der Werteentwicklung von Persönlichkeiten

Jeder hat in sich in seinem Arbeitsleben bewerben müssen, meistens mehrfach. Manchmal bestand das Bewerben aus einem freundlichen Gespräch mit einer künftigen Führungsperson, mit künftigen Mitarbeitern, unter der Fragestellung: „Passt der zu uns?". Manchmal hatte es die Form ausgetüftelter Bewerbungsrituale mit vorgegebenen Fragelisten, Eignungstests, Kompetenzmessungen und Probezeiten.

Bewerbungstrainings gibt es in zweierlei Gestalt. Die einen versuchen, den Bewerber auf möglichst viele Fragen und Fragesituationen vorzubereiten, mit ihm zu „pauken", was er worauf und wie antworten sollte. Diese erscheinen uns für eine gezielte Werteentwicklung weitgehend uninteressant, selbst wenn Antworten auf Fragen nach Wertehaltungen, -orientierungen und -einstellungen eingeübt werden. Wertewissen kann man auf diese Weise lernen, echte Werteorientierungen aber nicht gewinnen (vgl. Clesle und Emrich 2014; Püttjer und Schnierda 2014; Guth und Mery 2018; Blindert 2018; Püttjer 2018).

Die anderen versuchen, Bewerbungssituationen möglichst wirklichkeitsnah zu gestalten. Die resultierende Belastung des Bewerbers ist dabei um vieles höher, weil er sich Situationen hoher emotionaler Irritation und Labilisierung voller Schweiß und manchmal sogar Tränen gegenübersieht und oft nach kurzer Zeit vergisst, dass es „nur" ein Training ist. Dafür nimmt er viel für künftige Bewerbungssituationen, aber auch für Lebensprüfungen mit. Selbst bei Ablehnung hat er oft das Gefühl, vom Training profitiert zu haben (vgl. Hesse und Schrader 2014; Rösler 2015; Lorenz und Rohrschneider 2015; Hanko 2017; Vogel 2018).

Ähnlich geht es ihm bei Präsentationstrainings und Konflikttrainings (vgl. Gerhold und Hömbrtg 2003; Danz 2014; Bingel und Berndt 2018). Erstere führen zu starken emotionalen Reaktionen vor sachkundigem, kritischem Publikum. Die Situation lässt den Vortragenden schnell vergessen, dass es nicht um eine reale, sondern nur um eine wirklichkeitsnahe Darbietung handelt. Den Effekt der wertebezogenen Selbstwirksamkeitssteigerung kann man noch erhöhen, wenn man die Präsentation mit einer Videokamera aufnimmt. Der Präsentierende ortet selbst genau die Schwachpunkte. Das Team, die Zuhörer können die Schwachstellen nochmals vorführen lassen, was die Kritik verdeutlicht und den Präsentierenden die eigenen Schwächen nochmals erleben lässt.

Beim Konflikttraining wird in der Regel ein realer Konflikt aus der unmittelbaren Umgebung des Trainierten oder des Werteentwicklers aufgegriffen und nachgespielt. Idealerweise hat er eine solche Tiefe, dass er auch zum Zeitpunkt des Trainings noch die Gemüter erregt. Es geht bei den Konflikten meist nicht um Sachkonflikte, sondern um Wertungsdifferenzen zwischen den Konfliktparteien sowie um die Wertung des Konflikts und der beiden Teilnehmer durch den Trainer. Dabei ist das Training von sozial-weltanschaulichen, auch von religiösen Konflikten, von besonderem Interesse. Auch das Training der Deeskalation von Gewalt und Aggressivität, besonders bei Jugendlichen, mündet in der Regel in eine gezielte Werteentwicklung der Beteiligten (vgl. Robertz und Robertz 2001; Stockmayer 2002; Berkel 2008; Crisand und Raab 2017). Auch bei dieser Trainingsform stellt sich schnell ein Vergessen des Trainingscharakters der Auseinandersetzung ein, die wirklichkeitsnahe Situation wird mit der nahen Wirklichkeit vermengt. Das „Als Ob" der Auseinandersetzung führt wiederum zu hoher emotionaler Labilisierung und damit bei allen Beteiligten zu deutlichen Wertungsverschiebungen. Die Videoaufzeichnung gezielter Mediationsversuche durch Trainer heizt diese Labilisierung wiederum an und verstärkt die gezielte Werteentwicklung.

Praktisches Vorgehen
Wir wollen hier keinen Abriss eines Bewerbungstrainings geben. Das können die Autoren der angeführten Literatur und viele andere Trainer und Trainingseinheiten besser und professioneller.

Uns interessiert hier lediglich die Frage, wo bei Bewerbungstrainings Elemente einer gezielten Werteentwicklung zum Tragen kommen. Wo also das Training nicht nur für anstehende Bewerbungssituationen fit macht, sondern auch dem Bewerber in der Werteentwicklung nützt.

Dafür ist zunächst notwendig, dass das Bewerbungstraining selbst von wichtigen Werten getragen wird und nicht in der technischen Dienstleistung verbleibt. Manche Bewerbungstrainingsunternehmen formulieren die eigene Wertebasis einsichtig. Wir greifen ein Beispiel heraus: „Wir sind sehr werteorientiert und leben unsere fest verankerten Werte aktiv in unserer täglichen Arbeit. Sie sind für uns Richtungsweiser und zugleich Antriebsfeder unseres Denkens und Handelns. Als elementarer Bestandteil und somit Herzstück unserer Unternehmensphilosophie fühlen wir uns den nachfolgenden Werten zum Wohle unserer Kunden stets tief verpflichtet…"[5]

Die verpflichtenden Werte sind die *Wertschätzung* des jeweils einzigartigen Beratenen; der *Respekt,* seine Wertschätzung unabhängig von Alter, Geschlecht, Religion, Herkunft, Lebenseinstellung, Weltanschauung, Identität, Behinderung und Lebensumständen; die *Menschlichkeit* im Sinne von Einfühlungsvermögen und Empathie, Achtung und Verständnis; *Ehrlichkeit* als aufrichtiges Feedback und offene, konstruktive Kritik; *Kundenorientierung* als Orientierung an deren Wünschen und Bedürfnissen und weiterem Kontakthalten; *Zielorientierung* als Orientierung an den Zielen der Beratenen; *Freude bei der Arbeit,* die zugleich Berufung ist, gute Laune und Humor. Durch Realisierung dieser Werte im Beratungsprozess ergreifen sie zum Teil auch vom Beratenen Besitz und sind damit Teil seiner gezielten Werteentwicklung.

Wichtiger ist allerdings, wo im Bewerbungstraining emotionale Irritationen und Labilisierungen auftreten, die zu Werteentwicklungen der Trainees führen. Anstatt solche Situationen verallgemeinernd darzustellen, wählen wir ein besonders charakteristisches Beispiel aus einer Bewerbungsberatung mit Vorstellungstraining.[6] Im Laufe des Trainings realisiert ein Kunde seine problematischen, der Bewerbungsabsicht entgegenstehenden Werte und verändert sie gezielt aufgrund der emotionalen Last zurückliegender Fehlbewerbungen: „Der Kunde hatte einige erfolglose Vorstellungsgespräche hinter sich und verstand die Welt nicht mehr. Fachlich war er versiert, die Unterlagen waren top und er hatte ein gepflegtes und durchaus sympathisches Auftreten. Was war da los?"

Wie sich in Verlauf des Bewerbungstrainings zeigte, war der prägende Gedanke des Kunden bei einem Vorstellungsgespräch „Die wollen mich alle ärgern und vorführen. Ich muss mich verteidigen!" (= DENKEN). Innerlich so aufgestellt und mit einem Gefühl von Ärger und Verunsicherung

---

[5] https://bewerbung-hamburg.info/Ueber-uns/Leitbild-Werte/
[6] https://alexandrareiter.de/bewerbungsberatung-vorstellungstraining/

(= FÜHLEN) stieg der Kunde sozusagen bei jedem Vorstellungsgespräch „in den Ring" und fuhr unbewusst seine Verteidigungsgeschütze hoch. Auch wenn sich diese wahrscheinlich eher subtil und vor allem durch Stimmlage, Gesichtsmimik und kleine, spitze Äußerungen ausdrückten (= HANDELN) – die unterschwellige Stimmung war deutlich: Krieg! Das Vorstellungsgespräch – ein Kampf, den der Kunde bis dato immer verloren hatte. Denn welche Führungskraft möchte schon einen Mitarbeiter, mit dem er kämpfen muss?

Als der Kunde sich des Zusammenhanges seines Denken-Fühlen-Handelns und vor allem dessen Folgen bewusst wurde, schaffte er es die Situation auch positiv zu interpretieren: Das Unternehmen hatte ihn schließlich eingeladen, um ihm einen Job ANZUBIETEN – ihm also etwas Gutes zu tun! Diese Erkenntnis hatte ein positives Gefühl zur Folge, das ihm hoffentlich erlaubt, offen und neugierig ins nächste Gespräch zu gehen und sein „Kampfverhalten" abzulegen".

Wollen Sie ein Bewerbungstraining, ein Vorstellungstraining für eine gezielte Werteentwicklung mit nutzen, empfiehlt es sich also, bisherige emotional tief verankerte Werteorientierungen zu ermitteln, zu verstehen und wenn es sich herausstellt, dass sie das Leben und Arbeiten des Trainees eher behindern als fördern, im Einverständnis mit ihm Situationen zu erproben, in denen ihm resultierende Konflikte schmerzend bewusst werden. Nur dann besteht die Chance, dass er seine problematischen emotionalen Wertungen („Die wollen mich alle ärgern", „Ich muss mich verteidigen"; Ärger, Verunsicherung) ändert, sodass eine geänderte Wertung („Die haben mich eingeladen, die wollen mir eigentlich Gutes tun") zu einem geänderten Handeln führt.

Analog sollten Sie vorgehen, wenn Sie ein Präsentationstraining oder ein Konflikttraining für die gezielte Werteentwicklung der beratenen, trainierten Personen nutzen wollen.

∑ Nutzanwendung

Bewerbungstrainings, Präsentationstrainings oder Konflikttrainings bieten gute Gelegenheiten, anstehende gezielte Werteentwicklungen anzugehen. Wer mehrfach an seinem mangelnden Einfühlungsvermögen im Bewerbungsgespräch gescheitert ist, kann beispielsweise in einem gut geführten Bewerbungstraining diese Wertehaltung möglicherweise verändern.

- Dazu ist es notwendig, dass Sie an Bewerbungssituationen (auch Präsentationssituationen oder Konfliktlösungssituationen) anknüpfen, die wirklich anstehen, wirklich „drohen".

- Scheuen Sie sich nicht, zu betonen, vielleicht auch in Maßen zuzuspitzen oder zu übertreiben.
- Mildern Sie im Verlauf des Trainings auftretendes Missbehagen, entstehende Spannungen nicht ab, sondern halten sie diese aufrecht.
- Versuchen Sie zusammen mit dem Trainee die ihm möglicherweise unbewussten, verborgenen Wertehaltungen ans Licht des Bewusstseins zu holen.
- Oder aber machen Sie simple Handlungsvorschläge, die zu einer Umbewertung der Situation führen.
- Sprechen Sie mit dem Trainee abschließend über das Erreichte und versuchen Sie, es gemeinsam mit ihm auf andere Bereiche seiner Lebens- und Arbeitswelt zu übertragen, beispielsweise sein generelles „Kampfverhalten" abzubauen.

Realitätsähnlich: Gezielte Werteentwicklung von Persönlichkeiten im Outdoortraining, Hochseilgarten und beim Führen mit Pferden

Outdoortrainings hatten einige Zeit Hochkonjunktur. Kompetenzentwicklungen, die mit einfacher Weiterbildung nicht zu bewältigen waren, insbesondere im ethisch-moralischen, aber auch im sozial-weltanschaulichen Bereich, hoffte man mit solchen Trainings zu erreichen.

Zu den klassische Outdooraktivitäten zählen, geordnet nach abnehmendem Schwierigkeits- und Labilisierungsgrad: reale Expeditionen; Bergwandern, Bergsteigen, Segeln, Kanufahren, Rafting, Survival und ähnliches; schließlich Hochseilgarten, Kletterwand, Spinnennetz, Vertrauensfall, Blind Trust Walk und weitere.

Einer der Väter von Erlebnispädagogik und Outdoortraining, der Leiter der New Salem School in Schottland, Kurt Hahn, entwickelte die „sieben Salemer Gesetze" (nach Kanning 2013, S. 14):

1. Gebt den Kindern Gelegenheit, sich selbst zu entdecken.
2. Lasst die Kinder Triumph und Niederlage erleben.
3. Gebt den Kindern Gelegenheit zur Hingabe an die gemeinsame Sache.
4. Sorgt für Zeiten der Stille.
5. Übt die Fantasie.
6. Lasst Wettkämpfe eine wichtige, aber keine vorherrschende Rolle spielen.
7. Erlöst privilegierte Kinder vom entnervenden Gefühl der Privilegiertheit.

Alle diese Gesetze beziehen sich auf Gefühle, auf Emotionen – wie Triumph, Niederlage, Hingabe, Privilegiertheitsgefühl – oder auf Interiorisationsprozesse – Selbstentdeckung, Zeiten der Stille, Fantasie, Wettkämpfe – keines auf Stoff- und Wissenscharakteristika!

Es gibt viele starke und sicher teilweise zutreffende Kritiken an so gut wie jeder Form von Outdoortraining. Trotzdem wollen wir uns nicht der etwas hochmütigen Einschätzung anschließen, dass so gut wie alle Personalverantwortlichen, die solche Verfahren einsetzen, unsinnig handeln und alle Trainer und Trainingsunternehmen, die sie durchführen, rein gewinnorientiert. Wir werden im Gegenzug eine verallgemeinernde Verurteilung vermeiden und vielmehr versuchen, den bedenkenswerten Kern der Kritiken unter unserem Wertegesichtspunkt fruchtbar zu machen.

Die meisten Kritiken an Outdoor- und anderen erlebnis- und erfahrungsgrundierten Entwicklungsansätzen gehen unseres Erachtens von einem verkürzten Erklärungsansatz aus und befinden sich damit in einem schon über hundert Jahre schwelenden Konflikt.

Schon früh machte die Lebensphilosophie gegen die Reduktion der Wissenschaft auf logisch-mathematische Termini, Aussagen und Operatoren Front. Sie stellte die Lebenserfahrung als eine eigene Wissensform dar, die sich von der gegenständlichen Erfahrung darin unterscheidet, dass sie keine Prognosen, aber die nachträgliche Verarbeitung von Erwartungsdurchbrechungen ermöglicht. Dass sie an die Einmaligkeit der Geschichte und des Lebenslaufs gebunden ist. Dass sie nicht zu Allgemeinaussagen über Sachverhalte, sondern zu Einstellungsänderungen und selbstorganisierten Handlungen von Personen führt. Dass sie eine eigene Art von Objektivität hervorbringt, die sich im konkreten Handeln von Menschen manifestiert. Und dass ihre Ergebnisse nicht falsifizierbar sind; es hat keinen Sinn zu sagen, eine Lebenserfahrung sei falsch. „Wir leben vorwärts, aber wir verstehen rückwärts." Der Gegensatz von quantifizierenden, sich an den Naturwissenschaften orientierenden Denkweisen und qualifizierenden, sich an Phänomenen, Lebenserfahrungen und dem wirklichen Handeln orientierenden Anschauungen drückt auch den Pro- und Kontrapositionen in Bezug auf Outdoor- und ähnliche Trainings seinen Stempel auf (vgl. Erpenbeck 2012, S. 7–42).

Wie problematisch Erwartungen sind, ein undifferenziertes Training steigere unmittelbar und wenigstens grob messbar die Kompetenzen von Menschen, lässt sich an einem Beispiel leicht verdeutlichen. Ein Verkaufsteam stellt auf der Grundlage von Kompetenzmessungen fest, dass bei den meisten seiner Mitarbeiter die sozial-kommunikativen Kompetenzen zu gering ausgeprägt sind. Um zu verstehen, woran das liegen könnte, werden die Werteorientierungen der Mitarbeiter gemessen. Und da stellt man ein völliges Durcheinander fest. Der eine möchte gern von allen geliebt werden (Genusswertung). Der andere hofft, die Kompetenzsteigerung würde ihm auch ein höheres Gehalt eintragen (Nutzenwertung). Ein dritter möchte gern allen Teammitgliedern helfen, bessere Menschen zu werden (ethisch-moralische Wertung). Ein vierter möchte, zur Verbesserung der Sozialkompetenzen der Mitarbeiter, die Unternehmenspolitik deutlich verändern (sozial-weltanschauliche Wertung). Als Trainer kann man nun das ganze Team in den Hochseilgarten jagen und hoffen, die Grundwerte würden sich schon bei allen „irgendwie" erhöhen. Kann sein – kann aber auch voll daneben gehen. Deshalb vertreten wir hier die Überzeugung, dass es sinnvoll ist, die Wertebasis der Teammitglieder zu kennen, dann für sie ganz unterschiedliche Trainings gezielter – und erfasster! – Werteentwicklung anzustoßen um letztlich die sozial-kommunikative Kompetenz des ganzen Teams – messbar! – zu erhöhen.

Vor diesem philosophisch-psychologischen Hintergrund ist die Kritik von Uwe Peter Kanning gut zu verstehen. Er stellt zum Outdoortraining resümierend fest:

„Der starke Erlebnisbezug geht zuweilen zulasten des Intellekts. Während man in klassischen Seminaren Modelle und Forschungsbefunde präsentiert, Erfahrungen austauscht, Sachverhalte diskutiert, Schlussfolgerungen zieht und so weiter, stehen beim Outdoortraining die (körperlichen) Erfahrungen im Zentrum des Geschehens. Dabei wird rein assoziativ ein Bezug zum Arbeitsplatz hergestellt beziehungsweise durch die Verwendung von Metaphern ein solcher Zusammenhang unterstellt… In dem Maße, in dem die Teilnehmer jedoch kritisch denken, müssen sie feststellen, dass es sich eben nur um Metaphern handelt, die bestenfalls auf einem sehr abstrakten Betrachtungsniveau stimmig sein könnten. Da die Berufsrealität aber nicht abstrakt ist, lässt sich aus Metaphern leider nicht allzu große Erkenntnis für die Bewältigung konkreter Berufssituationen ziehen" (Kanning 2013, S. 89).

Sein durchgehender Methodenvorwurf ist also, Outdoortraining gehe zulasten des Intellekts. Darunter versteht er analytisches Denken, denkendes Analysieren. Outdoortraining sieht er eher auf Erlebnisse ausgerichtet, eher assoziativ auf den Arbeitsplatz bezogen, eher durch Verwendung von Metaphern angetrieben. Metaphern stünden jedoch kritischem Denken im Wege, aus ihnen ließen sich leider nicht allzu große Erkenntnisse für die Bewältigung konkreter Berufssituationen ziehen (vgl. Schmitt et al. 2018). Klassische Seminare seien halt besser als windige Trainings.

Wie wenig solche Seminare für die Handlungsfähigkeit der Teilnehmer in konkreten Berufssituationen erbringen, ist bekannt und von dem auch von uns verehrten Donald Kirckpatrick deutlich nachgewiesen worden (vgl. Kirkpatrick und Kirkpatrick 2012). Spannender ist die von Kanning aufgeworfene Frage, ob Metaphern tatsächlich kaum Einfluss auf den konkreten Berufsalltag haben, ob Metaphern tatsächlich schlechtere, kaum zu verwendende Erkenntnisse sind. Wenn man unter Wissen tatsächlich nur im engeren Sinne explizites und explizierbares Wissen versteht, Sach- und Fachwissen, Faktenwissen, geprüfte Daten und Informationen, gehören Metaphern sicher nicht dazu. Ein weiterer Wissensbegriff, der auch wertebehaftete Denkresultate und Werte selbst mit umfasst, enthält hingegen Empfindungen, Gefühle, Wünsche, Vermutungen, Zweifel, Befürchtungen, Hoffnungen, Bedürfnisse, Interessen, Einstellungen, Meinungen, Haltungen, Ansichten, Überzeugungen, Vorurteile, Ablehnungen – alles Denkresultate, die für die Bewältigung konkreter Berufssituationen eine kaum zu unterschätzende Bedeutung haben können, auch wenn der Psychologe dafür nicht sofort einen Test parat hat (Arnold und Erpenbeck 2014, S. 42). Metaphern gehören zweifellos in den Kreis dieser Denkresultate und es wäre mehr als verwunderlich, wenn etwas, dem man im sozialen Leben eine große Macht zugesteht, nicht auch in konkreten Berufssituationen Macht entfalten würde (vgl. Buchholz 2015).

Das Resultat der kritischen Analyse ist also, dass realitätsähnliche Trainings klassische Seminare nicht ersetzen können und wollen. Was sie können und wollen sollen ist, als Ordner selbstorganisierten Handelns zuweilen einen geringen, zumeist aber einen sehr großen, manchmal lebenslang weiterwirkenden Einfluss auf den Trainee auszuüben.

„Das Gefühl, das ich in dem Moment hatte, in dem die Sonde auf dem Mars aufsetzte, ist kaum zu beschreiben, das war riesige Freude und immense Erleichterung", berichtet die Deutsche Aline Zimmer, die als Systemingenieurin für die wichtigen Minuten der Marsmission mitverantwortlich war. „Der ganze Druck der letzten Monate war plötzlich weg. Es fasziniert mich immer noch: diese Maschine, die vor kurzer Zeit noch neben mir stand ist jetzt auf dem Mars. Unglaublich! Der erste Anruf nach der Landung ging an meine Eltern… Ich fand die Sterne schon als Kind spannend. Je weiter weg umso besser" (Duhm 2018, S. o. S.). Wie kann man diese wunderbare Begeisterung, die Frau Zimmer von Wiebelskirchen nach Pasadena und ihre Träume mit auf den Mars brachte, in ein kausales „Wenn-Dann"-Schema zwängen? Wir stehen bewundernd von diesem Ausbund an Zielstrebigkeit und Selbstorganisation, die doch aber beide irgendwann verinnerlicht worden sein müssen. Wir machen wirklichkeitsähnliche

Trainings, Outdoortrainings eingeschlossen, um Menschen weiterzubringen und damit im Mittel vielleicht auch durchschlagende Kreativerfolge zu erzielen. Gezielte Werteentwicklung hat keine Erfolgsgarantie. Aber wenn sie Erfolge hat, wenn sie neue Kreativpotenziale öffnet, ist sie um ein Vielfaches wirksamer als jedes seminaristische Schritt-für-Schritt-Vorgehen. Das ist der Grund, warum nahezu jedes deutsche Großunternehmen solche Trainings anbietet und liebt, und auch Mittelständler beginnen, nachzuziehen. Heute und morgen ist Werteentwicklung angesagt, und das wird so bleiben.

Praktisches Vorgehen

„Der Begriff Outdoor-Training ist salopp gesagt die Übersetzung des Begriffs Erlebnispädagogik in die Sprache des betrieblichen Personalwesens. Das Outdoor- Training versucht, Erlebnisse beispielsweise mit Blick auf die Teamentwicklung in Unternehmen zu nutzen. Es ist damit ganzheitlicher orientiert als viele andere Personalentwicklungsansätze. Durch die Bewältigung von nicht alltäglichen Aufgaben, wie zum Beispiel klettern, Segeln oder Interaktionsübungen in der Gruppe sollen Erlebnisse entstehen. Diese zeichnen sich aus durch eine relative Außergewöhnlichkeit und Intensität in der subjektiven Verarbeitung. Dabei ist das innere Erleben niemals identisch mit einer äußeren Situation. Erlebnisse haben einen hohen emotionalen Anteil und sind von hoher Eindrucksstärke" (Lakemann 2005, S. 10).

Diese Begriffsbestimmung fasst zusammen, worauf es uns vor allem ankommt. Wir wollen nicht diese oder jene Form der unterschiedlichsten Outdoortrainings propagieren, sondern darauf hinweisen, dass bei ihnen Erlebnis- und Erfahrungsprozesse, die wir bereits als wichtige Motoren gezielter Werteentwicklung gezeichnet haben, zentral sind. Vor allem aber, dass gezielt nach einem hohen emotionalen Anteil und hoher Eindrucksstärke gesucht wird, beides Faktoren, die für die Interiorisation von Werten maßgeblich sind. Genau wegen dieser Orientierung sind diese Trainings in den Mittelpunkt von Personal- und Organisationsentwicklung gerückt (vgl. Schad et al. 2004).

Wenn Sie planen, ein Outdoortraining für die gezielte Werteentwicklung in Ihrem Team oder Ihrer Organisation einzusetzen, sollten Sie allerdings Vorüberlegungen anstellen, die sich aus den eingangs angeführten kritischen Einwürfen ergeben.

Zunächst müssen Sie überlegen, wozu es dienen soll. Bleiben wir bei dem meistgenannten Ziel, der Erhöhung von Sozialkompetenzen. Ist das nur ein pauschaler Wunsch, eine vage Hoffnung, oder haben Sie gute Gründe, um diese Kompetenz zu erhöhen. Liegen Kompetenzmessungen vor? Sind die Werte vergleichsweise mit anderen Teams oder Organisationen wirklich gering und werden Sie die Werte nach Abschluss des Trainings erneut messen und vergleichen?

Dann sollten sie überlegen, ob Sie den Genussmenschen und den Ethiker tatsächlich den gleichen sozialen Erlebnissen aussetzen wollen, oder ob Sie zuvor nicht das Wertekostüm der beiden ausmessen müssen, um angemessene und möglicherweise unterschiedliche Trainingsformen bei beiden einzusetzen.

Gesondert wäre zu überlegen, wie Sie und für wen Sie Trainingsformen auswählen, deren rein physischen oder emotionalen Ansprüche für die Teilnehmer zu bewältigen sind, andererseits aber auch nicht als bloßes Entertainment genossen und als nette Ablenkung von der Arbeit angesehen werden. Die zuvor gegebene Zusammenfassung von Outdoortrainingsformen, geordnet nach abnehmender Stärke emotionaler Labilisierung, liefert eine erste Orientierung: reale Expeditionen; Bergwandern, Bergsteigen, Segeln, Kanufahren, Rafting, Survival und ähnliches; schließlich Hochseilgarten, Kletterwand, Spinnennetz, Vertrauensfall, Blind Trust Walk… Wenn Sie sich ernsthaft mit der Absicht tragen, ein Outdoortraining zu etablieren, beachten Sie aber die unglaubliche Fülle niedergelegter Trainingsvorschläge, die ein eigenes Buch erfordern würde (vgl. u. a. Vogel 2012).

Im Zuge solcher Überlegungen ist es für Sie wichtig, Trainingsformen auszuwählen, welche die Teilnehmer nicht psychisch belasten und überfordern, sie in unbeherrschbare Angst oder verzweifelte Konflikte treiben. In keinem Fall dürfen die Annäherungen an den sich Entwickelnden übergriffig sein, weder in der Nachfrage nach sehr persönlichen, intimen Dingen, noch gar in Form von unangemessenem Berühren bis Betatschen.

Wenn Sie in Bereichen tätig sind, wo ohnehin Wissen, emotionales Werten und extrem schnelles Handeln eine unzerstörbare Einheit bilden – wie in militärischen Einrichtungen, Feuerwehr und Polizei, Rettungsmedizin und Katastrophenhilfe, Kampfsport und Mannschaftssport – wäre eine nicht erlebnisbezogene, nur instruierende Form des Lernens völlig unangebracht. Stellen Sie sich vor, sie wollten einen Feuerwehrmann allein dadurch ausbilden, dass Sie ihm Darstellungen von Brandsituationen, Brandursachen, brennbaren Materialien und juristischen Grundlagen beibrächten. Er würde beim ersten Einsatz total versagen. Er muss im Training ein brennendes Haus betreten, die ungeheure emotionale Labilisierung gespürt haben, wenn es heißt: Wen rettest Du zuerst? Wie oft kannst Du, willst du in das brennende Objekt gehen, wen nimmst du mit; du hast nicht viel mehr als zwei Minuten (vgl. Jennißen 2017). In solchen Bereichen ist Erlebnistraining, Outdoortraining unverzichtbare Pflicht.

Je nachdem, in welchem Umfang Sie das Training etablieren wollen und können, sollten Sie sich Fragen beantworten, wie wir sie im Beginn dieses Anschnitts über Training zusammengestellt haben, insbesondere: Wie lässt sich die eingesetzte Trainingsmethode hinsichtlich der gezielten Werteentwicklung von Persönlichkeiten unter verschiedenen Blickwinkeln charakterisieren und verstehen und wie legen Sie den Rahmen solcher Entwicklungen fest. Die einzelnen dort genannten Punkte können Sie in tabellarischer Form abfragen.

Nicht zuletzt ist es wichtig festzulegen, welche Messinstrumente Sie einsetzen und welche Erfolgskriterien Sie nutzen wollen (vgl. Spielberger 2015; Hansen 2010). Wollen Sie Kompetenzmessungen einbeziehen? Wollen Sie Werteerfassungen durchführen? Wollen Sie die Stärke der im Training stattfindenden emotionalen Labilisierung allein oder in einer Gruppe abschätzen, durch Selbstbeobachtung der Gruppe oder durch ein Beobachtungsverfahren von außen, analog dem Kasseler Kompetenzraster (vgl. Kauffeld et al. 2018) charakterisieren? Oder wollen Sie sogar dynamisch emotionale Labilisierungszustände, den Verlauf der Labilisierung aufzeichnen, was durch die Messung der Herzvolumenrate durchaus möglich wäre?

„Ich höre und ich vergesse. Ich sehe und ich erinnere mich. Ich handle und ich verstehe" (Konfuzius[7]). Bereits Konfuzius erkannte, dass nachhaltiges Lernen am effektivsten durch das eigene Handeln geschieht. Als eine derartige, auf das aktive Lernen ausgerichtete erlebnisorientierte Trainingsform gewinnen Outdoortrainings in den letzten Jahren zunehmend an Popularität (vgl. Kauffeld et al. 2018). Im gleichen Maß und auch Kritiken und Kritiker berücksichtigend, erweisen sie sich auch als potenzielle, hoch effektive Methoden für die gezielte Werteentwicklung von Persönlichkeiten.

∑ Nutzanwendung
Wenn Sie ein Outdoortraining in Ihrem Team oder Unternehmen einsetzen wollen, müssen Sie zunächst klären, ob es vor allem der Kompetenzentwicklung dienen soll. Dann werden zwar Werte entwickelt, aber ungezielt und ungemessen, oder ob Sie es primär als Methode gezielter Werteentwicklung von Persönlichkeiten einsetzen und diese auch messend verfolgen wollen.

---

[7]https://zitatezumnachdenken.com/konfuzius/9647

Ist das der Fall, müssen Sie

- klären, auf welche Erlebnis- und Erfahrungsprozesse Sie bauen wollen und welche beherrschbare Stärke emotionaler Labilisierung und damit Interiorisation Sie erwarten; beachten Sie dabei die große Fülle existierender Trainingsvorschläge;
- auswählen, welche unterschiedlichen Trainingsformen bei unterschiedlich vorhandenen Werten und Werteorientierungen Sie einsetzen wollen und können;
- abschätzen, dass die ausgewählten Verfahren die Teilnehmer nicht zur Verzweiflung oder Angst treiben, aber auch nicht als bloßes Entertainment angesehen werden, und dass persönliche Übergriffigkeiten ausgeschlossen sind;
- vergleichen, inwieweit Ihre Tätigkeit und die Ihrer Kollegen nicht bereits in einem Bereich stattfindet, in dem Wissen, Werten und schnelles Handeln die Grundlage bilden (Feuerwehr, Notarzt usw.) und wo ein Outdoortraining mit der Werteentwicklung bei der Arbeit abgestimmt werden muss;
- herausfinden, wie sich die eingesetzte Trainingsmethode hinsichtlich der gezielten Werteentwicklung von Persönlichkeiten unter verschiedenen *Blickwinkeln* charakterisieren lässt, d. h. *praktische* Methoden, auf die unterschiedliche Mittel der *Wertekommunikation* bezogene Methoden, auf unterschiedliche *Einsatzgebiete* bezogene Methoden, auf *sozial-weltanschauliche* Wertungen bezogene Methoden, auf *ethisch-moralische* Wertungen bezogene Methoden, auf *Genuss- und Nutzenswertungen* bezogene Methoden.
- abschätzen, in welchem *Rahmen* die erwarteten Werteentwicklungen stattfinden, z. B. im Arbeitsprozess oder in der Organisation. Für welches *Personal* – Führungskräfte, Manager, soziale oder therapeutische Gruppen. Mit welchem *Ziel,* wie Erhöhung des Kompetenzkapitals, Verbesserung interner und externer Unternehmens- und Organisationsabläufe, Effektivitätserhöhung, Krisenmanagement, Konfliktbearbeitung, Klärung persönlicher Probleme. Für welche *Teilnehmerzahlen* – Einzeltraining, Gruppentraining, Teamtraining. Auf welche *Wertearten* konzentriert – die vier Basiswerte, die sechzehn Wertegebiete, andere Einzelwerte oder Wertekomplexe.

Realitätsähnlich: Werteentwicklung von Persönlichkeiten durch Seitenwechsel®

„Für mich war der Seitenwechsel® in das Hospiz eine der prägendsten Erfahrungen meines Lebens und eine Zeit, die ich nicht missen möchte. Gerade als junge Führungskraft lernt man, sich die Prioritäten im Leben bewusst zu machen. Ohne Zweifel gehört der Seitenwechsel® zu den sinnvollsten Personalentwicklungsmaßnahmen von Führungskräften" (Florian Klages, Leiter Corporate HR, Axel Springer SE).

„Ziel erfüllt? Übererfüllt! Wer sich auf Seitenwechsel® bei PikAs, d. h. Übernachtungsstätten für obdachlose Männer, einlässt, taucht in eine Welt, die in einer Metropolenregion wie Hamburg ständig um uns herum präsent ist, aber in dieser Dichte nie wahrgenommen werden kann. Dies öffnet den Kopf für mehr und ist mit Sicherheit für einen sehr großen Kreis unserer Führungskräfte empfehlenswert" (Christian Wriedt, Vorstandsvorsitzender der Körber-Stiftung).

„Da wo ich Schwächen vermutet habe, habe ich Stärken entdeckt. Den Mut, Verantwortung für bisheriges Handeln zu übernehmen, offen zu reden und neue Wege zu gehen" (Barbara Saunier, Geschäftsführerin bei der Beiersdorf Shared Services GmbH [8]).

„Durch Seitenwechsel® entwickeln sich andere Wertvorstellungen, und man bekommt Bodenhaftung. Ebenso wertvoll ist die Erfahrung, dass man mit individuellen Schwächen von Menschen offener umgehen muss" (Klaus-Dieter Achtelik, Personaldirektor Phoenix AG; Ettlin und Meier-Dallach 2003, S. 57).

Dies sind nur vier Stimmen von vielen, die den Prozess gezielter Werteentwicklung ihrer Persönlichkeiten durch eine besondere Methode sehr überzeugend und geradezu begeistert beschreiben: durch den sogenannten Seitenwechsel®.

Seitenwechsel® wird als Führungskräfte-Entwicklungsprogramm im Spannungsfeld zwischen Persönlichkeitsentwicklung und sozialer Arbeit beschrieben. Führungskräfte arbeiten in vereinbarter Form in Flüchtlings- und Obdachlosenunterkünften, in Gefängnissen, in Einrichtungen der Drogenhilfe und in besonderen Wohnbereichen für Kinder und Jugendliche oder Behinderte, in Hospizen und Palliativstationen. Sie werden von erfahrenen Programmleitern begleitet. Ziel ist ein hoher Erfahrungsgewinn

---

[8]https://seitenwechsel.com/de/referenzen/erfahrungen-teilnehmer.html (aufgenommen 01. 01. 2019).

außerhalb der eigenen Komfortzone und Führungsrolle in wirklichen Grenzsituationen, ein sich Einlassen und Ablegen von Berührungsängsten und ein Gewinn an emotionaler Sicherheit. „Menschen führen wollen bedeutet mit Menschen fühlen können…Das lässt sich nicht in standardisierten Seminaren oder Workshops lernen, emotionale Sicherheit und soziale Kompetenz entwickelt man nur im realen Leben…Bestehende Werte, Normen, Verhaltensweisen und auch Vorurteile werden überprüft und die persönliche Veränderungsfähigkeit trainiert. Das ist wichtig und wirksam für die Persönlichkeitsentwicklung" (Patriotische Gesellschaft o. J.).

Alles Wissen, das die mit Obdachlosen, Drogenabhängigen, Behinderten und Schwerkranken Arbeitenden in großem Umfang besitzen müssen, lässt sich lernen, weitergeben oder aus Fachliteratur gewinnen. Aber darum geht es hier gar nicht. Es geht um Werte wie Mut, Verantwortungsgefühl, Offenheit, Durchsetzungsstärke und immer wieder um Einfühlung, um Empathie. Und darum, wie diese Werte verinnerlicht, diese Werteentwicklung erreicht werden kann. Eben nicht in standardisierten Seminaren oder Workshops, sondern in außerordentlichen, irritierenden, eine hohe emotionale Labilisierung geradezu zwangsläufig erzeugenden Erfahrungssituationen. Die Teilnehmerstimmen, die wir an den Anfang stellten, machen das einleuchtend klar. Dabei interessiert weniger, ob eine derartige qualitative Methode in irgendeinem vernünftigen Sinne validiert werden kann. Wenn solche Menschen überhaupt einen so hohen Persönlichkeitsgewinn erfühlen, scheint uns dieses wirklichkeitsähnliche Verfahren mehr als berechtigt.

Hinzu kommt, dass sich das Grundprinzip des Seitenwechsels® auch auf andere Menschen und andere Situationen als Führungskräfte und Führungssituationen übertragen lässt. Vom Schüleraustausch bis zum Praktikum in fremden Ländern lassen sich vielfältige Beispiele heranziehen.

Praktisches Vorgehen
Seitenwechsel® ist ein Programm, das von und für Fachleute aus den Bereichen Personalentwicklung, Wirtschaft, Bildung und Humankapital entwickelt wurde. Es beruht auf der Einsicht von immer mehr Unternehmen, dass ethische Überlegungen und sozial-weltanschauliche Zielstellungen eine immer größere Rolle spielen. „Der soziale Faktor ist für die Entwicklung von Unternehmen zentral; soziale Kompetenz ist deshalb für Führungskräfte unabdingbar" (Ettlin und Meier-Dallach 2003, S. 28).

Wenn Sie in Ihrer Organisation ein solches Programm für die gezielte Werteentwicklung von Mitarbeitern und Führungskräften einsetzen wollen, müssen Sie davon ausgehen, dass viele von ihnen durch den Leistungsdruck innerhalb ihrer Karriere und durch ein sehr eng geknüpftes soziales Netz häufig keine Möglichkeiten haben, um soziale Kompetenzen in anderen gesellschaftlichen Feldern zu erwerben.

Es kommt hinzu, dass gerade Führungskräfte hauptsächlich aus der Ober- und Mittelschicht stammen. Das führt zu einer hohen Homogenität ihrer Lebenswelten und dazu, dass sie kaum je in Kontakt mit Menschen der gesellschaftlichen Ränder kommen. Die dadurch fehlenden ethisch-moralischen und sozial-weltanschaulichen Werte sind aber nicht durch herkömmliche Bildungsprogramme zu erwerben. Sie bedürfen einer Wissen und Emotionen gleichermaßen ansprechende Entwicklungsmethode, um nachhaltig verankert zu werden. Eine solche Methode stellt der Seitenwechsel® dar, und an diesem Punkt müssen Sie einhaken.

Allerdings stellt die Methode an Sie selbst wie auch an die anderen Teilnehmer der gezielten Werteentwicklung hohe Anforderungen. Die Teilnehmer müssen beträchtliche Frustrationen aushalten. Sie selbst lernen im Verlauf des Einsatzes dieser Methode Charaktere, Probleme und Zustände kennen, die Sie sich vorher im Traum nicht hätten vorstellen können.

Der vielleicht wichtigste Wert, der sich durch diese Methode bei Ihnen selbst und den Teilnehmern verankern wird, ist die Fähigkeit, Anteil zu nehmen, sich um andere, Schwächere zu kümmern, Mitgefühl nicht nur zu demonstrieren, sondern tief innen zu erleben. Es auch auszuleben erfordert Zeit zu haben und sich Zeit zu nehmen. Prüfen Sie sich selbst, ob Sie sich diese Zeit auch nehmen wollen und können. Nur dann werden Ihre Anstrengungen um eine gezielte Werteentwicklung erfolgreich sein.

Menschenrechte erfordern auch Menschenpflichten. Diese Pflichten beruhen auf von Werten untermauerten Normen. Indem Sie und die Teilnehmer ihre sozial-weltanschaulichen Werte kräftigen und durch Mitgefühl stärken, werden mit dieser Methode nicht nur Unternehmenswerte, sondern auch solche des Gemeinwohls gefördert. Insofern reicht ihr Effekt der Wertentwicklung weit über den eigenen engen Arbeits- und Lebenskreis hinaus.

In Zeiten von Nachhaltigkeit, Digitalisierung und Industrie 4.0 ist ein Perspektivenwechsel hin zu sozialer Verantwortung von Organisationen und Unternehmen, zur „Corporate Social Responsibility" (CSR), notwendig (vgl. Spieß und Fabisch 2017). Archie Carroll teilte die soziale Verantwortung von Unternehmen in vier Ebenen: In die Ebene der ökonomischen Verantwortung, des kostendeckenden Wirtschaftens, also der *Nutzenwerte,* in die Ebene der gesetzlichen Verantwortung, der Legalität seines Arbeitens, also der *ethisch-moralischen wie sozial-weltanschaulichen Werte,* in die Ebene der ethische Verantwortung, also des fairen und *ethischen Handelns* über bestehende Gesetze hinaus, und in eine philanthropische Ebene, die karitatives gesellschaftliches Engagement über die gesellschaftlichen

Erwartungen hinaus, also wieder *ethisch-moralische wie sozial-weltanschauliche Werte* umfasst (Carroll 1991, S. 39–48). Der Perspektivenwechsel hin zur sozialen Verantwortung kann durch Methoden wie den Seitenwechsel® bestärkt und beschleunigt werden. Ein Corporate-Volunteering-Programm wie beispielsweise der „Blickwechsel®" fördert Anpassungsfähigkeit, Einstellungen, Kooperationsfähigkeit. „Die fremden Lebens- und Erfahrungswelten lassen eine Reflexion ihrer eigenen Werte, Einstellungen und Führungsverständnisse zu und tragen so zur Entwicklung eines werteorientierten und nachhaltigen Führungsverhaltens bei" (Herde in: Spieß und Fabisch 2017, S. 353). Wenn Sie in Ihrem Bestreben, eine gezielte Werteentwicklung von Persönlichkeiten, insbesondere von Führungspersönlichkeiten, suchen, kann ein Herangehen wie beim Seitenwechsel® oder Blickwechsel eine wirkungsvolle Unterstützung sein.

∑ Nutzanwendung
Sollten Sie sich die Aufgabe stellen oder sie gestellt bekommen, eine gezielte Werteentwicklung in die Wege zu leiten und Sie nach Möglichkeiten suchen, eine für die Werteentwicklung unabdingbare emotionale Labilisierung zu gestalten, ist der Seiten- oder Blickwechsel eine lohnende Anregung.

- Darunter wird ein Programm gezielter Kompetenz- und Werteentwicklung verstanden, bei dem z. B. Führungskräfte, aber auch andere, die in Flüchtlings- und Obdachlosenunterkünften, in Gefängnissen, in Einrichtungen der Drogenhilfe und in besonderen Wohnbereichen für Kinder und Jugendliche, Behinderte, in Hospizen und Palliativstationen, begleitet von erfahrenen Programmleitern, arbeiten.
- In echten Grenzsituationen findet eine hohe emotionale Labilisierung statt, die zur Umwertung von Berührungsängsten und einem Gewinn an emotionaler Sicherheit führt.
- Zugleich können Sie Werte wie Mut, Verantwortungsgefühl, Offenheit, Durchsetzungsstärke und vor allem Einfühlung, Empathie, Anteilnahme, Mitgefühl, Sich-um-Schwächere-kümmern fördern.
- Obwohl es sich um die gezielte Werteentwicklung einzelner Persönlichkeiten handelt, erhöht der Seitenwechsel® die **Corporate Social Responsibility (CSR)** der Organisation.
- Mit Ihrer Werteentwicklungsarbeit leisten Sie das Ihre zu diesem für Ihre Organisation, Ihr Unternehmen so wichtigen sozialen Beitrag.

Realitätsähnlich: Das Zürcher Ressourcen Modell® ZRM® und seine Möglichkeiten bei der gezielten Werteentwicklung von Persönlichkeiten

Ein erfolgreicher mittelständischer Unternehmer erhält eine beängstigende Diagnose. Wenn er weiterhin so übergewichtig bleibt, wenn er sich kaum bewegt und keinen Sport treibt, ist er ein Herzinfarktkandidat. So beschließt er dreimal in der Woche zu trainieren. Spaß macht es ihm nicht, immer öfter kommt etwas dazwischen, das ihn vom Vorsatz abbringt. Wie schafft er es vom Wunsch zur Handlung zu kommen, das notwendige Bedürfnis, das bewusste Motiv zu einer inneren, wertegegründeten Einstellung umzusetzen und zu einem Haltungsziel zu gelangen?

Durch eine Reihe kluger Einzelschritte gelingt es ihm, das ressourcenorientierte Training zu einem emotional tief verankerten, positiv bewerteten Handlungsziel umzuformen. Nicht: „Ich muss wieder laufen", denkt er, sondern „Ich gönne mir Auslauf". Der Übergang vom Laufenmüssen zum Auslauf ist eine deutliche und gezielte Veränderung seiner Wertehaltung.[9]

Das Zürcher Ressourcen Modell ZRM® verwendet einen neurobiologisch fundierten Ressourcenbegriff. „Demnach gilt als Ressource alles, was gesundheitsfördernde neuronale Netze aktiviert und entsprechende Ziele fördern hilft" (Krause und Storch 2006, S. 33). Damit ist der angezielte Gesamtprozess breit und führt vom Bedürfnis und Motiv nach Überschreiten eines Willens – „Rubikons" zur neuen Intention, Handlungsvorbereitung und Handlung. Wo Werte und Werteentwicklungen in diesem Prozess eine Rolle spielen, ist auf den ersten Blick nicht zu erkennen.

Aber auf den zweiten Blick. „Emotionen, als wesentliche Träger von Motivation, stellen ein weiteres tragendes Element im ZRM® dar. Die Neurowissenschaften bieten hierfür eine hilfreiche Konzeption an, die es ermöglicht, emotionale Befindlichkeiten und (häufig unbewusste) Bewertungen und Wertehaltungen eines Menschen in die Veränderungsarbeit mit einzubeziehen. Gemeint ist die Theorie der somatischen Marker von Damasio (1994). Als somatische Marker bezeichnet Damasio ein biologisches Bewertungssystem, das durch Erfahrung entsteht und über Körpersignale und/oder emotionale Signale verläuft. Somatische Marker steuern das Appetenz- (Such- und Orientierungs-) und das Vermeidungsverhalten.

---

[9]Nach https://www.youtube.com/watch?v=ideJm4BsskA (aufgenommen am 05. 05. 2016).

Jedes Objekt oder jede Situation, mit denen ein Organismus Erfahrungen gesammelt hat, hinterlassen einen somatischen Marker, der eine Bewertung dieser Begegnung speichert. Die Bewertung findet statt nach dem dualen System „Gut gewesen, wieder aufsuchen" oder „Schlecht gewesen, das nächste Mal lieber meiden". Wenn der Organismus sich später wieder in einer entsprechenden Situation befindet oder sich in einem vorausschauenden Planungsprozess darüber Gedanken machen muss, wie er mit einer bestimmten Situation umgehen soll, erfährt er über somatische Marker blitzschnell, was zu dieser Thematik bisher an Erfahrungen gesammelt wurde" (Domasio 1994 S. 33). Wir haben diesen Prozess, ausgehend von anderen psychologischen Ansätzen, genau so als einen des Neuerwerbs oder des Umlernens von Wertungen beschrieben.

Praktisches Vorgehen
Was hier aber hinzukommt ist der geistreiche Zugriff auf das Unbewusste durch eine projektive Methode, die sogenannte *Bildkartei* (vgl. Krause und Storch 2018). Sie besteht aus etwa 30–80 Bildern und sollte möglichst vielfältig gestaltet sein. Diese Bilder werden lose auf dem Boden ausgelegt und die Teilnehmer aufgefordert, herumzuwandern, die Bilder auf sich wirken zu lassen und das Bild zu bestimmen, das auf sie am positivsten wirkt. Jeder muss erklären, warum gerade dieses Bild ihn anspricht, warum es ihm gefällt. Der Rückgriff auf solche Bilder dient dazu, implizite Gedächtnisinhalte zu ermitteln, die mit einer direkten Abfrage nicht herauszubekommen sind. Solche projektiven Verfahren werden benutzt, um innerpsychischen Konflikten auf die Spur zu kommen. Die Bilder können konfliktthematisierende Projektionen auslösen. Indem Bilder mit positivem Bildinhalt verwendet werden, kann der Fokus auf zu erreichende Lebens- und Werteziele gerichtet werden. Dadurch, dass sehr allgemeine Emotionen angesprochen werden, wird die Zielstellung des Trainings nicht schon am Beginn eingeengt. Dadurch dass es sich um emotionale Inhalte handelt, werden Entscheidungssituationen, auch Werteentscheidungen, auf die unbewussten Emotionen rückbezogen und nicht auf rationale Entscheidungen verkürzt.

Ausgehend von den so gewonnenen und sprachlich formulierten Assoziationen der einzelnen Teilnehmer werden in Gruppenarbeit von den Teilnehmern allgemeine Vorsätze erarbeitet, die von allen durch eigene Assoziationen und Überlegungen bereichert und in einem „Ideenkorb" gesammelt werden.

Wir wollen hier den präzise ausgearbeiteten und für verschiedene Grundkonstellationen, etwa das Rauchen abgewöhnen oder Gewicht zu verlieren, sehr erfolgreich ausgearbeiteten Trainingsablauf (vgl. Storch 2009; Storch

2008; Storch et al. 2010) nicht im Einzelnen verfolgen, zumal dazu ein umfassendes Trainingsmanual vorliegt (vgl. Storch und Krause 2011). Uns geht es vielmehr darum, dass gerade im Trainingsbeginn auf emotionale Wertungen zurückgegriffen wird und dass diese während des Trainings gezielt verändert werden. Insofern handelt es sich beim Einsatz des Zürcher Ressourcen Modells® fraglos auch um eine Methode gezielter Werteentwicklung von Persönlichkeiten. Da es sich um eine „Open-Source"-Methode handelt, ist es für jeden Werteentwickler sinnvoll, das Verfahren im Einzelnen zu studieren und die Aspekte herauszuschälen, die ihm nützlich sind.

Die Bildkartei ist aber nur ein Aspekt, der die Fragen der Werteentwicklung unmittelbar betrifft. Ein anderer, leicht anzuwendender und von großer Suggestivkraft, ist die Veranschaulichung des unbewusst-emotionalen Wertungssystems durch das sogenannte „Würmli":

> „Wir haben zwei Bewertungssysteme: den Verstand und das, was die meisten Menschen Bauchgefühl nennen, in der Wissenschaftssprache somatische Marker genannt. Ich nenne dieses Bauchgefühl „das Würmli". Dieses Würmli ist unser emotionales Erfahrungsgedächtnis, schon ab der fünften Embryonalwoche werden hier unbewusst Informationen verarbeitet und gespeichert. Diese Erfahrungen werden mit einem Hinweis, einem Marker, versehen, der uns sagt: Das war eine gute Erfahrung, das war eine schlechte. Will ich eine kluge Entscheidung treffen, muss ich erst einmal wissen, dass ich diese beiden Systeme besitze, also nicht nur einen Verstand, sondern auch ein emotionales Erfahrungsgedächtnis habe. In der Psychoanalyse nennt man das Würmli übrigens „das Unbewusste", in der Alltagssprache „das Bauchgefühl". Ich muss nun Verstand und dieses emotionale Erfahrungsgedächtnis sorgfältig koordinieren…Wir leben in einer Gesellschaft, in der immer noch als König gilt, wer seine Entscheidung allein mit dem Verstand trifft. So beraubt man sich aber eines ganz wichtigen Werkzeugs. Sie müssen sich wirklich bewusst machen, was Hirnforscher in den vergangenen Jahren herausgefunden haben: Wir besitzen ein Bewertungssystem, in dem all unsere Erfahrungen gespeichert sind. Und dieses Bewertungssystem sendet Signale aus, manchmal unterschiedliche…aber immer Signale, die uns etwas sagen wollen."[10]

Diese zwei Bewertungssysteme unterscheiden sich im Arbeitstempo, im Kommunikationsmittel und in der Bewertungskategorie. Der Verstand hat ein langsames Arbeitstempo, benutzt als Kommunikationsmittel die Sprache und präzise Argumente und die Bewertungskategorie richtig oder falsch.

---

[10]https://www.brigitte.de/liebe/persoenlichkeit/dr--maja-storch---sie-koennen-sich-nicht-falsch-entscheiden--10201820.html (aufgenommen 20.1.2019).

Das Bewertungssystem des Würmlis hat ein schnelles Arbeitstempo, benutzt als Kommunikationsmittel somatische Marker und diffuse Gefühle und die Bewertungskategorien mag ich – mag ich nicht (vgl. Storch 2012).

Die Autorin empfiehlt nun im Vorfeld von – stets wertenden! – Entscheidungen eine Würmli-Bilanz anzusetzen. Die Wertung der Entscheidungsmöglichkeiten, die Wertung unterschiedlicher Beurteilungsmöglichkeiten von Dingen, Eigenschaften, Relationen, Prozessen erstmal gefühlsmäßig auszuleuchten. Nehme ich eine neue Arbeit in Hamburg oder in Berlin an? Inwieweit habe ich ein positives, inwieweit ein negatives Gefühl in Bezug auf Hamburg und in Bezug auf Berlin. Erst wenn mir bewusst wird, dass mich viel mehr zu Berlin hinzieht, trotz manch negativer Gefühle, und dass mich Hamburg viel weniger reizt, obwohl ich da auch keine besonders negativen Gefühle habe, erst dann kann ich überlegen, woraus die positiven und negativen Gefühle hier wie dort resultieren. Aber die Gefühlsbilanz, nicht das rationale Abwägen bestimmt schließlich meine Entscheidung.

Diese Würmli-Bilanz lässt sich in jedes Training gezielter Werteentwicklung integrieren und kann helfen, die Entwicklung mit den durch Erlebnisse und Erfahrungen emotional tief verankerten Werten abzustimmen.[11]

∑ Nutzanwendung

Das Zürcher Ressourcenmodell® ist realitätsähnlich, da es die Verankerung menschlicher Werte in Gefühl und Verstand viel realistischer abbildet als rein rationale Entscheidungsbäume und Entscheidungsalgorithmen. Das wird dadurch erreicht, dass über ein projektives Verfahren, die Bilderdatei und ein weiteres gefühlsbezogenes Verfahren, die Würmli-Bilanz, frühere Erlebnisse und Erfahrungen mitsamt ihren emotionalen Wertungen berücksichtigt und in Handlungsentscheidungen einbezogen werden können. Wir empfehlen Ihnen, diese beiden Verfahren in Trainings gezielter Werteentwicklung einzubauen oder sie direkt zu solchen Trainings zu transformieren, z. B. in einem vereinfachten Trainingsansatz eines Selbstmanagements für Jugendliche:

- Jeder in unserer Gruppe von Werteentwicklern überlegt zunächst, welche Werteorientierung er gezielt bearbeiten will.
- Jeder denkt darüber nach, in welchen Alltags- oder Arbeitssituationen diese Werteorientierung eine zu verändernde Rolle spielt.

---

[11]Vgl. https://appcrawlr.com/ios/wurm-bilanz-von-maja-storch.

- Die Teilnehmer nutzen nun die Bildkartei und beschreiben ihre ersten Assoziationen dazu. Sie beraten im Kreis der Werteentwickler Ihre Lieblingsideen zu den assoziierten Werten und eventuellen Veränderungsmöglichkeiten.
- Jeder verfasst einen ersten Entwurf der notwendigen Werteentwicklungen und seiner Ideen dazu.
- Der Entwurf wird zu einem – positiven, emotional motivierenden – Werteentwicklungsziel verdichtet.
- Die Teilnehmer reflektieren:
  - Wenn ich mir vorstelle, ich hätte mein Ziel erreicht, fühle ich mich dann gut mit meiner Zielformulierung, ist sie motivierend, macht sie Spaß, bereichert sie mein Leben, freue ich mich darauf, die entwickelten Werte via Kompetenzen in Handlungen umzusetzen?
  - In welcher Situation, beispielsweise einer Konfliktsituation, möchte ich neu handeln, wie habe ich mich bisher darin gefühlt und wie will ich mich zukünftig darin fühlen?
  - Welche Menschen, neben den anderen Werteentwicklern, werden mich unterstützen, welche mir im gebotenen Fall ein Warn- oder Stoppsignal geben?
- Abschließend verfolgen die Teilnehmer ihren Weg zurück: ihren Start mit dem Bild aus der Bildkartei, ihre Zielformulierung, ihre Unterstützung sowie ihre gegenwärtige Position in der gezielten Werteentwicklung.
- Die Teilnehmer erhalten Rückmeldung durch einen Tandempartner (einen Buddy). Sie nehmen sich vor, nach dem, was Sie sich vorgenommen haben, zu handeln.
- Am Schluss denken sie darüber nach, ob sie in auftauchenden Entscheidungssituationen die Würmli-Bilanz zur Anwendung bringen und auf weitere Entscheidungssituationen übertragen konnten (nach Storch und Riedener 2011, S. 270–315).

Realitätsähnlich: Montessori-Pädagogik, Reformansätze und ihre Möglichkeiten bei der gezielten Werteentwicklung von Persönlichkeiten

„Hilf mir, es selbst zu tun. Zeige mir, wie es geht. Tu es nicht für mich. Ich kann und will es alleine tun. Hab Geduld, meine Wege zu begreifen. Sie sind vielleicht länger. Vielleicht brauche ich mehr Zeit, weil ich mehrere

Versuche machen will. Mute mir Fehler und Anstrengungen zu, denn daraus kann ich lernen" (Montessori 1995, S. 5; vgl. Montessori 2014a; Montessori 2014b).

Dieser berühmte Ausspruch von Maria Montessori, der Begründerin einer immer erfolgreicher werdenden pädagogischen Richtung, erklärt ohne Umschweife, warum sich ihr Ansatz hier unter den wirklichkeitsähnlichen Trainings wiederfindet. Man kann die Montessori-Pädagogik als eine Form von Pädagogik charakterisieren, deren Ziel nicht die Weitergabe von Wissen, sondern die Entwicklung von Kompetenzen ist. Es geht ihr um die Handlungsfähigkeit der pädagogisch betreuten Persönlichkeiten, und zwar einer Handlungsfähigkeit in offenen, Kreativität erfordernden Handlungssituationen, also um Kompetenzentwicklung.

Montessori-Pädagogik ist Kompetenzpädagogik.[12]

Da Werte die Kerne von Kompetenzen sind, ist sie zugleich und in erster Linie *Wertepädagogik*, auf eine gezielte Werteentwicklung von Persönlichkeiten gerichtet.

Das ist keineswegs Privileg des Montessori-Ansatzes. Auch die Waldorfpädagogik von Rudolf Steiner, die Arbeitsschule von Pawel Blonski oder die Salempädagogik von Karl Hahn stellen Formen von Kompetenz- und Wertepädagogik dar. Das ließe sich noch viel weiter ausdehnen. In seinem außerordentlich verdienstvollen Handbuch kreativer Lehr- und Lernformen stellt Peter Heitkamp über 100 (!) erfolgreiche Reformdidaktiken vor, die ihre Praxiserprobung durchgängig bestanden haben (vgl. Heitkämper 2000; Skiera 2010). Aber *gerade weil* sie auf Kompetenzentwicklung anstatt auf Bulimielernen gerichtet sind, konnten sie nie im „normalen" Schulbetrieb Fuß fassen. Auch ihm erscheint die Montessori-Pädagogik unter all diesen Ansätzen der gehirngerechteste und zukunftsträchtigste (vgl. Fischer und Heitkämper 2000). Der Trend zum Besuch von alternativen Privatschulen ist ungebrochen und eher durch den elterlichen Geldbeutel als durch Interessenmangel begrenzt. Etwa 750 000 Schüler in Deutschland besuchten 2017 eine freie, allgemeinbildende Schule, das sind etwa 9 % der Gesamtschülerzahl.[13] Selbst wenn man die am Bulimielernen orientierten Lernleistungen staatlicher Schulen mit ihnen vergleicht, sind sie ebenso gut oder besser wie diese.[14] „Schule vermittelt neben Wissen, Kompetenzen

---

[12]Diese Grundüberzeugung teilen wir mit dem Anreger unserer Überlegungen, Volker Rozynski, Direktor der Montessorischule Hamburg Bergehof.
[13]Berliner Zeitung 30.1.2017. S. 13.
[14]Ebenda, 16.3.2018, S. 15.

und Fähigkeiten auch Kulturtechniken, gesellschaftlichen Normen und Umgangsformen, moralische wie ethische Werte. Der Mensch braucht Raum, um den Fragen des Sinns nachzugehen", so Rabbi Nachama und Imam Sanci am Tag der Freien Schulen in Berlin.[15]

Immer wieder wird angeführt, dass gerade viele im Bereich Technik und Wirtschaft berühmte Persönlichkeiten, aber auch andere, Montessori-Schüler waren und dies als einen ihrer wichtigen Erfolgsfaktoren preisen, beginnend mit dem begeisterten Montessori-Förderer, Thomas Alva Edison, über die Googlegründer Larry Page und Sergey Brin, den Wikipediagründer Jim Wales, den Amazongründer Jeff Bezos, den Facebookgründer Mark Zuckerberg, den Ökonomen Peter Drucker, über berühmte Künstler wie Gabriel Garcia Marquez, Friedensreich Hundertwasser, Andrew Lloyd Webber bis zu Schauspielern wie George Clooney oder Hugh Grant[16]. Kein Beweis, aber eine Bestätigung.

Allen diesen Reformansätzen ist die Ausrichtung auf Handlungsfähigkeit anstatt auf bloßes Wissen und die Konzentration auf das Subjekt anstatt auf eine entpersönliche, wissenschaftlich-technisch beherrschte Wissenswelt gemeinsam. Selbstorganisation statt Fremdorganisation leitet das Denken der Pädagogen wie der Betreuten. Besonders bedeutsam für unser Thema ist die Ausrichtung auf Werte anstatt auf ein verkürztes „folgerichtiges" Handeln. Maria Montessori verwendet nicht den Begriff Kompetenz, aber ihr Ansatz, Handlungsfähigkeit als Ziel zu nehmen und die Beteiligung der Betreuten, das „Hilf mir, es selbst zu tun. Zeige mir, wie es geht" in den Mittelpunkt zu stellen, ist Kompetenzentwicklung und Werteentwicklung par excellence.

Folgerichtig stellt sie Selbstorganisationsfähigkeit als Kern jedes Kompetenzverständnisses ins Zentrum, die Selbstorganisation im Unterricht wie auch die Selbstorganisation in der Konfliktbewältigung. Eingeschlossen auch die Sprachkompetenz. Da sie zu ihrer Zeit über keine ausgearbeitete Selbstorganisationstheorie verfügte, benutzte sie eine eigene Terminologie. Als *Nebulae* bezeichnete sie eine kreative Energie, die das Kind von der Umgebung aufnimmt. Als *Horme* kennzeichnete sie einen unbewussten Willen, der das Kind dazu dränge, das zu tun, was es tun muss, um seinem wertegeprägten Drang zu helfen, seine Bemühungen zum Ziel zu führen. Als *Mneme* benannte sie eine übergeordnete Instanz des Gedächtnisses, die unbewusste Erlebnisse und Erfahrungen speichert, die dann Teil der

---

[15]Tagesspiegel, 16.9.2018. S.
[16]http://www.dailymontessori.com/montessori-questions-answers/famous-montessori-educated-people/

Persönlichkeit des Kindes werden. Immer wieder betonte sie die Freiheit der kindlichen Entwicklung, die Kreativität, das „Schöpfungswunder". Das selbstorganisierte Entwicklungswunder Mensch, der kreative Mensch, bildet der Kern ihres Denkens.

Maria Montessori hatte erkannt, dass Werte und Normen in jedem Alltag eine große Rolle spielen und dass Kinder daran teilhaben wollen. Sie entwickeln eigene Handlungen und Verhaltensweisen, die es ihnen ermöglichen, sich mit ihrer Umwelt auseinanderzusetzen und am Leben der Gemeinschaft teilzuhaben. Deshalb schloss sie eine gezielte Werteentwicklung als einen entscheidenden Prozess in ihre Pädagogik ein. Sie betonte, dass Umwelteinflüsse nur eine Seite der Werteentwicklung sind. Werte sind hingegen „das Ergebnis eines inneren Entwicklungsprozesses der individuellen Persönlichkeit, anhand dessen Interaktionen mit der Außenwelt durch innere Repräsentanz ersetzt werden. Dieser Prozess der Internalisierung...hat verschiedene Phasen. Er setzt ein mit Imitation, Identifikation und Introjektion hinsichtlich der Einstellungen von Eltern und anderer signifikanter Personen in der Umgebung des Kindes. Er erreicht seinen Höhepunkt in den Auffassungen, Idealen und Maßstäben des Individuums, wie sie in seinem Verhalten und in seiner Rolle in der Gesellschaft zutage treten, in der er lebt. „Sie hebt die Wichtigkeit genereller Werte hervor, die Werteentwicklung ist geradezu der Ausgangspunkt ihres Erziehungskonzepts" (Montessori 1987, S. 58). Diese kann aber nur unter Bedingungen einer emotionalen Labilisierung stattfinden. Sie spricht von sensiblen Phasen und einer Polarisation der Aufmerksamkeit, die über die Stufen Vorbereitung, große Arbeit in Versunkenheit und Unablenkbarkeit sowie Zuwendung zur Außenwelt verläuft. Um solche Phasen zu erreichen und die Polarisation stattfinden zu lassen, betont sie die Unabdingbarkeit offener Entscheidungssituationen in der pädagogischen Arbeit, besonders in der sogenannten Freiarbeit – der freien Wahl der Arbeit, dem freien Arbeiten, der echten Entscheidungsfreiheit.

Praktisches Vorgehen
Die gezielte Werteentwicklung kindlicher Persönlichkeiten ist ein Hauptanliegen der Montessori-Pädagogik. Sie fußt auf christlich-religiösen Traditionen, vermittelt aber darüber hinausgehend eine Verantwortung für den Kosmos und versteht sich als eine Erziehung zum Frieden. „Die Wertentwicklung in der Pädagogik Montessoris lässt sich nicht isoliert von ihrem Verständnis religiöser, sittlicher, sozialer und „kosmischer" Erziehung betrachten. Und ebenso ist ihr Verständnis von Friedenserziehung nicht denkbar ohne Werte. Sie zielt auf die Entwicklung ethischer, aus religiösen Tiefen-

dimensionen geschöpfter Werte, auf sozial-weltanschauliche Werte des Miteinanderlebens auch in altersheterogenen Lerngruppen, auf Mitmenschlichkeit, Sinnoffenheit, Handlungsfähigkeit und -freude, auf die Liebe zum Universum und auf ein friedliches Sein (Klein-Landeck und Pütz 2011, S. 95 f.).

Unser Buch ist nicht speziell auf die gezielte Werteentwicklung von Kindern und Jugendlichen gerichtet. Wir sind aber überzeugt, dass das Verstehen, die Anwendung und das Erleben der Montessori-Pädagogik weit über die Schulpädagogik hinausweist und Trainings im Wertebereich wichtige Impulse zu geben vermag (vgl. Schumacher 2016). Insbesondere die Idee eines „aktiven Lernens" ist heute beispielsweise in ganz anderen Zusammenhängen vom Physik-Nobelpreisträger Carl Wiemann in einem eigenen Entwicklungsprogramm aufgenommen (vgl. Wiemann 2017).

Zuerst und vor allem ist das *Grundthema* Montessoris „Hilf mir, es selbst zu tun. Zeige mir, wie es geht. Tu es nicht für mich. Ich kann und will es alleine tun. Hab Geduld, meine Wege zu begreifen. Sie sind vielleicht länger. Vielleicht brauche ich mehr Zeit, weil ich mehrere Versuche machen will. Mute mir Fehler und Anstrengungen zu, denn daraus kann ich lernen" ein Thema jedes erfolgreichen Wertetrainings. Erlebnisse kann man nicht übertragen. Erfahrungen kann man nur selbst machen. Wenn Sie, als Werteentwickler, gezielt Problemsituationen und Konfliktszenarien aufbauen, sollten Sie sich dieses Themas immer wieder vergegenwärtigen. Jeder Versuch, Lösungen zu suggerieren, in bester Absicht, dem seine Werte Entwickelnden zu helfen, mindert Ihren Erfolg oder macht ihn sogar zunichte.

Kinder haben beobachtbare *sensible Phasen*, in denen sie besonders intensiv erleben und Erfahrungen machen. Aber auch Erwachsene treten Problem- und Konfliktsituationen mehr oder auch weniger sensibel gegenüber. Versuchen Sie deshalb für die Werteentwicklung eines anderen oder bei sich selbst Bereiche herauszufinden, in denen Sie besonders sensibel sind, besonders sensibel reagieren, und betrachten Sie diese als Zielpunkte Ihrer Entwicklungsarbeit. Ein Erleben, das, oder eine Erfahrung, die Sie nicht trifft, sondern Sie gleichgültig lässt, eignet sich nicht für die beabsichtigte Werteinteriorisation. Allerdings müssen Sie verstörende Übersensibilität vermeiden.

Profitieren Sie, wenn Sie tatsächlich Montessori-Elemente verwenden wollen, von der berühmten *Montessori-Materialidee*. Sie schuf Spielmaterialien, die Kindern sachliche und geistige Zusammenhänge schnell deutlich werden ließen. Versuchen Sie in ähnlichem Sinne, wenn Sie Problemsituationen und Konfliktkonstellationen für eine gezielte Werteentwicklung nutzen wollen, gerade solche, die einfach überschaubar sind. Sie sollten einen möglichst gut erkennbaren Wertegehalt in sich tragen und leicht den geistigen Gehalt offenbaren.

Insbesondere sollen die ausgewählten Situationen nachfolgend erfolgreiche Reflexionen ermöglichen und eine *„Fehlerkontrolle"* durch Vergleich mit früheren Erfahrungen und Disharmonien erleichtern. Vergegenwärtigen Sie sich, dass diese Situationen nicht nur Alltagserlebnisse und -erfahrungen als Materialien umfassen, sondern auch den Umgang mit Sprachmaterial, mit dem Material mathematisch-technischen Denkens und mit Sinneseindrücken und Emotionen beinhalten.

Schließlich lässt sich aus dem Montessori-Ansatz der unbedingte Wille adaptieren, Probleme und Konflikte in größeren, umfassenderen Zusammenhängen zu sehen. Ein Wert kommt selten allein. Er ist meist in vielfältige Wertebeziehungen und Lebenszusammenhänge eingebunden. Je mehr Sie sich diese komplexen Verbindungen bewusst machen, desto weniger werden Sie dazu neigen, alle Lösungen über einen Kamm zu scheren. Der Weltbezug, ja der Kosmosbezug, den Montessori immer wieder hervorhebt, lässt Sie einfache Antworten und vereinfachte Wertungen vermeiden.

∑ Nutzanwendung

- Montessori-Pädagogik muss nicht nur als eine schulische Methode verstanden werden, sie lässt sich auch als eine Form von wirklichkeitsähnlichem Training, als eine Form gezielter Werteentwicklung verstehen.
- Orientieren Sie sich an dem Kerngedanken „Hilf mir, es selbst zu tun. Zeige mir, wie es geht. Tu es nicht für mich. Ich kann und will es alleine tun." Der Bezug auf diesen Gedanken wird strikt verhindern, dass Sie Ihren Teilnehmern Werte einreden und Lösungen vorgeben.
- Nur durch dieses „selbst tun" erreichen Sie die emotionale Labilisierung, die notwendig ist, um Werte zu verinnerlichen, zu interiorisieren, zu „internalisieren" und damit handlungsfähig und kreativ in offenen Problemsituationen zu werden.
- Versuchen Sie, die „sensiblen Phasen" der sich wertemäßig Entwickelnden in dem Sinne herauszufinden, indem sie ermitteln, welchen Problem- und Konfliktsituationen gegenüber Ihre Trainees mehr, aber auch weniger sensibel auftreten. Suchen Sie gemeinsam mit ihnen solche Situationen, die deren „Nerv" treffen; das erleichtert Ihnen als Trainer wie Ihren Trainees die unumgängliche Interiorisationsarbeit. Die Probleme und Konflikte müssen beide angehen.
- Suchen Sie klar verständliche, unzweideutige Situationen und solche, deren Lösung eine spätere Fehlerkontrolle, eine echte Reflexion zulässt.

- Versuchen Sie, die Problem- und Konfliktsituationen, die Sie in den Mittelpunkt Ihres Trainings stellen wollen, in einem umfassenden Wertezusammenhang zu stellen, sodass sich der Trainee ihnen mit einer gewissen Vorerfahrung und Vertrautheit nähern kann.

Korb 4: Gezielte Werteentwicklung von Persönlichkeiten in Bildung und Weiterbildung

Wir haben bereits in der Einführung darauf hingewiesen, dass es zwar viele Ansätze für eine gezielte Werteentwicklung in der Schule gibt, die vor allem mit Unterrichtsdialogen und Klassendiskussionen über Werte arbeiten, dass es aber einen Grundwiderspruch gibt, der nicht leicht aufzulösen ist. Es ist der Widerspruch zwischen der bloßen Weitergabe von Wertewissen und echter Werteinteriorisation.

Das wissensmäßige Lernen von Werten und Wertorientierungen, ihre Abfrage und ihr womöglich klausurtaugliches Bulimie-Eintrichtern bringt nichts. Davon können vor allem Religionslehrer ein Klagelied singen. Zu weltanschaulicher Werteneutralität verpflichtet dürfen sie ihre Überzeugungen doch nicht emotional eingängig vertreten oder gar emotionsbeeinflussende Maßnahmen durchführen, die ihnen sofort als Manipulation angekreidet würden. Die großen Erwartungen in die Wertevermittlung durch Religion und Kirche können sich deshalb nicht erfüllen. Außerdem ist bis heute nicht klar, wie eine gezielte Werteentwicklung unter Pluralitätsbedingungen funktionieren kann.

Wir hatten das ernüchternde Resümee von Margit Stein zu immerhin elf bekannten Modellen direkter Werteerziehung wiedergegeben, wonach sich, entgegen hochgesteckten Erwartungen, alle schulischen Werterziehungsansätze als wenig hilfreich erwiesen, um Einstellungs- und Verhaltensänderungen bei Schülern hervorzurufen. Es werden zumeist nur Änderungen in Bezug auf das Wissen angestoßen, aber keine Änderungen von Haltungen und Verhalten. Zuweilen verbessert sich das Wissen der Schüler sowie allgemein die Haltung zur Schule, aber nicht die Sicherheit im Umgang mit werterelevanten Entscheidungen. Wissens„vermittlung" statt Werteentwicklung, so lässt sich die Einschätzung grob zusammenfassen. Ähnlich fiele das Urteil aus, würden wir die in der beruflichen Bildung und der Erwachsenenbildung benutzten Ansätze direkter Werteerziehung erfassen.

Allerdings gibt es im Bereich der gezielten Werteentwicklung von Erwachsenen in Formen der Bildung und Weiterbildung inzwischen eine Reihe von Methoden, die von der Wissensvermittlungsillusion abgehen und auf eine echte Werteinteriorisation aus sind. Wir sind der Überzeugung, dass solche Methoden, sinnvoll angepasst, auch auf den schulischen Bereich übertragbar sind. Wir stellen einige von ihnen teils kurz zusammengefasst, teils etwas ausführlicher dar.

Vorteil der Maßnahmen zur Bildung und Weiterbildung von Erwachsenen ist, dass sie doch ganz überwiegend auf Mitarbeiter in Netzwerken, Unternehmen und Organisationen zielen und deshalb einer laufenden Qualitätsüberprüfung ausgesetzt sind. Während beabsichtigte schulische Werteentwicklung völlig folgenlos bleiben kann, ohne dass das groß auffällt, würden sich Unternehmen und Organisationen solche Zeit- und Geldinvestitionen ins Wirkungslose verbitten (Erpenbeck und Sauter 2019).

Gezielte Werteentwicklung in Bildung und Weiterbildung

Gezielte Werteentwicklung in Bildung und Weiterbildung von Erwachsenen geht meist vom – didaktischen – Handeln aus (vgl. Döring 2003), das nicht als Wissens „vermittlung" in irgendeiner Form fantasiert wird. Das geht einher mit einem Neudurchdenken tradierter pädagogischer Kategorien, so der Kategorie *Bildung,* die handlungstheoretisch gedeutet und in Richtung einer werteeinschließenden Allgemeinbildung erweitert wird, der Kategorie *Arbeit,* deren identitäts- und wertestiftende Bedeutung besonders für beruflich Tätige betont wird, der Kategorie *Betrieb* als wichtigstem Ort der Ausübung von Arbeit, von Prozessen der sozialen Interaktion und Kooperation, vor allem aber als wichtigstem Ort von Kompetenz- und Werteentwicklung. Auch die Kategorie *Beruf* selbst wird in ihrem Nebeneinander von Stabilität und Wandel durchdacht. Ein für das Wertethema besonders wichtiger Ausgangspunkt ist schließlich das Verständnis von Qualifikation, Schlüsselqualifikationen und Kompetenz. Hier hat sich im letzten Jahrzehnt eine deutliche Interessenverschiebung in Richtung Kompetenz,

Kompetenzentwicklung und Kompetenzmanagement einschließlich der Wertekerne ergeben.

Kompetenz als Handlungsfähigkeit in offenen, algorithmisch nicht zu bewältigenden beruflichen Situationen wird immer wichtiger, weil in modernen, digital durchwirkten Arbeitsprozessen genau solche Fähigkeiten immer mehr Bedeutung gewinnen. Kompetenzen ruhen auf Sach- und Fachwissen, deren Bedeutung quantitativ und qualitativ zu- und nicht etwa abnimmt. Kerne von Kompetenzen sind aber Wertungen, Werte. Sie „überbrücken" fragmentiertes, unvollständiges oder fehlendes Wissen und ermöglichen gerade dadurch das Handeln in offenen beruflichen und alltäglichen Situationen. Wer Kompetenzen kennen will, muss die zugehörigen Werte benennen. Und zwar nicht nur ethisch-moralische Werte, sondern auch Genusswerte, Nutzenwerte und sozial-weltanschauliche Werte. Dabei können Wertekonflikte zu Kompetenzkonflikten, Kompetenzkonflikte zu Wertekonflikten führen.

Überlegungen zu Kultur, Humanität, Unternehmenskultur, Unternehmens- und Wirtschaftsethik, Humanisierung der Arbeitswelt, Personal- und Organisationsentwicklung nehmen unausweichlich auf Werte Bezug. Aber nur selten wird dem Pädagogen die Frage gestellt: Was verstehst Du eigentlich unter Werten? Meist wird über Werte konkret-inhaltlich heftig gestritten – wie wichtig sind Pünktlichkeit, Respekt, Disziplin, Menschlichkeit, Interkulturalität usw. in unserem Leben – aber der besondere Charakter von Wertungen, von Werten, den wir in der Einführung umrissen haben, wird kaum zum Thema gemacht.

In der Bildung und Weiterbildung von Erwachsenen spielen Werte eine wichtige Rolle. Die Lehrpersonen sind via Bildungsinstitutionen in eine Vielfalt von Werten einbezogen. Von ihnen wird die Weitergabe zumindest einiger dieser Werte erwartet. Dabei sollten sie nicht im fundamentalen Gegensatz zu eigenen Wertvorstellungen stehen. In der pädagogischen Arbeit sollen sie diese Vorstellungen den Lernenden nahe bringen – aber wie?

Ermöglichungsdidaktische Überlegungen

Ermöglichungsdidaktisch besteht jegliches Lehren darin, Bedingungen des Lernens zu gestalten (vgl. Arnold und Siebert 2003). Bei „normalem" Sach- und Fachwissen trifft diese Ermöglichung, von Langeweile und Unverständnis abgesehen, auf keine allzu große Barrieren. Bei Werten ist das gänzlich anders. Jeder an Bildungsmaßnahmen Teilnehmende hat eigene Genusswerte, Nutzenwerte, ethisch-moralische und sozial-weltanschauliche Werte, oft in normativ verdichtete Glaubensvorstellungen, Kulturzusammenhänge, Gebräuche und Traditionen eingebettet und emotional tief verankert. Außer durch kritische Lebensereignisse lassen sich die bis zur Volljährigkeit stabilisierten Weltanschauungen kaum noch grundlegend verändern. Andererseits werden im Rahmen von Bildungsmaßnahmen zunehmend nicht nur fachliche Fähigkeiten, sondern auch übergreifende Kompetenzen und mit ihnen stabile, handlungsermöglichende Wertekerne und Wertehaltungen erwartet, deren „Herstellung" den Lehrpersonen obliegt. Je schneller und disruptiver kulturelle, ökonomische, soziale und politische Entscheidungssituationen anfallen, desto wichtiger wird ein stabiles Wertefundament. Der Widerspruch von erwünschter Werteentwicklung und vorgefundener Wertestabilität lässt sich in traditionellen Bildungs- und Weiterbildungsprozessen nur schwer angehen. Seine Auflösung oder zumindest Abschwächung erfordert eine grundlegend geänderte Sicht auf die Werteentwicklung.

Der bisherige „Machbarkeitswahn" (Heid 1995, S. 29–38) glaubte, Bildungsprozesse seien gleichsam von außen, technologieartig zu bewältigen. Da ist der Lernende – wir erfassen die Prozesse seines Lernens immer genauer, wir erhöhen seine Lernleistungen, wir matchen Lernanforderungen und Lernresultate und optimieren seinen Bildungsprozess. Da sind die Bildungsinstitutionen – wir ermitteln Qualifikations- und Kompetenzbedarfe, wir gestalten die Bildungsprozesse bedarfsgerecht, wir entwickeln administrative bildungspolitische Werte, Normen und Verfahren.

Selbstorganisation gegen Machbarkeitswahn

Mit derlei Illusionen haben die Selbstorganisationstheorien in ihren verschiedenen Facetten durchgreifend aufgeräumt (vgl. Luhmann 1984; Maturana 1987; Weidlich 2006). Der pädagogische Konstruktivismus, die konsequente Anwendung des Selbstorganisationsgedankens auf verschiedenartigste pädagogische Aufgaben, hat die Fruchtbarkeit einer solchen Anwendung voll bestätigt. Das lernend handelnde Individuum – ob Kinder, Heranwachsende oder Erwachsene, ob in beruflichen oder anderen Lebenszusammenhängen – entwickelt sich selbst aus sich selbst heraus, zwar in Wechselwirkung mit mannigfaltigen, Lernen und Handeln ermöglichenden, auch hemmenden Zusammenhängen, aber kaum in Ursache-Wirkungs-Beziehungen skinnerscher Träume (vgl. Skinner 2002), angeblich jederzeit über pädagogische Hebel steuerbar (vgl. Arnold 2012a). Menschen verhalten sich nicht, sie handeln. Selbstorganisiert. Die Kunst des Pädagogen besteht nicht mehr in der

Konstruktion immer wirkungsvollerer Wissenstrichter, sondern in der Schaffung immer besserer Ermöglichungsbedingungen selbstorganisierten Lernens. Ermöglichungsdidaktik ist angesagt (vgl. Arnold 2012b).

Nun teilt die Theorie sozialer Systeme von Luhmann und die Autopoiesetheorie von Maturana und Varela, die dem pädagogischen Konstruktivismus wichtige Gedanken und Argumente lieferte, eine für die Werteforschung wichtige Schwachstelle. Es fehlt eine Theorie der Ordner der Selbstorganisation, wie sie eine andere unwiderlegliche Selbstorganisationstheorie, die Synergetik von Hermann Haken, entwickelt (vgl. Haken und Wunderlin 2014; Haken und Plath 2016). Die Ausgangsfrage der Synergetik hat uns Haken bereits in der Einleitung erläutert (Haken und Wunderlin 1991, S. 30).

Die wichtigste, für die Wertethematik entscheidende Tatsache ist die Entstehung sogenannter Ordner (Ordnungsparameter) in komplexen, sich selbst organisierenden Systemen. Die Entdeckung solcher Ordner der Selbstorganisation, ob real physisch oder geistig gedanklich ist, um es nochmals zu betonen, eine der großen Errungenschaften der Synergetik und der eigentliche Schlüssel zur Werteproblematik (Haken 1996, S. 588).

Ohne noch direkt auf Werte und Werteentwicklungen einzugehen, legt dieser Selbstorganisationsansatz einige fundamentale Besonderheiten solcher Systeme und ihrer Ordner klar: Der Übergang von einer alten zu einer neuen Struktur erfolgt stets über Instabilitäten. Sich selbst organisierende Systeme können prinzipiell nicht vollständig von außen gelenkt und gesteuert werden. Sie unterliegen innerer Bedingtheit und Bestimmtheit, ihre Strukturen sind vor allem durch innere Faktoren bedingt. Ihre Zukunft ist real offen, lässt sich also nicht langfristig, manchmal nicht einmal kurzfristig vorhersagen. Es gilt das Prinzip der Historizität, neben der Berücksichtigung natur- und sozialwissenschaftlicher Gesetze muss immer die konkrete Entstehungsgeschichte berücksichtigt werden. Werte lassen sich deshalb nur im konkreten Entstehungs- und Wirkungszusammenhang verstehen. Sie lassen sich nicht vorsätzlich konstruieren und einsetzen. Eine gewollte Werteentwicklung ist nicht zu verordnen. Aufgrund der Redundanz in solchen komplexen Systemen können unterschiedliche Werte mit analogen Funktionen, aber auch analoge Werte mit unterschiedlichen Funktionen entstehen, die entweder friedlich nebeneinander existieren, sich aber zuweilen auch heftig bekriegen.

Selbstorganisierende Systeme sind zwar nicht informationell unabhängig, aber im Sinne von Selbstgestaltung, -lenkung und -entwicklung selbstbestimmt gegenüber der Umwelt. Ebenso wie das ganze System sind auch seine Werte nicht nur an die Umwelt angepasst, sondern entwickeln sich gemeinsam mit dieser koevolutiv. Die Wichtigkeit von Werten als Ordnern selbstorganisierten Handelns ergibt sich also aus der beschränkten Vorhersagbarkeit der Handlungsergebnisse, der Historizität der Handlungsprozesse, ihrer Redundanz, Selbstbezüglichkeit und Autonomie sowie ihrer Werte-, Willens- und Sinnsteuerung (vgl. Ebeling und Feistel 1982). Als Ordner im Sinne der Synergetik gelten Haken viele wertedeterminierte soziale Erscheinungen. Wir definierten:

Werte sind Ordner, welche die individuell-psychische und sozial-kooperativ-kommunikative menschliche Selbstorganisation bestimmen oder zumindest stark beeinflussen.

Selbstorganisation und gezielte Werteentwicklung

Eine solche Grundanschauung hat viele, vor allem aber drei einschneidende, für Bildungsprozesse außerordentlich wichtige Konsequenzen.

Zum einen muss aufgeklärt werden, wie sozial-kommunikativ entstandene Ordner, wie Normen, Werte, Anschauungen, Orientierungen so zum Antrieb des Einzelnen werden, dass er in gesellschaftlichen Entwicklungs- und Konfliktsituationen mit seiner ganzen Persönlichkeit, zuweilen mit seiner ganzen Person, mit seinem Leben für diese Ordner einsteht. Gerade dies ist ein Kernproblem jeder Werteverständnisses: Wie werden sozial erarbeitete oder auch neu aufkommende, gewünschte oder erhoffte Werte so von vielen Einzelnen verinnerlicht, zu individuell handlungsleitenden Emotionen und Motivationen, dass sie im Mittel sozial – dem Staat, Bezugsgruppen, der Familie … – dienlich sind? Was sind die sozial-psychologischen Prozesse, die eine solche „Verinnerlichung" von Werten ermöglichen? *Interiorisationsprozesse* von Werten lassen sich heute auf Basis der neuesten neuropsychologischen Einsichten beschreiben; immer stehen im Zentrum Irritationen (vgl. Bähr et al. 2019), massive emotionale Berührungen, Labilisierungen und Verwerfungen, nicht selten bis zur psychischen Schmerzgrenze. Billiger ist Werteaneignung, Wertewandel nicht zu haben. Wo sollen diese bei einem normalen, durch Pädagogen gesteuerten Lernprozess, im Klassenraum, in der Lehrlingswerkstatt, in traditioneller Qualifikation, in Bildung und Weiterbildung aber herkommen?

Zum anderen muss in Bildungsprozessen immer wieder betont und bearbeitet werden, dass es sich bei den Werten keineswegs nur um solche von Ethik und Moral handelt. Verspürt beispielsweise ein Auszubildender nichts vom Genuss, den gute Arbeit bereiten kann, werden ihm später entscheidende Fach- und Methodenkompetenzen fehlen; wird er den Nutzen seines Tuns nicht in einem umfassenderen Sinne erfühlen können, werden ihm wichtige Voraussetzungen des späteren Arbeitslebens fehlen. Dass normativ-ethische Einstellungen wie Eigenverantwortung, Glaubwürdigkeit, Hilfsbereitschaft, Disziplin, Zuverlässigkeit und Einsatzbereitschaft wichtige Bestandteile seiner personalen Kompetenz sein sollten, mag ihm noch einleuchtend erscheinen, dass seine sozial-kommunikativen und aktivitätsbezogenen Kompetenzen auch in sozial-weltanschauliche Werte eingebettet sind wird er viel weniger beachten. Tatsächlich spielen aber *alle vier Grundwerte* – Genusswerte, Nutzenwerte, ethisch-moralische Werte und sozial-weltanschauliche Werte – und viele Teilwerte in seiner Bildung und in seinem Beruf eine tragende Rolle. Das ist vor allem deshalb so wichtig, weil diese Grundwerte zuweilen unversöhnlich gegeneinanderstehen, einander aushebeln. Hat der Unternehmer (ethisch-moralisch) Recht, die Hälfte der Belegschaft zu entlassen, weil ansonsten der Gewinn seines Unternehmens (nutzenbezogen) nicht mehr gesichert ist – und wie sollen sich Berufspädagogen und Auszubildende in diesem Konflikt positionieren? Sollen der Berufspädagoge und der Auszubildende akzeptieren, dass sie in einem hoch profitablen (nutzenbezogen), die Belegschaft sozial geradezu verwöhnenden Umfeld (genussbezogen) tätig sind, obwohl das Unternehmen Waffen und Kriegsgerät für den Export herstellt (sozial-weltanschaulich)? Es ist eine völlig unzulässige Vereinfachung, lediglich die Unternehmensethik in den Mittelpunkt zu rücken, es zählt die Gesamtheit aller das Unternehmen und damit alle Bildung berührenden Werte…

Eine weitere Schlussfolgerung aus der Tatsache, dass Werte Ordner von Selbstorganisation darstellen, ist für jede Bildung zentral. Ordner, Werte sind, wie in der Einführung dargelegt, *nicht wahr oder falsch*. Sie bilden sich, setzen sich durch, bleiben länger oder kürzer bestehen und verschwinden schließlich. Sie sind manchmal wichtig und nützlich, aber nicht richtig oder unrichtig. Mit keinem Argument der Welt lassen sie sich beweisen oder widerlegen. Natürlich kann man über die Wahrheit oder Falschheit der Grundlagen von Werten, sofern sie Algorithmen, Informationen, Fakten, Schlussfolgerungen, natur- oder sozialwissenschaftliches Wissen mit umfassen, mit Sachargumenten streiten, kann ihre Wahrheit bestätigen, ihre Falschheit dartun. Nur: Ob Werte akzeptiert oder verworfen werden, hängt davon oft nicht ursächlich ab. Werte, die auf klar ersichtlichen Falschinformationen und Fehlannahmen, auf abenteuerlichen Vermutungen und Glaubenssätzen beruhen, können gleichwohl Jahrzehnte akzeptiert und tief interiorisiert werden. Die Wahrheit hat es dagegen oft schwer, sich durchzusetzen, weil sie keine vordergründigen Handlungshinweise gibt. Erworbenes Wissen ist verifiziert, erworbene Fertigkeiten, Handlungsabläufe, Qualifikationen sind praktisch erprobt. Aber Werte? Die werden in unserer Familie, in unserem Team, in unserer

Organisation, in unserem Unternehmen, in unserem Land, in der „westlichen Welt" akzeptiert und durchgesetzt. Das gilt aber, historisch gesehen, auch für die – unserem heutigen Gefühl nach – verrücktesten Werte, weshalb, wie bei allen Selbstorganisationsprozessen, das historische Gewordensein der Ordner, der Werte nie zu vernachlässigen ist. Zugleich schlägt diese Tatsache allerdings jedem Pädagogen das Schwert der Gewissheit aus der Hand.

Einwirkungsmöglichkeiten in Bildung und Weiterbildung Erwachsener

Welche Möglichkeiten verbleiben danach Bildung und Weiterbildung, jeweils vorgefundene Werteorientierungen und Normen zu modifizieren, ohne naive Machbarkeitsvorstellungen und Machbarkeitsfantasien zu entwickeln (Heid 1995)? Betrachtet man Werte als Ordner von Selbstorganisation so sind im Grunde nur drei Wege denkbar:

Entweder man *ignoriert* den selbstorganisativen Charakter psychischer und sozialer Prozesse und modelliert die Psyche mechanistisch, soziale Prozesse soziotechnisch. Dann glaubt man zu wissen, welche Werte und Normen für eine Person, für einen Lernenden, für eine Lebenssituation, für eine definierte Arbeit, für eine Organisation oder ein Unternehmen gut sind. Man lässt sie lernen, wiederholen, pauken, ahndet jeden Werte- und Normenverstoß durch pädagogisch abgestufte Strafen und belohnt entsprechend jedes Wohlverhalten durch Lob, Anerkennung und gute Zensuren.

Oder aber man sucht und findet innerhalb dieser selbstorganisativen Prozesse *Regularitäten* kürzerer oder längerer Reichweite, die durch definierte Wertorientierungen gestützt und vorangetrieben werden. Betrachtet man beispielsweise die Geschichte als eine Abfolge von Klassenkämpfen, ist der richtige Klassenstandpunkt eine dieser Sicht innewohnende Werteorientierung. Wie weit solche historischen Gesetzmäßigkeiten wissenschaftlich gestützt oder widerlegt werden, ist nicht Gegenstand der hier dargestellten Überlegungen. Zu warnen ist allerdings vor Konstruktionen wie Fukuyamas Behauptung vom Ende der Geschichte, die nicht lange trug und sich sehr bald als idealische Wertefantasie entlarvte. Demut vor der sich selbst organisierenden Geschichte und Selbstorganisationsprozessen generell wird einer Lehrperson alle Machbarkeitsfantasien abgewöhnen, sie aber dennoch zu psychotechnischen und soziotechnischen Hilfsmitteln greifen lassen.

Fühlt und versteht man sich selbst dagegen als *Teilchen der Selbstorganisationsprozesse* von Schulklassen, Teams, Organisationen, Unternehmen,

Territorien, Ländern und Kulturen, tausendfältig einbezogen, wird man über Werteentstehung und Werteaneignung anders nachdenken. Man glaubt beispielsweise, dass den Lernenden ein ordentlicher Schub in Richtung Digitalisierung guttun würde, weiß aber auch, dass ohne deren Bereitschaft, dabei mitzuwirken, ohne deren positive Wertehaltung kein Predigen, kein herkömmliches Trainingsprogramm, kein äußerlicher Ansporn durch Prämien oder Weiterbildungen hilft. Im Mittelpunkt stehen immer die Interiorisationsprozesse. Je stärker die gezielte emotionale Labilisierung, desto stärker die Werteentwicklung. Dabei muss man beachten, dass bei Überziehung dieses Ansatzes auch ganz andere als die erhofften Werte, möglicherweise sogar ganz entgegengesetzte interiorisiert werden können. Die Stärke der Labilisierung muss die Lehrperson aus der Beschleunigung der Lebens- und Arbeitsprozesse, aber auch aus der Analyse des kulturellen und wissenschaftlich-technischen Umfeldes – etwa bei der Digitalisierung – klug erfühlen. Man sitzt gleichsam im Auge des Selbstorganisationstornados und muss von dort aus die kleinen, möglichen Schritte gehen und angehen.

Einen praktikablen Weg sieht man als Lehrperson in drei Schritten:

1. In der Ermittlung der wirklich benötigten *Wertebegriffe* und ihres für die jeweilige Aufgabe konkretisierten Verständnisses.
2. Im Einsatz moderner *handlungs- bzw. verhaltenspsychologischer Erkenntnisse und Methoden,* die einen bewusst innerhalb selbstorganisierender Prozesse wirken lassen und von psycho- und soziotechnischen Hilfsschritten erlösen. Für die gezielte Werteentwicklung in Bildung und Weiterbildung benötigen wir eine bewusste pädagogisch-verhaltenspsychologische Einwirkung auf jene Selbstorganisationsprozesse, die zu Wertebildung und Wertewandel führen.
3. Der vielleicht wichtigste und zugleich kritischste Schritt ist die Einbeziehung von *künstlerischen Dimensionen.* Dabei geht es uns nicht um die Verwendung von Kunst für pädagogische Aufgaben im Sinne eines „Was lehrt uns das"-Anspruchs. Wir betrachten Kunst als ein werteentwickelndes und wertekommunizierendes Organ der Gesellschaft. Wir wollen die Nutzung von Kunstrezeption, -produktion, -kommunikation und -produktion für die gezielte Werteentwicklung durchdenken. Dabei ist klar: Kunst spielt in Bildung und Weiterbildung eine unersetzliche Rolle, ist aber auf Bildung und Weiterbildung nicht angewiesen. Homer brauchte Zuhörer, aber keine Schüler.

Begonnen werden Prozesse der gezielten Werteentwicklung in Bildung und Weiterbildung meist mit Überlegungen, welche Werte man überhaupt in den Mittelpunkt stellen will. Dabei zeigt sich bereits die grundlegendste Schwierigkeit. Es gibt riesige Listen von Wertebegriffen, Hunderte von Ausdrücken, die menschliche Wertungen von allem und jedem umfassen (vgl. Sauer 2018; Franz 2015):

> Abenteuer, Achtsamkeit, Agilität, Aktivität, Aktualität, Akzeptanz, Altruismus, Anerkennung, Andersartigkeit, Anmut, Ansehen, Anstand, Ästhetik, Aufgeschlossenheit, Aufmerksamkeit, Ausgeglichenheit, Ausgewogenheit, Authentizität, Begeisterung, Beharrlichkeit, Bescheidenheit, Besonnenheit, Dankbarkeit, Demut, Disziplin, Effektivität, Ehrlichkeit, Empathie, Entscheidungsfreude, Fairness, Fleiß, Flexibilität, Freiheit, Freude, Frieden, Fröhlichkeit, Fürsorglichkeit, Geduld, Gelassenheit, Gemütlichkeit, Gerechtigkeit, Gesundheit, Glaubwürdigkeit, Großzügigkeit, Güte, Harmonie, Hilfsbereitschaft, Hingabe, Hoffnung, Höflichkeit, Humor, Idealismus, Innovation, Inspiration, Integrität, Intelligenz, Interesse, Intuition, Klugheit, Konservatismus, Kontrolle, Kreativität, Leidenschaft, Leichtigkeit, Liebenswürdigkeit, Loyalität, Mitgefühl, Motivation, Mut, Nachhaltigkeit, Nächstenliebe, Neutralität, Offenheit, Optimismus, Ordnungssinn, Pflichtgefühl, Fantasie, Pragmatismus, Präsenz, Pünktlichkeit, Realismus, Redlichkeit, Respekt, Rücksichtnahme, Sanftmut, Sauberkeit, Selbstdisziplin, Selbstvertrauen, Sensibilität, Sicherheit, Solidarität, Sorgfalt, Sparsamkeit, Spaß, Standfestigkeit, Sympathie, Teamgeist, Tapferkeit, Teilung, Toleranz, Traditionell, Transparenz, Treue, Tüchtigkeit, Unabhängigkeit, Unbestechlichkeit, Verantwortung, Verlässlichkeit, Vertrauen, Verzeihung, Wachsamkeit, Weisheit, Weitsicht, Würde, Zielstrebigkeit, Zuverlässigkeit, Zuneigung, Zuversicht.

Auch wenn man sie von den unwichtigsten Begriffen befreit und ähnliche Ausdrücke zusammenfasst, bleibt noch eine stattliche Anzahl von etwa 100 Werten. Man kann es sich nun einfach machen und jeden der Begriffe in einer Liste mit „unwichtig", „manchmal wichtig", „wichtig", „sehr wichtig" und „außerordentlich wichtig" beurteilen lassen. Für eine Person, ein Team, eine Organisation oder ein Unternehmen lässt sich so ermitteln, welche Werte am höchsten eingestuft werden. Durch eine Verfahrensweise wie den – gleich zu skizzierenden – Wertehandel kann die gefundene Rangfolge noch bekräftigt werden.

Doch dann steht sofort die Frage im Raum: Was ist mit dem Wert A, dem Wert B, dem Wert C „eigentlich" gemeint? Dieses Problem tritt auf, weil uns die Sprache zu einer fatalen Verfahrensweise verführt. „Das gewöhnliche Denken hat immer abstrakte Prädikate fertig, die es trennt von dem Subjekt. Alle Philosophen haben die Prädikate selbst zu Subjekten gemacht" (Marx 1973, S. 127). Der Mitarbeiter Müller (als Satzsubjekt) hat Respekt (als Satzprädikat) vor der Arbeit seines Unternehmenschefs (als Satzobjekt). Er hat aber auch Respekt vor der Tüchtigkeit seiner Mitarbeiter. Diese haben Respekt vor Herrn Müller als Teamchef, der in schwierigen Situationen weiß, wo es langgeht. Respekt (nun abgetrennt von den unterschiedlichen Satzsubjekten!) ist also ein diesem Unternehmen gleichsam innewohnender Wert. Jetzt können wir anfangen zu philosophieren: Was ist Respekt, wann und wo bedürfen wir seiner im Unternehmen, wann ist er eher ein Hindernis? Ist Respekt ein hoher oder ein geringer Wert? Der Respekt vor dem Nobelpreisträger Stephen Hawkings fällt uns ein, aber auch ein Respekt, den man manchmal mit dem Wort Kadavergehorsam kennzeichnet. Kurzum, nur wenn man das gesamte Wertekleeblatt in Bezug auf die Wertung Respekt betrachtet – wer (Subjekt der Wertung) bewertet was (Objekt der Wertung) auf welcher Grundlage (Wissen im engeren Sinne, Erfahrungen, Erlebnisse, Vermutungen, Vorurteile und Glaubensannahmen) und nach welchen Maßstäben (absolut oder relativierend) – nur wenn man solche Wertekleeblätter für verschiedene Personen im Unternehmen gleichsam übereinanderlegt, erhält man ein realistisches Bild, was Respekt in diesem Unternehmen bedeutet. Das kann im nächsten Unternehmen schon völlig anders sein!

Wenn man beispielsweise einen Wertefragebogen aufbaut, ist es also nicht damit getan, vier oder sechzehn oder vierundsechzig Wertebegriffe ins Spiel zu bringen, sie alltagssprachlich zu beschreiben und ihre Wichtigkeit gegeneinander abwägen zu lassen. Es empfiehlt sich vielmehr, jeden der Begriffe mit einer „Wertewolke" zu umgeben, die ihn zwar nicht im strengen Sinne definiert, aber doch das Bedeutungsfeld absteckt, in dem man ihn verortet. So benutzen wir in unserem Wertefragebogen für Individuen zum Beispiel beim Begriff „Respekt" folgende Wertewolke (Quelle KODE®W, KODE GmbH) (Abb. 1).

Entwirft man einen analogen Fragebogen für Organisationen und Unternehmen, ist es nicht damit getan, einmal eine solche Wertewolke festzulegen. Vielmehr muss jedes Unternehmen in einem eigenen, durch einen Wertecoach professionell begleiteten Diskussionsprozess nach vorangegangenen Strategieüberlegungen und Bezügen auf die eigene Unternehmenskultur herauszufinden, was es unter dem Wert Respekt verstehen will.

Praktisches Vorgehen
Es gibt verschiedene Sammlungen von Wertebegriffen, die vielleicht umfangreichste – 119 Begriffe – im Onlinelexikon Wertesysteme (vgl. Sauer 2. Aufl. 2018). Sie enthält auch kurze Begriffsbeschreibungen. Zu empfehlen sind auch die Spruchkärtchenwerte (vgl. Franz 2015).

Eine psychologisch sehr reflektierte Sammlung solcher Begriffe enthält das von Dieter Frey herausgegebene Buch zur Psychologie der Werte, das in

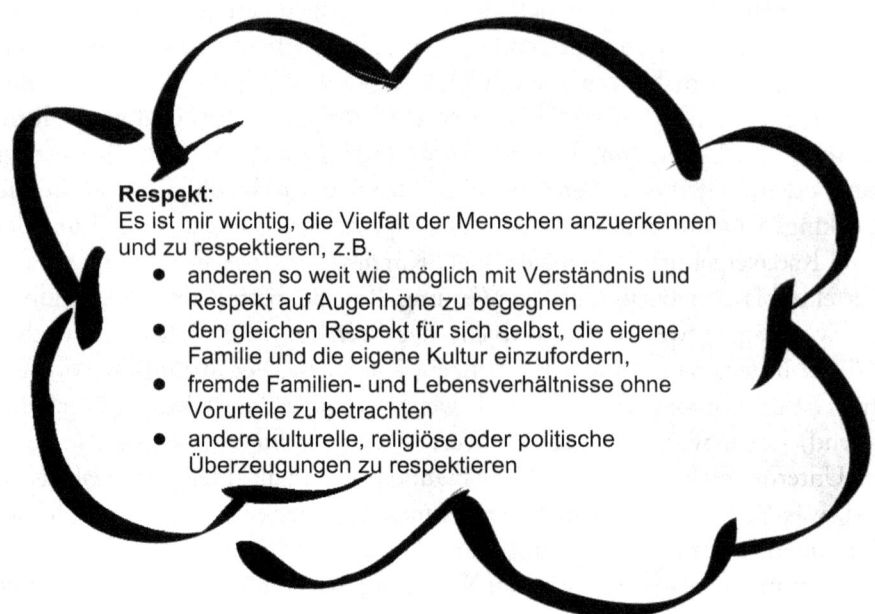

Abb. 1 Wertewolke für den Wert „Respekt". (Quelle: KODE®W, KODE GmbH)

alphabetischer Reihenfolge 25 Wertebegriffe auflistet: Achtsamkeit, Autonomie, Dankbarkeit, Empathie, Generosität, Gerechtigkeit, Mäßigung, Nachhaltigkeit, Nächstenliebe, Offenheit, Optimismus, Rationalität und kritischer Rationalismus, Resilienz, Respekt, Selbstreflexion, Selbstwert und Selbstvertrauen, Selbstwirksamkeit, Tapferkeit, Toleranz, Verantwortung, Vergeben, Vertrauen, Weisheit, Wissbegierde, Zivilcourage (vgl. Frey 2015). Wir gehen darauf später kurz ein.

Eine weitere Möglichkeit wäre die Orientierung an den berühmten Reiß-Motiven: Macht, Unabhängigkeit, Neugier, Anerkennung, Ordnung, Sparen/Sammeln, Ehre, Idealismus, Beziehungen, Familie, Status, Rache/Kampf, Eros, Essen, körperliche Aktivität, emotionale Ruhe (Reiß und Reiß 4. Aufl. 2009). Sie sind entweder Werte oder beruhen auf Werten. Das ist sofort zu sehen, wenn man sich die Kurzerklärungen von Reiß vor Augen führt:

- Das Lebensmotiv Macht gibt Auskunft darüber, ob jemandem das Führen/Verantworten oder eher das Übernehmen von Dienstleistung wichtig ist.

- Das Lebensmotiv Unabhängigkeit macht eine Aussage darüber, wie jemand seine Beziehungen in den Aspekten Autonomie oder Verbundenheit zu anderen Menschen gestaltet.
- Das Lebensmotiv Neugier macht eine Aussage darüber, welche Bedeutung das Thema „Wissen" für jemanden im Leben hat und wozu er Wissen erwerben möchte.
- Das Lebensmotiv Anerkennung macht eine Aussage darüber, durch „wen" oder durch „was" jemand sein positives Selbstbild aufbaut.
- Die Ausprägung im Lebensmotiv Ordnung zeigt an, wie viel Strukturiertheit oder Flexibilität jemand in seinem Leben benötigt.
- Das Lebensmotiv Sparen/Sammeln kommt in seiner evolutionären Entsprechung aus dem „Anlegen von Vorräten". Die Ausprägung zeigt an, wie viel es jemandem emotional bedeutet, Dinge zu besitzen.
- Bei dem Lebensmotiv Ehre geht es darum, ob jemand nach Prinzipientreue strebt oder eher zweckorientiert ist.
- Das Lebensmotiv Idealismus betrachtet den altruistischen Anteil der Moralität und gibt Auskunft darüber, wie viel Bedeutung Verantwortung in Bezug auf Fairness und soziale Gerechtigkeit hat.
- Bei dem Lebensmotiv Beziehungen wird die Bedeutung von sozialen Kontakten dargestellt. Hierbei spielt die Quantität der Kontakte eine entscheidende Rolle.
- Das Lebensmotiv Familie gibt Auskunft darüber, welche Bedeutung das Thema Fürsorglichkeit für jemanden hat (bezogen auf die eigenen Kinder).
- Beim Lebensmotiv Status geht es um den Wunsch, entweder in einem elitären Sinne „erkennbar anders" oder aber unauffällig und wie die anderen zu sein.
- Bei dem Lebensmotiv Rache/Kampf geht es insbesondere um den Aspekt des Vergleichens mit anderen. Dazu gehören auch die Themen Aggression und Vergeltung einerseits sowie Harmonie und Konfliktvermeidung andererseits.
- Eros als Lebensmotiv gibt Auskunft über die Bedeutung von Sinnlichkeit im Leben eines Menschen. Dazu gehören neben der Sexualität auch alle anderen Aspekte von Sinnlichkeit (z. B. Design, Kunst, Schönheit).
- Das Lebensmotiv Essen fragt nach der Bedeutung, die Essen als Selbstzweck für jemanden hat, d. h. wie viel der Genuss an Essen zu der Lebenszufriedenheit beiträgt.
- Das Lebensmotiv körperliche Aktivität fragt nach der Wichtigkeit, die körperliche Aktivität (Arbeit oder Sport) für die Lebenszufriedenheit hat.

- Das Lebensmotiv emotionale Ruhe kann auch mit emotionaler Stabilität umschrieben werden und fragt nach der Bedeutung stabiler emotionaler Verhältnisse für die Lebenszufriedenheit.[1]

Auch das von uns entwickelte Werteerfassungssystem KODE®W weist viele Parallelen zu den hoch validen Reiß-Motiven auf. Es umfasst die Werte Kreativität, Gesundheit, Bildung, Beziehungen, Sicherheit, Lebensstandard, Belohnung, Gemeinnutz, Familie, Ideale, Verantwortung, Respekt, individuelle Freiheit, Macht, Norm und Gesetz, Netzwerk. Nahezu alle Reiß-Motive haben ein deutliches Pendant in den KODE®W-Begriffen. Lediglich für zwei der Motive („emotionale Ruhe", „Status") findet sich kein direktes Pendant.

Die meisten Wertelisten, denen man in der Literatur begegnet, überstreichen allerdings nicht alle Lebensbereiche, sondern sind auf eine spezifische Aufgabe konzentriert. So gibt es Wertelisten im kirchlichen (vgl. Dziri und Dziri 2018), im politischen (vgl. Detjen 2007, S. 414–423; Reinhardt 2010, S. 157–165) oder im ethischen, speziell im unternehmensethischen (vgl. Göbel 2017; Dietzfelbinger 2015) Bereich. Fast alle sogenannte Bindestrichethiken, beispielsweise Medizinethik, Wissenschaftsethik, Medienethik, Technikethik, Ökoethik, Arbeitsethik, Unternehmensethik haben eigene Listen hervorgebracht.

Eine der am häufigsten eingesetzten Wertelisten ist die von Klages und Gensicke, die in den Shell-Jugendstudien tausendfach mit großem Erfolg eingesetzt wurde. Sie umfasst die Werte: Gesetz und Ordnung respektieren, einen hohen Lebensstandard haben, Macht und Einfluss haben, nach Sicherheit streben, sozial Benachteiligten und gesellschaftlichen Randgruppen helfen, sich und seine Bedürfnisse gegen andere durchsetzen, fleißig und ehrgeizig sein, auch solche Meinungen tolerieren, denen man eigentlich nicht zustimmen kann, sich politisch engagieren, das Leben in vollen Zügen genießen, eigenverantwortlich leben und handeln, das tun was die anderen auch tun, am Althergebrachten festhalten, ein gutes Familienleben führen, stolz sein auf die deutsche Geschichte, einen Partner haben, dem man vertrauen kann, gute Freunde haben, die einen anerkennen und akzeptieren, viele Kontakte zu anderen Menschen haben, gesundheitsbewusst leben, sich bei seinen Entscheidungen auch von seinen Gefühlen leiten lassen, von anderen Menschen unabhängig sein, sich unter allen Umständen

---

[1] http://www.w3iss.de/files/reiss-profile-rp_tabelle_16_lebensmotive_business_druck.pdf

umweltbewusst verhalten, an Gott glauben, die Vielfalt der Menschen anerkennen und respektieren.

Aus nahezu allen für die Werteerfassung eingesetzten Verfahren, wie wir sie anderenorts recht vollständig zusammengetragen haben (Erpenbeck und Sauter 2018, S. 48–62), lassen sich ähnliche Wertelisten extrahieren.

Die Rangfolge der Werte innerhalb der Liste lässt sich am einfachsten durch die erwähnte Kennzeichnung jedes Werts mit „unwichtig", „manchmal wichtig", „wichtig", „sehr wichtig" und „außerordentlich wichtig" vornehmen.

Ein etwas elaborierteres Verfahren im Bereich von Bildung und Weiterbildung ist der sogenannte *Wertehandel.* Dabei liegt eine Werteliste mit folgenden Werten zugrunde: Ausdauer, Beruf, Familie, Freude, Freunde, Frieden, Gefühl, Gelassenheit, Gerechtigkeit, Geschick, Glaube, Gleichheit, Glück, Hoffnung, Leben, Liebe, Mut, Nahrung, Fantasie, Reichtum, Selbstbeherrschung, Selbstsicherheit, Selbstständigkeit, Sicherheit, Treue, Verantwortung, Vernunft, Vertrauen, Weisheit, Stärke. In Spielform werden den Teilnehmern alle diese Werte als Liste vorgelegt. jeder Teilnehmer erhält zehn Kärtchen mit diesen Wertebegriffen. Jeder Teilnehmer darf für sich aus der Liste sechs Werte zusammensuchen und ihnen einen Preis zuordnen, die Summe der Preise wird festgelegt. Untereinander wird nun versucht, die Wertekärtchen zu erwerben, deren Begriffe man sich ausgesucht hat. Gewonnen hat, wer sich die eigene Werteauswahl möglichst weitgehend zusammenkaufen konnte (vgl. Kliebisch 1995, S. 87 ff.).

Wem bis hierhin von dem Wertewirbel noch nicht schwindlig geworden ist, hat starke Nerven. Es fragt sich aber, ob es nicht einen tieferen *Zusammenhang* zwischen solchen Einzelwerten gibt. Wir sind überzeugt, dass es vier Grundwerte gibt, die nicht zufällig einen Ausgangspunkt bilden, sondern aus sehr grundlegenden theoretischen Überlegungen und ihren empirischen Verifikationen hervorgehen. Eine gut begründete psychologisch-soziale Annahme (vgl. Meynhardt et al. 2010) geht davon aus, dass es vor allem vier menschliche Grundbedürfnisse gibt: Ein Grundbedürfnis danach, Genuss zu maximieren und Schmerz zu vermeiden; ein Grundbedürfnis nach Kontrolle und Stimmigkeit des eigenen konzeptionellen Systems; ein Grundbedürfnis nach positiver Selbstbewertung; ein Grundbedürfnis nach positiven Beziehungen. Diesen Grundbedürfnissen entsprechen *grundlegende Wertedimensionen,* nämlich die auf Genuss- und Ästhetik orientierte, die auf instrumentelle Nützlichkeit orientierte, die auf das ethisch-moralische orientierte und die auf das sozial-weltanschauliche, insbesondere auf das politisch-soziale orientierte Dimension.

Die Existenz eines solchen grundlegenden Werterasters gestattet es nun, einzelne Werte, die man in Bezug auf Personen, Teams oder Organisationen und Unternehmen für besonders wichtig hält, den grundlegenden Wertedimensionen zuzuordnen. Eine so geordnete Werteliste kann und muss wahrscheinlich Ausgangspunkt jeder gezielten Werteentwicklung im Bereich von Bildung und Weiterbildung sein.

∑ Nutzanwendung

Wenn Sie vor der Aufgabe stehen, Ansätze und Methoden der gezielten Werteentwicklung im Bereich von Bildung und Weiterbildung einzuführen, empfiehlt es sich, zunächst – beispielsweise zusammen mit einem Team aus kompetenten Fach- und Führungskräften – herauszufinden, welche Werte konkret entwickelt werden sollen.

- Am Anfang sollten dabei stets strategische Überlegungen stehen (Heyse 2007, S. 101):
    - Woher kommen wir (als Team, als Schule, als Universität, als Organisation, als Unternehmen), was sind unsere Wurzeln, unsere bisherigen Kernkompetenzen und Werte?
    - Wo stehen wir heute, verglichen mit anderen?
    - Wohin wollen wir, was sollen zukünftig unsere Kernkompetenzen und unsere Werte sein?
    - Wie kommen wir dorthin, was müssen wir davon in ein, zwei Jahren unbedingt erreichen?
    - Wie kann uns eine sinnvolle, ermöglichungsdidaktische Bildungs- und Weiterbildungsarbeit dabei unterstützen?
- Daraus folgernd sollten Sie überlegen, welche der vier grundlegenden Wertedimensionen – Genuss und Ästhetik, Nutzen, ethisch-moralisches, sozial-weltanschauliches für Sie im Mittelpunkt stehen?
- Mithilfe von einer der genannten oder weiteren Wertelisten finden Sie heraus, welche Werte Ihnen und Ihrem Team besonders wichtig erscheinen und ordnen diese den grundlegenden Wertedimensionen zu.
- Die ausgewählten Werte erfassen Sie in ihrer spezifischen Bedeutung in Bezug auf Ihr Team, Ihre Schule, Ihre Universität, Ihre Organisation, Ihr Unternehmen; das kann mithilfe eines gezielten Aufbaus von zugehörigen *Wertewolken* (KODE®W), einer *psychologischen Analyse* (siehe nachfolgend), einer zusätzlichen Konstruktion von sogenannten *Wertequadraten* (siehe nachfolgend) sowie weiteren Beschreibungsformen geschehen.

- Zur gezielten *Werteentwicklung* der ausgewählten Werte eignen sich neben den hier nachfolgend zu behandelnden Methoden Prospect Theory, Debiasing, Anti-Biasing und Nudging natürlich alle in den Körben Praxis, Mentoring und Coaching sowie Training behandelten Methoden, insofern sie in die beabsichtigte Bildungs- und Weiterbildungsprozesse *einzubinden* sind.

Wertebestimmungen durch eine Psychologie der Werte

Unser eigenes Verfahren, Werte für Mitarbeiter, Teams und Organisationen auszuwählen und mit Bedeutungsfeldern in Form von Wertewolken zu versehen, haben wir an anderer Stelle ausführlich publiziert. Es ist inzwischen zu einem etablierten Beratungs- und Entwicklungsinstrument geworden (KODE®W²).

Einen interessanten Weg, Wertebegriffe zu fassen und ihre vor allem psychologische Bedeutung zu umreißen, haben Dieter Frey und seine Mitarbeiter beschritten. Seine Werteliste hatten wir bereits wiedergegeben. Uns geht es jetzt aber nicht um die 25 Einzelbegriffe, sondern um das grundsätzliche methodische Herangehen.

Praktisches Vorgehen

Zur Erfassung jedes Einzelbegriffs – und dieses Vorgehen ist für jeden Wertebegriff anzuwenden – werden folgende Schritte gegangen.

Zunächst findet jeweils eine *konzeptionelle* Klärung statt. Sie umfasst ähnliche Überlegungen, wie wir sie im Vorfeld der Begriffsauswahl benannten.

Dann folgt, sich eines *theoretischen* Hintergrunds zu versichern. Der bezieht sich zum einen auf das zugrunde liegende Verständnis von Werten, zum anderen aber auf die spezifische Nutzung des im Mittelpunkt stehenden Einzelbegriffs. Jeder der 25 Begriffe und jeder andere mögliche Wertebegriff hat zumeist eine eigene, oft weit zurückreichende Verwendungsgeschichte, eine psychologisch-kulturgeschichtliche Tiefendimension. Oft finden sich auch literarische Beispiele.

Ein Aufriss des aktuellen *Forschungsstands* schließt sich an, zu vielen Wertebegriffen gibt es ganze Bibliotheken voller Überlegungen. Sie sind auf das Maß des praktisch Nutzbaren zu verdichten.

---

[2]www.kodekonzept.de

Zu jedem Wert lässt sich ein *Antiwert,* ein Gegenwert auffinden, zum Genuss der Ekel, zum Nutzen der Schaden, zum Moralischen das Unmoralische, zum Sozialen das Unsoziale und so fort für jeden Wertebegriff. Dieser von Friedemann Schulz von Thun immer wieder in die Wertekommunikation eingeworfenen Grundgedanken vertieft ganz außerordentlich das Werteverständnis, wir erläutern ihn im nächsten Abschnitt.

Schließlich sind neben den generellen Möglichkeiten, Werte zu kommunizieren und zu interiorisieren, alle Maßnahmen und Möglichkeiten zur *Förderung* des spezifisch betrachteten Wertes zusammenzutragen oder auch weitergehend zu überlegen.

In diesem Zusammenhang weisen wir auch auf *Techniken der psychologischen Verhaltenstherapie* hin, die zwar nicht direkt auf eine Werteentwicklung gerichtet sind, aber die Erfassung und Veränderung von Emotionen – beziehungsweise, synonym gebraucht, Gefühlen – in den Mittelpunkt stellen. Diese Emotionen werden klar als individuelle Wertungen erfasst: „Erst das emotionale Erleben verleiht einem Gedanken seine Bedeutung und damit eine handlungsleitende Relevanz" (Lammers 2015, S. 16). Uns interessieren diese Wertungen vor allem in einem Handlungs- und Entscheidungszusammenhang. Möchte man aber den Charakter und die Stärke der dabei wirkenden Emotionen selbst ermitteln, liefern die Instrumente der psychologischen Verhaltenstherapie interessante Möglichkeiten, unter anderem durch die Emotionsanalyse nach Lammers (2015, S. 183). Viele der dort entwickelten praktischen Techniken, so die emotionsfokussierte Gesprächsführung, Imaginationsübungen, Ressourcenaktivierungen, Emotionsregulationen durch Verhaltensänderungen, Stuhltechniken, expressives Schreiben und andere lassen sich inhaltlich modifiziert auch für die gezielte Wertentwicklung benutzen.

$\sum$ Nutzanwendung

Wenn Sie eine Liste von Wertebegriffen erstellt haben, die Ihrer Überzeugung nach für die gezielte Werteentwicklung von Persönlichkeiten mittels Bildung und Weiterbildung in einem der Bereiche Team, Schule, Universität, Organisation, Unternehmen notwendig sind, versuchen Sie diese Wertebegriffe in ihrer Bedeutung näher zu erfassen. Das ist durch den Aufbau sogenannter Wertewolken möglich.

Ein anderer Weg ist, diese Begriffe psychologisch näher zu erfassen.

Dazu erarbeiten Sie für diesen Begriff

- eine konzeptionelle Klärung
- einen Umriss seines theoretischen Hintergrunds

- einen Aufriss des aktuellen Forschungsstands
- eine Wertequadratanalyse
- eine Zusammenfassung der Möglichkeiten und Maßnahmen zur Entwicklung dieses Wertes, auch über den Rahmen von Bildung und Weiterbildung hinaus.

Eventuell beziehen Sie praktische Techniken der psychologischen Verhaltenstherapie mit ein.

Vertiefung der Wertebestimmungen durch das Wertequadrat

Jede gezielte Werteentwicklung von Persönlichkeiten im Bereich von Bildung und Weiterbildung setzt das Auffinden der benötigten Wertebegriffe und die näheren Bestimmungen der Begriffe voraus. Das ist ein unumgänglicher Vorlauf, noch kein Verfahren der Entwicklung selbst. Doch je besser, schlüssiger, nachvollziehbarer diese Begriffsbestimmungen sind, desto tiefer greifen später Entwicklungsverfahren, desto gezielter können sie ausgewählt werden.

Eine der überzeugendsten Methoden, sich der Bestimmung von Wertebegriffen zu nähern, ist das berühmte Wertequadrat, von dem Philosophen Nicolai Hartmann erstmals ins Gespräch gebracht, von Paul Helwig methodisch ausgebaut, von Friedemann Schulz von Thun zum grundlegenden Ansatz der Wertekommunikation weiterentwickelt (vgl. Schulz von Thun 2009).

„Die Prämisse des Werte- und Entwicklungsquadrats lautet: *Jeder Wert* (jede Tugend, jedes Leitprinzip, jede menschliche Qualität) kann nur dann seine volle konstruktive Wirkung entfalten, wenn er sich in ausgehaltener Spannung zu einem *positiven Gegenwert,* einer ‚Schwesterntugend', befindet. Ohne diese Balance verkommt ein Wert zu seiner entwerteten Übertreibung.

So braucht es neben der Sparsamkeit auch Großzügigkeit, um nicht zum Geizhals zu verkommen und umgekehrt bewahrt die Balance mit der Sparsamkeit den Großzügigen vor der Verschwendung.

Die *Entwicklungsrichtung* findet sich in den Diagonalen. Wer die Sparsamkeit übertreibt und zum Geizigen wird, dessen Entwicklungspfeil zeigt zur Großzügigkeit und komplementär empfiehlt es sich für den Verschwenderischen, die Sparsamkeit zu entwickeln... Mithilfe des Werte- und Entwicklungsquadrates kann es uns gelingen, Wertvorstellungen und persönliche Maßstäbe

Abb. 2 Wertequadrat

in dynamischer Balance zu halten und in konstruktiver Weise wirksam werden zu lassen. Insbesondere können wir damit für uns selbst und für andere die anstehende Entwicklungsrichtung entdecken. In dieser Funktion wird das Werte- und Entwicklungsquadrat für Zielvereinbarungsgespräche genutzt." (Schulz von Thun 2009)

Das Sparsamkeitsbeispiel kann man grafisch zum Quadrat umsetzen (Abb. 2):

„Bei diesem Quadrat entstehen nun vier Arten von Beziehungen, durch die das Verhältnis der Begriffe zueinander charakterisiert ist:

1. Die obere Linie zwischen den positiven Werten bezeichnet ein *positives Spannungs- bzw. Ergänzungsverhältnis,* wir können auch von einem dialektischen Gegensatz sprechen.
2. Die Diagonalen bezeichnen *konträre Gegensätze* zwischen einem Wert und einem Unwert;
3. Die senkrechten Linien bezeichnen die *entwertende Übertreibung;*
4. Die untere Verbindung zwischen beiden Unwerten stellt gleichsam den Weg dar, den wir beschreiben, wenn wir dem einen Unwert entfliehen wollen, aber nicht die Kraft haben, uns in die geforderte Spannung der oberen Plus Werte hinauf zu arbeiten. Also wenn wir aus einem Unwert in den entgegengesetzten anderen Unwert verlieren. Die Verbindung zwischen den unteren Begriffen stellt also die Fehlleistung einer *Überkompensation* des zu vermeidenden Unwerts durch den gegenteiligen Unwert dar." (Schulz von Thun 2008, S. 39 f.)

Praktisches Vorgehen

Schulz von Thun hat selbst eine Anleitung gegeben, wie man ein Wertequadrat „konstruiert". Ausgangspunkt ist zunächst ein positiver Wert in der linken oberen Position. Sein Beispiel ist „Vertrauen". Von da aus kann man nun nach den drei anderen Ecken des „Was wäre ein konträrer Gegensatz (etwa: übergroßes Misstrauen)?" suchen.

Ausgangspunkt kann aber auch einer der Werte in einer anderen Ecke sein. Er macht das an dem Fall klar, dass einem zunächst die entwertende Übertreibung bekannt ist (etwa: Aufsässigkeit), dazu der konträre Gegensatz gesucht wird (Musterschülerangepasstheit) und dann erst zu den positiven Werten diagonal oder senkrecht aufgestiegen wird, etwa zum nicht übertriebenen Wert (etwa: Eigensinn) und zum positiven Gegenwert (etwa: Einordnung). Weitere Beispielwertequadrate die der Autor anführt, sind:

(1) Wahrhaftigkeit (Authentizität, Ehrlichkeit, Offenheit, Echtheit),
(2) Wirkungsbewusstsein (Kalkül, Takt, Taktik, diplomatisches Geschick),
(3) naive Unverblümtheit (Schonungslosigkeit, Unvorsichtigkeit),
(4) manipulative Fassadenhaftigkeit (Raffiniertheit, Selbstentfremdung).

Schon dieses weitere Beispiel zeigt deutliche Wertnuancen! Dann:

(1) Liebe (Akzeptierung, gelten lassen, Versöhnung, Friedlichkeit, Höflichkeit),
(2) Kampf (Konfrontation, Konflikt, Streit, Kampfgeist, Unerbittlichkeit),
(3) „Friedhöflichkeit",
(4) feindselige Zerfleischung.

Weitere Beispiele:

(1) Toleranz
(2) Engagement
(3) Gleichgültigkeit
(4) Fanatismus

(1) Vorsicht
(2) Kühnheit, Mut
(3) Feigheit
(4) Übermut, Leichtsinn

(1) Durchsetzungsvermögen
(2) Rücksicht
(3) rücksichtslose Ellenbogenmentalität
(4) Selbstverleugnung, mangelnde Selbstbehauptung

(1) Spontanität
(2) Besonnenheit
(3) vorschnelle Impulsivität
(4) alles auf die Goldwaage legende Überbedächtigkeit

(1) Pragmatismus
(2) Prinzipientreue, Wertbindung
(3) Opportunismus, „Schlawinertum"
(4) unflexible Prinzipienreiterei, ideologische Starrheit

So werden zu jedem der Begriffe der ausgewählten oder entwickelten Werteliste drei weitere Begriffe hinzugefügt, die gleichsam eine Werte-Tiefendimension des Begriffs kennzeichnen.

∑ Nutzanwendung

Haben Sie sich einmal auf für Sie und Ihre Absicht gezielter Werteentwicklung wichtige Werte festgelegt, ist es sinnvoll, nicht nur ihren Bedeutungskontext zu ermitteln (Wertewolke) und sie psychologisch zu durchleuchten (Psychologie der Werte), sondern auch die Mit- und Gegenwerte mithilfe eines Wertequadrats zu analysieren.

Dazu konstruieren Sie ein Quadrat, dessen Ecken

- einen positiven Wert,
- einen positiven Gegenwert,
- eine entwertende Übertreibung,
- einen konträren Gegensatz

beinhalten. Eine solche Konstruktion können Sie insbesondere um jeden Ihrer aufgefundenen Wertebegriffe durchführen, zumindest aber um diejenigen, die im Mittelpunkt ihrer gezielten Werteentwicklung im Bereich von Bildung und Weiterbildung stehen.

Einsatz moderner handlungs- bzw. verhaltenspsychologischer Methoden

Es gibt, so stellten wir fest, im Bereich der gezielten Werteentwicklung von Erwachsenen in Bildung und Weiterbildung inzwischen eine Reihe moderner handlungs- bzw. verhaltenspsychologischer Erkenntnisse und Methoden, die von der Wissensvermittlungsillusion abgehen und auf eine echte Werteinteriorisation hinweisen. Unter dem Hinweis auf die modernen Verhaltenswissenschaften in Business und Beruf richten neuere Untersuchungen den Blick auf die neue Erwartungstheorie – die Prospect Theory (vgl. Kahnemann 2016; Tversky 2000), auf die Verzerrungsvermeidung – das Debiasing und Anti-Biasing und auf das „Anstupsen" – das Nudging (vgl. Thaler und Sunstein 2017), erstere und letzteres mit je einem Nobelpreis bedacht. „Durch den Einsatz von Techniken wie „nudging" und verschiedenen „Debiasing"-Methoden können Führungskräfte das Verhalten von Menschen verändern – was sich positiv auf das Geschäft auswirkt –, ohne das zu beschränken, was Menschen alles tun können…"[3]

Es geht hier nicht darum, die Techniken der Prospect Theory, des Debiasing und Anti-biasing oder des Nudging im Einzelnen darzulegen, zumal sich dazu bereits ein umfangreiches Schrifttum entwickelt hat (vgl. Wakker 2010). Entscheidend ist vielmehr, dass die Lehrpersonen die scheinbare Irrationalität des Menschen verstehen und diese Einsicht für ihre Tätigkeit nutzen. Das wunderbar aufklärerische Weltbild des Mechanizismus ist Geschichte. „Aber wie die heutigen Verhaltensforscher gerne sagen, sind wir vorhersehbar irrational. Was vorhersehbar ist, kann zumindest bis zu einem gewissen Grad gesteuert werden" (Javetsky und Koller 2018). Aus dem Verständnis von Werten als Ordnern psychischer und sozialer Selbstorganisation lässt sich Werteaneignung auf neue Weise verstehen und gestalten. Dabei muss hervorgehoben werden, dass es nicht um eine Theorie des Irrationalen geht. Es handelt sich vielmehr um eine aus selbstorganisierter Entwicklung verschiedener zeitlicher Reichweiten entspringende Rationalität von Evolution und Selbstorganisation, die zuweilen mathematisch-logischer Rationalität diametral entgegensteht. Wo diese aber anzuwenden geht, ist sie nicht überholt, sondern höchst willkommen und wichtig. Lediglich in Bezug auf

---

[3]Behavioral sciences in business. Nudging, debiasing and managing the irrational mind. Podcast am 14.3.

das Verständnis von Wertungen, von Werten sind die wertegetränkten verhaltenswissenschaftlichen Ansätze oft die Methoden der Wahl.

Kahnemann und Tversky, die Gründer der Prospect Theory, gehen von verhaltenspsychologisch bekannten Effekten aus (vgl. Kahneman und Tversky 1979, S. 263–291; Beck 2014, S. 145–197):

- Dem *Anchoring:* Der Verankerung von wertenden Einschätzungen an den Ausgangswerten.
- Dem *Framing:* Der Abhängigkeit einer Entscheidung von der Formulierung des Problems.
- Dem *Status-quo-Bias:* Dem Wunsch, dass alles so bleibt, wie es ist.
- Dem *Besitztumseffekt:* Wonach der Wert von Gegenständen auch danach bemessen wird, ob man sie besitzt.
- Der *mentalen Kontenführung:* Der relativ willkürlichen Zuordnung von Tatbeständen zu eigenen, als wichtig bewerteten geistigen „Konten".

Ohne die für einen Werteentwickler höchst einsichtigen und verwendbaren Einzelbeispiele auch nur zu kennen, genügt ein Blick auf diese Effekte, um zu sehen, dass sie vor allem von Wertungen hervorgebracht werden, ob es sich um wertende Formulierungen, Beharrungshaltungen, Besitzverhältnisse oder die Bewertung von Tatbeständen handelt.

Wir gehen auf einzelne verhaltenswissenschaftliche Ansätze ein. Zum einen, um ihr gedankliches Fundament hervorzuheben. Zum anderen, um jeweils gesonderte Schritte des Vorgehens vorzuschlagen.

Prospect Theory

Die Prospect Theory wurde im Jahre 1975 erstmals auf der Conference on Public Economics in Jerusalem unter dem Namen ‚Value Theory' vorgestellt, bevor sie 1979 unter ihrem heutigen Namen publiziert wurde. Sie ist durch ihre Begründer Amos Tversky und Daniel Kahneman als Kritik an der Erwartungsnutzentheorie[4] veröffentlicht worden. Der Hauptkritikpunkt an dieser ist, dass sie lediglich beschreibt, wie sich ein Individuum bei Entscheidungen unter Risiko verhalten soll, nicht jedoch thematisiert, wie

---

[4]http://www.uvk-lucius.de/behavioralfinance/gl/erwartungsnutzentheorie.htm. „Die Erwartungsnutzentheorie hat die Zielsetzung, rationales Verhalten unter Berücksichtigung von Risiken (Unsicherheit) zu analysieren. Zentraler Gegenstand der Betrachtung ist das Treffen von Entscheidungen, ohne dass deren Ergebnisse/Konsequenzen bekannt sind".

es sich tatsächlich verhält. Diesen Missstand zwischen Theorie und Empirie griffen Kahneman und Tversky auf und entwickelten ein alternatives Modell für Entscheidungen unter Risiko (vgl. Dransfeld 2013). Da alle realen Entscheidungen ein mehr oder weniger großes, oft ein bedeutendes Risiko in sich tragen, ist diese Theorie keineswegs eine spezielle psychologische Theorie für die Ökonomie, sondern generell für Wertungen, für Werte in Entscheidungssituationen.

Die einfachste, anschaulichste Erklärung kennzeichnet die Prospect Theory als „Theorie unkorrekter Einschätzung von Wahrscheinlichkeiten" (vgl. Rama 2018). Dort heißt es:

„Wir treffen täglich Entscheidungen, seien es triviale Entscheidungen wie das Einkaufen von Lebensmitteln oder lebensverändernde Entscheidungen wie den Lebenspartner oder Beruf auszusuchen. Die Schwierigkeit, Entscheidungen zu treffen, liegt nicht an den vielzähligen möglichen Alternativen, sondern an der Unsicherheit der zukünftigen Folgen der gewählten Handlungsalternativen. Die zukünftigen Folgen sind im Vorfeld nicht bestimmbar, da man zum Beispiel nicht weiß, ob man ein Gerichtsverfahren gewinnt oder ob ein Produkt den Markt erobern wird. Ist die Entscheidung, die man treffen muss, komplex und mit einer großen Anzahl von Alternativen mit großen Unsicherheiten verbunden, so gewinnen Verfahren, die eine systematische Entscheidungsfindung ermöglichen, an Bedeutung. In dieser wissenschaftlichen Arbeit beziehen wir uns hauptsächlich auf die deskriptive Entscheidungstheorie. Für die deskriptive Entscheidungstheorie ist der von Daniel Kahneman und Amos Tversky veröffentlichte Artikel ‚Prospect Theory: An Analysis of Decision under Risk' maßgeblich. In diesem Artikel wurde aufgezeigt, dass die Erwartungsnutzentheorie von den tatsächlichen Entscheidungen abweicht. Diese Abweichungen beeinflussen die Entscheidungsträger..." (Rama 2018, S. 5)

Generalisiert beschreibt die Prospect Theory, wie in einem Entscheidungsvorgang Alternativen, nachdem sie grob eingeordnet wurden (Editierungsphase), mithilfe einer Bewertungsfunktion evaluiert werden. Diese besteht aus einer Wertefunktion, die jedem Ergebnis der Alternative einen subjektiven Wert zuordnet, und einer Wahrscheinlichkeitsgewichtungsfunktion, die jeder Wahrscheinlichkeit, mit der eine Alternative auftritt, ein wiederum wertendes subjektives Entscheidungsgewicht zuweist. Das Produkt beider ergibt einen gleichsam potenzierten subjektiven Gesamterwartungswert. Die Betonung des Subjektiven ist nicht weniger und nichts anderes als die *Hervorhebung des Wertens, der Wertungen* im ethischen, ökonomischen und anderen Entscheiden (Rama 2018, S. 129–133).

> „Die Prospect-Theorie – auch neue Erwartungstheorie – ist eine psychologische Theorie. Daniel Kahneman und Amos Tversky räumten darin mit dem Mythos vom homo oeconomicus auf, denn auch bei finanziellen Transaktionen agieren Menschen nicht als nüchterne Nutzenmaximierer, sondern sie sind auch hier von Emotionen geleitet wie dem Gefühl für Fairness, Risikoscheu und der Furcht vor Verlusten. Die Prospect Theory wurde als eine psychologisch realistischere Alternative zu der rein ökonomisch orientierten Erwartungsnutzentheorie entwickelt und erlaubt die Beschreibung der Entscheidungsfindung in Situationen der Unsicherheit. Dies betrifft insbesondere solche Entscheidungen, bei denen unwägbare Risiken bzw. die Eintrittswahrscheinlichkeiten der künftigen Umweltzustände unbekannt sind." (Ambiguität bzw. Zwiespältigkeit) (vgl. Stangl 2018)

Hier ist der Hauptpunkt dessen formuliert, weshalb uns die modernen handlungs- bzw. verhaltenspsychologischen Methoden so wichtig für die gezielte Werteentwicklung in Bildung und Weiterbildung erscheinen. In der Praxis von Organisationen und Unternehmen, im Coaching und Mentoring, auch in emotional wirklich greifenden, wirklichkeitsnahen Trainings sind die Menschen mit emotional oft hoch labilisierenden Situationen konfrontiert. Damit finden unvermeidlich Prozesse der Werteinteriorisation statt. Gezielt eingesetzt führt das unweigerlich zur Werteentwicklung in unterschiedlichsten Formen; darauf sind wir in den Kap. 2–4 eingegangen. In den meist künstlichen Settings von Schule, Bildungs- und Weiterbildungsmaßnahmen ist das nicht der Fall.

Kahnemann und Twersky stellen ökonomische Entscheidungen mit Modellcharakter in den Vordergrund. Oft dient ihnen das menschliche Wettverhalten als Beispiel, bei dem es sich zeigt, dass es keineswegs gleichgültig ist, ob jemand, der geradmal 0 € sein eigen nennt, 100 € gewinnt oder verliert, oder ob jemand, der schon 10.000 € besitzt, diese Summe hinzugewinnt oder als Verlust verbuchen muss. Verlustängste …

Ein anderes Beispiel jenseits des nur Ökonomischen ist vielleicht eindrucksvoller:

> „Stellen Sie sich vor, dass sich die USA auf den Ausbruch einer ungewöhnlichen asiatischen Krankheit vorbereiten, von der erwartet wird, dass 600 Personen daran sterben werden. Es wurden zwei verschiedene Pläne vorgeschlagen, die Krankheit zu bekämpfen. Nehmen sie an, dass die Folgen der beiden Pläne genau bekannt sind: Wenn Plan A umgesetzt wird, werden 200 Personen gerettet. Wenn Plan B umgesetzt wird, besteht eine Wahrscheinlichkeit von einem Drittel (1/3), dass 600 Personen gerettet werden, und

eine Wahrscheinlichkeit von zwei Dritteln (2/3), dass niemand gerettet wird. 72 % der Versuchspersonen wählten den Plan A, der 200 Menschen sicher rettet; wenn beide Alternativen in der Form von ‚Gewinnen' dargestellt werden, entscheidet sich daher eine Mehrheit für die risikolose Wahl. Einer weiteren Gruppe von Versuchspersonen wurde der gleiche Sachverhalt geschildert, aber ihnen wurden die folgenden zwei Pläne zur Auswahl angeboten: Wenn Plan C umgesetzt wird, werden 400 Personen sterben. Wenn Plan D umgesetzt wird, besteht eine Wahrscheinlichkeit von einem Drittel (1/3), dass niemand sterben wird, und eine Wahrscheinlichkeit von zwei Dritteln (2/3), dass 600 Menschen sterben werden. In diesem Fall haben 78 % der Versuchspersonen den (riskanten) Plan D gewählt." (Levy 1996, S. 183)

Die Pläne A und C und die Pläne B und D sind offensichtlich identisch. Ihre respektiven Folgen wurden nur anders dargestellt – bei den Plänen A und B als „Gewinne" und bei den Plänen C und D als „Verluste". Wie Kahnemann und Tversky festgestellt haben, hat die Darstellung („framing") der Alternativen als Gewinne oder Verluste einen maßgeblichen Einfluss auf das Risikoverhalten!

Will der Werteentwickler nicht auf die Praxis (Trainingsunternehmen, Praxisdelegierung, Job Rotation), auf Coaching und Mentoring (außerhalb der Bildung und Weiterbildung) oder auf Trainings (die sehr schwer und aufwendig wirklichkeitsnah zu gestalten sind) zurückgreifen, muss er emotional deutlich labilisierende Entscheidungssituationen in den Bildungsraum holen. Das kann ihm durch ergreifende Falldarstellungen durchaus gelingen. Das kann auch das Resultat von Diskussionen der Kohlberg-Dilemmata sein. Diese sind jedoch mehrheitlich sehr abstrakt und greifen emotional nur, wenn sie als Projektionsfläche für *eigene* Entscheidungssituationen der Teilnehmer dienen können. Will der Werteentwickler die modernen handlungs- bzw. verhaltenspsychologischen Methoden nutzen, muss er einen anderen Weg gehen.

Praktisches Vorgehen
Nahezu jedem Nachdenken über Werte und Werteentwicklungen liegen als Anstoß Alternativen zugrunde. Schon im vorigen Abschnitt hatten wir es als praktisch entscheidend für gezielte Werteentwicklungen charakterisiert, dass es sich um emotional wichtige Entscheidungssituationen der Teilnehmer handelt, bei denen man mögliche Werteaspekte, Werteänderungen und Handlungsmöglichkeiten überlegen kann.

Jetzt versuchen wir, gedanklich und emotional tiefer zu schürfen.

- Finden wir einen oder mehrere Bezugswerte, von denen wir bei unserem Werten ausgehen?
- Wie stark berührt es uns, wenn diese über- oder unterschritten werden, empfinden wir massive Verlustängste?
- Gelingt es uns, die Alternativen in einem anderen, weniger dramatischen Licht darzustellen, die uns zu einem sachlicheren Wert einladen und Werteverzerrungen stärker zurückdrängen (also ein anderes „framing" zu finden)?
- Wie weit sind unsere Wertungen von den Ausgangswertungen abhängig (also vom „anchoring")?
- Sind wir vom Wunsch getrieben, dass eigentlich alles so bleiben möge, wie es ist und wir Handlungszwänge als kleine Katastrophe empfinden (treibt uns also der Status-quo-Bias)?
- Sind uns Werte, über die wir schon verfügen, wichtiger als solche, die sich erst entwickeln müssen (greift also der Besitztumseffekt)?
- Finden wir nur wichtig, was uns immer schon wichtig erschien und verdrängen wir anderes (drängt sich also unsere mentale Kontoführung in den Vordergrund)?

Soziale Alternativen, sei es im Privatleben, in Teams, in Organisationen und Unternehmen, in übergreifenden Netzwerken, entwickeln sich in den seltensten Fällen planmäßig und voraussehbar. Sie entwickeln sich selbstorganisiert. Und mit ihnen die handlungsentscheidenden Ordner – Wertungen, Werte. Verhaltenspsychologische Ansätze versprechen uns keine Lösungen des Werteproblems. Aber sie gestatten uns, selbstverursachte Wertungsverzerrungen wahrzunehmen und damit die eigenen Werte gezielt zu entwickeln.

Wir schlagen Ihnen folgende Vorgehensweise vor:

- In einem *ersten Schritt* tragen die Teilnehmer emotional wichtige Entscheidungssituationen der Teilnehmer aus dem Arbeits- oder aus dem persönlichen Umfeld zusammen. Mehrere dieser Situationen werden durch die Teilnehmer vorgestellt, die sich schließlich auf maximal drei solcher Situationen einigen, die möglichst viele emotional berühren.
- In einem *zweiten Schritt* muss der Werteentwickler entscheiden, auf welche verhaltenspsychologische Methoden er zurückgreifen will. Wir wollen drei in anwendbarer Kürze vorstellen. Zugleich kann er überlegen, ob eine der Methoden aus den Körben 2–4 ebenfalls herangezogen werden könnte.

- In einem *dritten Schritt* muss er zusammen mit den Teilnehmern vor allem die Werteaspekte der Situation herausarbeiten und zeigen, dass man mit der gewählten Methode den gewaltigen Einfluss von Werten auf die jeweilig angezielte Entscheidung erkennen kann.
- In einem *vierten Schritt* muss er gemeinsam mit den Teilnehmern begreifen, welche Werteänderungen in der ausgewählten Entscheidungssituation von besonderem Vorteil wären.
- In einem *fünften Schritt* müssten einige der Teilnehmer gemeinsam mit dem Werteentwickler individuelle Handlungsvarianten überlegen, welche die emotionale Belastung reduzieren und mit einer gewissen Wahrscheinlichkeit zum Erfolg führen.

∑ Nutzanwendung

Die Prospect Theory von Kahnemann und Tversky wird als Instrument genutzt, den Wertegehalt von Entscheidungen zu verstehen, die unwägbare Risiken oder unbekannte Eintrittswahrscheinlichkeiten künftiger Umweltzustände und sozialer Situationen enthalten. Dieser emotional labilisierende Wertegehalt wird bewusst gemacht und wo möglich verändert.

Dazu werden fünf Schritte gegangen:

1. Die emotional wichtigen Entscheidungssituationen der Teilnehmer sind zu ermitteln.
2. Die darauf anwendbaren verhaltenspsychologischen Methoden sind herauszufinden, von denen Alternativenfindung, Post-mortem- und Advocatus-diaboli-Diskussion die vielleicht wichtigsten sind.
3. Mit den Teilnehmern sind die Werteaspekte der Situationen herauszuarbeiten.
4. Angesagte Werteänderungen sind gemeinsam zu überlegen.
5. Gemeinsam mit den Teilnehmern sind individuell werteändernde Handlungs- bzw. Verhaltensvarianten zu entdecken.

Entscheidungen gehen von Alternativen aus. Dazu muss man sich die zu betrachtenden Alternativen erst einmal klar machen, veranschaulichen – was nicht notwendig auf eine rationale Erfassung hinausläuft, denn da läge die Entscheidung von vornherein klar oder könnte eindeutig berechnet werden. Dieser erste Schritt wird als Editieren oder Editierungsphase der Prospect Theory bezeichnet. Erst in der zweiten Phase, der Bewertungsphase der Prospect Theory, werden die bearbeiteten Alternativen (Prospects) bewertet.

In der Editierungsphase

„werden insgesamt sechs Bearbeitungsschritte unterschieden. Nach Auswahl eines die Teilnehmer hoch emotional beschäftigenden, maßgeblichen Problems machen Sie sich zusammen mit diesen zu betrachtenden Alternativen möglichst klar.

Danach versuchen Sie

- Bezugswerte festzumachen (Referenzwerte),
- Verlustängste zu benennen und zu bewerten (Verlustängste),
- eine andere, freundlichere Ansicht der Alternativen zu finden („framing"),
- die Abhängigkeit von Ausgangswerten zu verstehen („anchoring"),
- Bewahrungstendenzen zu erkennen (Status-qua-Bias)
- und die Abhängigkeit von bisherigen Wertungen zu ergründen (Besitztumseffekte).

So nehmen wir selbstverursachte Wertungsverzerrungen besser wahr und vermögen, eigene Werte gezielt zu entwickeln.

Der wichtigste Bearbeitungsschritt ist die Codierung (Coding): Nach der Prospect Theory nehmen Entscheider Ergebnisse als positive oder negative Abweichungen von einem Referenzpunkt wahr. Bei der Codierung wird der Referenzpunkt festgelegt, sodass die Ergebnisse als Gewinne und Verluste gegenüber diesem Referenzpunkt gemessen werden. Naheliegend ist die Wahl der aktuellen Vermögensposition als Referenzpunkt. Die weiteren Schritte der Editingphase dienen vor allem der Vereinfachung. So werden die Wahrscheinlichkeiten identischer Ergebnisse addiert, Bestandteile, die allen Ergebnissen gemeinsam sind, abgetrennt, gemeinsame Bestandteile zu vergleichender Alternativen ignoriert und Ergebnisse und Wahrscheinlichkeiten vereinfacht. Ein weiterer Bearbeitungsschritt ist die Aussonderung stochastisch dominierter Alternativen (stochastische Dominanz)."[5]

Für die gezielte Werteentwicklung in Bildung und Weiterbildung ist vor allem die Erkenntnis wichtig, dass immer, wenn wir Alternativen beurteilen, ein subjektiver Bezugspunkt festgelegt wird, von dem aus wir die Wertung vornehmen. Es handelt sich niemals um objektive Messwerte und ihren Vergleich.

---

[5] https://wirtschaftslexikon.gabler.de/definition/editing-phase-der-prospect-theorie-53940/version-277002.

Post-mortem-Diskussion

Denken wir uns als Mitarbeiter in einem hoch wichtigen, mit seinem Ergebnis nicht nur das weitere Schicksal unseres Teams, unserer Organisation oder unseres Unternehmens, sondern auch unser eigenes Schicksal treffenden Projekts. Viele Hoffnungen, viele positive Erwartungen ruhen auf diesem Projekt. Wie wird es ausgehen?

Natürlich kann man alle positiven Varianten überlegen, auch eventuelle Gefährdungen zusammentragen, um sie tunlichst zu vermeiden. Es gibt aber eine andere, die Emotionen viel höher aufrührende, labilisierende und damit künftige Werteinstellungen gezielter entwickelnde Methode. Das ist die sogenannte Post-mortem-Diskussion.[6] Wir nehmen hier eine sehr praxisbezogene, plastische Darstellung einer solchen Diskussion auf.

> „Was ist eine Obduktion? Für manche ist es die Untersuchung einer Leiche, um die richtige Todesursache zu ermitteln. Für andere, besser angepasste Personen… ist es eine Diskussion, normalerweise am Ende des Projekts, um Elemente eines Projekts zu identifizieren und zu analysieren, die erfolgreich oder nicht erfolgreich waren. Es beantwortet die Frage ‚Wie haben wir das gemacht?'. Viele Leute finden den Namen ‚post mortem' zu makaber. Sie würden es eher als ‚Retrospektive' bezeichnen, was mir langweilig und unvorstellbar ist… Viele Leute gehen davon aus, dass Post-Mortems nur für einmalige Projekte sind. Sie sind zwar äußerst wichtig für Projekte mit einem klar definierten Start- und Enddatum (z. B. Apps, Websites, Infografiken usw.). Sie sind jedoch ebenso für fortlaufende Marketingaktivitäten von Nutzen. Post-mortems können mit monatlichen, vierteljährlichen oder jährlichen Reviews das Gesamtbild im Blick behalten."[7]

Der eigentliche werte- und projektfördernde Nutzen besteht allerdings darin, noch *vor* dem realen – positiven oder negativen – Ende eines Projekts anzunehmen, es sei mortal, tödlich gescheitert. Schluss, aus. Wir Teilnehmer überlegen uns: Wie kann das schlimmstmögliche Ende des Projekts aussehen? Woran ist es gescheitert? Welche Schuld hat daran unser eigenes Versagen und das der anderen? Beruht dieses auf mangelhaftem Wissen, fragwürdigen Werteorientierungen, problematischen, wertegestützten Überzeugungen, bremsenden Motivationen, zweifelhaften Haltungen? Wenn es sich um reale

---

[6]Manchmal auch als Post-mortem-Diskussion bezeichnet.
[7]https://www.portent.com/blog/10-tips-for-a-successful-post-mortem.htm

Problemsituationen handelt, die wir auf solch eine Weise durchleuchten, bekommen derartige Fragen natürlich sofort einen emotional stark labilisierenden Charakter und können damit gut für eine gezielte Werteentwicklung in Bildung und Weiterbildung eingesetzt werden.

Praktisches Vorgehen
Wir haben, wie im vorigen Abschnitt beschrieben, ein reales, möglichst viele Teilnehmer hoch emotional beschäftigendes, maßgebliches Entscheidungsproblem ausgewählt, „editiert". Wir stellen uns nun gemeinsam mit unseren Werteentwicklungspartnern auf den Standpunkt, die Problemlösung sei aus vielerlei Gründen völlig schiefgelaufen und fragen nach den Gründen:

- Eigenes Versagen?
- Versagen der anderen?
- Mangelhaftes Wissen?
- Fragwürdige Werteorientierungen?
- Problematische Überzeugungen?
- Bremsende Motivationen?
- Zweifelhafte Haltungen?

Dabei sind die ersten 5 min die kritischsten. Führen Sie folgenden Tipps als Diskussionsgrundlage ein, versuchen Sie bei aller emotionalen Anspannung eine entspannte, produktive Auseinandersetzung zu führen.

1. Auch kleine, aber wichtige Probleme lassen sich in Post-mortem-Diskussionen behandeln. Es gibt immer etwas Wertvolles zu lernen. „Die Minute, in der Sie nicht lernen, glaube ich, dass Sie tot sind" (Jack Nicholson).
2. Planen sie eine Post-mortem-Diskussion, wenn die Probleme noch für möglichst viele äußerst wichtig sind.
3. Halten Sie die Ergebnisse schriftlich fest. „Die hellste Tinte ist besser als die beste Erinnerung" (chinesisches Sprichwort).
4. Setzen Sie eine konstruktive Denkweise ein – vermitteln Sie das Bewusstsein, dass das Ergebnis jedem Einzelnen und allen Teilnehmern nützt, vermeiden Sie defensive und überkritische Einschätzungen.
5. Vermeiden Sie ein völliges Durcheinander, entwickeln Sie als Werteentwickler eine Agenda der kommenden Diskussion.
6. Scheuen Sie nicht die Moderatorfunktion.
7. Halten Sie die Atmosphäre trotz aller emotionaler Labilisierung entspannt.

8. Ermutigen Sie alle zur Teilnahme.
9. Vermeiden sie ablenkende Handys und Laptops.
10. Behalten Sie zusammen mit den Teilnehmern die spätere Umsetzung der Diskussionsergebnisse im Auge.

∑ Nutzanwendung

Kern der Post-mortem-Diskussionen im Bereich der gezielten Werteentwicklung in Bildung und Weiterbildung ist der Trick, eine Problemsituation, eine Entscheidung, eine Projektentwicklung oder dergleichen als gründlich gescheitert anzusehen und im hypothetischen Nachhinein die Gründe für dieses Scheitern zu ermitteln. Hier natürlich besonders interessant alle Gründe, die mit fragwürdigen Werteorientierungen, problematischen Überzeugungen, bremsenden Motivationen und zweifelhaften Haltungen zusammenhängen.

Einige Tipps erleichtern die Durchführung solcher Diskussionen, die mit den Überzeugungen zusammenhängen:

- Es gibt keine „kleinen" Probleme, sie müssen nur für die Mehrzahl der Teilnehmer wichtig sein.
- Auch Post-mortem-Diskussionen müssen geplant und moderiert werden, ihre Ergebnisse sollten schriftlich festgehalten werden.
- Die Diskussionen sollten konstruktiv, nie überkritisch und trotz aller emotionaler Labilisierung entspannt sein, möglichst viele sollten sich beteiligen.

Advocatus-Diaboli-Diskussion

Wir halten uns an eine anschauliche Beschreibung.[8] Ein Teilnehmer oder eine Gruppe übernimmt zu einem vorgegebenen wertebestimmten Thema oder einer wertegegründeten Idee die Rolle des *Advocatus Diaboli*[9] und versucht, die anderen Teilnehmer oder Gruppen durch kontroverse Argumentationen zu einer anderen Sichtweise zu bringen. Dabei lernen die Teilnehmer

---

[8]http://www.ideenfindung.de/Advocatus-Diaboli-Kreativit%C3%A4tstechnik-Brainstorming-Ideenfindung.html.
[9]Advokat des Teufels (ursprünglich Gegenstimme in kirchlichen Heiligsprechungsprozessen), Entscheidungshilfetechnik, die Entscheidungsautismus und Gruppendenken verhindern soll. In: Autorenteam (2000): Lexikon der Psychologie. Heidelberg S. 248.

und Teams Ihre Ideen intensiver und kontroverser zu diskutieren als sie es je für möglich gehalten haben. Kurze, heftige und anreichernde Diskussionen sind effizienter als stundenlange, zähe und lähmende Diskussionen. Durch die labilisierende Intensität eignet sich das Format besonders gut für eine gezielte Werteentwicklung in Bildung und Weiterbildung. Auch andere aktivierende Methoden der Erwachsenenbildung könnten hier einbezogen werden.[10] So führt das Handbuch „Kompetenzorientierte Hochschuldidaktik" unter den Rubriken Können (fachlich), Dürfen (fachlich), Wollen (persönlich) und Sollen/Müssen (gesellschaftlich) die Advocatus-Diaboli-Methode als eine (unter vielen) an, die dem persönlichen und gesellschaftlichen Begründen von Entscheidungen dient, die also auch von ethisch-moralischen und sozial-weltanschaulichen Wertungen getrieben ist. Jede der dort aufgeführten Methoden könnte auch für eine gezielte Werteentwicklung verwendet werden. Wir sind allerdings der Überzeugung, dass die Advocatus-Diaboli-Methode in Bezug auf *unser* Anliegen einer gezielten Werteentwicklung die tiefgreifendste ist (Macke und Hanke 2016, S. 194 und zugehöriges Material). Über die normalen Lerneffekte hinaus motiviert sie Lernende, sich mit einem Thema vor allem wertebezogen auseinanderzusetzen.

Praktisches Vorgehen
Einzelne Lernende oder Teilgruppen nehmen in der Rolle des Advocatus Diaboli eine bewusste Gegenposition zu einer Wertorientierung, einer Idee oder Meinung ein. Sie sehen sich dadurch mehrheitlich emotional stark labilisierenden Angriffen und Kritiken ausgesetzt. Sie versuchen durch Argumente, aber auch durch emotional vorgetragene Positionen die anderen Teilnehmer zu überzeugen. Dadurch können die Werteorientierungen und Ideen intensiv und kontrovers diskutiert werden. Oftmals wird das Aussprechen von Wertehaltungen und Überlegungen erleichtert, die man sich selbst gar nicht zu vertreten getrauen würde. Das wird durch eine emotionsbetonte Abschlussdiskussion noch bekräftigt.

Vor einem Advocatus-Diaboli-Zusammentreffen sollte der Werteentwickler gemeinsam mit den Teilnehmern emotionsbeladene Entscheidungs- und Problemsituationen aussuchen, die eine solche Methode geeignet erscheinen lassen. Er sollte sich zündende Stichwörter überlegen und für sich Regiepläne in Varianten vorstellen.

---

[10]Aktivierende Settings wie Brainstorming, Archäologenkongress, selbstgesteuertes Interview, Theseninterviews, Graffiti, Mind-Map, Hearing, Vernissage, Stimmungsabfrage, Blitzlicht u. ä., siehe https://www.uni-due.de/imperia/md/content/zfh/methodenbar_2012.pdf; https://erwachsenenbildung.at/aktuell/nachrichten_details.php?nid=7242.

In der Veranstaltung werden zunächst die kontroversen Entscheidungsvarianten umrissen und, wo notwendig, die Teilnehmer dargestellt. Dann wird von der Gruppe eine Person als Advocatus Diaboli bestimmt. Ihm wird Zeit gelassen, seinen Widerspruch möglichst gut begründet und wertemäßig gesichert vorzutragen. Erst danach können alle anderen Anwesenden ihre Meinungen und Gegenmeinungen, ihre Werteorientierungen und Handlungsvarianten ins Spiel bringen. Die geäußerten Positionen sollten sie mit Überzeugung und Härte vortragen, aber ohne verletzend zu werden. Nach Abschluss dieser Phase kann sich eine Diskussion anschließen, die Sachargumente vertieft, aber niemals Wertungen oder Werte als Wahr- oder Falschfakten darstellt.

Absicht der gezielten Werteentwicklung mithilfe von Advocatus-Diaboli-Auseinandersetzungen ist es, noch nicht erörterte Werteorientierungen aufzudecken, zu entwickeln und infrage zu stellen, Sachargumente aus der Diskussion herauszuhalten und stattdessen die Konsequenzen unterschiedlicher Werteorientierungen zu durchdenken und zu durchfühlen. Jeder sollte danach Positionen und Gegenpositionen kennen und zu ihnen persönlich Stellung nehmen können. In der Auseinandersetzung dürfen die Teilnehmer ihre Position deutlich bis hin zum Gegenteil verändern. Außer beleidigende Formulierungen dürfen alle Mittel sprachlicher Wertekommunikation, wertende Ausdrücke und Sätze, absurde Übersteigerungen, Ironie, Humor und wertende Kontexte eingesetzt werden.

Die Methode eignet sich nicht dazu, Wissen zu vermitteln, das über einen längeren Zeitraum verfügbar sein soll.

$\sum$ Nutzanwendung

- Anfangs suchen Sie als Werteentwickler gemeinsam mit den Teilnehmern emotionsbeladene Entscheidungs- und Problemsituationen aus, die eine Advocatus-Diaboli-Diskussion geeignet erscheinen lassen.
- Sie überlegen sich zündende Stichwörter und Varianten fiktiver Regiepläne.
- In der Veranstaltung werden kontroverse Entscheidungsvarianten umrissen und die Teilnehmer vorgestellt.
- Von dem Werteentwickler und den Anwesenden wird eine Person als Advocatus Diaboli bestimmt.
- Sie trägt ihren Widerspruch möglichst gut begründet und wertemäßig gesichert vor.

- Danach tragen alle Anwesenden ihre Meinungen und Werteorientierungen mit Überzeugung und Härte vor, aber ohne verletzend zu werden.
- Nach Abschluss kann sich eine Diskussion anschließen, die Sachargumente vertieft, aber niemals Wertungen, Werte als Wahr- oder Falschfakten darstellt.

Debiasing

Das Debiasing („bias": Befangenheit, Voreingenommenheit, Vorurteil) versucht aufzuklären, inwieweit beispielsweise Entscheidungen und Handlungsweisen durch gedankliche Übervereinfachungen und vor allem Werteeinstellungen beeinflusst sind, welche Rolle kognitive Beschränkungen und selektive Wahrnehmungen dabei spielen, wie eingefahrene Muster oder Bestätigungsfehler mitwirken, welche Auswirkungen übertriebener Optimismus oder Selbstüberschätzung sowie fragwürdiger Gruppendruck und Gruppendenken haben und wie man Wege finden kann, all das zu vermeiden. Biases kann man als vorurteilshafte Abkürzungen im Entscheiden und Handeln, als „blinde Flecken", oft durch problematische Wertehaltungen verursacht, identifizieren. Ihnen unterliegen Handelnde meist unbewusst, sie beeinflussen aber ihr Handeln massiv.[11] Techniken wie die bereits behandelten, „Advocatus Diaboli" oder Post-mortem-Sitzungen, sind geeignet, in Bildungsprozessen Biases bewusst zu machen und ihnen entgegenzusteuern. Bei ersterem werden zu einem bestimmten Zeitpunkt gezielt und bewusst Gegenargumente für Absichten und Vorschläge gesucht, um früh Fehler zu erkennen. Bei der Technik der Post-Mortem-Sitzung wird fiktiv vom Scheitern beabsichtigter Handlungen und Entscheidungen ausgegangen und nach Ursachen für dieses Scheitern gesucht.

Das Biases-Thema kann in speziellen Workshops behandelt und zur Weiterbildungskultur einer „Speak-up-Mentalität" vorangetrieben werden. Das „Decision Lab" hat ein für jedermann ausführbares Kartenspiel, „The Bias Tournament", entwickelt, in dem 50 werteinduzierte „Denkfehler" erkannt und wirkungsvoll bekämpft werden können (Decision Labs 2018). Eine großartige Unterstützung für die gezielte Bildung und Weiterbildung im Werte- und Normenbereich.

---

[11]Mit Debiasing-Techniken zu rationalen Unternehmensentscheidungen: https://www.haufe.de/controlling/controllerpraxis/unternehmensentscheidungen-mit-debiasing-techniken_112_320768.html (März 2018).

Die Aufdeckung von Biasingfehlern ist in Bildung und Weiterbildung, für Lehrpersonen, für Trainer, Berater und Coaches äußerst wichtig.

„Innovations-, Investitions- und Veränderungsentscheidungen sind durch ihre Tragweite für das ganze System hochkritisch. Sie brauchen eine nachweislich gute Qualität, um Fehlentwicklungen zu vermeiden. In diesem Zusammenhang ist ein Phänomen in den Blick der Forschung geraten, das die Qualität von Entscheidungen in hohem Maße gefährdet: Kognitive Verzerrung oder der englische Begriff cognitive bias für systematische fehlerhafte Neigungen beim Wahrnehmen, Erinnern, Denken und Urteilen. Sie bleiben meist unbewusst."[12]

Schaut man sich im Einzelnen an, um was für „kognitive Verzerrungen" es sich handelt, so wird sofort klar, dass es in nahezu allen Beispielen weniger um Denkfehler als um Verzerrungen durch Wertungen, durch unbewusste Wertehaltungen geht. Damit ist das Biasing-Thema für Wertebildner in doppelter Weise interessant. Es wirkt der Illusion entgegen, „eigentlich" könnten alle Innovations-, Investitions- und Veränderungsentscheidungen, überhaupt alle wichtigen Entscheidungen rein rational getroffen werden, wenn nicht die dummen Werteverzerrungen wären. Die Verzerrungen, so zeigt sich, gehören zur Fähigkeit, Entscheidungen zu treffen, oft dazu, sind deren Motor. Das Debiasing kann also helfen, problematische Wertungen auszusondern, aber nicht, Wertungen, Werte überhaupt herauszuhalten. Zum anderen kann man bei Betrachtung der meist hoch emotionalen Bias-Situationen diese benutzen, um gezielt Werte zu entwickeln, auch wenn man sich damit zuweilen den Vorwurf der Manipulation einhandelt. Viele „kognitive Verzerrungen" erweisen sich später nämlich als nichts anderes als wertebegründete Gegenmeinungen zu einer Werteorientierung, die sich als adäquat durchgesetzt hat, damit aber keineswegs „wahr" ist!

Praktisches Vorgehen
Schauen wir uns eine sicher nicht vollständige „Liste von Gefährdungen durch kognitive Verzerrungen" einmal an:[13]

---

[12]https://www.bdvt.de/fileadmin/user_upload/dokumente/News%26Facts/27.11.2015/BDVT_Kognitive_Verzerrung.pdf
[13]Liste der Gefährdungen aus https://www.bdvt.de/fileadmin/user_upload/dokumente/News%26Facts/27.11.2015/BDVT_Kognitive_Verzerrung.pdf.

- Attributionsfehler, auch „correspondence bias": die Neigung, die Ursache für ein beobachtetes Verhalten zu oft in (feststehenden) „Charaktereigenschaften" der handelnden Person und zu selten in den (variablen) Merkmalen der jeweiligen Situation zu suchen.
- Ankerheuristik, auch „anchoring bias": die Tatsache, dass Menschen bei bewusst gewählten Zahlenwerten von momentan vorhandenen Umgebungsinformationen beeinflusst werden, ohne dass ihnen dieser Einfluss bewusst wird.
- Bestätigungsfehler, auch „confirmation bias": die Neigung, Informationen so auszuwählen und zu interpretieren, dass sie die eigenen Erwartungen erfüllen.
- Default-Effekt: übermäßige Bevorzugung derjenigen Option, die in Kraft tritt, wenn ein Entscheider keine aktive Entscheidung trifft.
- Déformation professionnelle: Neigung, eine berufs- oder fachbedingte Methode oder Perspektive unbewusst über ihren Geltungsbereich hinaus auf andere Themen und Situationen anzuwenden.
- Dunning-Kruger-Effekt: Tendenz inkompetenter Menschen, das eigene Können zu überschätzen und die Kompetenz anderer zu unterschätzen.
  Halo-Effekt: Tendenz, von bekannten Eigenschaften einer Person auf unbekannte Eigenschaften zu schließen.
- Kontrasteffekt: intensivere Wahrnehmung einer Information, welche zusammen mit einer im Kontrast stehenden Information präsentiert wird.
- Kontrollillusion, auch „illusion of control": Die falsche Annahme, zufällige Ereignisse durch eigenes Verhalten kontrollieren zu können.
- Rückschaufehler, auch „hindsight bias": Die verfälschte Erinnerung an eigene Vorhersagen, die bezüglich eines Ereignisses getroffen wurden, nach dem Eintreten des Ereignisses.
- „IKEA"-Effekt: Zuwachs an Wertschätzung, der selbst entworfenen oder zumindest selbst zusammengebauten Gegenständen im Vergleich zu fertig gekauften Massenprodukten entgegengebracht wird.
- Illusorische Korrelation: die fälschliche Wahrnehmung eines Kausalzusammenhangs zweier Ereignisse.
- Impact Bias: die psychischen Auswirkungen eines vorgestellten negativen Ereignisses wie Verlust des Arbeitsplatzes oder Trennung vom Partner werden in Dauer und Tiefe systematisch zu stark erwartet.
- Recall Bias (Erinnerungsverzerrung): Fehlerquelle vor allem in retrospektiven Studien. Der Aufrechterhaltung eines positiven konsistenten Selbstbildes dienen selbstwertorientierte Verzerrungen.

- Gender-Bias: die Neigung, Rollenklischees und generische als spezifische Maskulina zu lesen bzw. Rollenklischees und entsprechende Vermutungen anzustellen (Baggerführer = Mann).
- Clustering-Illusion: die Neigung, in Datenströmen Muster zu sehen, selbst wenn gar keine da sind.
- Emotionale Beweisführung: die Neigung, eine empfundene Emotion als Beweis für eine Annahme zu betrachten.
- Hot-Hand-Phänomen im Sport und Glücksspiel: eine zufällige Häufung von Erfolgen wird als „einen Lauf haben" oder als „Glückssträhne" angesehen.

Wir finden darunter viele, die uns auch im alltäglichen Leben schon geplagt haben. Wer hat noch nie eine andere Person als „Schuldigen" für ein Problem ausgemacht, das seine wirkliche Ursache in Merkmalen der jeweiligen Situation hat (Attributionsfehler)? Wen hat noch nie ein Bestätigungsfehler in die Irre geführt (Informationsauswahl gemäß eigenen Wertvorstellungen)? Wer hat noch nie einen als wichtig bewerteten Kausalzusammenhang von zwei Ereignissen angenommen, die gar nichts miteinander zu tun haben (illusorische Korrelation)?

Und: Sind solche wertenden Verzerrungen im alltäglichen Leben, aber auch im Wirtschaftsleben nicht oft nützlich und gewünscht? Ist es nicht oft hilfreich, einen Schuldigen zu suchen, anstatt komplizierte, komplexe Situationen aufzudröseln? Wählen wir nicht ständig Informationen gemäß eigenen und sozialen Wertevorstellungen aus? Können uns nicht wertende Kausalannahmen, deren Fehlerhaftigkeit wir nicht einmal nachprüfen können, in ethischen und politischen Argumentationen sehr unterstützen?

Solche Fragen können wir bei jeder der sogenannten kognitiven Verzerrungen stellen und ihre Ursachen in Werteannahmen und Werteorientierungen finden.

Am Beginn eines zur gezielten Werteentwicklung durchgeführten Debiasing-Prozesses steht, wie bei den meisten verhaltenspsychologischen Verfahren, die Auswahl einer emotional sehr wichtigen Entscheidungssituation aus dem Arbeits- oder aus dem persönlichen Umfeld der Teilnehmer. Von diesen Situationen werden durch die Teilnehmer maximal drei ausgewählt, die möglichst viele emotional berühren. In Bezug auf diese Situationen werden dann Debiasingfragen gestellt, die wir im Folgenden auflisten.

$\sum$ Nutzanwendung

Das Debiasing klärt auf, inwieweit Entscheidungen und Handlungen auch von bewussten oder unbewussten Werteeinstellungen beeinflusst sind. Das wird oft als kognitive Verzerrung abgebildet; problematisch ist allerdings, dass es die damit suggerierte unverzerrte Sicht auf Entscheidungen gar nicht gibt. Wichtig ist vielmehr, wie weit unsere Werte und Werteorientierungen auf unser Handeln einwirken, ob es dabei adäquate und weniger adäquate Werte gibt und wie wir die für uns adäquaten Werte gezielt entwickeln.

Am Beginn eines zur gezielten Werteentwicklung durchgeführten Debiasing-Prozesses steht die Auswahl einer emotional sehr wichtigen Entscheidungssituationen aus dem Arbeits- oder aus dem persönlichen Umfeld der Teilnehmer. In Bezug drauf wird nun gefragt:

- Was kann bei dieser Entscheidung rein rational, aufgrund von Fakten, Informationen und Algorithmen bewältigt werden?
- Was beruht bei dieser Entscheidung auf Werteannahmen?
- Welche dieser Annahmen behandeln wir gleichsam wie faktische Gegebenheiten?
- Von welchen dieser Annahmen ist uns klar, dass sie auf Werteorientierungen gegründet sind, und wir diese sprachlich klar umreißen können?
- Bei welcher dieser Annahmen fühlen wir, dass sie auf Emotionen gegründet sind, ohne dass wir diese sprachlich fassen können?

Jetzt gehen wir die oben gegebene Liste durch und überlegen bei jeder der aufgeführten Verzerrungen, sofern sie wertebasiert sind, welche Wertungen dort hineinspielen. Bei den Verzerrungen, bei denen wir sicher sind, dass sie eine wichtige Rolle für die ausgewählte Entscheidung spielen, bohren wir tiefer.

- Welche Werte sind deutlich entscheidungsrelevant?
- Welche dieser Werte sind klar entscheidungsverzerrend?
- Gibt es Wertealternativen dafür?
- Benötigen wir nicht diese Werte, verzerrend hin oder her, um überhaupt entscheiden zu können?
- Wäre es günstig, wenn unsere Teilnehmer die alten verzerrenden, oder auch die alternativ gefundenen Werte interiorisieren würden?
- Welche Methoden gezielter Werteentwicklung wollen wir dafür anwenden?

Anti-Biasing

Merkwürdigerweise hat der politisch-kulturelle Antidiskriminierungsansatz, zum Anti-Bias-Ansatz verdichtet, in Bildung und Weiterbildung weniger Wiederhall gefunden, obwohl er einen ganz anderen, in der multikulturellen Arbeitsgesellschaft immer wichtiger werdenden Bereich behandelt und viel klarer zu erkennen gibt, dass es sich um einen Bereich von Werten handelt.

Eine ganze Reihe von Problemen, wie sie in der Bildung und Weiterbildung von Geflüchteten, Immigranten und weiteren ausländischen Bürgern auftreten, können durch die systematische Einbeziehung des Anti-Bias-Ansatzes pädagogisch angegangen werden (vgl. Trisch 2013).

Es beginnt damit, dass der Begriff Bias etwas anders, nämlich mit „Voreingenommenheit", „Befangenheit", „soziales Vorurteil" oder auch „Schieflage" übersetzt wird. „Die Mitbegründerin des Ansatzes versteht unter Bias eine Haltung, ein Glaube oder Gefühl, das daraus resultiert oder hilft eine unfaire Behandlung eines Individuums aufgrund seiner Identität zu rechtfertigen. Der Ansatz wendet sich gegen alle Formen von Ausgrenzung, Diskriminierung und Unterdrückung" (Trisch 2013, S. 39). Während das Verständnis von Bias beim Debiasing eher von kognitiven Verzerrungen ausgeht, die natürlich in gesellschaftlichen Schieflagen enden können, sind solche Schieflagen, die bekämpft werden sollen, hier das primäre. Da sie in der Regel von Wertehaltungen herrühren, die eben zu jenen Formen von Ausgrenzung, Diskriminierung und Unterdrückung führen, ist viel deutlicher, dass Werte im Mittelpunkt stehen und dass es darum geht, gezielte Werteentwicklungen im sozial erwünschten Sinne zu erreichen.

Praktisches Vorgehen
Zunächst muss bedacht werden, in welchem Zusammenhang gezielter Werteentwicklung der Anti-Bias-Ansatz genutzt werden soll: In der Kinder- und Schulpädagogik, in der betrieblichen Bildung und Weiterbildung, oder für Menschen, die ihre berufliche Tätigkeit beendet haben.

Wir zielen als Werteentwickler

- auf die Stärkung des Selbstbewusstseins durch Ich-Identität und Gruppenidentitäten,
- auf die Entwicklung von Empathie und ein Wohlfühlen mit Unterschieden durch das Verständnis, „dass wir gleichzeitig gleich und verschieden sind",
- auf die Unterstützung von kritischem Denken,
- auf ein aktives Vorgehen gegen Ungerechtigkeiten (Derman-Sparks 2008, S. 11 ff.).

Zugleich müssen wir uns als Werteentwickler aber folgender Wertungssachverhalte bewusst sein:

- Jeder Mensch macht Erfahrungen mit Diskriminierung.
- Jeder Mensch hat Vorurteile.

- Alle Formen von Diskriminierung sollten einbezogen werden.
- Es sollten verschiedene Diskriminierungsebenen unterschieden werden, etwa
  - interpersonelle (bezogen auf das direkte Verhalten gegenüber Menschen und Menschengruppen hinsichtlich eines bestimmten Aspektes oder Merkmals)
  - institutionelle (bezogen auf etablierte Rechte, Traditionen, Gewohnheiten und Verfahren durch bestimmte Gruppen und Menschen hinsichtlich eines bestimmten Aspekts oder Merkmals) und
  - diskursive (bezogen auf das, was von den dominanten Kulturen und Ideologien als richtig gut und schön angesehen wird und als Maßstab zur Bewertung, Beurteilung und Benachteiligung gegenüber Menschen oder Gruppen angewandt wird, die hinsichtlich eines bestimmten Merkmals oder Aspekt als anders angesehen werden können) (Schmidt et al. 2009, S. 163).

Es sollten die Positionen von Diskriminierten und Diskriminierenden zwischen eigenen gesellschaftlichen, äußerlichen globalen Werten und eigener interiorisierter Machtposition einbezogen werden.

Das alles zu berücksichtigen ist in gezielter Werteentwicklung in welchem Zusammenhang auch immer, schlicht unmöglich. Wir müssen die Schritte eines Anti-Bias-Einsatzes für eine gezielte Werteentwicklung viel einfacher gestalten.

Wir klären zunächst mit den Teilnehmern, ob und wo die in Betracht gezogenen, emotional stark labilisierenden Problem- und Entscheidungssituationen, die wir für eine gezielte Werteentwicklung ausgewählt haben, besonders durch Voreingenommenheit, Befangenheit, soziale Vorurteile oder auch soziale Schieflagen mit verursacht wurden.

Als Werteentwickler überlegen wir uns, ohne das selbst zum Diskussionsgegenstand zu machen, ob die gemeinsamen Anstrengungen eher auf die Stärkung des Selbstbewusstseins, die Entwicklung von Empathie und trotz deutlicher Unterschiede zu anderen auf die Unterstützung von kritischem Denken oder auf ein aktives Vorgehen gegen Ungerechtigkeiten gerichtet sein sollen.

Wir knüpfen an die Erfahrungen jedes Einzelnen mit Ausgrenzung und Diskriminierung an. „Die jeweils eigenen Erfahrungen mit dem Themenkomplex Diskriminierung werden dabei zum Ausgangspunkt einer (auch emotionalen) Auseinandersetzung im Rahmen eines Gruppenprozesses" (Trisch 2013, S. 53). Diese aus eigener Emotionalität und Motivation heraus erfolgende Werteentwicklung ist nicht nur auch, sondern der wesentliche Aspekt der Werteentwicklung. Wer sein Leben lang antisemitische Vorurteile mit sich herumgetragen hat, ist nicht mit Argumenten zu „überzeugen". Emotionaler Wertebrecher können nur einschneidende persönliche Erlebnisse sein, etwa eine Reise nach Jerusalem, künstlerische Erlebnisse oder aber – und das wird in diesem Falle am meisten greifen – massive, hochemotionale Auseinandersetzungen mit den Gruppenmitgliedern bis zu zeitweisem Gruppenausschluss des Diskriminierenden.

Im Rahmen des Anti-Biasing haben Wissenschaftler viele Überlegungen zur Wirkung entsprechender Maßnahmen zusammengetragen. Im Unternehmensbereich wurde zumindest der Kurzzeittransfer entsprechender Maßnahmen untersucht. „Im (politischen) Bildungsbereich hingegen werden selbst solche Maßnahmen selten umfassend begleitet und analysiert, teilweise aus Geld- und Ressourcenmangel, jedoch vermutlich auch, weil (staatlich geförderte) Maßnahmen in diesem Kontext politische motivierte Beruhigungsfunktion haben können, in denen es auf die tatsächliche Wirksamkeit nicht in erster Linie ankommt" (Trisch 2013, S. 56). Einige Autoren sehen Trainingstransfer als „Übertragung von Wissen von einer Lern- auf eine Anwendungssituation" (Ipsen 2008, S. 27). Deshalb betont die neuere Forschung, dass es für den Transfer nicht ausreicht, „wenn die Teilnehmer und Teilnehmerinnen die Trainingsinhalte nur lernen und behalten. So kann es vorkommen, dass diese zwar in der Weiterbildung viel gelernt und auch behalten haben, aber aufgrund fehlender Motivation oder Unterstützung am Arbeitsplatz nichts davon anwenden" (Trisch 2013, S. 79).

Ein Ansatz, der nicht mit einem gültigen Selbstorganisationshintergrund ausgestattet ist und der keine differenzierten Überlegungen zur Interiorisationsproblematik zugrunde legt, kann Prozesse gezielter Werteentwicklung, wie sie in den beschriebenen Bias-Situationen stattfinden sollen und stattfinden müssen, nur unvollkommen beschreiben. Der Werteentwickler muss selbstverständlich die sachlichen und faktischen Hintergründe im Kopf haben, dennoch achtet er in erster Linie auf Möglichkeiten, emotionale Labilisierungssituationen herbeizuführen und von ihnen aus Motivationsänderungen, Einstellungsänderungen und Orientierungsänderungen vorzunehmen.

∑ Nutzanwendung
Wieder suchen wir Entscheidungs- und Problemlösungssituationen, die stark kontrovers sind und deshalb zu hoher emotionaler Labilisierung führen. Im Rahmen des Anti-Bias-Einsatzes suchen wir insbesondere solche Situationen auf, die von Voreingenommenheit, Befangenheit, sozialen Vorurteilen, sozialen Schieflagen, von Ausgrenzung, Diskriminierung und Unterdrückung

geprägt und von der Überzeugung getragen sind, die unfaire Behandlung eines Individuums sei aufgrund seiner Identität zu rechtfertigen.

Wir zielen als Werteentwickler

- auf die Stärkung des Selbstbewusstseins,
- auf die Entwicklung von Empathie,
- auf die Unterstützung von kritischem Denken,
- auf ein aktives Vorgehen gegen Ungerechtigkeiten.

Zugleich berücksichtigen wir,

- dass jeder Mensch Erfahrungen mit Diskriminierung macht;
- dass jeder Mensch Vorurteile hat;
- dass es vielfältige Formen von Diskriminierung auf interpersonellen, institutionellen und den durch die Auseinandersetzungen selbst entstehenden Ebenen gibt.

Dass jeder Mensch bereits solche Erfahrungen gemacht hat ist nicht schön, gibt aber dem Werteentwickler wirksame Instrumente an die Hand, zusammen mit den Teilnehmern zu echten, tief greifenden emotionalen Labilisierungen und damit zu echten Änderungen früherer Werteorientierungen zu gelangen.

Nudging

Nudging ist ein Ansatz, Menschen, die selbstverständlich oft irrational handeln, durch kleine Anstöße, durch „Stupser", zu einem vermutlich rationaleren Handeln zu bewegen.

> „Nudging sind Maßnahmen, die das Verhalten beeinflussen, aber nicht einschränken. Es geht um kleine ‚Stupser', also weder um Verbote noch um starke wirtschaftliche Anreize. … Da gibt es inzwischen schon klassisch gewordene Bereiche: Menschen sind ehrlicher bei der Steuererklärung, wenn Sie zu Beginn unterschreiben, dass sie alles nach bestem Wissen und Gewissen ausfüllen. Viele Untersuchungen gibt es zu gesunder Ernährung: wie muss ich in Kantinen das Essen anordnen, damit Kunden zum Nachtisch einen Apfel essen statt des Schokopuddings? Ein weiterer Bereich ist die Altersvorsorge." (Kübler 2017, S. 12)

Richard Thaler und Cass Sunstein liefern in ihrem Buch „Nudge. Wie man kluge Entscheidungen anstößt" Dutzende Nudges aus unterschiedlichsten wirtschaftlichen und politischen Bereichen und viele weitere obendrein (vgl. Thaler und Sunstein 2017). Aus Sicht der gezielten Werteentwicklung bietet das Nudging aus dem Inneren von sozialen Selbstorganisationsprozessen heraus Möglichkeiten, Ordner, Werte zu beeinflussen und in einer bestimmten von der Schule, der Universität, der Organisation oder dem Unternehmen gewollten Richtung zu drängen, ohne pädagogische Einschränkungen, Verbote oder starke Anreize zu setzen. Natürlich sind auch die kritischen Anmerkungen wichtig, auf die Thaler und Sunstein, aber auch andere Autoren eingehen, indem sie auf die Gefahr des Big-Data-getriebenen Nudging sowie auf die schmalen Trennlinien zwischen Überzeugung, Motivation und Manipulation hinweisen (Kübler 2017, S. 10–11). Wir sind der Überzeugung, dass es oft gar keine Trennlinien gibt, dass das, was zu einem historischen Zeitpunkt als brachiale Manipulation und bewusst herbeigeführte Fehlmotivation gesehen wird, im Nachhinein als großartige, mutige Überzeugungsarbeit uminterpretiert wird.

Uns erscheint das Nudging als einer der wichtigsten Zugänge, Werte als Ordner sozialer Selbstorganisation nicht nur neu zu begreifen, sondern auch wirkungsvoll zu entwickeln und einzusetzen.

Thaler und Sunstein gehen in ihrem bereits zum Klassiker gewordenen Buch „Nudging" ebenso wie die zuvor geschilderten Verfahren von *Entscheidungssituationen* aus. Diese können klein und nichtssagend aussehen, sie können aber auch wie die bisher erwähnten von großen emotionalen Irritationen, von hoher emotionaler Labilisierung gekennzeichnet sein.

Den auf die Entscheidung – durch das Nudging – Einwirkenden bezeichnen die Autoren als *Entscheidungsarchitekten*. In diesem Sinne sind alle Personen, die auf eine gezielte Werteentwicklung in Bildung und Weiterbildung hinwirken, Entscheidungsarchitekten. Sie hängen nicht der verrückten Idee an, wenn wir alles wüssten, könnten wir alles algorithmisch berechnen – ob im Alltagsleben oder vor allem in der Ökonomie. Sie sind erklärtermaßen keine *Econs* (abgeleitet von „homo oeconomicus"). Sie sind vielmehr *Humans* (abgeleitet von „homo sapiens"), die allzu oft das Richtige wissen, aber emotionsgetrieben Falsches tun. „Anders als Econs unterlaufen Humans vorhersehbare Irrtümer." Und: „Nach unserer Definition ist jeder Faktor, der das Verhalten von Humans signifikant verändert, während er von Econs ignoriert würde, ein Nudge" (Thaler und Sunstein 2017, S. 18, 19). Damit sind Werte immer Nudges. Man kann den Unterschied des Denkens von Humans und Econs als schnelles und langsames Denken (vgl. Kahnemann 2016), als automatisches und reflektierendes Denksystem, als Bauchgefühl und rationales Denken kennzeichnen.

Die Grundorientierung bei allen Entscheidungsfindungen ist für die Autoren ein sogenannter „libertärer Paternalismus". Entscheidungen sollen frei und selbstständig getroffen werden, jede Direktive, jeder Zwang ist zu vermeiden. In einem gewissen Gegensatz zu dieser libertären Grundhaltung steht der Paternalismus:

> „Wir sind dafür, dass private Institutionen, Behörden und Regierungen bewusst versuchen, die Entscheidungen der Menschen so zu lenken, dass sie hinterher besser dastehen – und zwar gemessen an ihren eigenen Maßstäben… Es handelt sich hierbei um eine relativ leichte, weiche und unaufdringliche Art des Paternalismus, weil die Auswahl der Möglichkeiten nicht eingeschränkt und keiner der Option mit überaus strengen Auflagen versehen wird." (Thaler und Sunstein 2017, S. 15)

Der *libertäre Paternalismus* sollte unseres Erachtens die Grundhaltung jedes Werteentwicklers sein. Voraussetzung jeder Werteinteriorisation sind Entscheidungsfreiheit und Selbstverantwortung. Entscheidungen unter Zwang werden zwar ausgeführt, aber die hinter diesem Zwang stehenden Werteorientierungen werden nicht verinnerlicht. Allerdings – wenn die Werteorientierungen erst einmal tief verinnerlicht sind, kann sie oft der infamste Zwang nicht mehr brechen. Hunderttausende überzeugte Kommunisten sind in den GULAG geraten und haben ihn als geläuterte Kommunisten wieder verlassen.

Bei den vom Werteentwickler gezielt ausgewählten hoch labilisierenden Entscheidungssituationen kommt es ihm nicht primär auf die kluge Entscheidung selbst an. Ist so eine Entscheidung gefunden und bewährt sie sich im engeren oder weiteren Lebensumkreis, werden die zu dieser Entscheidung beitragenden Werte tief interiorisiert. Sind es Wertungen, die aus dem Nudging hervorgegangen sind, werden eben diese interiorisiert. Damit trägt das Nudging direkt zur gezielten Werteentwicklung bei.

> „Unter Nudge verstehen wir also alle Maßnahmen, mit denen Entscheidungsarchitekten das Verhalten von Menschen in vorhersagbarer Weise verändern können, ohne irgendwelche Optionen auszuschließen oder wirtschaftliche Anreize stark zu verändern. Ein Nudge muss zugleich leicht und ohne großen Aufwand zu umgehen sein, es ist nur ein Anstoß, keine Antwort." (Thaler und Sunstein 2017, S. 15)

Nicht alle Nudges sind Werte. Aber alle Werte sind Nudges. Alle Techniken und Methoden des Nudging müssen auf den Bereich der gezielten Werteentwicklung übertragbar sein.

Praktisches Vorgehen
Will man das Nudging im Rahmen gezielter Werteentwicklung einsetzen, muss man vorab – wie auch bei den vorhergehenden Methoden – emotional stark labilisierende Entscheidungs- und Problemsituationen finden, die nur unter Zuhilfenahme von Werten zu lösen sind. Drei Situationen, die von den Teilnehmenden als emotional belastendste empfunden werden, rücken in den Mittelpunkt. Der Wertegehalt dieser Situationen wird, wie bereits dargestellt, gemeinsam ermittelt.

Dann aber wird, abweichend von den bisherigen Methoden, nicht nach anderen, adäquateren Werten gesucht. Die Frage ist jetzt vielmehr, ob wir die vorhandenen Werte ein bisschen modifizieren können, sodass sie einen in eine bessere Richtung „schubsen", oder ob wir neue, aber nicht umstürzende Werte hinzunehmen können, die einen ähnlichen Effekt haben.

Um günstige Nudges zu finden, geben Thaler und Sunstein zunächst *drei Faustregeln* an: die Faustregel der Verankerung, die Faustregel der Verfügbarkeit und die Faustregel der Repräsentativität. Sie stammen direkt aus den von Kahnemann und Tversky in ihrer Prospect Theory dargestellten verhaltenspsychologisch bekannten Effekten, die wir bereits erwähnten.

- Die *Faustregel der Verankerung* besagt, dass – meist wertende – Anker die eigenen Entscheidungen maßgeblich beeinflussen. Fragen Sie zwei unverheiratete jüngere Personen zum einen: „Wie glücklich sind sie?", zum anderen: „Wie oft haben Sie Dates?", dann korrelieren die Antworten kaum. Fragen Sie aber in einer umgekehrten Reihenfolge halten sich plötzlich viele Leute für unglücklich, weil sie schon lange keine Dates mehr hatten. Die Antwort auf die Frage nach einem immerhin entscheidenden Lebenswert ist also von einer simplen Fragereihenfolge abhängig! Mithilfe solcher Verankerungen können sehr viele Wertungen in der einen oder anderen Richtung verschoben werden. Die Autoren liefern hier, wie stets in ihrem Buch, überzeugende Beispiele.
- Die *Faustregel der Verfügbarkeit* geht davon aus, dass man die Wahrscheinlichkeit eines Risikos danach bestimmt, wie schnell man Beispiele dafür zur Verfügung hat und wie gut man sie sich vorstellen kann. „Sowohl private als auch politische Entscheidungen können verbessert werden, wenn

man es schafft, die Wahrnehmung ein wenig stärker in Richtung der realistischen Wahrscheinlichkeiten zu lenken" (Thaler und Sunstein 2017, S. 43).
- Die *Faustregel der Repräsentativität* oder auch Ähnlichkeit besagt, dass Menschen, die Ähnlichkeit von zwei Fakten nicht danach bewerten, ob sie real gleich sind, sondern ob sie sich in dem Bild ähnlich sind, das der wertende sich von ihnen gemacht hat. Auf diesem Wege werden reine Zufallsfolgen oder Zufallsbilder miteinander in Beziehung gesetzt, etwa beim Glauben, man habe bei einem Glücksspiel endlich eine Glückssträhne erfasst.
- Auch auf andere *fehlerhafte Wertungen* wird kurz eingegangen, so auf das oft *übermäßige Selbstvertrauen* (90 % aller Autofahrer glauben, dass sie hinter dem Steuer besser als der Durchschnitt sind);
- auf die *Verlustaversion* (es ist doppelt so schmerzhaft, etwas zu verlieren, als es glücklich macht, dieses Etwas zu gewinnen);
- auf den *Status quo Bias* (wenn eine Fernsehsendung zu Ende ist, bleiben überraschend viele Personen auf dem Sender, egal was kommt) und auf den *Framing Effekt* (wenn man Ärzten sagt, das 90 von 100 überleben, ist es wahrscheinlicher, dass sie zu der Operation raten, als wenn man sagt dass 10 von 100 sterben).
- Man kann weitere bekannte fehlerhafte Wertungen hinzunehmen, wie den *Besitztumseffekt* oder die *mentale Kontenführung*.

Wir können hier nicht die vielen kreativen Mininudges der Autoren wiedergeben, die oft Großes bewirken. Wir können nicht die zahlreichen Anwendungen in Wirtschaft und Gesellschaft widergeben, die durchweg mit ethisch-moralischen und sozial-weltanschaulichen Werten auf das engste verbunden sind. Da lohnt die Lektüre. Wir wollen aber festhalten, dass der „libertäre Paternalismus" von Thaler und Sunstein eine Grundhaltung jedes Werteentwicklers umreißt.

- *Libertär,* weil Werte überhaupt nur unter den Bedingungen von Selbstverantwortung und Entscheidungsfreiheit existieren, allerdings unter Umständen auch innerhalb von Systemen, die ansonsten Selbstverantwortung und Entscheidungsfreiheit extrem beschneiden.
- *Paternalismus,* weil allein der Vorsatz, Werte in Richtung Adäquatheit zu entwickeln, ein steuerndes, fürsorgliches Unterfangen ist und kritisiert werden kann.

Knallharter Liberalismus kann nicht paternalistisch sein. Knallharter Paternalismus beschneidet Persönlichkeitsrechte und Entscheidungsfreiheit und kann nicht liberal sein. Werte können eine Brücke zwischen Liberalismus und Paternalismus aufspannen. Werte können ohne das eine *und* das andere nicht entwickelt werden.

∑ Nutzanwendung

Unter Nudging (Stupsen) versteht man Maßnahmen, die das Verhalten beeinflussen, aber nicht einschränken. Es geht um kleine Stupser, nicht um Verbote oder starke wirtschaftliche Anreize. Unsere Frage ist, ob wir die in Entscheidungs- oder Problemsituationen wirkenden Werte etwas modifizieren können, sodass sie einen in eine bessere Richtung „schubsen", oder ob wir neue, aber nicht umstürzende Werte hinzunehmen können.

- Nicht alle Nudges sind Werte. Aber alle Werte sind Nudges. Alle Techniken und Methoden des Nudging müssen auf den Bereich der gezielten Werteentwicklung übertragbar sein.

Zu diesem Zweck gehen wir von einem „libertären Paternalismus" aus, der bei der Werteentwicklung einerseits auf Liberalität im Sinne von Entscheidungsfreiheit und Selbstverantwortung baut, andererseits auf Paternalismus im Sinne der Möglichkeit und Notwendigkeit, Werte in Richtung adäquateren Handelns zu entwickeln. Dazu überlegen wir, wie Wertungen „kognitive Verzerrungen" und damit problematische Entscheidungen und Handlungen beeinflussen. Diese Verzerrungen muss man im Einzelnen besprechen. Es gibt aber Faustregeln für das Herangehen: Die *Faustregel der Verankerung,* die berücksichtigt, dass – meist wertende – Handlungsanker die eigenen Entscheidungen maßgeblich beeinflussen.

- Die *Faustregel der Verfügbarkeit,* die berücksichtigt, dass sich die Wahrscheinlichkeit eines Risikos danach bestimmt, wie schnell man Beispiele für solche Risiken zur Verfügung hat und wie gut man sie sich vorstellen kann.
- Die *Faustregel der Repräsentativität* oder auch Ähnlichkeit, die berücksichtigt, dass Menschen die Ähnlichkeit von zwei Fakten nicht danach bewerten, ob sie real gleich sind, sondern ob sie sich in dem Bild ähnlich sind, das der Wertende sich von ihnen gemacht hat.

- Andere fehlerhafte Wertungen sind ein übermäßiges Selbstvertrauen, Verlustaversionen, Status quo Biases, Framingeffekte, Besitztumseffekte und mentale Kontenführungen.

Alle die durch Nudging auf eine gezielte Werteentwicklung in Bildung und Weiterbildung hinwirken, alle die eine gezielte Werteentwicklung anstreben, sind im Sinne von Richard Thaler und Cass Sunstein *Entscheidungsarchitekten*.

Kunst und gezielte Werteentwicklung

„Was lehrt uns das? Was will uns der Künstler mit seinem Werk lehren? Welches Wissen können wir seinem Werk entnehmen? Was bezweckt er?" So oder ähnlich mussten wir im Literatur- und Kunstunterricht an der Schule oft fragen. Da wurde aus dem Kunstwerk – dem Roman, dem Drama, der Novelle, dem Gedicht, dem Bild, der Sinfonie – die darin eingefangene Realität herauspräpariert. Dann war den Lebensumständen des Künstlers nachzuspüren. Schließlich war darzulegen, was sein Werk seinen Zeitgenossen und was es uns „zu sagen" habe. Möglichst in Form fassbarer Nutzanwendungen, wie „man soll", „man kann" oder auch „man lernt daraus". Der Lehrer und manchmal auch wir selbst waren stolz auf diese Leistung. Selbst wenn uns anschließend das so sezierte Kunstwerk oft jahrelang zuwider war. Alles war genauestens erkannt und ausgesprochen.

Natürlich spürte man, dass das nicht alles sein konnte. Das Leben, in diesem Falle das Kunstleben, ist klüger, auch Kunsterlebnisse können belehren.

Ein Konzert: Arthur Honneggers „Symphonie Nr. 5 ‚Di tre re'". Eine wunderbare Musik, große Kunst, zweifellos. Im Konzertführer liest man: „Der Untertitel Di tre re bringt in Erinnerung, daß am Ende jedes der drei Sätze die Pauken und Bässe mit den Schlägen D (re) erklingen. Über den tieferen Sinn dieser drei zarten, gewissermaßen resignierenden Schläge hat der Komponist keine Erklärung abgegeben" (Schönewolf und Schaefer 1973, S. 239).

Welchen Nutzen hat diese Musik?

Eine Galerie: Bilder Hermann Glöckners, eines der wesentlichen Vertreter des deutschen Konstruktivismus. Im Katalog liest man:

> „Es ist eine der ursprünglichen Aufgaben des Künstlers – und Glöckner erblickt darin den Sinn seiner Arbeit –, die Menschen ‚sehen' zu lehren, damit sie die Welt auch ästhetisch begreifen und ihrer Fähigkeit gerecht werden, nicht nur nach den Erfordernissen des Nutzens, sondern stets auch nach den Gesetzen der Schönheit zu produzieren…Glöckner gehört zu den Künstlern, die in dem scheinbar sinnlosen Wirrwarr von Formen das Wirken bestimmter

Gesetzmäßigkeiten spüren ... Seine Bewertung wird zur Scheidegrenze." (vgl. Erpenbeck 1986b)

> Wogegen? Wozu?
> Ein Gedicht Arthur Rimbauds (Rimbaud 1983, S. 46):
> Vokale
> *A schwarz E weiß I rot U grün O blau – vokale*
> *Einst werd ich euren dunklen Ursprung offenbaren:*
> *A: schwarzer samtiger panzer dichter mückenscharen*
> *Die über grausem stanke schwirren · schattentale.*
> *E: helligkeit von dämpfen und gespannten leinen*
> *Speer stolzer gletscher · blanker fürsten wehn · von dolden.*
> *I: purpurn ausgespienes blut · gelach der Holden*
> *Im zorn und in der trunkenheit der peinen.*
> *U: räder · grünlicher gewässer göttlich kreisen ·*
> *Ruh herdenübersäter weiden · ruh der Weisen*
> *Auf deren stirne schwarzkunst drückt das mal.*
> *O: seltsames gezisch erhabener posaunen ·*
> *Einöden durch die erd- und himmelsgeister raunen.*
> *Omega – ihrer augen veilchenblauer strahl.*

Welche Gegenstände werden dargestellt? Farbige Vokale, Symbole, von dem ruhelosen Dichter Arthur Rimbaud zum Klingen gebracht. Nutzanwendung: gibt es nicht; trotzdem gehört das Gedicht zur Weltliteratur.

Also gibt es Kunst, die keinen konkreten Gegenstand widerspiegelt, die keine Informationen, keinerlei Wissen in engerem Sinne vermittelt, die keinem erkennbaren Zweck dient und trotzdem große Kunst ist.

Was kann Kunst? Wenn Kunst keine wissenschaftlich verbürgten Wahrheiten vermittelt, auch zumeist nicht direkt Nutzanwendungen abzuleiten gestattet oder gar zu gesellschaftlich notwendigen Aktionen aufruft: Welche Funktion hat sie? Warum spielen Gefühle und Emotionen eine so große Rolle? Weshalb begleitet sie die Geschichte des Menschen von Anbeginn? Wieso kann man sie so gut, so vielfältig für die gezielte Werteentwicklung von Persönlichkeiten einsetzen?

Was kann Kunst?

Das kann Kunst: Sie bildet niemals unmittelbar sachliche oder geistige Realitäten ab, sondern deren Wertungen durch die Gesellschaft, durch Gruppen, durch Einzelne. Es handelt sich dabei um ästhetische Wertungen, aber viele andere Arten von Wertungen, etwa genussbezogene, nutzenbezogene, religiöse, ethisch-moralische, sozial-weltanschauliche sind eingeschlossen. Während Wissenschaft vor allem auf die Abbildung ihrer Objekte „wie sie wirklich sind" gerichtet ist (Erkenntnisadäquatheit), ist Kunst vor allem auf Wertungen des Wahrgenommenen gerichtet (Wertungsadäquatheit). Da Künstler und Wissenschaftler der gleichen Realität gegenüberstehen, muss die Art des Wahrnehmens unterschiedlich sein. Die wissenschaftliche muss sich zu Wertungen anders als die künstlerische verhalten. Und Kunst wertet nicht nur das Wahrgenommene. Sie vermittelt und produziert auch Wertungen in Rezeptions- und Kommunikationsprozessen. Gesellschaftliche Wertungen ebenso wie ganz persönliche, private (vgl. Erpenbeck 2015; Eller-Rüter et al. 2012; Wagner 2013).

Darin liegt ihre eigentliche Funktion, ihre Notwendigkeit. Sie hilft dem einzelnen, gesellschaftliche Wertungen zu Eigenem, Innerlichem zu machen, sie zu interiorisieren. Sie hilft umgekehrt, Wertungen Einzelner mit allgemeiner, gesellschaftlicher Bedeutung publik zu machen, und trägt damit zur Produktion neuer Wertungen bei. Das hat die große deutsche Schriftstellerin Christa Wolf in Ihrem Roman „Kindheitsmuster" treffend eingefangen, wo sie zu tiefen Einsichten in den generellen Interiorisationsprozess von Werten gelangt:

„Ich habe mir in dieser Zeit (als sie die Kindheitsmuster schrieb) natürlich sehr viel überlegt: Wann und wodurch hast du denn etwas wirklich nicht nur verstanden, sondern wann ist wirklich etwas Neues in Bewegung gekommen, eine neue Qualität in der Möglichkeit, zu leben und zu handeln. Das waren immer Situationen, in denen eine Emotion in Bewegung gesetzt wurde. Und mir scheint, dass wir in Bezug auf die Vergangenheit Emotionen zu weitgehend herausgefiltert haben. Die stehen neben den Erkenntnissen, man ist mit ihnen allein. Das hängt damit zusammen, dass überhaupt zutreffende Erkenntnisse nicht so schwierig zu erwerben sind wie ‚richtige' Gefühle. Das eine ohne das andere macht aber merkwürdig gespaltene Menschen, wie wir sie ja um uns sehen." (Wolf 2007, S. 227)

Natürlich produziert und vermittelt auch Wissenschaft Wertungen, wie Kunst auch Erkenntnisse vermittelt und produziert. Jeder Tätigkeitsprozess bringt Erkenntnisse und Wertungen hervor, auch der wissenschaftliche und der künstlerische. Es kommt auf die Stoßrichtung an. Wieweit enthält das wissenschaftliche Resultat noch direkt genussbezogene, nutzenbezogene, religiöse, ethisch-moralische, sozial-weltanschauliche und andere

Wertungen? Wieweit sind Erkenntnisse für ein Kunstwerk wichtig? An den Antworten auf diese Fragen scheiden sich die Meinungen.

Erkennen, Werten und Handeln

Erkennen, Werten und Handeln bilden eine in keinem Augenblick zu trennende Einheit. Erst beim Menschen erfolgt der „Sündenfall" einer relativen Trennung infolge der Entstehung der Sprache. Er lernt in einem fast eine Million Jahre während Evolutionsprozess Dinge, Eigenschaften, Relationen, Prozesse sprachlich zu benennen. Zugleich lernt er, Bewertungen seiner Umgebung lautlich zu bezeichnen, Freude, Angst, Trauer, Ekel, Wut sprachlich auszudrücken. Das hat entscheidende Evolutionsvorteile. Zum einen ist die Benennung vom benannten Objekt relativ unabhängig, der Mensch kann mit Worten anstatt der Dinge umgehen und damit immer bessere Strategien finden, immer kompliziertere Probleme lösen. Zum anderen werden auch Begriffe von Begriffen, Merkmale von Merkmalen und so fort benennbar. Beziehungen zwischen diesen und weitere Zusammenfassungen gehen zu benennen. Es entstehen immer kompliziertere, immer höhere Begriffe. Erst damit wird schließlich abstraktes und schöpferisches Denken möglich.

Da nicht nur Merkmale, sondern auch Wertungen bezeichnet werden, kommt es völlig parallel auch zur Ausbildung immer höherer, immer komplizierterer Wertungen. Der unmittelbare Zusammenhang von Erkennen, Werten und Handeln lockert sich.

Verfolgt man die hier ganz grob gezeichnete Entwicklungsfolge, so stellt man fest, dass mit Einsetzen der Sprache ein relatives Auseinandertreten von Erkennen und Werten auf der einen und Entscheiden und Handeln auf der anderen Seite stattfindet. Mit der Benennung der Gegenstände und immer komplizierterer und abstrakterer Begriffe höherer Stufen kommt es zur Möglichkeit von Erkenntnissen und Wertungen, die nicht unmittelbar handlungswirksam werden müssen. Natürlich gibt es niemals eine vollständige Loslösung, da jeder Erkenntnis- und Wertungsprozess in die Gesamtheit des gesellschaftlichen Lebens und Handelns eingebettet ist. Aber schon das relative Auseinandertreten reicht, um Wissenschaft und Kunst hervorzubringen.

Dieses relative Auseinandertreten von Handeln, Werten und Erkennen markiert zugleich die Geburtsstunde des Künstlerisch-Religiösen. Mit der Herausbildung immer komplizierterer gesellschaftlicher Wertungen, die nur noch mittelbar auf lebensnotwendige Gegenstände bezogen waren, wurde es notwendig, Methoden herauszubilden, nach denen sich das einzelne

Gesellschaftsmitglied diese Wertungen zu eigen machen konnte und sie zugleich für sich so umsetzte, dass der kollektive Lebensprozess gesichert war. Dabei bringt es der Mensch fertig, in beinahe unbeschränktem Maß falsch zu erkennen und dennoch richtig zu werten oder auch richtig zu erkennen und völlig falsch zu werten.

Das Vorschlagsrecht der Kunst für Wertungen

Die Kunst besitzt in hohem Maße das Vorschlagsrecht und die Vorschlagspflicht künftiger Wertungen.

Oft erscheinen sie zunächst als ganz persönliche Wertungen des Künstlers. Durch breitere Rezeption dringen sie aber in das Bewusstsein vieler Menschen ein und führen dann, zumeist sehr vermittelt, zur Änderung überkommener Wertungen und Normen. Mit anderen Worten: Die Kunst wirkt nicht nur bei der Reproduktion, sondern auch bei der Neuproduktion von Normen und Wertungen mit. Mit dieser Feststellung ist zugleich ein weiterer Grund für die absolute Notwendigkeit der Kunst gegeben. Der Reproduktions- und Produktionsprozess von gesamtgesellschaftlichen Wertungen läuft in letzter Instanz natürlich immer über das Individuum. Damit ist die kommunikativ durchgeführte Interiorisation von Wertungen ebenfalls eine absolute Notwendigkeit. Weder die in der Arbeitstätigkeit noch die im Spiel auftretenden Entscheidungen schöpfen die Möglichkeiten ganz aus, die für die Gewinnung gesellschaftlicher Wertvorstellungen wesentlich sind. Viele geschichtliche, aber auch gegenwärtige Vorgänge werden dem Einzelnen erst durch die künstlerische Darstellung miterlebbar und damit bewertbar.

„Kunst und Literatur bauen keine Dingwelt, sondern eine Wertewelt" (Schober 1988, S. 84). Gerade darin besteht ihre wesentliche Funktion, ihre Notwendigkeit beim Aufbau unserer „Dingwelt". Die Gesellschaft bedarf der Kunst notwendig, auch wenn sie manchem überflüssig vorkommt. Selbst die überflüssige Kunst ist gesellschaftlich notwendig. Solange wir uns über Wertungen verständigen müssen, bleibt auch die Kunst bestehen.

Ästhetische Wertungen

Dabei treten in der Kunst, in jeder Kunst, neben den bereits aufgeführten Wertungen neue Arten von Wertungen hinzu: ästhetische Wertungen. Wir wollen hier keine Ästhetik entwickeln (vgl. Reicher 2016; Hauskeller 2013; Schweppenhäuser 2007; Trebeß 2006) und die riesige Anzahl von klugen Überlegungen dazu nicht um ein paar dürre Sätze vermehren. Wir wollen sie nur durch eine einfache, auf Günter Meyer zurückgehende Überlegung veranschaulichen. Jeder nutzbare Gegenstand der dinglichen oder geistigen Realität hat Form und Gestalt. Wird nun der Gegenstand als nützlich bewertet, so wird er das immer in einer zugehörigen Gestalt. Allmählich kann die Gestalt selbst zum Wertungsziel werden; wir sprechen von einer Vertauschungswertung – das Mittel zum Zweck wird selbst zum Zweck, Gebrauchswert und Gestaltwert werden vertauscht (vgl. Mayer 1977). Beispielsweise: Die brauchbarsten Krüge haben eine bestimmte Gestalt, sie wird als schön wahrgenommen; die Heldensagen in Versgestalt sind am leichtesten zu behalten. Wertungen, die auf solcherart Gestalten gerichtet sind, heißen ästhetische Wertungen. Wir finden diese Krüge schön. Wir finden diese Verse schön. Ohne den Gedanken der Schönheit, ohne ästhetische Wertungen gibt es keine Kunst. Das Finden neuer Gestaltungen, die Entwicklung ästhetischer Werte kann im Mittelpunkt künstlerischer Bemühungen stehen, kann zu immer neuen Formen führen. Diese können einem breiteren Publikum sogar oft verschlossen bleiben; man denke etwa an die Zwölftonmusik.

Was macht uns die vielen Millionen Kunstwerke, die uns überliefert sind, von der Steinzeitkunst bis auf unsere Tage, was macht uns all diese Bauten, Bilder, Wortwerke und Musiken für die gegenwärtige Werteentwicklung so wichtig?

Sie können zunächst einfach historischen Wert besitzen. Sie zeigen Vergangenes, „wie es wirklich war". Das allerdings macht sie mehr zum Gegenstand populären wissenschaftlichen Interesses als eines Kunstinteresses.

Sie können uns aber, und das ist schon wesentlicher, die Einsicht, das Gefühl für historische Wertungen vermitteln. Warum haben so viele Menschen einem Hitler so begeistert zugejubelt? Wieso haben die armen, ausrüstungsmäßig so unterlegenen Vietnamesen der Weltmacht USA die größte Niederlage in ihrer Geschichte bereitet? Historisches Bewusstsein ohne historisches Wertungsbewusstsein ist ein Unding. Einsicht in historische Abläufe allein schafft kein Geschichtsbewusstsein. Wir müssen auch die Wertungen als historisch entstanden und sich fortsetzend begreifen. Natürlich können historische Wertungen einzelwissenschaftlich, etwa durch die Ethik, die Rechtswissenschaften oder die Ökonomie, untersucht werden. Ein Gefühl für diese Wertungen ist aber nur zu gewinnen, wenn sie nachfühlbar und das heißt teilweise interiorisierbar gemacht werden. Das eben vermag nur die Kunst.

Kunstwerke können schließlich Wertungen enthalten, die Generationen überdauern, die vor fünfzig, vor fünfhundert und vor fünftausend Jahren gültig waren. Viele Wertungen aus dem Bereich der Liebe, der Trauer, der Wut und anderer „elementarer Leidenschaften" gehören dazu. Es sind oft Wertungen, die sich auf biologische Primärfaktoren stützen, die von der gesellschaftlichen Evolution vergleichsweise wenig berührt sind. Sieht man allerdings genauer hin, so stellt man fest, dass auch die „elementaren" Wertungen, etwa Liebe oder Hass, mit konkretem gesellschaftlichem Inhalt, mit aktuellen Wertungen angefüllt werden und dass der historisch scheinbar unveränderliche Kern eigentlich nur die Kommunikation über die Jahrhunderte hinweg sichert. Wir haben nicht nur ein Recht auf die Erbschaft der gesamten Weltkunst, sondern auch die Pflicht, dieses Erbe anzutreten und es zu nutzen, alles zu erben, was zu erben geht. Wir sind unserer Ansicht nach auch verpflichtet, das Erbe kommunistischer oder faschistischer Kunstwerke – natürlich in eigener Bewertung – anzutreten, sofern sie überhaupt den Charakter von Kunst besitzen.

Praktisches Vorgehen
Kunst als ein wertungsproduzierendes „Organ" der Gesellschaft (nicht das einzige, aber das vielleicht wesentlichste) ist auf die Produktion und Reproduktion, Kommunikation und Rezeption von Wertungen unter der Dominanz ästhetischer Wertungen gerichtet.

Um herauszufinden, wann, wo und wie wir Kunst bei der gezielten Werteentwicklung einsetzen können, zeichnen wir kurz die bereits angedeuteten Entwicklungsstufen der Wertungskommunikation und -rezeption bis zur heutigen Höhe nach und überlegen, wie es in Teilbereichen dieser Kommunikation zur Dominanz ästhetischer Wertungen kommt; das kann entscheidende Hinweise auf Möglichkeiten gezielter Werteentwicklung geben (vgl. Brater et al. 2015; Brater et al. 2011; Munz et al. 2012).

Die Entwicklung des Menschen zum Menschen ist erst vollzogen, wenn er mit Werkzeugen Werkzeuge herstellen und mit Sprache über Sprache – also reflexiv – sprechen kann. Erst dann kann er die eigenen Erkenntnisse und Wertungen hinterfragen und korrigieren, Natur- und Gesellschaftsgesetze finden, Worte und Welten in beinahe unbeschränktem Maße erfinden, oft ohne unmittelbaren Realitätsbezug, manchmal sogar völlig ohne ihn. „Reinen Unsinn zu glauben", so Konrad Lorenz, „ist ein Privileg des Menschen" (Lorenz 2015, S. 37).

Gezielte Werteentwicklung per dargestellte „Realität"

Anknüpfend an die Fähigkeiten des Menschen, sich in Situationen zurechtzufinden, die zu ihrer Entscheidung erfolgversprechende Wertungen und Handlungen erfordern, kann man Wertungen gewissermaßen "per Realität" vermitteln. Eine Entscheidungssituation wird so wahrheitsgetreu, nacherlebbar und emotional berührend dargestellt, dass sich der Leser oder der Filmzuschauer hineinversetzen, seine Wertungen setzen und seine Entscheidung fällen kann. Führt ihn das Kunstwerk so, dass sich diese Wertungen und die darauf gebauten Entscheidungen bewähren, werden sie umso tiefer verankert, je intensiver die emotionale Berührung ausfällt. So fiebert der Zuschauer mit dem Soldat Ryan, durchlebt mit ihm, erschüttert, furchtbare Kriegssituationen und erlebt den alliierten Sieg als Erlösung. Eine tiefe antifaschistische Grundhaltung wird seinen Empfindungen eingepflanzt; keine noch so gelungene Darstellung der „Operation Overlord", der Landung der Alliierten in der Normandie 1944, und erst recht keine schulische, nicht einmal eine multimediale Darstellung kann diese Grundhaltung erzeugen. Das gilt im Grunde für die meisten historischen Situationen und für die Wertelehren, die sie für die Nachfahren bereithalten. Daraus folgt die erste.

∑ Nutzanwendung

- Will man Kunstwerke zur gezielten Werteentwicklung einsetzen, so muss man zunächst und vor allem überlegen, welche die deutlichsten, intensivsten emotionalen Labilisierungen ermöglichen, und ob die damit erzielten Wirkungen den Absichten einer gezielten Werteentwicklung entsprechen.
- Zur gezielten Entwicklung geschichtlicher Wertungen und Wertungen der Geschichte eignen sich in erster Linie Erzählwerke und filmische Darstellungen. Man muss, entgegen der oft verteufelten Einfühlung, gerade solche auswählen, die eine möglichst tiefe Einfühlung ermöglichen und die Momente großer emotionaler Labilisierung enthalten.
- Zu bedenken ist dabei aber, dass die im Kunstwerk enthaltenen Wertungen nur dann Wirkungen entfalten, wenn sie nicht auf gegensätzliche bereits interiorisierte, tief verankerte Werte des Rezipienten treffen. Ein demokratiefeindlicher Extremist wird durch keinerlei Kunst seine Wertehaltungen ändern, natürlich noch weniger durch eine stimmige sachliche Argumentation.
- Wo möglich sollten auch andere Kunstformen einbezogen werden, die wirklichkeitsnahe emotionale Labilisierungen ermöglichen, vor allem dokumentarische dramatische Werke oder auch Bildkunstwerke. Man denke an das unvergessliche Foto des ertrunkenen dreijährigen syrischen Jungen Aylan Kurdi am Mittelmeerstrand.

Gezielte Werteentwicklung mit anderen Symbolsystemen

Der Übergang von einer operativen Alltagssprache zu einer reflexiven, also die sprachlichen Mittel mit bedenkender und gestaltender Sprache, erlaubt eine Differenzierung und Vervielfachung der Sprachverwendungssysteme selbst. Zum einen werden weitere Symbolsysteme als die nur lautsprachlichen und filmischen möglich, die sämtliche fünf Sinne des Menschen nutzen: neben anderen akustischen Sprachen (Tonsprachen) auch optische (Bildsprachen), auf den Tastsinn bezogene (plastische Symbolsprachen) oder geschmacklich-geruchliche (Speisen bzw. Duftstoffe verwendende Symbolsprachen). Die Sprachen der Musik, der Malerei, der Bildhauerei, die gesellschaftliche Ränge dokumentierende Kochkunst und die erotische Anziehungskraft oder herbe Männlichkeit suggerierende Kunst der Parfümerie bieten einige Beispiele. Alle solche „Sprachen" und ihre Verwendungssysteme unterliegen einer zumindest intuitiven Reflexion, ohne dass schon in einem theoretischen Sinne mit Sprache über Sprache nachgedacht wird.

Zum anderen, und das ist in unserem Zusammenhang vielleicht entscheidender, lassen sich die entstehenden Sprachverwendungssysteme zunehmend in erkenntnisakzentuierte und wertungsakzentuierte unterscheiden, ohne dass diese schon scharf voneinander geschieden wären. Dies gilt ganz besonders für die menschliche Lautsprache. Die stets relative Trennung von erkenntnisakzentuierten und wertungsakzentuierten Verwendungssystemen dieser Sprache hat sich erst in einem langen Entwicklungsprozess, mit der langsamen Entstehung von Wissenschaft und Wissenschaftssprache einerseits, von Kunst und Kunstsprache andererseits, vollzogen. Dennoch ist die Trennung ganz deutlich. Zurecht unterscheidet der große Psychologe Lew Wygotski die „lyrisch gefärbte" Sprache von der Sprache, in der sich die Denktätigkeit vollzieht und stellt fest, erstere dürfe, „obwohl sie alle Merkmale der Sprache besitzt, kaum der intellektuellen Tätigkeit im eigentlichen Sinne des Worten zuzurechnen sein" (Wygotski 1982, S. 28).

Der immer freiere Umgang mit den angeführten Sprachverwendungssystemen gestattet schließlich den Aufbau fiktiver Welten. Dabei werden erkenntnisakzentuierte Sprachsysteme dazu benutzt, hypothetische Dingwelten, später auch weiterreichende Hypothesenwelten zu schaffen. Wertungsakzentuierte Sprachverwendungssysteme dienen dagegen zum Aufbau von Wertewelten.

∑ Nutzanwendung

- Gezielte Werteentwicklung ist sicher am einleuchtendsten per künstlerischer „Realität" möglich. Aber der Einsatz anderer „Sprachen" liefert dem Werteentwickler weitere Möglichkeiten einer solchen Entwicklung. Akustische Sprachen, insbesondere Musik, erweisen ihr großes werteentwickelndes Potenzial, wenn sie Jugendliche zur Solidarisierung mit sozial gewollten, aber auch mit sozial abgelehnten Werten einfängt. Die Bevorzugung des einen, die Ablehnung eines anderen Musikstils oder Musikers enthält oft eine ethisch-moralische oder sozial-weltanschauliche, politische Komponente. Befragt man Partner einer im Rahmen von Bildung oder Weiterbildung durchgeführten gezielten Werteentwicklung nach ihren Musikerlebnissen und -bevorzugungen erfährt man beiläufig viel über deren Werte und Werteorientierungen.
- Optische Sprachen, Bildsprachen spielen im Zeitalter von Instagram, Snapchat, Pinterest und Flickr selbstverständlich eine wichtige Rolle in Prozessen der Werteentwicklung. Optische Medien lassen sich, daran anknüpfend, auch zur Entwicklung individueller wie sozialer Werte nutzen. Allerdings sind die Moden und Werte schnell veränderlich. Der Werteentwickler tut gut daran, sich regelmäßig in facebook und den genannten Medien umzusehen, um aktuelle Trends herauszuspüren und zu nutzen.
- Plastisches Gestalten kann man hervorragend und erfolgreich in die Wertekommunikation einbeziehen.
- In einer Gesellschaft, in der Kochbücher immer wieder Bestseller sind, spielen geschmackliche Wertungen eine wichtige sozialisierende, aber auch eine abgrenzende Rolle. Gemeinsames Kochen und Essen, etwa mit der Teilnehmergruppe, schweißt sie wertemäßig zusammen. Der Besuch eines sehr teuren, exklusiven Restaurants signalisiert den Eingeladenen eine hohe Wertschätzung.

Gezielte Werteentwicklung mit Wertungskommunikationsmitteln

Erst mit der vollen, bewussten Verwendung reflexiver Sprache ist ein Nachdenken mit Sprache über Sprache möglich. Erst damit kann man Erkenntnisse über Erkenntnisse, Wertungen von Wertungen, Erkenntnisse über Wertungen und Wertungen von Erkenntnissen gewinnen. Erst damit ist schließlich auch die Reflexion der Kommunikationsmittel selbst möglich.

Bei den erkenntnisakzentuierten Sprachverwendungssystemen lassen sich von den Erkenntnisinhalten, also von dem, was erkannt wurde, immer deutlicher die Erkenntniskommunikationsmittel abheben. Also die sprachlichen Mittel, mit denen jene Erkenntnisse formuliert und weitergegeben werden. Die Erkenntnisinhalte sind Gegenstand der Natur-, Human- und Sozialwissenschaften. Die Erkenntniskommunikationsmittel werden in entstehenden methodologischen Disziplinen wie Logik, Mathematik, Wissenschaftstheorie, Sprachwissenschaften untersucht.

Was hier aber wichtiger ist: Ebenso lassen sich bei den wertungsakzentuierten Sprachverwendungssystemen die Wertungskommunikationsmittel von den Wertungsinhalten, also von dem, was die Wertung besagt, abheben. Es geht also um Mittel, mit denen Wertungen formiert und weitergegeben werden. Sie haben stets die Form von Gestaltungen, von Gestalten. Jede Wertung wird als Gestalt kommuniziert, jede Gestalt kommuniziert Wertung, ist Wertungskommunikationsmittel. Die Wertungsinhalte werden in eigenen Disziplinen, etwa in der Ethik oder im Analysebereich sozialer Werte, diskutiert. Dabei geht es darum, aufzuklären, wie beispielsweise ethisch-moralische oder sozial-weltanschauliche Wertungen gesellschaftlich „funktionieren", das heißt, wozu sie gut sind, wie sie entstehen und vermittelt werden und welche Bereiche des gesellschaftlichen Lebens von ihnen berührt sind.

Aber auch die Wertungskommunikationsmittel, die „Gestalten", können jetzt, relativ unabhängig von den Wertungen, die von ihnen transportiert werden, wissenschaftlich untersucht, entwickelt und normiert werden. Wir können uns im Bereich künstlerischer Wertungskommunikation beispielsweise über Vers-, Prosa- und Dramenformen, über Bild- und Farbgestaltungen, über die räumlichen Formen von Plastiken und die musikalischen Formen von Opern oder Orchesterwerken weitgehend abstrahiert von je einzelnen Kunstwerken unterhalten. Wir finden die Altersprosa von Goethe stilistisch meisterhaft – und benötigen zu dieser Feststellung nicht den Hinweis auf dieses oder jenes Einzelwerk. Unser Urteil über seine Gestaltungskraft ist aus der Gesamtheit seines Werkes abstrahiert.

∑ Nutzanwendung

- Will man künstlerische Mittel für die gezielte Werteentwicklung nutzen, muss man sich nicht nur über die vom Kunstwerk transportierten genuss- und nutzenbezogenen, ethisch-moralischen und sozial-weltanschaulichen Werte klar sein. Der Werteentwickler sollte auch versuchen, die Gestaltungsmittel, mit denen Werte in Kunstwerken kommuniziert

werden, zu begreifen. Dabei muss er gewiss nicht zur Tiefe wissenschaftlicher Analysen vordringen. Aber er muss ein Gefühl für diese Mittel entwickeln. Nur dann kann er von den Entwicklungspartnern ähnliche Anstrengungen erwarten.
- Dazu muss er gemeinsam mit seinen Entwicklungspartnern gegen die Illusion angehen, dass man Kunstwerke schon mit dem „gewöhnlichen Menschenverstand" begreifen kann und begreifen können muss. Der emotionale Gehalt eines impressionistischen Bildes bleibt einem Betrachter verschlossen, der es im Grunde für eine – missratene – Fotografie von Landschaften oder Seerosen hält. Das Lebensgefühl, die oppositionelle Werteorientierung eines Claude Monet oder gar eines Paul Gauguin wird man nur begreifen, wenn man sich in deren Formenwelt einfühlen kann. Zusammen mit seinen Entwicklungspartnern sollte der Werteentwickler Kunst genießen, von der er Werteentwicklungen erwartet.
- Ein wichtiger Teil gezielter Werteentwicklung unter Einbeziehung von Kunst ist die Anregung für die Werteentwicklungspartner, eigene künstlerische Gestaltungsversuche anzustellen. Sie sollten dazu angeregt werden, eigene Texte, eigene Gedichte zu schreiben, man kann ihnen den Besuch eines Mal- und Zeichenzirkel oder eines Kurses für plastisches Gestalten nahelegen oder auch, einem Laienchor oder einem Laienorchester beizutreten. Man kann sie dazu ermuntern, in Museen und Galerien zu gehen oder wieder mal eine Opernaufführung, ein Konzert oder ein Ballett zu besuchen.

Gezielte Werteentwicklung mit spezifischen sprachlichen und anderen Kommunikationsmitteln

Die Beschäftigung mit der sprachlichen Wertekommunikation in Lyrik, Dramatik und Prosa führt zu einem wichtigen Nebeneffekt. Wir beginnen das eigene Sprechen auf wertende Bestandteile hin zu überprüfen. Aus dem Vier-Seiten-Kommunikationsmodell von Friedemann Schulz von Thun wissen wir, dass jede Nachricht unter vier Aspekten begriffen werden kann (Schulz von Thun 2008, S. 44 ff.). Sie kommuniziert einen Sachinhalt, sie lässt eine Selbstoffenbarung des Sprechers mitklingen, sie stellt eine Beziehung zwischen Sprecher und Hörer her und sie transportiert einen Appell an den Hörer, in bestimmter Weise die Nachricht zu verstehen und zu handeln. Außer dem Sachinhalt – der aber auch zu Wertungszwecken ausgewählt sein oder bewusst als „Fake News" gestaltet sein kann – enthalten die anderen drei Aspekte immer Wertungsaspekte: Der Sprecher offenbart sich stets selbstbewertend, Beziehungen zwischen Menschen haben immer einen emotionalen Wertungsgehalt, Appelle werten immer, was gut zu tun und was besser zu unterlassen sei. Man kann sogar ein erlebnisorientiertes Spiel benutzen, das auf einem spezifischen Wertequadrat basiert und es ermöglicht, spielerisch Werte und Wertespannungen zu erkunden. So lassen sich in konfliktbehafteten Situationen Überlegungen zu Werten allgemein, zu Teamwerten, Unternehmenswerten, Entwicklungswerten und auch Wertespannungen einbringen (vgl. Ferrari 2014).

Einen Teil unserer Wertungen äußern wir in Wertungssätzen, in „Werturteilen": Dies oder jenes ist schön, genussreich, nützlich, gut, fortschrittlich. Aber es gibt im Rahmen der verbalen Kommunikation von Wertungen eine Vielzahl von weiteren Möglichkeiten. Wir können Wertungen mithilfe bestimmter Merkmale unseres Sprechverhaltens befördern. Unser Tonfall, das Sprechtempo und der Sprechrhythmus geben weit mehr als nur eine Information weiter. Wir dehnen die Sätze oder lassen sie in der Schwebe, wenn wir die Fragwürdigkeit eines Sachverhalts andeuten wollen. Wir sprechen im Befehlston, um unseren unbedingten Wunsch darzutun, dass unsere Vorstellungen befolgt werden. Unangenehmes berichten wir schnell, ja hastig, Angenehmes in behäbiger Breite. In begrenztem Maß haben wir auch die Möglichkeit, solches Sprechverhalten schriftlich, durch geeignete Wortwahl, durch Satzzeichen, manchmal sogar durch Intonationszeichen festzuhalten.

Die Wahl bestimmter emotional-expressiver Charakteristika der Sprache ermöglicht uns weitere Formen der Wertungskommunikation. Im einfachsten Falle können Ausrufe – „Oh", „Ah", „Ach", „Ach nein", „Nie", „Verdammt", „Oh Gott" usw. – viel über unsere Wertung eines berichteten Sachverhalts ausdrücken. Aber auch sonst ist, in Briefen, Gesprächen, Kunstwerken die emotionale Wertung durch den oder die Sprechenden aufgrund der „Tonlage" sehr genau auszumachen.

Schließlich gibt es eine Fülle von wertenden Gestaltungsmitteln der Wortsprache. Von diesen sind die Werturteile eben nur ein kleiner Teil. Auch die einen bestimmten Sachverhalt beschreibenden Wertungswörter – schön, formvollendet, wohlgestaltet, geschmackvoll, prächtig, schmuck, hübsch, reizend; oder: genussreich, wohlschmeckend, herrlich duftend, harmonisch klingend, farbenprächtig; oder: nützlich, brauchbar, praktisch, vielseitig verwendbar; oder: moralisch edel, hilfreich, gut, wertvoll, nobel, vornehm, hochherzig, großmütig, ritterlich, selbstlos, altruistisch; oder: sozial stimmig, optimistisch, fortschrittlich, progressiv, zukunftsorientiert, revolutionär – und andere solche Ausdrücke machen nur einen kleinen Teil der verbalen Wertungskommunikation aus. Eine weitere

Möglichkeit ist die Verwendung von Worten, deren Bedeutungen selbst schon historisch gewonnene Erfahrungen enthalten, die in Wertungen fixiert und auf sprachliche Ausdrücke „übergegangen" sind. Es sind solche Worte, die uns nie kalt lassen, beispielsweise: „Freiheit", „Gleichheit", „Brüderlichkeit" oder „Faschismus", „Mord", „Greuel" … Manche solcher Wörter haben für nahezu alle Menschen ein ähnliches Wertegewicht, etwa: „Lüge", „Untat", „Feigheit"; andere sind für Menschen unterschiedlicher politischer Standpunkte mit sehr unterschiedlichen Wertungen verknüpft, etwa: „Konservatismus", „Neo-Liberalismus", „Kommunismus", „Rechts", „Links". Eine Möglichkeit, Wertungen sprachlich zu kommunizieren, ist auch das Anhängen von Vor- oder Nachsilben, welche Worte wertend verändern, zum Beispiel: „unmenschlich", „Geschreibe", „Singerei", „Handwerkelei", „Dichterling", „weibisch". Mit der Fülle stilistischer Mittel wie Ironie, Satire, Metapher, Anspielung, Gleichnis, Unter- und Übertreibung lassen sich wertende Haltungen ebenso zum Ausdruck bringen wie mit der Verwendung grammatischer Formen, die eine Identifizierung oder Distanzierung gegenüber dem Sachverhalt deutlich machen: unsere Menschen – jene Menschen (also durch Pronomen); er ist ehrlich – er behauptet, dass er ehrlich sei (also durch den Modus). Schließlich können Wertungen mithilfe der Anreicherung des Kontextes durch wertende Synonyme kommuniziert werden (Boot – Äppelkahn), durch Erweiterung von Satzteilen mit wertenden Attributen (es war eine kurze Begegnung – es war eine kurze, aber unheilvolle Begegnung) sowie durch weitere wertende Bestimmungen und Ergänzungen und letztlich durch Hereinnahme größerer geschlossener Kontexte und Textformen, deren Wertungscharakter bereits erprobt wurde oder gerade erprobt werden soll (Erpenbeck 2018, S. 118–122).

Alle solche Wertungskommunikationsmittel finden in Kunstformen vielfältige Verwendung. Sie sind aber keineswegs auf die künstlerische Kommunikation beschränkt. Die sprachlichen Wertungskommunikationsmittel sind für die Alltagssprache genauso bedeutsam, wie für die literarische Sprache.

Zudem werden, um Wertungen zu kommunizieren, verschiedenste nichtverbale Ausdrucksformen eingesetzt, die auch in künstlerischen Darstellungen eine große Rolle spielen. So benutzt man im Schauspiel Mittel des Körperausdrucks wie Mimik, Gestik, Körperberührung, um Sympathien oder Antipathien, Hochschätzung oder Gleichgültigkeit zu offenbaren. Eine weitere nichtverbale Möglichkeit ist die Verwendung symbolhaft wertungstragender Gegenstände oder wertungskommunizierender gegenständlicher Zeremonien. Kleidung, Haartracht, Kosmetik haben ja nicht in erster Linie praktische oder gesundheitspflegerische Aufgaben. Der Blumenstrauß, den wir schenken, Fahnen oder Bilder, die auf Parteitagen und manchen Bildern prangen, Krone und Zepter, die bei der Inthronisation dem neuen König übergeben werden, sind ebenfalls symbolhaft wertungstragende Gegenstände. Hinzu kommt die Inszenierung räumlicher oder zeitlicher Wertungssymbole. Die erhöhte Tribüne, die große Distanz zwischen Redenden und Zuhörenden, der zentrale Ort eines Redners. Wer zuerst, wer zuletzt begrüßt wird, welche Begegnung zuerst, welche danach stattfindet, im Grunde jede zeitliche protokollarische Festlegung dient dem Ausdruck von politischer Wertschätzung viel mehr als dem Ziel eines reibungslosen Ablaufs.

Die Wertung der Wertungskommunikationsmittel, die ästhetische Wertung, ist also kein Selbstzweck. Sie gestattet vielmehr diesen Mitteln, sind sie erst einmal interiorisiert, immer neue – genuss- oder nutzensbezogene, ethisch-moralische, sozial-weltanschauliche und andere Wertungen gleichsam zu „unterschieben" und damit besser zu kommunizieren! Vielleicht ist dies gerade die entscheidende Funktion ästhetischer Wertungen: einen völlig neuen Freiheitsgrad menschlicher Wertungskommunikation zu erlauben. Denn damit wird es möglich, Wertungen zu interiorisieren und zu kommunizieren, die man sich aufgrund realer oder fiktiver Entscheidungssituationen allein vielleicht nicht aneignen würde.

$\sum$ Nutzanwendung

- Gezielte Werteentwicklung geschieht ganz überwiegend mithilfe und vor dem Hintergrund von Sprache. Der Werteentwickler muss deshalb sich und den Teilnehmern gezielter Werteentwicklungsprozesse klar machen, dass beinahe alles, was gesprochen wird, auch einen Wertungsgehalt trägt. Sehr einfach ist das zu bewerkstelligen, indem man mit ihnen ein etwa zehnminütiges Gespräch über eine anstehende Problem- oder Entscheidungssituation führt und dabei jeden auffordert, immer dann, wenn das Gesprochene Wertungscharakter hat, ein Kreuz auf ein vor ihm liegendes Papier zu zeichnen. Die Anzahl der Kreuze wird zum Schluss verglichen. Regelmäßig sind die Teilnehmer verwundert, wie viel Wertendes in einer so kurzen Zeitspanne kommuniziert wurde.
- Eine solche Übung macht zugleich klar, dass Wertungen, Werte nicht etwas vom alltäglichen Leben Abgehobenes, für Sonntagsreden zu Bewahrendes sind, sondern jeden Alltag und jedes Gespräch im Arbeitszusammenhang durchdringen. Dass es rein faktisches Reden kaum gibt, auch wenn das behauptet wird (vgl. Arnold 2018). Fakten, Fakten, Fakten! ist selbst eine Werthaltung, mit der suggeriert werden soll: „Wir halten uns im Gegensatz zu unseren Wettbewerbern strikt an die Fakten".

- Man kann zusammen mit den Werteentwicklungspartnern einerseits künstlerische Texte, andererseits Werbungstexte und politische Verlautbarungstexte analysieren und versuchen, die darin eingesetzten Wertungskommunikationsmittel, insbesondere ästhetische Mittel, herauszufinden.
- Nehmen Sie als Werteentwickler einen fast beliebigen Gegenstand – beispielsweise einen Turnschuh – und lassen Sie dazu in vier Gruppen kurze Features schreiben, die den Genussaspekt (Bequemlichkeit), den Nutzenaspekt (hoher Gebrauchswert), den ethisch-moralischen Aspekt (Gleichheit vom Minister bis zum sozialen Nichts) und den sozial-weltanschaulichen Aspekt (Turnschuhgeneration) hervorheben.
- Betrachten Sie zusammen mit Ihren Werteentwicklungspartnern das Video einer Zeremonie, etwa der amerikanischen Präsidenteneinführung. Ermitteln Sie dann die unterschiedlich eingesetzten ästhetischen Wertungskommunikationsmittel und ordnen sie die von ihnen getragenen Wertungen den Grundwertungen zu: dem Genuss (der begeisternde Schauwert), dem Nutzen (etwa der weltweiten Sichtbarkeit der Wahl), dem ethisch-moralischen (die Gleichheit und das Streben nach Glück[14]) und dem sozial-weltanschaulichen (die Gerechtigkeit, die Ruhe im Inneren, die Landesverteidigung, das allgemeine Wohl und das Glück der Freiheit[15]) – unabhängig davon, ob Sie selbst diese Zuordnung für gerechtfertigt halten.

Kunst erweist sich also nicht nur als ein durch die Jahrtausende wichtiges werteentwickelndes und wertekommunizierendes Organ der Gesellschaft, sie lässt sich auch für die gezielte Werteentwicklung hervorragend einsetzen und ist in Bezug auf Werte, die durch die vorgefundene Realität nicht gedeckt werden können, etwa historische Werte oder Werte anderer, fremder Kulturen, unersetzlich (vgl. Wagner und Brater 2011).

---

[14]Unabhängigkeitserklärung der USA: We hold these truths to be self-evident, that all men are created equal, that they are endowed, by their Creator, with certain unalienable Rights, that among these are Life, Liberty, and the Pursuit of Happiness.

[15]Präambel der Verfassung der USA: We the People of the United States, in Order to form a more perfect Union, establish Justice, insure domestic Tranquility, provide for the common defence, promote the general Welfare, and secure the Blessings of Liberty to ourselves and our Posterity, do ordain and establish this Constitution for the United States of America.

Zusammenfassung

Was sind Werte?
Werte sind Ordner, welche die individuell-psychische und sozial-kooperativ-kommunikative menschliche Selbstorganisation bestimmen oder zumindest stark beeinflussen. Jedes absichtsvolle menschliche Handeln ist wertegegründet. Ohne Werte gibt es keine Kompetenzen, also keine Fähigkeiten zu selbstorganisiertem, kreativem Handeln. Deshalb gibt es kein kompetentes Handeln ohne Werte – Werte konstituieren kompetentes Handeln.

Werte sind somit Kompetenzkerne, aber nur, wenn sie durch Erfahrungen in Form eigener Emotionen und Motivationen verinnerlicht werden.

Warum sind Werte so wichtig?
Unsere Welt wird immer unberechenbarer und die Unsicherheit sowie die Komplexität nehmen zu. Die immer wichtiger werdende Funktion der Werte besteht dabei darin, Handeln zu ermöglichen, auch wenn die Herausforderungen unbekannter Natur sind oder viele Informationen fehlen bzw. auch gar nicht existieren können, die für eine Entscheidung notwendig wären. Werte agieren dabei als Ordnungsparameter (Ordner) individuellen und sozialen Handelns in unsicheren Handlungsszenarien. Deshalb kommt den Werten und ihrer gezielten Entwicklung eine immer größere Bedeutung zu. Es gibt drei fundamentale Gründe für die Notwendigkeit von Wertungen.

- Viele Prozesse in Organisationen sind zunehmend selbstorganisiert. Deshalb werden Werte als Ordner der Selbstorganisation immer mehr benötigt.

- Werte ermöglichen unser Handeln, auch wenn wir nicht alle Informationen, die für eine fundierte Entscheidung notwendig wären, besitzen. Dies ist der Regelfall.
- Wir haben es ständig mit neuen, unvorhersehbaren Entwicklungen zu tun.

Was bewirken Werte?

„Gelebte" Werte sind Sympathieträger und Bindeglied zwischen Mitarbeitern, Führungskräften und Kunden. Werte wirken als „Ordner" der Selbstorganisation und bestimmen damit als Antrieb das menschliche Handeln. Als Teil der eigenen Emotionen und Motivationen sind sie Kernbestandteile von Kompetenzen, da der Aufbau der Fähigkeit, Problemstellungen in der Praxis selbstorganisiert zu lösen, nur erfolgen kann, wenn neben der Fertigkeits- und Wissensaneignung die Verinnerlichung der Werte systematisch ermöglicht und methodisch betrieben wird.

Welche Struktur weisen Werte auf?

Die *Wertestruktur* gibt an, was der Einzelne von den Wertenden, von den bewerteten Gegenständen, den Grundlagen und den Maßstäben des Wertens wissen muss, wo Werte auf Faktenwissen und wissenschaftlichen Erkenntnissen aufbauen und wo darüber hinausgehend Erfahrungen, Vermutungen, Überzeugungen, Glauben und Aberglauben einfließen. Sie zeigt, was das Objekt, z. B. ein Gegenstand, sowie das Subjekt, z. B. ein Mensch, der Wertung ist, welcher Maßstab an die Wertung gelegt wird und welche Grundlage die Wertung, z. B. Fakten, aufweist (Wertekleeblatt).

Welche Werte sind passend?

Werte sind nicht wahr oder falsch. Werte sind adäquat, wenn sie es gestatten, Wertungsobjekte gemäß eigenen oder angeeigneten Wertungsgrundlagen selbstständig zu vergleichen, sie entsprechend den eigenen Wertungsmaßstäben – etwa in Entscheidungsprozessen – auszuwählen und praktisch zu nutzen. Das bessere Kleeblatt zählt.

Dabei verschiebt sich der Wertehorizont laufend *von der Vergangenheit in die Zukunft*. Zukunftsprognosen werden immer weniger aus den Erfahrungen der Vergangenheit ableitbar, Zukunft wird aufgrund der sich enorm beschleunigenden politisch-sozialen wie wissenschaftlich-technischen Prozesse zunehmend als offen und unvorhersehbar angesehen.

Wie kann die gezielte Wertentwicklung vorbereitet werden?
Sie sollten vorab klären:

- *In welchem Bereich* wollen Sie Werte gezielt entwickeln: In Arbeit, Unternehmen, Organisation oder Freizeit; in Bezug auf bestimmte Projekte; im Arbeitsprozess, etwa des sozialen Umfelds; in Bezug auf Therapien…?
- *Mit welchem Ziel* wollen Sie Werte gezielt entwickeln: Geht es um die Erhöhung Ihrer Kompetenzen, um die Steigerung Ihrer Akzeptanz oder sogar um die Klärung persönlicher Probleme…?
- *Mit wem wollen Sie Ihre Werte entwickeln:* Wollen Sie Ihre Werte alleine entwickeln, mit Coaching und Mentoring, gezielt in Gruppen und Teams, etwa mit Gruppencoaching oder Gruppentrainings…?
- *Auf welche Werte* wollen Sie sich konzentrieren: Die vier Basiswerte, die sechzehn Werte des Wertemodells oder weitere Einzelwerte bzw. Wertekomplexe…?
- *Wie soll die Werteentwicklung erfolgen,* sollen Praxis, Coaching, Mentoring, Training sowie Weiterbildungsmaßnahmen einbezogen werden?

Werteinteriorisation – wie können Werte verinnerlicht werden?
Werte können nur selbst handelnd, selbstorganisiert angeeignet werden. Eben dieser emotional-motivationale Aneignungsprozess wird psychologisch als Interiorisation (oft auch als Internalisation) bezeichnet. Voraussetzung dafür ist die emotionale Labilisierung, im emotionalen Sinn das Erleben und Bewältigen von Dissonanzen. Dabei werden Zweifel, Widersprüchlichkeit oder Verwirrung aufgelöst; es entstehen neue Lösungsmuster. Emotionale Labilisierung basiert immer auf kognitiven Konflikten, die durch die Wahrnehmung von Veränderungen oder zunächst unlösbaren, widersprüchlichen Problemlagen hervorgerufen werden. Dabei werden gesellschaftlich akzeptierte, insbesondere Gesellschaft organisierende Werte im Denken und Fühlen von Menschen so verankert, dass sie in echten Problem- und Entscheidungssituationen verlässlich und wirksam zum Tragen kommen. Denn nicht interiorisierte Werte sind wirkungslos und damit ziemlich wertlos.

Wie können Werte von Persönlichkeiten gezielt entwickelt werden?
Werteerziehung durch „Belehrung" bewirkt keine Einstellungs- und Verhaltensänderung. Wir vermeiden diesen Begriff, weil damit zumeist nur Änderungen in Bezug auf das Wissen im engeren Sinn angestoßen wird.

Zuweilen verbessert sich die Haltung zu ihrer Institution, aber nicht die Sicherheit im Umgang mit werterelevanten Entscheidungen.

Voraussetzung für die gezielte Werteentwicklung von Persönlichkeiten ist eine professionelle Werteerfassung, auf deren Basis die Persönlichkeiten ihre individuellen Werteziele definieren. Es hat sich bewährt, sich dabei mit einem professionellen Werteberater auszutauschen. Sollte dies nicht möglich sein, bietet sich die Reflexion mit einem Entwicklungspartner, z. B. einem Kollegen des Vertrauens, an.

Die gezielte Werteentwicklung kann nur über widersprüchliche, emotional anrührende, „labilisierende" Situationen erfolgen. Das können alltägliche, aber auch massive Konflikte, Transferaufgaben, Forschungsaufträge, Praxisprojekte und andere Herausforderungen im Alltag wie am Arbeitsplatz sein. Deshalb ist es so wichtig, dem Handeln, der Praxis den höchsten Stellenwert bei der Entwicklung von Werten zuzuschreiben. Wo keine emotionale Berührung, keine emotionale „Labilisierung" stattfindet, entwickeln sich keine Werte.

Nicht immer kann man Praxissituationen finden, die Werteentwicklung ermöglichen. Doch sichern häufig auch Methoden des Coachings oder des Trainings in realitätsgleichen Herausforderungen die notwendige emotionale Berührung und Labilisierung. Dabei ist nicht die Wissensweitergabe die Aufgabe des Coaches, sondern die Vermittlung einer positiven, kreativen Einstellung zu diesem Wissen. Trainings, die es schaffen, nicht nur die Wissensreproduktion anzuregen, sondern auch die emotionale Durchdringung des Wissens und Handelns, befördern die Werteentwicklung. Praxis – Coaching – Training – Workshop – Unterrichtsstunde, in dieser abnehmenden Reihenfolge werden Maßnahmen zur Werteentwicklung wirksam.

Dabei gestatten nur solche Medien die Aneignung von Werten, die echte Entscheidungssituationen setzen und damit Dissonanz und Labilisierung erzeugen. Auch mit Social Software wird die Bearbeitung offener Entscheidungsprobleme in sozial kontroversen, Dissonanzen und Labilisierungen setzenden Kommunikationsformen ermöglicht.

Grundsätzlich sind alle Methoden, die wir in diesem Werk vorgestellt haben, für die gezielte Werteentwicklung von Persönlichkeiten geeignet. Es zeigt sich jedoch in der Praxis, dass die einzelnen Methoden in Hinblick auf die jeweiligen Werte unterschiedlich wirksam sind. Deshalb geben wir Ihnen in der folgenden Tabelle mit den zusammengefassten Definitionen der Wertearten und der einzelnen Werte Hinweise auf Methoden, die wir jeweils für besonders geeignet halten. Dies bedeutet jedoch nicht, das andere Methoden nicht auch für die gezielte Entwicklung der Werte von Persönlichkeiten sinnvoll eingesetzt werden können.

Zusammenfassung

Wertearten und Werte	Definition	Entwicklungsmöglichkeiten
Genusswerte	Genusswertungen werden in der Literatur oft als hedonistische Wertungen bezeichnet. Sie rücken leibliche und geistige Genüsse in den Mittelpunkt. Letztlich kann fast alles zum Genuss werden, sinnliche Genüsse ebenso wie ästhetisch-intellektuelle Genusswertungen. Diese sind handlungsleitende Ordner, die den Wertenden dazu bringen, Handlungen zu bevorzugen, die ihm – physischen oder geistigen – Genuss verschaffen. Dabei kann es sich um das Genießen von Essen oder Kunst, aber auch von physischer Anspannung und Herausforderung handeln, es kann sich auf die Freude am Denken aber auch auf den Genuss freundschaftlicher oder anerkennender sozialer Kontakte bis hin zum „Bad in der Menge" beziehen.	Grundsätzlich sind folgend Methoden für den Aufbau von Genusswerten geeignet: • Bearbeitung von Herausforderungen im Prozess der Arbeit oder in Praxisprojekten, aber auch im privaten Umfeld, die dem Mitarbeiter physischen oder geistigen Genuss, ermöglichen können • Begleitung dieser Prozesse durch Coaching und Mentoring • Bildung von Entwicklungspartnerschaften • Anwendung von agilen Entwicklungsmethoden im Team • Förderung des Austauschs im Team • Trainings- und Weiterbildungsmaßnahmen, die es den Persönlichkeiten ermöglichen, ihren angestrebten Genuss zu erreichen

Genusswerte	Definition	Entwicklungsmöglichkeiten
Kreativität	Mitarbeiter mit einer ausgeprägten Kreativität ist es wichtig, ihre eigene Kreativität, Fantasie oder künstlerisches Interesse weiterentwickeln zu können. Sie beschäftigen sich gerne mit kreativen Herausforderungen, z. B. im kulturellen Bereich, und bringen eigene kreative Ideen in ihren Arbeitsbereich ein. Sie sammeln gezielt kreative Erfahrungen in der Organisation, aber auch außerhalb, z. B. im interkulturellen Bereich, und nutzen aktiv kreative Entwicklungsräume, auch im Netz.	Für die Entwicklung Ihres Wertes Kreativität bieten sich vor allem folgende Formen an: • Bearbeitung kreativer Aufgaben im Rahmen von Praxisprojekten mit Coaching und Mentoring → 1.5, 2.1, 2.2 • Übernahme kreativer Aufgaben in einem neuen Handlungsbereich (Job Rotation) → 1.5.7 • Vereinbarung kreativer Entwicklungspartnerschaften mit Entwicklungspartnern (KOPING) → 1.6 • Teambezogene Entwicklung kreativer Lösungen mit Design Thinking → 1.9.2 • Identifizierung kreativer Ansätze in Barcamps und Webcamps → 1.9.7 • Austausch und gemeinsame Weiterentwicklung von Ideen im Rahmen von Wissensmärkten → 1.9.8 • Austausch von Ideen und Entwicklungen mit Working Out Loud → 1.9.9 • Bearbeitung von künstlerischen Herausforderungen → 4.6

Genusswerte	Definition	Entwicklungsmöglichkeiten
Gesundheit	Menschen mit einem ausgeprägten Wert Gesundheit wollen das Leben in vollen Zügen genießen. Dieser Wert wirkt vor allem als Antrieb für Aktivitätskompetenzen. Dies kann beim Sport oder beim Tanzen, beim Ausgehen oder Reisen, beim Kochen und Essen oder beim Feiern sein, Hauptsache es macht Spaß. Diesen Menschen ist es wichtig, sich körperlich oder geistig zu verausgaben. Fitness ist für sie ein hohes Gut. Sie genießen es, wenn sie ihre Aktivität voll einsetzen können. Dabei besitzen sie einen hohen Willen, Widerstände und Schwächen zu überwinden und aus Wettbewerben erfolgreich hervorzugehen. Besonders genießen sie es, wenn sie auch Mitmenschen durch ihre Aktivitäten mitreißen können. Sie genießen körperliche Anerkennung und sogar Bewunderung. Manchmal führt das auch zur Überforderungen von ihnen oder anderen.	Für die Entwicklung Ihres Wertes Gesundheit bieten sich vor allem folgende Formen an: • Bearbeitung gesundheitsfördernder Aufgaben im Rahmen von Praxisprojekten mit Coaching und Mentoring → 1.5, 3.6 • Austausch von Ideen und Entwicklungen mit Working Out Loud → 1.9.9 • Gezielte Werteentwicklung im Outdoortraining, Hochseilgarten und beim Führen von Pferden → 3.6 • Werteentwicklung nach dem Zürcher Ressourcen Modell® → 3.8 • Werteentwicklung mit Nudging → 4.5.6
Bildung	Menschen mit einem ausgeprägten Wert Bildung ist es wichtig, die Freude am eigenen Erkennen und Verstehen zu vertiefen, z. B. beim Lesen und Besprechen von Literatur, Filmen oder Fachpublikationen und Lernmedien, bei Informations- und Bildungsveranstaltungen sowie bei Diskussionen und fachlichem Austausch, beim Nachdenken über eigene und fremde Erfahrungen, beim Studium oder bei der Aufbereitung von eigenem Erfahrungswissen. Dieser Wert wirkt vor allem als Antrieb für fachlich-methodische Kompetenzen. Diesen Menschen sind darauf aus, Erlebnisse zu haben und Erfahrungen zu gewinnen, die ihren Wissenshorizont erweitern. Sie streben an, stets auf dem neuesten Wissensstand ihres Arbeitsgebietes zu sein. Die daraus resultierende Überlegenheit bereitet ihr Genugtuung. Mit Freude lösen sie komplizierte Probleme, sei es im Alltag sei es in Wissenschaften. Sie knobeln gern an Problemen und kosten den Spaß dabei voll aus. Dabei sind sie bemüht, nicht an toten Fakten kleben zu bleiben, sondern alles in Gesamtzusammenhängen und mit den eigenen Erfahrungen zur Deckung zu bringen. Manchmal führt sie die Freude am Wissen und an Fakten jedoch auch zu einem Perfektionismus, der die eigene Handlungsfähigkeit eingeschränkt.	Für die Entwicklung Ihres Wertes Bildung bieten sich vor allem folgende Formen an: • Bearbeitung von Aufgaben, die Ihnen ermöglichen, sich selbst zu Erkennen und zu Verstehen, mit Coaching und Mentoring → 1.5, 2.1, 2.2 • Übernahme von Aufgaben, die Ihren Horizont erweitern, in einem neuen Handlungsbereich (Job Rotation) → 1.5.7 • Vereinbarung bildungsorientierter Entwicklungspartnerschaften mit Entwicklungspartnern (KOPING) → 1.6 • Austausch und gemeinsame Weiterentwicklung von Wissen im Rahmen von Wissensmärkten → 1.9.8 • Austausch von Wissen mit Working Out Loud → 1.9.9 • Nudging → 4.5.6 • Kunst als Instrument der Werteentwicklung: 4.6.5–4.6.8

Zusammenfassung

Genusswerte	Definition	Entwicklungsmöglichkeiten
Beziehungen	Menschen mit einem ausgeprägten Wert Beziehungen ist es wichtig, gute Mitmenschen zu haben, die sie anerkennen, akzeptieren und mit denen sie sich wohlfühlen, z. B. beim Austausch und Treffen mit Freunden und der laufenden Weiterentwicklung der Freundschaft, beim gemeinsamen Spaß, wie sportlichen oder kulturellen Aktivitäten, oder beim Feiern mit Kollegen, bei der Aktivierung guter Gefühle und Empfindungen ihnen gegenüber, beim Ausleben eigener Emotionen in einer Beziehung, bei der Sexualität oder in der Familie. Dieser Wert wirkt vor allem als Antrieb für sozial-kommunikative Kompetenzen. Diese Menschen empfindet Glücksgefühle beim aktiven Zusammenwirken mit anderen Menschen mit unterschiedlichsten Charakteren und genießen es, geachtet und beliebt zu sein. Sie setzen sich gerne solidarisch und hilfsbereit für andere ein und wirken vermittelnd und taktvoll bei Konflikten. Es fällt ihnen leicht, emotionale Beziehungen zu anderen aufzubauen. Sie genießen mit Ihnen gemeinsame Erfolge und sind in der Lage, Niederlagen gut zu verschmerzen. Es gelingt ihnen immer wieder, echte Freunde zu gewinnen. Zuweilen gehen sie allerdings harten Konflikten mit anderen vorsichtig aus dem Weg.	Für die Entwicklung Ihres Wertes Beziehungen bieten sich vor allem folgende Formen an: • Gezielte Werteentwicklung im Netz → 1.3 • Bearbeitung von Aufgaben, die Teamarbeit und gute Beziehungen erfordern, mit Coaching und Mentoring → 1.5, 2.1, 2.2 • Übernahme von sozialen Aufgaben in einem neuen Handlungsbereich (Job Rotation) → 1.5.7 • Vereinbarung teambezogener Entwicklungspartnerschaften mit Entwicklungspartnern (KOPING) → 1.6 • Kollegiale Beratung und Communities of Practice → 1.7 • Agile Arbeitsmethoden im Team → 1.9 • Austausch und gemeinsame Erfahrungen im Rahmen von Wissensmärkten → 1.9.8 • Austausch von Erfahrungen mit Working Out Loud → 1.9.9 • Gezielte Werteentwicklung im Outdoortraining oder Hochseilgarten → 3.6 • Nudging → 4.5.6
Nutzenwerte	Nutzenwertungen werden in der Literatur oft als utilitaristische Wertungen bezeichnet. Sie beziehen sich auf alles, was irgendwie zu benützen, irgendwie nützlich ist. Obwohl wirtschaftliche Überlegungen am meisten zum Verständnis beigesteuert haben, greift der Begriff doch wesentlich weiter. Der Nutzen stellt den Kern vieler ökonomischer Theorien und somit des wirtschaftlichen Handelns dar und ist deshalb eines der zentralen ökonomischen Konstrukte. Nutzenwertungen sind handlungsleitende Ordner, die Menschen Handlungen bevorzugen lassen, die ihnen Nutzen im weitesten Sinne versprechen. Dabei kann es sich um ökonomischen Nutzen, um den Nutzen, den ein Erfinder aus seinem fachlichen und methodischen Wissen zieht oder um den Nutzen, der aus einer Organisation oder einem Beziehungsgeflecht zu ziehen ist, handeln.	Grundsätzlich sind folgende Methoden für den Aufbau von Nutzenwerten geeignet: • Bearbeitung von Herausforderungen im Prozess der Arbeit oder in Praxisprojekten, aber auch im privaten Umfeld, die Ihnen einen spürbaren Nutzen bringen können • Begleitung dieser Prozesse durch Coaching und Mentoring • Bildung von Entwicklungspartnerschaften • Anwendung von agilen Entwicklungsmethoden im Team • Förderung des Austauschs im Team • Trainings- und Weiterbildungsmaßnahmen, die den Persönlichkeiten einen konkreten, angestrebten Nutzen bringen

Zusammenfassung

Nutzenwerte	Definitionen	Entwicklungsmöglichkeiten
Sicherheit	Menschen mit einem ausgeprägten Werte Sicherheit ist es wichtig, ihren Lebensstandard zu sichern, die eigenen Erfolge über ihr Einkommen und ihre finanzielle Absicherung anerkannt zu bekommen und in relativ sicheren beruflichen und privaten Perspektiven zu leben. Dieser Wert wirkt vor allem als Antrieb für personale Kompetenzen. Diese Menschen wollen stets hinreichend informiert sein und streben an, von anderen unabhängig zu sein. Gleichzeitig bauen sie ein verlässliches Netzwerk an beruflichen und persönlichen Kontakten auf.	Für die Entwicklung Ihres Wertes Sicherheit bieten sich vor allem folgende Formen an: • Gezielte Werteentwicklung im Netz → 1.3 • Bearbeitung von Aufgaben, die zu Ihrem Einkommen beitragen oder ihnen sichere berufliche Perspektiven bieten, mit Coaching und Mentoring → 1.5, 2.1, 2.2 • Vereinbarung von Entwicklungspartnerschaften mit Entwicklungspartnern (KOPING) → 1.6 • Kollegiale Beratung und Communities of Practice → 1.7 • Agile Arbeitsmethoden im Team → 1.9 • Aktive Nutzung von Coaching und Mentoring → 2 • Realitätsgleiche Werteentwicklung in Trainingsunternehmen und Übungsfirmen → 3.4 • Realitätsnahe Bewerbungs-, Präsentations- und Konfliktbewältigungstrainings → 3.5 • Moderne handlungs- und verhaltenspsychologische Methoden → 4.5
Lebensstandard	Menschen mit einem ausgeprägten Wert Lebensstandard ist es wichtig, einen hohen Wohlstand zu erreichen, der sich in ihrer bisherigen Karriere und ihren weiteren Entwicklungsmöglichkeiten zeigt, der ihnen die Selbstverwirklichung in aktuellen oder neuen Aufgaben und Projekten ermöglicht, sich aber auch im Einkommen und Vermögen oder in einer gesundheitsbewussten Lebensweise niederschlägt. Dieser Wert wirkt vor allem als Antrieb für Aktivitätskompetenzen.	Für die Entwicklung Ihres Wertes Lebensstandard bieten sich vor allem folgende Formen an: • Bearbeitung von Aufgaben, die zum Lebensstandard beitragen, mit Coaching und Mentoring → 1.5, 2.1, 2.2 • Vereinbarung von Entwicklungspartnerschaften mit Entwicklungspartnern (KOPING) → 1.6 • Kollegiale Beratung und Communities of Practice → 1.7 • Agile Arbeitsmethoden im Team → 1.9 • Aktive Nutzung von Coaching und Mentoring → 2 • Realitätsgleiche Werteentwicklung in Trainingsunternehmen und Übungsfirmen → 3.4 • Realitätsnahe Bewerbungs-, Präsentations- und Konfliktbewältigungstrainings → 3.5

Zusammenfassung

Nutzenwerte	Definitionen	Entwicklungsmöglichkeiten
Belohnung	Menschen mit einem ausgeprägten Wert Belohnung ist es wichtig, ihr Wissen und Können nutzbringend zu verwenden. Diese Menschen wollen eigene Ideen, Pläne oder Projekte erfolgreich umsetzen, bauen vor allem ihre fachlich-methodischen Kompetenzen im Prozess der Arbeit auf, wollen sich beruflich entwickeln, um aktuelle Herausforderungen zu bewältigen, suchen in der Arbeit Anerkennung und Lob, bringen ihr Erfahrungswissen in das Wissensmanagement ihrer Organisation, aber auch in Fachpublikationen ein.	Für die Entwicklung Ihres Wertes Belohnung bieten sich vor allem folgende Formen an: • Bearbeitung von Aufgaben, in denen Sie Ihre eigenen Ideen und Pläne umsetzen können und die Belohnungen versprechen, mit Coaching und Mentoring → 1.5, 2.1, 2.2 • Vereinbarung von Entwicklungspartnerschaften mit Entwicklungspartnern (KOPING) → 1.6 • Kollegiale Beratung und Communities of Practice → 1.7 • Agile Arbeitsmethoden im Team → 1.9 • Aktive Nutzung von Coaching und Mentoring → 2 • Realitätsgleiche Werteentwicklung in Trainingsunternehmen und Übungsfirmen → 3.4 • Realitätsähnliche Werteentwicklung durch Outdoortraining, im Hochseilgarten und beim Führen von Pferden → 3.6 • Realitätsähnliche Wertentwicklung durch Seitenwechsel® → 3.7 • Gezielte Werteentwicklung mit Kunst → 4.6
Gemeinnutz	Menschen mit einem ausgeprägten Wert Gemeinnutz ist es wichtig, dass ihr Handeln auch anderen nützt. Dieser Wert wirkt vor allem als Antrieb für sozial-kommunikative Kompetenzen. Diese Menschen wollen die berufliche Entwicklung von Kollegen und Mitarbeitern ermöglichen und begleiten, sich aktiv und konstruktiv in private und berufliche Netzwerke einbringen, kreative Lösungen in ihrer Organisation mit herbeiführen, die Öffentlichkeitsarbeit ihrer Organisation aktiv fördern sowie ehrlich und verlässlich den Erfahrungsaustausch, z. B. in Communities of Practice, vorantreiben.	Für die Entwicklung Ihres Wertes Gemeinnutz bieten sich vor allem folgende Formen an: • Bearbeitung von Praxisprojekten, die die berufliche Entwicklung von Kollegen und Mitarbeitern ermöglichen und begleiten, mit Coaching und Mentoring → 1.5, 2.1, 2.2 • Vereinbarung von Entwicklungspartnerschaften mit Entwicklungspartnern (KOPING) → 1.6 • Kollegiale Beratung und Communities of Practice → 1.7 • Agile Arbeitsmethoden im Team → 1.9 • Aktive Nutzung von Coaching und Mentoring → 2 • Realitätsgleiche Werteentwicklung in Trainingsunternehmen und Übungsfirmen → 3.4 • Realitätsähnliche Wertentwicklung durch Seitenwechsel® → 3.7

Nutzenwerte	Definitionen	Entwicklungsmöglichkeiten
Ethisch-moralische Werte	Ethisch-moralische Wertungen sind grundsätzlich auf einzelne Menschen gerichtet. Sie weisen eine Homogenisierungstendenz auf, d. h. sie gelten tendenziell für alle konkreten Individuen gleichermaßen, welchen sozialen Stufen sie ansonsten auch zugehörig sind, sie folgen damit dem Aspekt der Gleichheit. Sie weisen zudem eine so zu nennende Verewigungstendenz auf: Sie gelten scheinbar über viele Stadien sozialer Veränderungen und politischer Umbrüche hinweg, werden von diesen eher modifiziert als außer Kraft gesetzt. Diese Wertungen bauen auf ein eigenes Arsenal von hoch und manchmal unzulässig verallgemeinerten Begriffen auf: Gutes, Pflicht, Gewissen, Ehre, Glück usw. Ethisch-moralische Wertungen sind handlungsleitende Ordner, die den Personen Handlungen nahe legen, die das Wohl vieler oder aller Menschen ohne Ansehen der Person zum Handlungsanliegen machen. Dabei kann es sich um ethisch hoch stehende und als solche akzeptierte Personen handeln oder um ihr Wirken, ethische Grundsätze auch aktiv und praktisch durchzusetzen.	Grundsätzlich sind folgend Methoden für den Aufbau von ethisch-moralischen Werten geeignet: • Bearbeitung von Herausforderungen im Prozess der Arbeit oder in Praxisprojekten, aber auch im privaten Umfeld, die das Wohl vieler oder aller Menschen ohne Ansehen der Person zum Ziel haben • Begleitung dieser Prozesse durch Coaching und Mentoring • Bildung von Entwicklungspartnerschaften • Anwendung von agilen Entwicklungsmethoden im Team • Förderung des Austauschs im Team • Trainings- und Weiterbildungsmaßnahmen, in denen ethisch-moralische Grundsätze der Persönlichkeiten verwirklicht werden können
Ethisch-moralische Werte	**Definitionen**	**Entwicklungsmöglichkeiten**
Familie	Menschen mit einem ausgeprägten Wert Familie wollen ein gutes Familienleben führen. Dieser Wert wirkt vor allem als Antrieb für personale Kompetenzen. Diesen Menschen ist es wichtig, ein gutes Familienleben mit gegenseitiger Akzeptanz und Gerechtigkeit zu führen. Sie beachten und schätzen das Familienleben ihrer Freunde und Kollegen. Sie akzeptieren und unterstützen bei Bedarf andere Beziehungen und Partnerschaften. Sie schöpfen Stabilität und Orientierung aus einem stabilen Familienleben, das sie mit Offenheit, Direktheit, Fairness und Toleranz gestalten. Sie sehen ihre Familie als Team.	Für die Entwicklung Ihres Wertes Familie bieten sich vor allem folgende Formen an: • Bearbeitung von Aufgaben, die ein positives Familienleben ermöglichen, mit Coaching und Mentoring → 1.5, 2.1, 2.2 • Vereinbarung von Entwicklungspartnerschaften mit Entwicklungspartnern (KOPING) → 1.6 • Kollegiale Beratung und Communities of Practice → 1.7 • Agile Arbeitsmethoden im Team → 1.9 • Aktive Nutzung von Coaching und Mentoring → 2 • Einsatz moderner handlungs- und verhaltenspsychologischer Methoden → 4.6

Zusammenfassung

Ethisch-moralische Werte	Definitionen	Entwicklungsmöglichkeiten
Ideale	Mitarbeiter mit einem ausgeprägten Wert Ideale wollen sich aktiv für ihre Ideale einsetzen, indem sie im privaten und beruflichen Bereich Offenheit und Gerechtigkeit fördern, gesellige Aktivitäten unterstützen sowie konstruktive Teamarbeit und teamorientiertes Handeln forcieren. Dabei wollen sie jedem Kollegen die eigene Entfaltung ermöglichen. Dieser Wert wirkt vor allem als Antrieb für Aktivitätskompetenzen. Sie engagieren sich im Sportverein und in vielfältigen Formen von Vereinigungen, nutzen aber auch die Möglichkeit, mit unterschiedlichen Gesprächspartnern zu diskutieren.	Für die Entwicklung Ihres Wertes Ideale bieten sich vor allem folgende Formen an: • Bearbeitung von Aufgaben, die im privaten und beruflichen Bereich Offenheit und Gerechtigkeit fördern, gesellige Aktivitäten unterstützen sowie konstruktive Teamarbeit und teamorientiertes Handeln forcieren, mit Coaching und Mentoring → 1.5, 2.1, 2.2 • Vereinbarung von Entwicklungspartnerschaften mit Entwicklungspartnern (KOPING) → 1.6 • Kollegiale Beratung und Communities of Practice → 1.7 • Agile Arbeitsmethoden im Team → 1.9 • Aktive Nutzung von Coaching und Mentoring → 2 • Realitätsähnliche Werteentwicklung durch Seitenwechsel® → 3.7 • Werteentwicklung mit handlungs- und verhaltenspsychologischen Methoden → 4.5 • Werteentwicklung mit Kunst → 4.6
Verantwortung	Menschen mit einem ausgeprägten Wert Verantwortung wollen nach bestem Wissen eigenverantwortlich leben und handeln. Dieser Wert wirkt vor allem als Antrieb für fachlich-methodische Kompetenzen. Er orientiert sich an der Kultur seiner Organisation und versucht, auch andere Kulturen und Religionen zu verstehen und kreativ in das eigene interkulturelle Handeln einzubeziehen. Er gestaltet die Zusammenarbeit und den Austausch mit Freunden und Kollegen, z. B. in Projekten, eigenverantwortlich im Rahmen der Zielvereinbarungen. Gleichzeitig nutzt er diese Erfahrungen für seinen Kompetenzaufbau. Anderen ermöglicht er es, selbst Verantwortung zu übernehmen.	Für die Entwicklung Ihres Wertes Verantwortung bieten sich vor allem folgende Formen an: • Bearbeitung von Aufgaben, die eigenverantwortliches Handeln erfordern → 1.5, 2.1, 2.2 • Vereinbarung von Entwicklungspartnerschaften mit Entwicklungspartnern (KOPING) → 1.6 • Kollegiale Beratung und Communities of Practice → 1.7 • Agile Arbeitsmethoden im Team → 1.9 • Aktive Nutzung von Coaching und Mentoring → 2 • Realitätsgleiche Werteentwicklung in Trainingsunternehmen und Übungsfirmen → 3.4 • Realitätsähnliche Werteentwicklung im Outdoortraining, Hochseilgarten und beim Führen von Pferden → 3.6 • Realitätsähnliche Werteentwicklung durch Seitenwechsel® → 3.7 • Wertentwicklung mit handlungs- und verhaltenspsychologischen Methoden → 4.5

Zusammenfassung

Ethisch-moralische Werte	Definitionen	Entwicklungsmöglichkeiten
Respekt	Menschen mit einem ausgeprägten Wert Respekt anerkennen und respektieren auch andersartige Menschen. Dieser Wert wirkt vor allem als Antrieb für sozial-kommunikative Kompetenzen. Diesen Menschen ist wichtig, anderen Menschen möglichst viel Verständnis und Wertschätzung entgegen zu bringen sowie fremde Lebensverhältnisse ohne Vorurteile zu betrachten. Sie fordern den gleichen respektvollen Umgang für sich selbst, ihre Familie und ihre eigene Kultur. Sie respektieren fremde kulturelle, religiöse und politische Überzeugungen. In der Kommunikation versuchen sie, Zuzuhören und Empathie sowie Toleranz zu zeigen.	Für die Entwicklung Ihres Wertes Respekt bieten sich vor allem folgende Formen an: • Bearbeitung von Aufgaben, die respektvolles Handeln erfordern, mit Coaching und Mentoring → 1.5, 2.1, 2.2 • Vereinbarung von Entwicklungspartnerschaften mit Entwicklungspartnern (KOPING) → 1.6 • Kollegiale Beratung und Communities of Practice → 1.7 • Agile Arbeitsmethoden im Team → 1.9 • Aktive Nutzung von Coaching und Mentoring → 2 • Realitätsgleiche Werteentwicklung in Trainingsunternehmen und Übungsfirmen → 3.4 • Realitätsähnliche Werteentwicklung durch Seitenwechsel® → 3.7
Sozial-weltanschauliche Werte	Sozial-weltanschauliche Werte können sowohl auf einzelne Menschen wie auf Teams oder Organisationen gerichtet sein. Sie beziehen sich auf vielfältig strukturierte soziale Strukturen und gelten für diese ganz unterschiedlich, meist unter Aspekten der Durchsetzung. Sie weisen zudem eine Tendenz zur zeitlichen Begrenztheit auf: Radikale Umwälzungen erzeugen immer neue Formen von Team- oder Organisationswertungen. Diese Wertungen bauen ein eigenes Arsenal von hoch und manchmal unzulässig verallgemeinerten Begriffen auf: Freiheit, Fortschritt, Gerechtigkeit, Solidarität, Kollaboration usw. Sozial-weltanschauliche Werte sind handlungsleitenden Ordner, die Menschen, Teams oder Organisationen zu einem sozial akzeptierten, optimalen oder auch zu einem innovativen, sogar revolutionären Handeln bewegen. Dabei kann es sich um Menschen handeln, die durch ein großes „Charisma" andere zu einem solchen Verhalten bewegen, oder um Menschen, die durch große Aktivität und konsequentes Handeln solche Werte Wirklichkeit werden lassen.	Grundsätzlich sind folgend Methoden für den Aufbau von sozial-weltanschaulichen Werten geeignet: • Bearbeitung von Herausforderungen im Prozess der Arbeit oder in Praxisprojekten, aber auch im privaten Umfeld, die die Persönlichkeiten zu einem sozial akzeptierten, optimalen oder auch zu einem innovativen, sogar revolutionären Handeln bewegen • Begleitung dieser Prozesse durch Coaching und Mentoring • Bildung von Entwicklungspartnerschaften • Anwendung von agilen Entwicklungsmethoden im Team • Förderung des Austauschs im Team • Trainings- und Weiterbildungsmaßnahmen, in denen die sozial-weltanschaulichen Werte der Persönlichkeiten verwirklicht werden können

Sozial-weltanschauliche Werte	Definitionen	Entwicklungsmöglichkeiten
Individuelle Freiheit	Menschen mit einem ausgeprägten Wert Individuelle Freiheit, ist es wichtig, von anderen Menschen unabhängig zu sein. Dieser Wert wirkt vor allem als Antrieb für personale Kompetenzen. Sie suchen für ihre Arbeit und ihr persönliches Leben Strukturen, die ihnen möglichst große Freiräume lassen, um sich persönlich möglichst große Weiterentwicklungs- und Erfolgsmöglichkeiten offen zu halten. Sie nutzen Anerkennung, um ihren Freiraum stetig zu vergrößern. Sie achten auf eine eindeutige Positionierung in der Arbeit und im Leben und definieren ihren Status, aber auch den ihrer Kollegen klar. Dabei begreifen sie Macht als Instrument der Selbstverwirklichung und Unabhängigkeit.	Für die Entwicklung Ihres Wertes Individuelle Freiheit bieten sich vor allem folgende Formen an: • Bearbeitung von Aufgaben, die Sie unabhängig von anderen ausüben können, mit Coaching und Mentoring → 1.5, 2.1, 2.2 • Vereinbarung von Entwicklungspartnerschaften mit Entwicklungspartnern (KOPING) → 1.6 • Kollegiale Beratung und Communities of Practice → 1.7 • Agile Arbeitsmethoden im Team → 1.9 • Aktive Nutzung von Coaching und Mentoring → 2
Macht und Kontrolle	Menschen mit einem ausgeprägten Wert Macht und Kontrolle, ist es wichtig, Einfluss und wo nötig Macht zu haben. Dieser Wert wirkt vor allem als Antrieb für Aktivitätskompetenzen. Diesen Menschen ist wichtig, Einfluss und wo nötig Macht zu haben, um im Kleinen oder Großen etwas zu verändern. Sie suchen Netzwerke und Freundeskreise, die im Beruf und in der Gesellschaft etwas erreichen können. Sie streben mit ihrem beruflichen Aufstieg den Ausbau ihres Einflusses an und wollen proaktiv etwas verändern und dabei ihre Handlungsspielräume sinnvoll erweitern.	Für die Entwicklung Ihres Wertes Macht und Kontrolle bieten sich vor allem folgende Formen an: • Bearbeitung von Aufgaben, die Ihnen Einfluss verschaffen, mit Coaching und Mentoring → 1.5, 2.1, 2.2 • Vereinbarung von Entwicklungspartnerschaften mit Entwicklungspartnern (KOPING) → 1.6 • Kollegiale Beratung und Communities of Practice → 1.7 • Agile Arbeitsmethoden im Team → 1.9 • Aktive Nutzung von Coaching und Mentoring → 2

Sozial-weltanschauliche Werte	Definitionen	Entwicklungsmöglichkeiten
Norm und Gesetz	Menschen mit einem ausgeprägten Wert Norm und Gesetz ist es wichtig, diese Regeln zu kennen und zu respektieren. Dieser Wert wirkt vor allem als Antrieb für fachlich-methodische Kompetenzen. Diese Menschen wollen verhindern, dass ihnen notwendige Informationen verloren gehen oder falsch interpretiert werden können oder dass dadurch große kulturelle, ökonomische oder politische Fehlentscheidungen folgen können. Die Klärung eigener oder fremder Probleme sehen sie nur als möglich an, wenn der Norm und Gesetz und Ordnung hochgehalten wird. Auch sehen sie Wissen im Rahmen von Gesetz und Ordnung als Machtfaktor an. Ihre eigene Karriere kann nach ihrer Ansicht nur im Rahmen von Recht und Ordnung gesichert werden, weil sie nur dann nicht angreifbar sind und dominant werden können.	Für die Entwicklung Ihres Wertes Norm und Gesetz bieten sich vor allem folgende Formen an: • Bearbeitung von Aufgaben, die es Ihnen ermöglichen, Norm und Gesetz konsequent einzuhalten, mit Coaching und Mentoring → 1.5, 2.1, 2.2 • Vereinbarung von Entwicklungspartnerschaften mit Entwicklungspartnern (KOPING) → 1.6 • Kollegiale Beratung und Communities of Practice → 1.7 • Agile Arbeitsmethoden im Team → 1.9 • Aktive Nutzung von Coaching und Mentoring → 2 • Realitätsgleiche Werteentwicklung in Trainingsunternehmen und Übungsfirmen → 3.4
Netzwerk	Menschen mit einem ausgeprägten Wert Netzwerk ist es wichtig, sich mit anderen für wichtige gemeinsame Ziele zu verbünden. Dieser Wert wirkt vor allem als Antrieb für sozial-kommunikative Kompetenzen. Diese Menschen wollen mit Verbündeten ihre Ziele erreichen, indem sie Handlungsspielräume und Netzwerke schaffen. Dadurch können sie ihre eigenen Vorstellungen besser durchsetzen. Gleichzeitig sichern sie sich die Wertschätzung und Anerkennung der anderen und können bemerkenswerte Verantwortung übernehmen. Über Karrierenetzwerke kann die eigene Entwicklung gefördert werden.	Für die Entwicklung Ihres Wert Netzwerks bieten sich vor allem folgende Forman an: • Bearbeitung von Aufgaben, die eine kollaborative Bearbeitung in Netzwerken erfordern, mit Coaching und Mentoring → 1.5, 2.1, 2.2 • Vereinbarung von Entwicklungspartnerschaften mit Entwicklungspartnern (KOPING) → 1.6 • Kollegiale Beratung und Communities of Practice → 1.7 • Agile Arbeitsmethoden im Team → 1.9 • Aktive Nutzung von Coaching und Mentoring → 2 • Realitätsgleiche Werteentwicklung in Trainingsunternehmen und Übungsfirmen → 3.4 • Realitätsähnliche Werteentwicklung im Outdoortraining, Hochseilgarten und beim Führen von Pferden → 3.6

Literatur

Adler, T., Sauter, W., Hagl, J., Meyer, J., Raich, M.: Five steps in the development of an internet-based learning platform for strategic crisis managers. ISCRAM2015 Conference Kristiansand (2015)

Adorno, T.W.: Minima Moralia, Gesammelte Schriften 4. Suhrkamp, Frankfurt a. M. (1997)

Albrecht, H., Krause-Wack, D.: Diakonische Unternehmen und Diakonische Gemeinschaften – Partner für gelingende Diakonie (Diakonat – Kirche – Diakonie). Evangelische Verlagsanstalt, Leipzig (2019)

Anderson, D.J.: Kanban: Successful Evolutionary Change For Your Technology Business. Blue Hole Press, Sequim (2010)

Ant, M.: Die Auswirkungen von Kompetenzbilanzen auf das Selbstwertgefühl von Arbeitslosen. Ed. d'Lëtzebuerger Land, Luxemburg (2004)

ARD/ZDF Online Studie 2018. http://www.ard-zdf-onlinestudie.de/files/2018/0918_Kupferschmitt.pdf. Zugegriffen: 20. Jan. 2019

Arnold, R.: Die emotionale Konstruktion der Wirklichkeit. Schneider, Hohengehren (2005)

Arnold, R.: Ich lerne, also bin ich: Eine systemisch-konstruktivistische Didaktik. Carl-Auer, Heidelberg (2012a)

Arnold, R.: Ermöglichen. Texte zur Kompetenzreifung. Schneider, Hohengehren (2012b)

Arnold, R.: Ermöglichungsdidaktik – Kriterien einer intransitiven Kompetenzförderung. In: Erpenbeck, J., Sauter, W. (Hrsg.) Handbuch Kompetenzentwicklung im Netz. Bausteine einer neuen Bildungswelt. Schäffer-Poeschel, Stuttgart (2017)

Arnold, R.: Ach, die Fakten!: Wider den Aufstand des schwachen Denkens. Carl-Auer, Heidelberg (2018)

Arnold, R., Erpenbeck, J.: Wissen ist keine Kompetenz. Dialoge zur Kompetenzreifung. Schneider, Hohengehren (2014)

Arnold, R., Schüßler, I.: Ermöglichungsdidaktik: Erwachsenenpädagogische Grundlagen und Erfahrungen (Grundlagen der Berufs- und Erwachsenenbildung). Schneider, Hohengehren (2018)

Arnold, R., Siebert, H.: Konstruktivistische Erwachsenenbildung. Von der Deutung zur Konstruktion von Wirklichkeit, 4. Aufl. Schneider, Hohengehren (2003)

Autorenteam: Lexikon der Psychologie. Spektrum Akademischer, Heidelberg (2000)

Bachmann, K.: Das neue Lernen. Eine systematische Einführung in das Konzept des NLP. Jungfermann, Paderborn (1991)

Baethge-Kinsky, V., Döbert, H.: Lernen ganzheitlich erfassen. Wie lebenslanges und lebensweites Lernen in einem kommunalen Lernreport dargestellt werden kann. Kommunaler Lernreport der Bertelsmann Stiftung. Bertelsmann-Stiftung, Göttingen (2010)

Bähr, I., Gebhard, U., Krieger, C., et al. (Hrsg.): Irritation als Chance. Bildung fachdidaktisch denken…Irritationen und Krisen im Fachunterricht. Springer VS, Berlin (2019)

Bänziger-Plocher, M.: Heartwork works! Führen mit Werten. 20 Menschen berichten. TWENTYSIX, Hamburg (2018)

Baran, P.: Werte. In: Sandkühler, H.J. (Hrsg.) Europäische Enzyklopädie zu Philosophie und Wissenschaften, Bd. III. Meiner, Hamburg (1991)

Bauer, H.: Erlebnis-und Abenteuerpädagogik. Eine Entwicklungsskizze. Hampp, München (2001)

Bauer, H.G., Brater, M., Büchele, U., et al.: Lern(prozess)begleitung in der Ausbildung. Wie man Lernende begleiten und Lernprozesse gestalten kann, 3. Aufl. Bertelsmann, Bielefeld (2010)

Baurmann, M., Brennan, G.: Norms and Values. The Role of Social Norms as Instruments of Value Realisation. Nomos, Baden-Baden (2010)

Beaulieu, J., Martinez, D.: Sound Healing and Values Visualization. Creating a Life of Value. BioSonic Enterprises, Ltd., New York (2018)

Beck, H.: Behavioral Economics. Eine Einführung. Springer Gabler, Wiesbaden (2014)

Beck, D., Cowan, C.: Spiral Dynamics. Mastering Values, Leadership and Change. Wiley, Blackwell (1996)

Berkel, K.: Konflikte verstehen, analysieren, bewältigen. Recht & Wirtschaft, Frankfurt a. M. (2008)

Bernard, J., Schallenberg, P.: Katholische Soziallehre konkret: Politische Handlungsfelder und christliche Werte (Christen in der Gesellschaft). Dialogverl, Münster (2008)

Besser-Siegmund, C., Siegmund, H. (Hrsg.): Erfolge bewegen. Coach Limbic. Emotions- und Leistungscoaching mit der wingwave-Methode. Junfermann, Paderborn (2008)

Besser-Siegmund, C., Siegmund, H.: Systemdynamisches Coaching mit der wingwave-Methode. Die faszinierende Welt der Emotions-Netzwerke. Junfermann, Paderborn (2018)

Bingel, C., Berndt, C.: Präsentationstrainings erfolgreich leiten. Der Seminarfahrplan (Edition Training aktuell). ManagerSeminare, Bonn (2018)
Birnthaler, M.: Initiation: Die Wurzeln der Erlebnispädagogik in den Mysterienschulen. Edition EOS, Freiburg (2016)
BITKOM: Kognitive Maschinen – Meilensteine in der Wissensarbeit (Leitfaden). BITKOM, Berlin (2015)
Blindert, U.: Topfit durchs Assessment-Center. Das neue Standardwerk für Fach- und Führungsassessments. BusinessVillage, Göttingen (2018)
Böhle, F., Pfeiffer, S., Sevsay-Tegethoff, N. (Hrsg.): Die Bewältigung des Unplanbaren. VS Verlag, Wiesbaden (2004)
Boshowitsch, L.I.: Die Persönlichkeit und ihre Entwicklung im Schulalter. Volk & Wissen, Berlin (1970)
Brandl, S.: Werteerziehung und Konstruktivismus. Die Möglichkeiten einer pädagogischen Wertorientierung und deren didaktischer Umsetzung aus konstruktivistischer Perspektive. AVM, München (2011)
Brater, M., Freygarten, S., Rahmann, E., Rainer, M.: Kunst als Handeln – Handeln als Kunst. Was die Arbeitswelt und Berufsbildung von Künstlern lernen können. Bertelsmann, Bielefeld (2011)
Brater, M., Buschmeyer, J., Munz, C.: "Dienstleistungskunst" – eine Perspektive für kaufmännische Berufe? In: Brötz, R., Kaiser, F. (Hrsg.) Kaufmännische Berufe – Charakteristik, Vielfalt und Perspektiven. Bertelsmann, Bielefeld (2015)
Braun, R.: Die Coaching-Fibel. Vom Ratgeber zum High Performance Coach. Wien: Linde (2004); Rauen, C.: Handbuch Coaching: Bd. 10. Innovatives Management. Göttingen: Linde (2005)
Brennan, J.: Gegen Demokratie. Warum wir die Politik nicht den Unvernünftigen überlassen dürfen. Ullstein, Berlin (2017)
Brohm, M.: Positive Psychologie in Bildungseinrichtungen: Konzepte und Strategien für Fach- und Führungskräfte. Springer Fachmedien, Berlin (2016)
Buchholz, M.: Die Macht der Metapher in Psyche und Kultur. Interdisziplinäre Perspektiven. Lahn Psychosozial, Gießen (2015)
Burmeister, M.: Navigationssystem Werteorientierung in der Mitarbeiterführung. Subjektivierung der Werte (essentials). Springer, Wiesbaden (2018)
Cameron-Bandler, L., Gordon, D., Lebeau, M.: Die EMPRINT-Methode. Ein Handbuch zum Ressource- und Kompetenztraining. Junfermann, Paderborn (1995)
Carroll, A.B.: The pyramid of corporate social responsibility. Toward the moral management of organizational stakeholders. Bus. Horiz. **34**(4), 39–48 (1991)
Castro Varela, M.M., Mecheril, P.: Die Dämonisierung der Anderen: Rassismuskritik der Gegenwart. transcript, Bielefeld (2016)
Christianson, S.A.: The Handbook of Emotion and Memory. Research and Theory. PSYCHOLOGY Press, Hillsdale (1992)
Ciompi, L.: Die Hypothese der Affektlogik. Spektrum Wiss. **2**, 76 ff. (1993)
Ciompi, L.: Die emotionalen Grundlagen des Denkens. Entwurf einer fraktalen Affektlogik, 4. Aufl. Vandenhoeck & Ruprecht, Göttingen (1997)

Ciompi, L.: Der Stellenwert von Emotionen in der systemischen Arbeit (DVD). Auditorium Netzwerk, Müllheim (2015)
Clesle, M., Emrich, M.: Souverän im Vorstellungsgespräch. So schaffen Sie den Jobwechsel. Campus, Göttingen (2014)
Crisand, N., Raab, G.: Konflikttraining. Konflikte verstehen, analysieren, bewältigen (Arbeitshefte Führungspsychologie). Windmühle, Hamburg (2017)
Curtis, R.C., Stricker, G.: How People Change. Inside and Outside Therapy. Plenum, London (1991)
Damasio, A.R.: Descartes' Irrtum. Fühlen. Denken und das menschliche Gehirn. List, Berlin (2014)
Damasio, R., Kober, H.: Der Spinoza-Effekt. Wie Gefühle unser Leben bestimmen. Refinery, Berlin (2016)
Danz, G.: Neu präsentieren. Begeistern und überzeugen mit den Erfolgsmethoden der Werbung. Campus, Frankfurt a. M. (2014)
Decision Labs: The Bias Tournament. Spielerisch 50 Denkfehler lernen, 2. Aufl. Decision Labs, Berlin (2018)
de Laat, M., Simons, R.-J.: Kollektives Lernen – Theoretische Perspektiven und Wege zur Unterstützung vernetzten Lernens. Berufsbildung, Nr. 27 (2007)
Derman-Sparks, L.: Anti-Bias-Pädagogik. Aktuelle Entwicklungen und Erkenntnisse aus den USA. In: Wagner, P. (Hrsg.) Handbuch Kinderwelten. Vielfalt als Chance. Grundlagen einer vorurteilsbewussten Bildung und Erziehung. Herder, Freiburg im Breisgau (2008)
Detjen, J.: Werte. In: Weißeno, G., et al. (Hrsg.) Wörterbuch Politische Bildung. Wochenschau, Schwalbach/Ts (2007)
Dietzfelbinger, D.: Praxisleitfaden Unternehmensethik. Kennzahlen, Instrumente, Handlungsempfehlungen. Springer Gabler, Wiesbaden (2015)
Dörner, D.: Die Logik des Mißlingens. Strategisches Denken in komplexen Situationen. rororo, Hamburg (2003)
Döring, R.: Handlungsorientierter Unterricht. Ansätze, Kritik und Neuorientierung aus bildungstheoretischer, curricularer und instruktionspsychologischer Perspektive. WiKu, Stuttgart (2003)
Dransfeld, I.: Die Prospect Theory: Ein Modell der Behavioral Economics zur Erklärung des Underpricing. GRIN, München (2013)
Dückert, S.: Das Netz als Lern-Infrastruktur. In: Erpenbeck, J., Sauter, W. (Hrsg.) Handbuch Kompetenzentwicklung im Netz. Bausteine einer neuen Bildungswelt, S. 81–92. Schäffer-Poeschel, Stuttgart (2017)
Duden: Das Herkunftswörterbuch. Stichworte Emotion, Affekt, 5. überarb. Aufl. Duden, Berlin (2014)
Dworkin, R.: Religion ohne Gott. Suhrkamp, Berlin (2014)
Dyckhoff, K., Kensok, P.: Der Werte-Mananger. Effektives Wertemanagement in Coaching und Beratung. Junfermann, Paderborn (2004)
Dziri, A., Dziri, B.: Aufbruch statt Abbruch. Religion und Werte in einer pluralen Gesellschaft. Herder, Freiburg (2018)

Ebeling, W., Feistel, R.: Physik der Selbstorganisation und Evolution. Akademie, Berlin (1982)
Eisenbast, V., Schweitzer, F., Ziener, G. (Hrsg.): Werte – Erziehung – Religion. Beiträge von Religion und Religionspädagogik zu Werteerziehung und werteorientierter Bildung. Waxmann, München (2008)
Eliade, M.: Schamanismus und archaische Ekstasetechnik. Suhrkamp, Frankfurt a. M. (2006)
Eller-Berndl, D.: Herzratenvariabilität. Verlagshaus der Ärzte, Wien (2015)
Eller-Rüter, U., Geisler, F., Brater, M., Hemmer-Schanze, C.: Was kann Kunst? Der erweiterte Kunstbegriff im pädagogischen und soziokulturellen Kontext. Künstlerische Projekte mit benachteiligten Kindern und Jugendlichen. Lang, Frankfurt a. M. (2012)
Epiktet: Handbüchlein der Moral. Epiktet, Stuttgart (1992) (Vor ca.1900 Jahren; diese Ausgabe 1992)
Erler, M.: Mäeutik. In: Schäfer, C. (Hrsg.) Platon-Lexikon. Wissenschaftliche Buchgesellschaft, Darmstadt (2007)
Erpenbeck, J.: Motivation – Ihre Psychologie und Philosophie. Akademie, Berlin (1986a)
Erpenbeck, J.: Hermann Glöckner. Ein Patriarch der Moderne. Buchverlag Der Morgen, Berlin (1986b)
Erpenbeck, J.: Wollen und Werden. Ein psychologisch-philosophischer Essay über Willensfreiheit, Freiheitswillen und Selbstorganisation. Universitätsverlag, Konstanz (1993)
Erpenbeck, J.: Stichwort Erfahrung. In: Sandkühler, H.J. (Hrsg.) Enzyklopädie Philosophie, Bd. 1. Meiner, Hamburg (1999)
Erpenbeck, J.: Zwischen exakter Nullaussage und vieldeutiger Beliebigkeit. Hybride Kompetenzerfassung als künftiger Königsweg. In: Erpenbeck, J. (Hrsg.) Der Königsweg zur Kompetenz. Grundlagen qualitativ-quantitativer Kompetenzerfassung. Waxmann, München (2012)
Erpenbeck, J.: Was kann Kunst. Gedanken zu einem Sündenfall, 3. überarb. Aufl. Mitteldeutscher Verlag, Leipzig (2015)
Erpenbeck, J. (unter Mitarbeit von Sauter, W.): Wertungen, Werte – Das Buch der Grundlagen für Bildung und Organisationsentwicklung. Springer, Berlin (2018)
Erpenbeck, J., Sauter, W.: Kompetenzentwicklung im Netz – New Blended Learning mit Web 2.0. Epubli GmbH, Köln (2007)
Erpenbeck, J., Sauter, W.: So werden wir lernen. Springer Gabler, Heidelberg (2014)
Erpenbeck, J., Sauter, W.: Wissen, Werte und Kompetenzen. Wissen und Qualifikation sind keine Kompetenzen. Springer Gabler, Heidelberg (2015)
Erpenbeck, J., Sauter, W.: Stoppt die Kompetenzkatastrophe. Springer, Wiesbaden (2016)
Erpenbeck, J., Sauter, W.: Wertungen, Werte – Das Fieldbook für ein erfolgreiches Wertemanagement. Springer, Berlin (2018)

Erpenbeck, J., Sauter, W.: Werte und Normen in der Berufsbildung. In: Arnold, R., Lipsmeier, A. (Hrsg.) Handbuch der Berufsbildung, 3. erw. Aufl. Leske + Budrich, Wiesbaden (2019)

Erpenbeck, J., Weinberg, J.: Menschenbild und Menschenbildung. Waxmann, Münster (1993)

Erpenbeck, J., Sauter, R., Sauter, W.: Wertemodell KODE®W, internes Konzeptionspapier (2019)

Ettlin, T., Meier-Dallach, H.-P.: SeitenWechsel. Lernen in anderen Arbeitswelten. Orell Füssli, Zürich (2003)

Eurich, J., Barth, F.: Kirchen aktiv gegen Armut und Ausgrenzung: Theologische Grundlagen und praktische Ansätze für Diakonie und Gemeinde. Kohlhammer, Stuttgart (2008)

Fellmann, F.: Lebensphilosophie. Elemente einer Theorie der Selbsterfahrung. Rowohlt, Reinbek bei Hamburg (1993)

Ferrari, E.: Führung im Raum der Werte: Das GPA-Schema nach SySt®. FerrariMedia, Aachen (2014)

Fischer, R., Heitkämper, P.: Erziehung zum Frieden für Eine Welt – Der Beitrag der Montessori-Pädagogik. Ludwig, Berlin (2000)

Forgay, W.: Values Clarification. An Evaluation. Alberta, Canada. http://www.creationicc.org/1994_papers/1994_Part24.pdf (1994). Zugegriffen: 12. Jan. 2019

Fox, R.: Bionische Unternehmensführung. Mitarbeitermotivation als Schlüssel zu Innovation, Agilität und Kollaboration. Springer Fachmedien, Wiesbaden (2018)

Frankl, V.E.: Grundkonzepte der Logotherapie. Facultas, Wien (2015)

Franz, M.: Spruchkärtchen Werte. 3 × 30 Impulse zum Nachdenken und inspirierende Zitate von Pädagogen oder bekannten Persönlichkeiten. Eigenverlag, München (2015)

Franziskus, P.: Laudato si'. Über die Sorge für das gemeinsame Haus. Herder, Stuttgart (2015)

Fredrickson, B.L.: Die Macht der guten Gefühle: Wie eine positive Haltung Ihr Leben dauerhaft verändert. Campus, Frankfurt a. M. (2011)

Frey, D.: Psychologie der Werte. Von Achtsamkeit bis Zivilcourage – Basiswissen aus Psychologie und Philosophie. Springer, Heidelberg (2015)

Friedrich, G., de Galgóczy, V.: Komm mit ins Zahlenland: Eine spielerische Entdeckungsreise in die Welt der Mathematik. Herder, Freiburg (2011)

Fritz, J.: Das Kartenhaus der Erkenntnis. Warum wir Gründe brauchen und weshalb wir glauben müssen. AV Akademikerverlag, Heidelberg (2012)

Gabal managerSeminare-Umfrage Trainingsmethoden 2012. Coaching beliebtestes Beratungs- bzw. Trainingsformat im deutschsprachigen Raum. https://www.gabal.de/author/gabal_ev/ (2012). Zugegriffen: 23. Sept. 2012

Gadamer, H.-G.: Wahrheit und Methode. Grundzüge einer philosophischen Hermeneutik. Mohr Siebeck, Tübingen (2010) (Erstveröffentlichung 1960)

Gally, J.: Politisches Interesse und Politische Involvierung. GRIN, München (2004)

Garfield, S.L.: Psychotherapy. An Eclectic Approach. Wiley, New York (1980)

Gebel, C., Gurt, M., Wagner, U.: Kompetenzförderliche Potenziale populärer Computerspiele. In: Arbeitsgemeinschaft Betriebliche Weiterbildungsforschung e. V. (Hrsg.) E-Lernen: Hybride Lernformen, Online-Communities, Spiele. QUEM-report, Heft 92, S. 241–376. Berlin (2005a)

Gebel, C., Gurt, M., Wagner, U.: Kompetenzförderliche Potenziale populärer Computerspiele. QUEM-Report **92**, 241–376 (2005b)

Gergen, K.: Saturated Self. Dilemmas of Identity in Contemporary Life. Basic Books, New York (1992)

Gergen, K.: Sinn ist nur als Ergebnis von Beziehungen denkbar. Psychol. Heute **21**(10), 34–38 (1994)

Gerhold, D., Hömbrtg, B.: Präsentationstraining. Ein Übungs- und Spielehandbuch: Praxis-Leitfaden für Trainer, Lehrer und Gruppenleiter. Junfermann, Paderborn (2003)

Gerstbach, I.: Design Thinking. Weil Innovation kein Zufall ist. In: Grote, S., Goyk, R. (Hrsg.) Führungsinstrumente aus dem Silicon Valley. Konzepte und Kompetenzen. Springer, Berlin (2018)

Giesecke, H.: Wie lernt man Werte? Grundlagen der Sozialerziehung. Juventa, Weinheim (2005)

Giffert, A.: 5000 Jahre Kritik an Jugendlichen – Eine sichere Konstante in Gesellschaft und Arbeitswelt. Unterwegs in der Arbeitswelt (Blog). http://www.bildungswissenschaftler.de/5000-jahre-kritik-an-jugendlichen-eine-sichere-konstante-in-der-gesellschaft-und-arbeitswelt/ (2015). Zugegriffen: 28. Dez. 2018

Girbig, K.: Wertemanagement. Unternehmenssteurer und ihre Anker. Springer Gabler, Wiesbaden (2014)

Gloe, M.: Werte und Menschenrechte. Dossier Politische Bildung. Zit. http://www.bpb.de/gesellschaft/bildung/politische-bildung/193087/werte-und-menschenrechte?p=all (2015). Zugegriffen: 12. Jan. 2019

Gloger, B.: Agile Leadership mit Scrum. In: Petry, T. (Hrsg.) Digital Leadership. Erfolgreiches Führen in Zeiten der Digital Economy, S. 197–212. Haufe Lexware, Freiburg (2016)

Göbel, E.: Unternehmensethik: Grundlagen und praktische Umsetzung. UVK, Konstanz (2017)

Goldfried, M.R.: Converging Themes in Psychotherapy. Springer, New York (1982)

Gössl, S.: Fallbeispiel Einzelcoaching mit dem St. Gallener Coaching Modell (SCM®). Über Wertorientierung zur nachhaltigen Veränderung. AV Akademikerverlag, Saarbrücken (2016)

Graf, N., Edelkraut, F.: Mentoring. Das Praxisbuch für Personalverantwortliche und Unternehmer, 2. Aufl. Springer Gabler, Berlin (2017)

Graves, C.W.: Levels of existence. An open system theory of values. J. Humanist. Psychol. **10**(2), 131–155 (1970)

Grawe, K.: Psychotherapieforschung zu Beginn der neunziger Jahre. Psychol. Rundsch. **43**(3), 132–161 (1992a)

Grawe, K.: Themenheft zur Integrativen Psychotherapie. Report Psychol. **46**(7) (1992b)

Grawe, K.: Neuropsychotherapie. Hogrefe, Göttingen (2004)

Grawe, K., Donati, R., Bernauer, F.: Psychotherapie im Wandel. Von der Konfession zur Profession. Verlag für Psychologie, Göttingen (1994)

Greif, S., Möller, H.: Handbuch Schlüsselkonzepte im Coaching. Springer, Berlin (2018)

Grimm, M.: Business-Kompetenz mit Herz-Kohärenz: Mit den Qualitäten des Herzens Erfolg, Freude und Erfüllung im Job bewirken. Ein Wegweiser für Fach- und Führungskräfte. Pro Business, Berlin (2017)

Gris, R.: Die Weiterbildungslüge: Warum Seminare und Trainings Kapital vernichten und Karrieren knicken. Campus, Frankfurt a. M. (2008)

Großmann, R., Perko, G.: Ethik für Soziale Berufe. Schöningh, Paderborn (2011)

Grote, S., Goyk, R. (Hrsg.).: Führungsinstrumente aus dem Silicon Valley. Konzepte und Kompetenzen (2018)

Gruber, M.: Schulische Werteerziehung unter Pluralitätsbedingungen. Bestandsaufnahme und Empfehlungen auf der Basis einer Lehrerbefragung. ERGON, Würzburg (2009)

Grün, A.: Führen mit Werten. Ethisch handeln – Herausforderungen bewältigen. Coaching Kompakt Kurs. Olzog, München (2011)

Grünbaum, A.: Validation in the Clinical Theory of Psychoanalysis. A Study in the Philosophy of Psychoanalysis. International Universities Press, Madison (1993)

Gudjons, H.: Handlungsorientiert lehren und lernen. Schüleraktivierung – Selbsttätigkeit – Projektarbeit, 8. Aufl. Klinckhardt, Bad Heilbrunn (2014)

Guth, K., Mery, M.: Testtrainer für alle Arten von Einstellungstests, Eignungstests und Berufeignungstests: Geeignet für Ausbildung, Beruf und Studium. Ausbildungspark, Offenbach am Main (2018)

Habermas, J.: Moralbewusstsein und kommunikatives Handeln. Suhrkamp, Frankfurt a. M. (1983)

Habermas, J.: Theorie des kommunikativen Handelns, Bd. 2, 4. durchgesehene Aufl. Suhrkamp, Frankfurt a. M. (1987)

Habermas, J.: Der philosophische Diskurs der Moderne. Zwölf Vorlesungen. Suhrkamp, Frankfurt a. M. (1988)

Haken, H.: Synergetik und Sozialwissenschaften. Ethik Sozialwiss. Streitforum Erwägungskultur. 4, 1–56 (1996)

Haken, H., Plath, P.: Beiträge zur Geschichte der Synergetik. Allgemeine Prinzipien der Selbstorganisation in Natur und Gesellschaft. Springer Fachmedien, Wiesbaden (2016)

Haken, H., Wunderlin, A.: Die Selbststrukturierung der Materie. Synergetik in der unbelebten Welt. Vieweg, Braunschweig (1991)

Haken, H., Wunderlin, A.: Synergetik: Eine Einführung. Nichtgleichgewichts-Phasenübergänge und Selbstorganisation in Physik, Chemie und Biologie. Springer, Heidelberg (2014) (German Edition)

Handel, M., Müller, K.-M.: The Neuromarketing Labs: Emotionen messen – Werbung verstehen – Marketingerfolg vorhersagen? marktforschung.de. Das Portal für Markt-, Medien- und Meinungsforschung. https://www.marktforschung.de/dossiers/themendossiers/emotionen-sinne-und-verhalten/dossier/emotionen-messen-werbung-verstehen-marketingerfolg-vorhersagen/. Zugegriffen: 13. Nov. 2018

Hanko, M.: Psychologie Aufnahmetestsimulation. Vollständiger Probetest für das Aufnahmeverfahren Psychologie an den Universitäten Wien, Salzburg, Innsbruck. CreateSpace Independent Publishing Platform, South Carolina (2017)

Hansen, H.: Powerful People Skills: How to Form, Build and Maintain Stronger, Long-lasting Relationships (ST Training Solutions: Success Skills). STTS, Darmstadt (2010a)

Hansen, J.: Effektives Teamtraining. Zur Wirksamkeit erlebnisorientierter Outdoor-Programme. Tectum Wissenschaftsverlag, Marburg (2010b)

Hattie, J.: Lernen sichtbar machen. Überarbeitete deutschsprachige Ausgabe von Visible Learning. Schneider, Hohengehren (2014)

Häusel, H.-G.: Think Limbic! Die Macht des Unbewussten verstehen und nutzen für Motivation, Marketing, Management, 4. Aufl. Haufe Gruppe, Freiburg (2009)

Hauskeller, M.: Was ist Kunst? Positionen der Ästhetik von Platon bis Dante. Beck, München (2013)

Häusling, A., Fischer, S.: Mythos Agilität oder Realität. Personalmagazin 4, 30–33 (2014)

Heckmair, B.: Die Wiederentdeckung der Wirklichkeit: Erlebnis im gesellschaftlichen Diskurs und in der pädagogischen Praxis (Praktische Erlebnispädagogik). Dr. Jürgen Sandmann, Trebbin (1995)

Heid, H.: Werte und Normen in der Berufsbildung. In: Arnold, R., Lipsmeier, A. (Hrsg.) Handbuch der Berufsbildung. VS Verlag, Opladen (1995)

Heitkämper, P.: Die Kunst erfolgreichen Lernens: Handbuch kreativer Lehr- und Lernformen. Junfermann, Paderborn (2000)

Herde, A.: Perspektivwechsel für Führungskräfte – interdisziplinäre und intersektorale Lern- und Erfahrungswelten. In: Spieß, B., Fabisch, N. (Hrsg.) CSR und neue Arbeitswelten. Springer Gabler, Berlin (2017)

Hernegger, R.: Vom Reflex zur Selbststeuerung. Das neurophysiologische Substrat der Kontroll- und Ichfunktion. Profil, München (1985)

Hesse, J., Schrader, H.-C.: Training Vorstellungsgespräch Hallbergmoos bei München (2014)

Heyse, V.: Strategien, Kompetenzanforderungen, Potenzialanalysen. In: Heyse, V., Erpenbeck, J. (Hrsg.) Kompetenzmanagement. Methoden, Vorgehen, KODE® und KODE®X im Praxistest. Waxmann, Münster (2007)

Heyse, E. & Erpenbeck, J. (2007): Kompetenzen managen. Waxmann, Münster

Heyse, V., Erpenbeck, J.: Kompetenztraining. 64 Informations- und Trainingsprogramme, 2. Aufl. Schäffer-Poeschel, Stuttgart (2008)

Heyse, V., Ortmann, S.: Talent-Management in der Praxis: Eine Anleitung mit Arbeitsblättern, Checklisten, Softwarelösungen. Waxmann, Münster (2008)

Hirsch, R., Pfingsten, U.: Gruppentraining sozialer Kompetenzen GSK: Grundlagen, Durchführung, Anwendungsbeispiele. Beltz, Weinheim (2015)

Höck, K., Ott, J., Vorwerg, M.: Theoretische Probleme der Gruppentherapie. Barth, Leipzig (1981)

Hofert, S.: Meine 100 besten Tools für Coaching und Beratung. Insider-Tips aus der Coachingpraxis. Gabal, Offenbach (2013)

Hoffmann, A.: Das Systemprogramm der Philosophie der Werte: Eine Würdigung der Axiologie Wilhelm Windelbands. Erfurt, Norderstedt (2014)

Höher, F.: Vernetztes Lernen im Mentoring. Eine Studie zur nachhaltigen Wirkung und Evaluation von Mentoring. Springer, Wiesbaden (2014)

Hollinger, T.: Führungskräftetraining mit Pferden. Können Menschen von Tieren lernen? Igel, Hamburg (2014)

Hoskins, B., Cartwright, F., Schoof, U.: European Lifelong Learning Indicators (ELLI). Bertelsmann Stiftung, Bielefeld (2010)

Hossip, R., Mühlhaus, O.: Personalauswahl und -entwicklung mit Persönlichkeitstests. Hogrefe, Göttingen (2005)

Howard, P.J.: The Owner's Manual for Values at Work: Clarifying and Focusing on What Is Most Important. Center for Applied Cognitive Studies, Charlotte (2016)

HRV & Psyche. https://www.autonomhealth.com/blog/unsere-gefuehle-und-ihr-einfluss-auf-unsere-hrv/ (2018). Zugegriffen: 12. Nov. 2018

Hübl, P.: Anatomie der Moral: Wie Emotionen unsere Werte prägen und die Gesellschaft spalten. Bertelsmann, München (2019)

Humpl, B.: Transfer von Erfahrungen: Ein Beitrag Zur Leistungssteigerung In Projektorientierten Organisationen. Deutscher Universitätsverlag, Wiesbaden (2004)

Ipsen, C.: Trainingstransfer in der Weiterbildungsreihe „Der Anti-Bias-Ansatz in Theorie und Praxis. Eine qualitative Erhebung zur Identifizierung relevanter Faktoren". Lambertus, Regensburg (2008)

Iris, M.: https://www.swr.de/swraktuell/Pro-Contra-Brauchen-wir-einen-Werteunterricht-fuer-Fluechtlingskinder,wertekundeunterricht-gefluechtete-102.html. Zugegriffen: 12. Okt. 2018

Iwin, A.A.: Grundlagen der Logik von Wertungen. Akademie, Berlin (1975)

Jaeckel, M.: Emotionen messen – aber wie? Absatzwirtschaft 5/2018. http://www.absatzwirtschaft.de/emotionen-messen-aber-wie-3365/ (2018). Zugegriffen: 14. Juni 2018

Janich, P.: Was ist Erkenntnis? Eine philosophische Einführung. Beck, München (2000)

Janßen, A.: Handbuch Management Coaching. Konsequent systemisch-konstruktivistisch in Theorie und Praxis. Haiger Werdewelt Verlag und Medienhaus-GmbH, Mittenaar (2013)

Janßen, A., Schödlbauer, C.: Systemisches Management-Coaching. ManagerSeminare, Bonn (2017)

Jantzen, W.: Allgemeine Behindertenpädagogik, Bd. 1. Beltz, Weinheim (1987)

Jantzen, W.: Am Anfang war der Sinn. Zur Naturgeschichte, Psychologie und Philosophie von Tätigkeit, Sinn und Dialog (Forum Wissenschaft/Studien; 23). BdWi-Verlag, Marburg (1994)

Javetsky, B., Koller, T.: Debiasing the corporation: An interview with Nobel laureate Richard Thaler. Interview – McKinsey Quarterly – May 2018

Jeffery, M.: The Human Computer. Little, Brown, New York (2000)

Jennings, C.: 70:20:10. http://blog.wissen-im-unternehmen.de/fundstuck-der-woche-die-702010-regel-im-corporate-learning/. Zugegriffen: 16. Mai 2018

Jennißen, M.: Teambuilding durch Outdoor-Trainings in der Feuerwehrgrundausbildung: Theoretische Grundlagen und visionärer Praxistransfer am Beispiel der Berufsfeuerwehr Mönchengladbach. GRIN, München (2017)

Joaquin, A.: Values clarification. How reflection on core values is used in CBT. https://positivepsychologyprogram.com/values-clarification/ (2018). Zugegriffen: 10. Okt. 2018

Juul, J., Hoeg, P., et al.: Miteinander. Wie Empathie Kinder stark macht. Beltz, Weinheim (2017)

Kahnemann, D.: Schnelles Denken, langsames Denken. Penguin, München (2016)

Kahneman, D., Tversky, A.: Prospect theory: An analysis of decision under risk. Econometrica **47**, 263–292 (1979)

Kahnemann, D., Tversky, A.: Choices, Values, and Frames. Cambridge University Press, Cambridge (2000)

Kanning, U.P.: Wenn Manager auf Bäume klettern… Mythen der Personalentwicklung und Weiterbildung. Westf Pabst Science Publishers, Lengerich (2013)

Kauffeld, S., Grote, S.: Frieling: Das Kasseler Kompetenzraster. In: Erpenbeck, J., Sauter, W., Grote, S. (Hrsg.) Handbuch Kompetenzmessung. Schäffer-Poeschel, Stuttgart (2018)

Kaufmann, H.: Hype or no hype. Folge 7: cloud learning. http://www.ltn.unibas.ch/ltn/tl_files/learntechnet/dokumente/Aktuell/Hype%20or%20no%20hype/Folge%207%20Cloud%20 (2011). Zugegriffen: 16. Juli 2018

Kelley, T., Littman, J.: The Art of Innovation: Lessons in Creativity From IDEO, America's Leading Design Firm, 1. Aufl. Crown Business, New York (2001)

Kensok, P.: Der Werte-Manager. Das Arbeitsbuch. Wertemanagement im Coaching, Selbstcoaching und für Teams. SWB, Waiblingen (2012)

Kerres, M.: Mediendidaktik. Konzeption und Entwicklung mediengestützter Lernangebote, 5. Aufl. De Gruyter, München (2018)

Kerres, M., Bormann, M., Vervenne, M., et al.: Didaktische Konzeption von Serious Games: Zur Verknüpfung von Spiel- und Lernangeboten. www.medienpaed.com (2009). Zugegriffen: 16. Juli 2012

Kesselring, T.: Ethik und Erziehung. Wissenschaftliche Buchgesellschaft, Darmstadt (2014)

Kienbaum: Entwicklung der Generation Y. Von Gamification & Multi Generation Development. Präsentation im Rahmen der ZeitAkademie am 5. Juni 2013 in Hamburg (2013)

Kierkegaard, S.: Tagebücher. primatexxt, München (1962)
Kießling-Sonntag, J.: Handbuch Trainings- und Seminarpraxis. Cornelsen, Stuttgart (2003)
Kirchner, T.: Kompendium der Psychotherapie: Für Ärzte und Psychologen. Springer, Berlin (2017)
Kirkpatrick, D.L., Kirkpatrick, J.D.: Evaluation Trainings Programs. The Four Levels, 4. Aufl. Berrett-Koehler, Sydney (2012)
Kirschenbaum, H.: Values Clarification in Counseling and Psychotherapy: Practical Strategies for Individual and Group Settings. Oxford University Press, Oxford (2013)
Klein-Landeck, M., Pütz, T.: Montessoripädagogik. Einführung in Theorie und Praxis. Herder, Freiburg im Breisgau (2011)
Kliebisch, U.: Kooperation und Werthaltungen. Interaktionsspiele und Infos für Jugendliche. Verlag an der Ruhr, Mühlheim an der Ruhr (1995)
Klimmt, C.: Unterhaltungserleben bei Computerspielen. In: Mitgutsch, K., Rosenstingl, H. (Hrsg.) Faszination Computerspielen. Theorie – Kultur – Erleben. Braumüller, Wien (2008)
Klix, F.: Erwachendes Denken. Geistige Leistungen aus evolutionspsychologischer Sicht. Spektrum Akademischer, Heidelberg (1993)
Kohlberg, L.: Stages of moral development as a basis for moral education. In: Beck, C.M., Crittenden, B.S., Sullivan, E.V. (Hrsg.) Moral Education. Interdisciplinary Approaches. University of Toronto Press, Toronto (1971)
Konfuzius: Gia Yü – Konfuzianische Lehrgespräche. Marix, Göttingen (2014) (vor ca. 2500 Jahren, diese Ausgabe)
König, E., Volmer, G.: Handbuch systemisches Coaching. Für Führungskräfte, Berater und Trainer. Beltz, Weinheim (2009)
König, E., Volmer, G.: Handbuch Systemische Organisationsberatung. Beltz, Weinheim (2018)
König, E., Volmer, G.: Handbuch Systemisches Coaching. Für Coaches und Führungskräfte, Berater und Trainer. Beltz, Weinheim (2019)
König, E., Volmer-König, G.: Einführung in das systemische Denken und Handeln. Beltz, Weinheim (2016)
Kosellek, R.: Vergangene Zukunft. Suhrkamp, Frankfurt a. M. (1979)
Krause, F., Storch, M.: Ressourcenorientiert coachen mit dem Zürcher Ressourcenmodell-ZRM. Psychol. Österr. **26**(1), 32–43 (2006)
Krause, F., Storch, M.: Ressourcen aktivieren mit dem Unbewussten. Manual und ZRM®–Bildkartei. DIN A4. Huber, Bern (2018)
Kruse, O.: Emotionsdynamik und Psychotherapie. Grundlagen zum Verständnis menschlicher Emotionen und ihrer psychotherapeutischen Beeinflussung. Beltz, Weinheim (1985)
Kübler, D.: Beeinflussen, aber nicht einschränken. Wenn Verhaltensökonomie politisch wird. In: Allmendinger, J. (Hrsg.) WZB Mitteilungen. Kunstvoll stupsen. Wie Nudging Entscheidungen beeinflusst. Präsident des Wiss.-Zentrums Berlin für Sozialforschung, Berlin (2017)

Kuhlmann, A., Sauter, W.: Innovative Lernsysteme. Kompetenzentwicklung mit Blended Learning und Social Software. Springer, Berlin (2008)

Kürzinger, K.S.: „Das Wissen bringt einem nichts, wenn man keine Werte hat". Wertebildung und Werteentwicklung aus der Sicht von Jugendlichen. VetR Unipress, Göttingen (2014)

Lacoursiere, R.: Group and general developemental stages. In: Lacoursiere, R. (Hrsg.) The Life Cycle of Groups. Group Developemental Stage Theorie. Human Sciences Press, New York (1980)

Lakemann, U.: Wirkungsimpulse von Erlebnispädagogik und Outdoor-Training. Empirische Ergebnisse aus Fallstudien. ZIEL, Augsburg (2005)

Lakoff, G., Wehling, E.: Auf leisen Sohlen ins Gehirn. Politische Sprache und ihre heimliche Macht. Carl-Auer, Heidelberg (2016)

Laloux, F.: Reinventing organizations. Ein Leitfaden zur Gestaltung sinnstiftender Formen der Zusammenarbeit. Vahlen, München (2015)

Lammers, C.-H.: Emotionsfokussierte Methoden. Techniken der Verhaltenstherapie. Beltz, Weinheim (2015)

Le, S., Weber, W., Ebner, M.: Game Based Learning- Spielend Lernen? In: Schön, S., Ebner, M. (Hrsg.) Lehrbuch für Lernen und Lehren mit Technologien (L3T). Epubli GmbH, Graz (2013)

Lembcke, O.W., Ritzi, C.: Zeitgenössische Demokratietheorie. Springer VS, Heidelberg (2015)

Levy, J.: Loss aversion, framing, and bargaining: the implications of prospect theory for international conflict. Int. Polit. Sci. Rev. **17**(2), 179–195 (1996)

Lindner, K.: Wertebildung im Religionsunterricht. Grundlagen, Herausforderungen und Perspektiven. Ferdinand Schöningh, Paderborn (2017)

Lipe, D.: A Critical Analysis of Values Clarification. Apologetics Press, Montgomery (2002)

Löffler, S., Peper, M.: Emotionen, Lernen und Gedächtnis im Lebensalltag: Interaktives psychophysiologisches Monitoring in Labor und Feld. Lang, Frankfurt a. M. (2011)

Lohninger, A.: Herzratenvariabilität: Das HRV-Praxis-Lehrbuch. Facultas, Wien (2017)

Lorenz, K.: Die Rückseite des Spiegels. Versuch einer Naturgeschichte menschlichen Erkennens. Piper, München (1996)

Lorenz, M., Rohrschneider, U.: Bewerbungstraining. Taschenbuch. Independent (2015)

Lotze, H.: Grundzüge der Metaphysik. Dictate aus den Vorlesungen. Hirzel, Leipzig (1883) (Erstveröffentlichung 1841)

Luhmann, N.: Soziale Systeme. De Gruyter, Frankfurt a. M. (1984)

Macke, G., Hanke, U.: Hochschuldidaktik. Lehren – Vortragen – Prüfen – Beraten. Mit überarbeiteter Methodensammlung „Besser Lehren". Beltz, Weinheim (2016)

Mahrer, A.R.: Psychotherapeutic Change. An Alternative Approach to Meaning and Measurement. Norton, New York (1985)

Malik, F.: Navigieren in Zeiten des Umbruchs. Due Welt neu denken und gestalten. Campus, Frankfurt a. M. (2015)

March, J.: Zwei Seiten der Erfahrung: Wie Organisationen intelligenter werden können. Carl-Auer, Heidelberg (2016)

Martina Uppendahl: Bewerbungstraining & Karriereberatung. https://bewerbung-hamburg.info/Ueber-uns/Leitbild-Werte. Zugegriffen: 27. Nov. 2018

Marx, K.: Hefte zur epikureischen, stoischen und skeptischen Philosophie – Drittes Heft. MEW. Bd. 40. Berlin. (1973)

Marx, A., Stegfellner, M.: Economy to weconomy. Ein Manifest für ein neues genossenschaftliches Jahrhundert. Initiative Economy to Weconomy. WeQ Insitute gGmbH, Berlin (2018)

Matula, V.: Emoti*ScapeTM – nástroj pro měření emocionální reakce na reklamu http://www.mykodex.cz/emoti-scape/ (2017)

Maturana, H., Varela, F.: Der Baum der Erkenntnis. Herder, Bern (1987)

Maybury, R.J.: Values clarification. Early warning report. http://www.chaostan.com/values.html (2011). Zugegriffen: 27. Nov. 2018

Mayer, G.: Über die Spezifik des ästhetischen Verhältnisses. Dissertation B, Berlin (1977)

Meier, C., Seufert, S.: Game-based Learning: Erfahrungen mit und Perspektiven für digitale Lernspiele in der betrieblichen Bildung. In: Hohenstein, A., Wilbers, K. (Hrsg.) Handbuch E-Learning. Fachverlag Deutscher Wirtschaftsdienst, München (2003)

Meier, C., Seufert, S.: Social Business Learning. Antriebskräfte. Potenziale. Umsetzung; Whitepaper SCIL St. Gallen. http://www.artset-lqw.de/cms/fileadmin/user_upload/Dateien_zum_Herunterladen/Whitepaper_SocialBusinessLearning_2012-11-19.pdf (2012). Zugegriffen: 18. Okt. 2013

Meynhardt, T., Metelmann, J., Bartholomes, S.: (De)composing public value. New evidence for basic structures. In: Paper for the 2010 Conference of the International Public Management Network. New Steering Concepts in Public Management-Working towards Social Integration. St. Gallen, Jena (2010)

Michl, W.: Erlebnispädagogik. Reinhard, Stuttgart (2015)

Migge, B.: Sinnorientiertes Coaching. Beltz, Weinheim (2016)

Migge, B.: Handbuch Coaching und Beratung. Wirkungsvolle Modelle, kommentierte Falldarstellungen, zahlreiche Übungen. Beltz, Weinheim (2018) (Erstveröffentlichung 2007)

Migge, B., Fränkle, R.: 75 Bildkarten Sinnorientiertes Coaching. Beltz, Weinheim (2016)

Mistele, P., Pawlowsky, P.: Hochleistungsmanagement: Leistungspotenziale in Organisationen gezielt fördern. Gabler, Wiesbaden (2008)

Mitchell, S.: Komplexitäten. Warum wir erst anfangen, die Welt zu verstehen. Suhrkamp, Frankfurt a. M. (2008)

Mittelstraß, J.: Praxis. In: Mittelstraß, J. (Hrsg.) Enzyklopädie Philosophie und Wissenschaftstheorie, Bd. 3, S. 336–337. Weimar, Stuttgart (1996)

Mitterlehner, R.: Haltung. Werte in der Politik und im Leben. Ecowin, Salzburg (2019)

Miyashiro, M.R.: Der Faktor Empathie – Ein Wettbewerbsvorteil für Teams und Organisationen. Junfermann, Paderborn (2013)

Montessori, M.: Montessori und die Revolution der Werte. In: Montessori, M. (Hrsg.) Erziehung zum Menschen. Montessori-Pädagogik heute. Fischer-Taschenbuch, Frankfurt a. M. (1987)

Montessori, M.: Kinder lernen schöpferisch. Herder, Freiburg im Breisgau (1995)

Montessori, M.: Zehn Grundsätze des Erziehens, 7. Aufl. Herder, Freiburg im Breisgau (2012)

Montessori, M.: Kinder sind anders. Kinder fordern uns heraus, 17. Aufl. Klett-Cotta, Stuttgart (2014a)

Montessori, M.: Grundlagen meiner Pädagogik, 12. Aufl. Quelle & Meyer, Wiebelsheim (2014b)

Müller, G., Hoffmann, K.: Systemisches Coaching. Handbudh für die Beraterpraxis. Carl-Auer, Augsburg (2008)

Munz, C., Wagner, J., Hartmann, E.: Die Kunst der guten Dienstleistung. Wie sich professionelle Dienstleistungsarbeit lernen lässt. Bertelsmann, Bielefeld (2012)

Nachtigall, C.: Selbstorganisation und Gewalt. Waxmann, Münster (1992)

Nemko, M.: Co-coaching: "I'll coach you and you'll coach me". http://www.martynemko.com/articles/co-coaching-quotill-coach-you-if-youll-coach-mequot_id1510 (2012). Zugegriffen: 23. Nov. 2012

Neuweg, G.H.: Das Schweigen der Könner: Gesammelte Schriften zum impliziten Wissen. Waxmann, Münster (2015)

Ohnesorge, D., Engelbert Fitz, R.: Wertorientierung und Sinnentfaltung im Coaching. Vorgehen und Praxisbeispiele nach dem St. Gallener Coaching Modell (essentials). Springer, Wiesbaden (2014)

Ogilvy, D.: Zitiert In: Handel, M., Müller, K.M.: Emotionen messen – Werbung verstehen – Marketingerfolg vorhersagen? marktforschung.de. Das Portal für Markt-, Medien- und Meinungsforschung vom 30.05.2016 (2018)

Paffrath, F.: Einführung in die Erlebnispädagogik (Praktische Erlebnispädagogik). ZIEL, Trebbin (2017)

Pape, K.H.: Vom Lehrer, Trainer und Dozenten zum Lern-Dienstleister. In: Erpenbeck, J., Sauter, W. (Hrsg.) Handbuch Kompetenzentwicklung im Netz. Bausteine einer neuen Bildungswelt. Schäffer-Poeschel, Stuttgart (2017)

Papier, H.-J., Meynhardt, T. (Hrsg.): Freiheit und Gemeinwohl. Ewige Gegensätze oder zwei Seiten einer Medaille? Tempus Corporate, Leipzig (2016)

Patriotische Gesellschaft: SeitenWechsel. Lernen in anderen Lebenswelten. Das einzigartige Führungskräfteprogramm für emotionale Sicherheit und soziale Kompetenz (o. J.)

Pawlowsky, P., Mistele, P., Geithner, S.: Auf dem Weg zur Hochleistung. In: Pawlowsky, P., Mistele, P. (Hrsg.) Leistungspotenziale in Organisationen gezielt fördern. Gabler, Wiesbaden (2008)

Pickel, S., Pickel, G.: Politische Kultur- und Demokratieforschung: Grundbegriffe, Theorien, Methoden. Eine Einführung. VS Verlag, Wiesbaden (2006)
Pittman, F.: A Buyer's guide to psychotherapy. Psychol. Today **27**(1), 50 (1994)
Plutchik, R., Kellerman, H.: Emotion. Theory, Research and Experience: Bd. I. Theories of Emotion. Academic, New York (1980)
Plutchik, R., Kellerman, H.: Emotion, Psychopathology and Psychotherapy, Bd. V. Academic, New York (1990)
Poerksen, B.: Die Gewissheit der Ungewissheit. Carl-Auer, Heidelberg (2015)
Popp, V.: Initiation: Zeremonien der Statusänderung und des Rollenwechsels. Eine Anthologie. Suhrkamp, Berlin (1969)
Püttjer, C.: Das Vorstellungsgespräch. Lerne alles Wichtige rund ums perfekte Vorstellungsgespräch und überzeuge Deinen neuen Arbeitgeber. Independent (2018)
Püttjer, C., Schnierda, U.: Einstellungstest – Das große Trainingsbuch: Alle Testverfahren mit ausführlichen Lösungen. Campus, Frankfurt a. M. (2014)
Raddatz, S.: Beratung ohne Ratschlag. Systemisches Coaching für Führungskräfte und BeraterInnen. Ein Praxishandbuch mit den Grundlagen systemisch-konstruktivistischen Denkens, Fragetechniken und Coachingkonzepten, 3. Aufl. Literatur-VSM, Wien (2003)
Rahman, H.: The Neurobiological Basis of Memory and Behavior. Springer, Heidelberg (2012)
Rama, M.: Prospect Theory. Unkorrekte Einschätzung von Wahrscheinlichkeiten. GRIN, München (2018)
Raths, L.E., Harmin, L.E., Simon, S.B.: Values and Teaching. C. E. Merrill Books, Columbus (1996)
Reicher, M.: Einführung in die philosophische Ästhetik. WBG, Darmstadt (2016)
Reinhardt, S.: Werte in der Politischen Bildung. In: Lange, D. (Hrsg.) Konzeptionen Politischer Bildung. Schneider, Baltmannsweiler (2010)
Reiss, S., Reiss, M.: Das Reiss Profile: Die 16 Lebensmotive. Welche Werte und Bedürfnisse unserem Verhalten zugrunde liegen, 4. Aufl. Gabal, Offenbach (2009)
Rimbaud, A.: Voyelles. In: Bernard, S., Guyaux, A. (Hrsg). Œuvres. Paris. (Übersetzung George, S.: Zeitgenössische Dichter: Bd. 2. Verlaine, Mallarmé, Rimbaud, De Régnier, D'Annunzio, Rolicz-Lieder. Bondi, Berlin (1983) (Erstveröffentlichung1905))
Robertz, D., Robertz, F.: Konflikt-Training mit Kindern und Jugendlichen. Ein Werkbuch für die Ausarbeitung und Anwendung von Trainingsformen zum Umgang mit Gewalt und Aggressivität in Schule und Jugendarbeit. Books on Demand, Hamburg (2001)
Rock, W.J.: The Mass Confusion of Values Clarification: A Retrospective Look. Winston-Derek, Washington (1996)
Rohr, R.: Endlich Mann werden: Die Wiederentdeckung der Initiation. Claudius, München (2009)
Rogers, C.R.: Der Prozess der Encounter-Gruppe. In: Rogers, C.R. (Hrsg.) Encounter – Gruppen. Das Erlebnis der menschlichen Begegnung, 6. Aufl. Fischer-Taschenbuch, Frankfurt a. M. (1974)

Rogers, C.R.: Eine Theorie der Psychotherapie, der Persönlichkeit und der zwischenmenschlichen Beziehungen. Reinhardt, Köln (1987)
Rösler, H.: Ganzheitliches Bewerbercoaching: Ein Leitfaden für integrationsorientierte Beratungsfachkräfte. Springer Fachmedien, Wiesbaden (2015)
Rost, W.: Emotionen: Elixiere des Lebens. Springer, Berlin (1990)
Roth, G.: Warum es so schwer ist, sich und andere zu ändern. In: Lehhofer, M., Roth, G., Schmidt, G. (Hrsg.) Warum es so schwer ist, sich und andere zu ändern. Original Vorträge Jokers hörsaal (DVD). Auditorium Netzwerk, Müllheim (2014)
Roth, G., Ryba, A.: Coaching, Beratung und Gehirn. Neurobiologische Grundlagen wirksamer Veränderungskonzepte. Klett-Cotta, Stuttgart (2016)
Roy, P.: Values clarification, 5. Aufl. https://www.therapistaid.com/therapy-worksheet/values-clarification; https://positivepsychologyprogram.com/values-clarification/ (2012). Zugegriffen: 11. Nov. 2018
Rückerl, T.: Das große Praxis-Handbuch Business Coaching. Die wirkungsvollsten Werkzeuge für Profis. Wiley, Hoboken (2018)
Sauer, F.H.: Das große Buch der Werte: Enzyklopädie der Wertvorstellungen. INTUISTIK, Köln (2018)
Sauter, W.: Vom Vorgesetzten zum Coach der Mitarbeiter. Handlungsorientierte Entwicklung von Führungskräften. Deutscher Studien Verlag, Weinheim (1994)
Sauter, S., Sauter. W.: Zielorientierte Kompetenzentwicklung mit bedarfsgerechter Kompetenzmessung. In: Erpenbeck, J., Sauter, W. (Hrsg.) Handbuch Kompetenzentwicklung im Netz. Bausteine einer neuen Lernwelt. Schäffer-Poeschel, Stuttgart (2016a)
Sauter, W.: Veränderungsprozess zu innovativen Geschäftsmodellen der Bildung. In: Erpenbeck, J., Sauter, W. (Hrsg.) Handbuch Kompetenzentwicklung im Netz. Bausteine einer neuen Lernwelt. Schäffer-Poeschel, Stuttgart (2016b)
Sauter, S., Sauter, W.: Workplace Learning. Integrierte Kompetenzentwicklung mit kooperativen und kollaborativen Lernsystemen. Springer, Berlin (2014)
Sauter, S., Staudt, F.P.: Vom Learning Management System zur Sozialen Kompetenzentwicklungs-Plattform. In: Erpenbeck, J., Sauter, W. (Hrsg.) Handbuch Kompetenzentwicklung im Netz. Bausteine einer neuen Lernwelt. Schäffer-Poeschel, Stuttgart (2016)
Sauter, R., Sauter, W., Wolfig, R.: Agile Werte- und Kompetenzentwicklung. Wege in eine neue Bildungswelt. Springer, Berlin (2018)
Schad, N., Michl, W., Knoblauch, R. (Hrsg.): Outdoor-Training. Personal- und Organisationsentwicklung zwischen Flipchart und Bergseil. Reinhardt, München (2004)
Scharmer, O., Käufer, K.: Von der Zukunft her führen: Von der Egosystem- zur Ökosystem-Wirtschaft. Theorie U in der Praxis. Carl-Auer, Heidelberg (2017)
Schechner, J., Zürner, J.: Krisen bewältigen: Viktor E. Frankls 10 Thesen in der Praxis. Braumüller, Wien (2013)
Scheibner, A.: The Human Computer. Little, Brown, New York (2002)

Schlegel, H.: Spiritual Coaching. Führen und Begleiten auf der Basis geistlicher Grundwerte. Topos Plus, Ostfildern (2017)
Schlick, M.: Lebensweisheit, Versuch einer Glückseligkeitslehre. Fragen der Ethik. Springer, Wien (2006)
Schlieper-Damrich, R.: Wertecoaching in Krisen. Aus erschütternden Situationen sinnvoll aufbrechen. ManagerSeminare, Bonn (2010)
Schlieper-Damrich, R., Kipfelsberger, P.: Wertecoaching. Beruflich brisante Situationen sinnvoll meistern. ManagerSeminare, Bonn (2008)
Schmidt, B.: Systemisches Coaching. Konzepte und Vorgehensweisen in der Persönlichkeitsberatung (EHP-Handbuch Systemische Professionalität und Beratung). EHP, Bergisch Gladbach (2004)
Schmidt, E.M.: Kommunikative Praxisbewältigung in Gruppen (KOPING) – Ein in der Praxis bewährtes Konzept zur Handlungsmodifikation. In: Huber, A.A. (Hrsg.) Vom Wissen zum Handeln. Ansätze zur Überwindung der Theorie-Praxis-Kluft in Schule und Erwachsenenbildung. Huber, Tübingen (2005)
Schmidt, L.: Der Wert der Pflege. https://www.faz.net/aktuell/politik/kommentar-der-wert-der-pflege-14280517.html (2016). Zugegriffen: 16. Jan. 2019
Schmidt, L.: Der Wert der Pflege. https://www.faz.net/aktuell/politik/kommentar-der-wert-der-pflege-14280517.html (2019). Zugegriffen: 3. Jan. 2019
Schmidt, M.G., Bozdag, C.: Demokratietheorien: Eine Einführung. VS Verlag, Wiesbaden (2010) (German Edition)
Schmidt, B., Dietrich, K., Herdel, S.: Die Anti- Bias-Arbeit in Theorie und Praxis-kritische Betrachtung eines Anti-Diskriminierungsansatzes. Wochenschau, Berlin (2009)
Schmitt, R., Schröder, J., Pfaller, L.: Systematische Metaphernanalyse: Eine Einführung. Springer VS, Berlin (2018)
Schober, R.: Abbild, Sinnbild, Wertung. Aufsätze zur Theorie und Praxis literarischer Kommunikation, 2. Aufl. Aufbau, Berlin (1988)
Scholz, C., Sauter, W.: Kompetenzorientiertes Wissensmanagement. Gesteigerte Performance mit dem Erfahrungswissen der Mitarbeiter. Springer Fachmedien, Wiesbaden (2015)
Schönewolf, K., Schaefer, H.: Arthur Honneger. In: Schaefer, H. (Hrsg.) Konzertbuch Orchestermusik G-O. Deutscher Verlag, Leipzig (1973)
Schubert-Golinski, B., Wandhoff, H.: Alles außer Q. Das ABC der systemischen Beratung. Corlin, Hamburg (2018)
Schulz, A.: No Pain, No Gain?: Nonmainstream Body Modifications – Transformation durch rituellen Schmerz. LIT, Berlin (2014)
Schulz von Thun, F.: Das Werte- und Entwicklungsquadrat. In: Schulz von Thun, F. (Hrsg.) Miteinander reden: 2. Stile, Werte und Persönlichkeitsentwicklung. Rowohlt Taschenbuch, Reinbek bei Hamburg (2008a)
Schulz von Thun, F.: Miteinander reden 1. Störungen und Klärungen. Allgemeine Psychologie der Kommunikation. Rowohlt Taschenbuch, Hamburg (2008b)
Schumacher, E.: Montessori-Pädagogik verstehen, anwenden und erleben. Beltz, Weinheim (2016)

Schüßler, I. Von der Erzeugungs- zur Ermöglichungsdidaktik. http://www.rpi-virtuell.net/workspace/3719FF1D-F109-402F-96DA-702285484082/dats/2007/schuessler.pdf (2007). Zugegriffen: 17. Juni 2016

Schwaber, K., Sutherland, J., et al.: Scrum development process. In: OOPSLA Business Object Design and Implementation Workshop, Eds., London (1997)

Schwaber, K., Sutherland, J.: Scrum guide. https://www.projektmagazin.de/glossarterm/scrum (1995). Zugegriffen: 12. Okt. 2018

Schweppenhäuser, G.: Ästhetik: Philosophische Grundlagen und Schlüsselbegriffe. Campus, Frankfurt a. M. (2007)

Sedmak, C.: „Die Würde des Menschen ist unantastbar". Zur Anwendung der Katholischen Soziallehre. Friedrich Pustet, Regensburg (2017)

Seidler, C.: „Insight" schickt ihre ersten Fotos vom Mars. http://www.spiegel.de/wissenschaft/weltall/mars-landung-von-insight-nasa-sonde-erfolgreich-angekommen-a-1240570.html. Zugegriffen: 27. Nov. 2018

SIAK Sicherheitsakademie: Sicher mit Bildung. Perspektiven. Werte. Kompetenzen. Leitbild zur modernen Polieziausbildung. https://www.bmi.gv.at/104/files/Handbuch.pdf. Zugegriffen: 19. Jan. 2019

Siebert, H.: Selbstgesteuertes Lernen und Lernberatung, 3. Aufl. Luchterhand, Neuwied (2011)

Simon, S.B.: Beginning Values Clarification. A Guide for the Use. Pennant Press, Chicago (2000)

Simon, F.B.: Einführung in Systemtheorie und Konstruktivismus. Carl-Auer, Heidelberg (2006)

Skiera, E.: Reformpädagogik in Geschichte und Gegenwart, 2. Aufl. Wissenschaftsverlag, Oldenburg (2010)

Skinner, B.F.: Walden Two – Die Vision einer besseren Gesellschaftsform. Fi-Fa, Göttingen (2002)

Sokolowski, K.: Kapitel Emotion. In: Müsseler, J., Prinz, W. (Hrsg.) Lehrbuch Allgemeine Psychologie. Huber, Heidelberg (2002)

Sonnenschmidt, R.: Mythos, Trauma und Gewalt in archaischen Gesellschaften Taschenbuch. Mantis, Gräfelfing (1994)

Spielberger, T.: Maßnahmen zum Outdoor-Teambuilding: Allgemeine Erfolgskriterien und auf Teamphasen ausgerichtete Übungsauswahl. Springer Fachmedien, Wiesbaden (2015)

Spieß, B., Fabisch, N. (Hrsg.): CSR und neue Arbeitswelten. Perspektivenwechsel in Zeiten von Nachhaltigkeit, Digitalisierung und Industrie 4.0. Springer Gabler, Berlin (2017)

Standop, J.: Werteerziehung. Einführung in die wichtigsten Konzepte der Werteerziehung. Beltz, Weinheim (2005)

Stangl, W.: Stichwort: *prospect theory*. Online Lexikon für Psychologie und Pädagogik. http://lexikon.stangl.eu/6512/prospect-theory/ (2018). Zugegriffen: 16. Nov. 2018

Steck Vaughn, P.: Steck Vaughn 100-Hour Reentry Prerelease Program. Student Edition Values Clarification, Goal Setting, and Achieving. Steck-Vaughn, Michigan (2013)
Stein, M.: Wie können wir Kindern Werte vermitteln? Werteerziehung in Familie und Schule. Reinhardt, München (2008)
Steiner, R.: Von der Initiation: Von Ewigkeit und Augenblick. Von Geisteslicht und Lebensdunkel. Acht Vorträge, München: Bd. 138. Rudolf Steiner Gesamtausgabe. Rudolf-Steiner, München (1986) (Erstveröffentlichung 1912)
Steinherr, E.: Werte im Unterricht. Empathie, Gerechtigkeit und Toleranz leben. Kohlhammer, Stuttgart (2017)
Stenger, C.: Wer lernen will, muss fühlen. Wie unsere Sinne dem Gedächtnis helfen. Rowohlt, Reinbek (2016)
Stepper, J.: Working Out Loud: For a Better Career And Life. Ilgikai Press, New York (2015)
Stockmayer, J.: Nur keinen Streit vermeiden: Ein Konflikttraining für Christen. C & P Verlag, Emmelsbüll-Horsbüll (2002)
Storch, M.: Rauchpause. Wie das Unbewusste dabei hilft, das Rauchen zu vergessen. Hogrefe, Bern (2008)
Storch, M.: Mein Ich Gewicht. Wie das Unbewusste hilft, das richtige Gewicht zu finden, 4. Aufl. Herder, Bern (2009)
Storch, M.: Machen Sie doch, was Sie wollen! Wie ein Strudelwurm den Weg zu Zufriedenheit und Freiheit zeigt, 4. Aufl. Hogrefe, Bern (2012)
Storch, M., Krause, F.: Selbstmanagement-ressourcenorientiert. Grundlagen und Trainingsmanualfür die Arbeit mit dem Zürcher Ressourcen Modell® (ZRM®), 4. Aufl. Hogrefe, Bern (2011)
Storch, M., Riedener, A.: Ich pack's! Selbstmanagement für Jugendliche. Ein Trainingsmanual für die Arbeit mit dem Zürcher Ressourcenmodell®. Darin Kopiervorlagen, 2. Aufl. Huber, Bern (2011)
Storch, M., Cantieni, B., Hüther, G., Tschacher, W.: Embodiment. Die Wechselwirkung von Körper und Psyche verstehen und nutzen, 2. Aufl. Huber, Bern (2010)
Tausch, R., Tausch, A.-M.: Gesprächspsychotherapie. Hilfreiche Gruppen – Und Einzelgespräche in Psychotherapie und alltäglichem Leben, 9. ergänzte Aufl. Hogrefe, Göttingen (1990)
Thaler, R.H., Sunstein, C.R.: Nudge. Wie man kluge Entscheidungen anstößt, 7. Aufl. Ullstein, Berlin (2017)
The Economist: Demokratieindex. Free Speech under Attac. https://www.eiu.com/topic/democracy-index (2017). Zugegriffen: 22. Juli. 2018
Thierse, W.: Werte bilden: Politik, Kultur, Wirtschaft, Kirche und Hochschule im Diskurs. Kohlhammer, Stuttgart (2005)
Tietze, K.O.: Kollegiale Beratung. Problemlösungen gemeinsam entwickeln. In: Schulz von Thun, F. (Hrsg.) Miteinander reden, 5. Aufl. Rowohlt Taschenbuch, Reinbeck (2012)

Todenhöfer, J.: Die große Heuchelei. Wie der Westen seine Werte verrät. Propyläen, Berlin (2019)
Trebeß, A.: Metzler Lexikon Ästhetik: Kunst, Medien, Design und Alltag. Metzler, Stuttgart (2006)
Trisch, O.: Der Anti-Bias-Ansatz. Beiträge zur theoretischen Fundierung und Professionalisierung der Praxis. ibidem, Stuttgart (2013)
Uebernickel, F., Brenner, W., Naef, T., Pukall, B., Schindlholzer, B.: Design Thinking. Das Handbuch. Frankfurter Allgemeine, Frankfurt (2016)
van Gunsteren, D., Fassbender, B.: Menschenrechteerklärung. Allgemeine Erklärung der Menschenrechte. Neuübersetzung, Synopse, Erläuterung. Materialien. Sellier, München (2009) (Erstveröffentlichung 1948)
Vaterlaus, T.: Systemisches Coaching. Dokumentierter Erfahrungsbericht mit Reflexionen der Beteiligten. Universität Saarbrücken (2016)
Verwiebe, R. (Hrsg.): Werte und Wertebildung aus interdisziplinärer Perspektive. Vieweg, Wiesbaden (2019)
Vogel, M.-T.: Outdoor Trainings im Vergleich. Erlebnispädagogische Maßnahmen in der Erwachsenenbildung. VDM, Wien (2012)
Vogel, M.: Bewerbungsratgeber. Mit der richtigen Bewerbung zum Vorstellungsgespräch! Tipps rund um das Bewerbungsschreiben, das Vorstellungsgespräch und die richtige Körpersprache. Wir führen Sie zum Erfolg! Independent (2018)
von Cranach, M.: Die Unterscheidung von Handlungstypen. Ein Vorschlag zur Weiterentwicklung der Handlungspsychologie. In: Bergmann, B., Richter, P. (Hrsg.) Von der Praxis einer Theorie. Ziele, Tätigkeit und Persönlichkeit. Hogrefe, Göttingen (1994)
von Foerster, H., Poerksen, B.: Wahrheit ist die Erfindung eines Lügners: Gespräche für Skeptiker. Carl-Auer, Heidelberg (2016)
von Schlippe, A., Schweitzer, J.: Lehrbuch der systemischen Therapie und Beratung I und II. Vandenhoeck & Ruprecht, Hamburg (2016)
Wagner, J., Brater, M.: Die Kunst des Lebenslangen Lernens. Wie künstlerische Aktivitäten Lernprozesse in der Erwachsenenbildung unterstützen können. Die Drei. Z. Anthroposophie Wiss. Kunst Sozialem Leben **5**, 45–56 (2011)
Wagner, J., Munz, C., Hartmann, E.: Gute Dienstleistung – eine Kunst. Was Dienstleister von Künstlern lernen können. In: Reichwald, R., Frenz, M., Hermann, S., Schipanski, A. (Hrsg.) Zukunftsfeld Dienstleistungsarbeit. Professionalisierung – Wertschätzung – Interaktion, S. 487–503. Springer Gabler, Wiesbaden (2012)
Wahl, D.: Ergebnisse der Lehr-Lern-Psychologie. http://www.dblernen.de/docs/Wahl_Ergebnisse-der-Lehr-Lern-Psychologie.pdf (2006). Zugegriffen: 25.05.2016
Wahl, D.: Der Advance Organizer: Einstieg in eine Lernumgebung. In: Brandt, S. (Hrsg.) Lehren und Lernen im Unterricht. Professionswissen für Lehrerinnen und Lehrer: Bd. 2. Perspektive 1. Pestalozzianum, Zürich (2011)
Wahl, D.: Lernumgebungen erfolgreich gestalten – Vom trägen Wissen zum kompetenten Handeln, 3. Aufl. Klinkhardt, Bad Heilbrunn (2013)

Wahl, K.: Wie kommt die Moral in den Kopf. Von der Werteerziehung zur Persönlichkeitsförderung. Springer Spektrum, Heidelberg (2014)

Wakker, P.: Prospect Theory. For Risk and Ambiguity. Cambridge University Press, Cambridge (2010)

Wartenweiler, F.: Provozieren erwünscht…aber bitte mit Feingefühl. Instrumente der „Provocative Therapy" in der Arbeit mit Eltern und Kindern. Junfermann, Paderborn (2003)

Wehrle, M.: Die 500 besten Coaching-Fragen. Das große Workbuchfür Einsteiger und Profis zur Entwicklung der eigenen Coaching-Fähigkeiten. ManagerSeminare, Bonn (2018)

Weidlich, W.: Sociodynamics. A Systematic Approach to Mathematical Modelling in Social Sciences. Dover, Mineola (2006)

Weinberg, U.: Network Thinking.Was kommt nach dem Brockhaus-Denken?, 2. Aufl. Murmann, Hamburg (2018)

Weiner, M.: Cognitive-Experiential Therapy. An Integrative Ego Psychology. Brunner/Mazel, New York (1985)

Wieland, J. (Hrsg.): Handbuch Wertemanagement. Erfolgsstrategien einer modernen Corporate Governance. Hamburg, Murmann (2004)

Wiemann, C.: Improving How Universities Teach Science. Lessons from the Science Education Initiative. Harvard University Press, Stanford (2017)

Wieser, J.: Warum kreative Werbespots oft scheitern. Die Presse, 29.12.2017, S. 13

Wilber, K.: A Theory of Everything: An Integral Vision for Business, Politics, Science, and Spirituality. Shambala, Boston (2000)

Wolf, Ch.: Kindheitsmuster. Suhrkamp, Frankfurt a. M. (2007)

Wygotski, L.: Denken und Sprechen. Koenigshausen Neumann, Frankfurt a. M. (1982)

Zierer, K. (Hrsg.): Schulische Werteerziehung. Kompendium. Hohengehren, Schneider (2010)

Zuffelato, A., Kreszmeier, A.: Lexikon Erlebnispädagogik: Theorie und Praxis der Erlebnispädagogik aus systemischer Perspektive (Praktische Erlebnispädagogik). ZIEL, Trebbin (2012)

Stichwortverzeichnis

70:20:10-Modell 82

A

Actionspiel 156
Adventurespiel 156
Advocatus-Diaboli-Diskussion 255
Affekt 26
Agilität 81
Allgegenwertigkeit 3
Anchoring 246
Anti-Biasing 245, 262
Antiwert 240
Arbeitsmethode
    agile 128
    moderne 117
Arbeitswelt
    moderne 79
    neue 80
Armee 64
Audio- und Videoplattformen 88

B

Backlog 130
Badges 159
Barcamp 150
Belohnung 123, 297
Beratung, kollegiale 114
Besitztumseffekt 246
Bewerbungs-, Präsentations- und Konfliktbewältigungstrainings, realitätsnahe 195
Beziehung 122, 295
Bildkartei 212
Bildung 122, 223, 294

C

Casual Games 156
cMOOC s. connective Massive Open Online Course
Coach 129
Co-Working Space 81
Coaching 163
Co-Coaching 113, 160, 175
Code of Conduct 84
Coding 252
Communities of Practice 114, 146
Computer
    Co-Coaching 161
    humanoider 160

kognitiver 160
Connectivist Massive Open Online Course (cMOOC) 148
Coping 111
Corporate Learning 71
Corporate Learning Journey 74
Corporate Values 84

D

Daily Scrum 133
Daily Stand-up 130
Debiasing 245, 258
Denken, systemisches 138
Design Thinking 136
Digitalisierung 79, 92
Disziplin 81
Dokumentenplattformen 88
Dominanz, stochastische 252

E

E-Coaching 174
E-Mentoring 177
Educational Games 155
Einrichtung, helfende 66
Einzelcoaching 165
Emotion 22, 26, 211
Emotionsmessung 30
Empathie 138
Entwicklungskonzeption, werteorientierte 72
Entwicklungspartner 129
Entwicklungsvision 130
Erfahrung 94
Erfahrungsgewinn 93
Erkennen, Werten und Handeln 275
Erleben 91
Erlebnis- und Abenteuerpädagogik 91
Erlebnispädagogik 203
Ermöglichungsdidaktik 81, 149
Ermöglichungsrahmen 87, 104

Erwartungstheorie, neue 248
Ethikunterricht 55
Expertise 99

F

Familie 124, 298
Faustregel
 der Repräsentativität 270
 der Verankerung 269
 der Verfügbarkeit 269
Framing 246
Freiheit, individuelle 125, 301
Fremdenfeindlichkeit 48
Frontloading 130

G

Game Based Learning 155
Gamification 159
Gefühl 26
Gehirnforschung 17
Gemeinnutz 123, 297
Genusswerte 120, 121, 293
Gesetz und Ordnung 125
Gestaltung von Werteentwicklungsprozessen 37
Gesundheit 121, 294
Gründe für die Notwendigkeit von Wertungen 80
Grundlage einer Wertung 9, 12
Grundsatz
 agiler Arbeitsmethoden 130
 der Symmetrie 111
 gezielter Werteentwicklung 83

H

Hackathon 149
Handeln, subjektivierendes 97
Handlungsdruck 103
Herausforderung in der Zukunft 80

Hochleistungsorganisation 64
Human Values 84
Humancomputer 160

I

Ich
   individuell-soziales 166
   kognitiv-kommunikatives 166
Ideale 124, 299
Individual- oder Gruppentraining 185
Instant Messaging 88
Interiorisation 18, 23, 228
Involvierung 170

J

Job Rotation 107

K

Kanban 139
Katastrophenschutz 64
Kirche 62
KODE®W 236
Kodierung 252
Kollaboration 98
Kommunikationsform 40
Kommunikationsmittel 183
Kommunikationstherapie 168
KOmmunikative Praxisbewältigung IN Gruppen (KOPING) 111
Kompetenzentwicklung von Krisenmanager 102
Kompetenzforschung 82
Kompetenzpädagogik 216
Könnerschaft 99
Konstruktivismus 226
Kontenführung, mentale 246
KOPING s. KOmmunikative Praxisbewältigung IN Gruppen

Kreativität 121, 293
Krisenmanagementexpertise 102
Kunst 272

L

Labilisierung, emotionale 19, 22, 27, 38, 82, 85
Learning Alliance 73
Leben 2
Lebensmotiv 234
Lebensstandard 123, 296
Lernen, lebenslanges 82
Lernwelt, neue 80
Libertär 270

M

Machbarkeitswahn 226
Macht 125
   und Kontrolle 301
Marker, somatischer 211
Massive Open Online Course (MOOC) 148
Maßstab einer Wertung 10, 12
Medium, soziales 86
Meetups 147
Mentor 129
Mentoring 163, 175
   werteorientiertes 175
Messung
   emotionaler Ausdrücke 32
   physiologischer Reaktionen 32
   subjektiver Gefühle 32
Methode, handlungs- bzw. verhaltenspsychologische 245
Mittel der Wertekommunikation 184
Mneme 217
Montessoripädagogik 190, 215
MOOCathon 147

N

Navigieren 79
Nebulae 217
Netzwerk 111, 125, 146, 302
  soziales 88
Neurobiologie 86, 166
Nicht-Konferenz 150
Norm und Gesetz 302
Nudging 245, 266
Nutzenwerte 120, 123, 295

O

Objekt (Gegenstand) einer Wertung 9, 12
Offenheit 138
Ökosystemdienste 89
Onlineforen 88
Organisation, wertegelenkte 59
Outdoor-Training 183, 199

P

Partei, politische 60
Paternalismus 270
Peer Working und Peer Learning 145
Personal Learning Journey 74
Planning-Meeting 134
Planung gezielter Werteentwicklung 187
Polizei 64
Positionsfinder 74
Post mortem Diskussion 253
Praxis 77
Praxisstufe 89
Prinzip der Sympathie 111
Priorisierung 130
Privatschule 216
Product
  Backlog 132
  Owner 132
Projekttagebuch 152
Prospect Theory 245, 246
Prozessbegleiter 129
Psychologie der Werte 239
Psychotherapieverfahren 30, 33
Pull 133
Pulse 144

Q

Qualifizierung 82

R

Reiß-Motiv 234
Respekt 124, 300
Ressource 211
Retrospektive 130
Review 130
Rollenspiel 156

S

Scrum 131
  Master 132
  Team 132
Seitenwechsel® 183, 207
Selbst, unbewusstes 166
Selbstorganisation 6, 168, 217, 226
Selbstorganisationstheorie 86
Serious Games 155
Shell-Jugendstudie 236
Sicherheit 123, 296
Simulationsspiel 156
Skalierung 143
Social
  Bookmark 88
  Learning 146
  Media 86
  Software 86
Sportspiel 156
Sprint
  Iteration 130
  Retrospektive 133
  Review 133

Status-quo-Bias 246
Stealth learning 156
Strategiespiel 156
Subjekt einer Wertung 9, 12
Suche 89

T

Team
  Mentoring 177
  Values 84
  Werte 84
Theorie der Moral und des moralischen Wachstums 45
Therapie, systemische 168
Timeboxing 130, 134
Trainer 129
Training 179, 181
  ohne Werteentwicklung 179
  von ethisch-moralischen Wertungen 186
  von sozial-weltanschaulichen Wertungen 185
Trainingsmethode 183
Trainingssituation
  realitätsähnliche 189
  realitätsgleiche 188
  realitätsnahe 189
Trainingsunternehmen 191
Transformationsprozess 75

U

Überlegung, ermöglichungsdidaktische 225
Übung 182
Übungsfirma 190
Umsetzungsteam 132
Unkonferenz 150
Unternehmen, werteorientiertes 67
Unternehmenskultur 155
Unternehmenswerte 84
Unterricht über deutsche Werte 52

V

Values Clarification 45
Verantwortung 124, 299
Vergleich von individuellen Werten und Teamwerten 127
Verhalten, vegetativ-affektives 166
Verhaltenskodex 84
Verhaltenstherapie, kognitive 47
Verkauf 96
Vernetzung 79
Vertrieb 96
Vier-Ebenen-Modell
  der Persönlichkeit 166
  des Gehirns 23
Vier-Seiten-Kommunikationsmodell 283
Visualisierung 141

W

Webcamp 150
Weblog 88
Weiterbildung 223
Werte 3, 228, 289
  adäquate 14
  ethisch-moralische 124, 298
  individuelle 84
  sozial-weltanschauliche 121, 125, 300
Werteangemessenheit 8, 13
Werteart 120
Wertebegriff 232
Wertecoaching 171
Werteentwicklung
  in Netzwerken 87
  indirekte 58
  realitätsähnlich 205
  realitätsgleiche 190
  relitätsnah 193
  schulische 54
  von Persönlichkeiten im Netz 86
Werteentwicklungsorganisation 71
Werteerfassung 63, 118, 236

Werteerziehung 91, 223
Werteessentials 8
Werteforschung 5
Wertegebirge 3
Wertehandel 237
Werteinklusion 85
Werteinteriorisation 8, 17, 21, 37, 85, 291
Werteklärung 45
Wertekleeblatt 9, 10
Wertekommunikation, sprachliche 283
Wertelehre 41
Wertemediation 85
Werteerfassungssystem 234
Werteerfassung, individuelle 118
Wertepädagogik 216
Werteproblematik 7
Werteprofil, individuelles 119
Wertequadrat 241
Werteraster 238
Wertestruktur 8
Werteunterricht, normativer 56
Wertewandel 4, 84

Wertewolke 234
Werteziel 118
Wertung 3
    ästhetische 276
    ethisch-moralische 121
Wertungskommunikationsmittel 281
Wiki 88
Wissensaufbau 82
Wissensmanagement 130, 152
Wissensmarkt 151
WOL 152
Working Out Loud 153
Würmli-Bilanz 214

Z

Zehn Gebote für Werteerzieher und -entwickler 24
Zürcher Ressourcen Modell® (ZEM®) 211
Zyklisierung der Arbeit 134

 Springer springer.com

John Erpenbeck
Wertungen, Werte – Das Buch der Grundlagen für Bildung und Organisationsentwicklung

Springer

Jetzt im Springer-Shop bestellen:
springer.com/978-3-662-54776-2

 Springer

springer.com

John Erpenbeck
Werner Sauter
Wertungen, Werte – Das Fieldbook für ein erfolgreiches Wertemanagement

Jetzt im Springer-Shop bestellen:
springer.com/978-3-662-54778-6

GPSR Compliance

The European Union's (EU) General Product Safety Regulation (GPSR) is a set of rules that requires consumer products to be safe and our obligations to ensure this.

If you have any concerns about our products, you can contact us on

ProductSafety@springernature.com

In case Publisher is established outside the EU, the EU authorized representative is:

Springer Nature Customer Service Center GmbH
Europaplatz 3
69115 Heidelberg, Germany

www.ingramcontent.com/pod-product-compliance
Lightning Source LLC
LaVergne TN
LVHW020327260326
834688LV00037B/900